Eva Jaeggi und Hilde Kronberg-Gödde (Hg.)
Zwischen den Zeilen

IMAGO
Psychosozial-Verlag

Eva Jaeggi und
Hilde Kronberg-Gödde (Hg.)

Zwischen den Zeilen

Literarische Werke
psychologisch betrachtet

unter Mitarbeit von Günter Gödde

Psychosozial-Verlag

Bibliografische Information Der Deutschen Bibliothek
Die Deutsche Bibliothek verzeichnet diese Publikation in der Deutschen
Nationalbibliografie; detaillierte bibliografische Daten sind im Internet
über <http://dnb.ddb.de> abrufbar.

Originalausgabe
© 2004 Psychosozial Verlag
Goethestr. 29, D-35390 Gießen.
Tel.: 0641/77819; Fax: 0641/77742
www.psychosozial-verlag.de
Alle Rechte, insbesondere das des auszugsweisen Abdrucks
und das der fotomechanischen Wiedergabe, vorbehalten.
Umschlagabbildung: Henri Fantin-Latour »La Lecture«
Umschlaggestaltung: Christof Röhl
nach Entwürfen des Ateliers Warminski, Büdingen
Lektorat: Claudia Schmitt
Satz: Katharina Appel
Printed in Germany
ISBN 3-89806-354-2

Inhalt

Vorwort

Wir leben in einer für viele Menschen verwirrenden Zeit. Niemand kann uns ohne Widersprüche und viele »Wenn und Aber« erklären, wie man sein Leben führen, seine Kinder erziehen, Partnerschaften und Freundschaften gestalten, sich zur Religion einstellen soll. Für alle diese Bereiche hat es in früheren Zeiten mehr oder weniger klare Anweisungen gegeben, und in manchen – traditionellen – Gesellschaften gibt sie das noch immer. Wir westlich aufgeklärten Menschen aber leben in einer Vielfalt von Werten und Lebenseinstellungen, die einander wenn nicht widersprechen, so doch nicht recht aufeinander bezogen sind. Wir wissen um die Relativität von Werten, weil wir durch unsere Kenntnis der verschiedenen historischen Epochen und Kulturen sensibilisiert sind für die mannigfachsten Lebensmöglichkeiten.

Erziehung als Gärtnerskunst (Kinder dürfen einfach nicht behindert werden, dann finden sie schon den rechten Weg), Erziehung als gut ausgeklügeltes Unterwandern kindlich-egoistischer Ansprüche, Erziehung als ein Dressurakt – solche Konzepte und noch viele mehr hat es in den letzten 100 Jahren gegeben. Und gar erst die Liebe zwischen den Geschlechtern! Schlaue Machenschaften, um Konflikte zu vermeiden, aufmunternde Worte, ja keinen Konflikt »unter den Teppich« zu kehren (»Streiten verbindet«), Rollenumwertungen: Es gibt wenige Lebensexperimente, die nicht irgendwann einmal »dran« waren, seit uns die Aufklärung darauf verwiesen hat, dass es nicht nur die von oben gesetzte Hausordnung des christlichen oder jüdischen Gottes der Bibel gibt.

Schon am Ende des 18. Jahrhunderts, als die Welt sich durch Technik und Fortschrittsglauben zu verändern begann, waren die Vielfältigkeit und Ausdifferenzierung der Lebensformen so groß, dass man andere Instrumente als althergebrachte starre Lebensweisheiten brauchte, um sein »Eigenstes« zu finden. Ein Instrument, das aus jener Zeit stammt, war eine verfeinerte Begrifflichkeit der menschlichen Seele. Es war der Beginn eines psychologischen Denkens, das übrigens dem unsrigen im 21. Jahrhundert schon nahe kam. Da entwickelte sich das Denken in der Dimension (wenn auch noch nicht mit den Worten) des »Unbewussten«, der »Verdrängungen« und der in aller Heimlichkeit wirkenden »Triebe«.

Gleichzeitig entwickelte sich bei der schreibenden Zunft eine neue Art des Erzählens: An die Stelle aufregender Geschichten mit Helden, die sich immer gleich bleiben, trat der »psychologische Roman«. »Anton Reiser« von Karl Philipp Moritz gilt als einer der Wegweiser. Dieser Roman enthielt sich zwar nicht unbedingt der Wertungen zur einen oder anderen Lebensform. Er versuchte aber zu verstehen und nicht nur zu verurteilen. Um zu verstehen, bedurfte es eines ausgefeilten Systems von psychologischen Konzepten, die sich seit Ende des 18. Jahrhunderts mehr und mehr durchsetzten. Wie der Literatursoziologe Lionel Trilling darlegte, wich das aufregende Plot mit seinen verschiedenen Verwechslungsmöglichkeiten dem von außen gesehen eher unauffälligen, aber innerlich reichen und aufregenden Geschehen, das einer »inneren Wahrhaftigkeit« nachstrebt.

Wenn Menschen sich selbst kennen lernen wollen, dann vergleichen sie sich mit anderen und suchen Modelle, denen sie möglichst ähnlich oder unähnlich sind. Die meisten von uns Alltagsmenschen reichern ihre innere Welt nicht so sehr mit abstrakten Begriffen und Lebensregeln, sondern mit personbezogenen Geschichten an. Wir verinnerlichen Episoden unseres Lebens mit den wichtigen Menschen, die darin eine Rolle spielen.

Die Vielfältigkeit unserer Welt aber drängt viele von uns, über den unmittelbaren Rahmen des uns im Alltag Gegebenen hinauszugehen und andere Erfahrungen zu suchen, neue Lebensmöglichkeiten in Betracht zu ziehen, auch neue Deutungen von Lebensepisoden zu finden, die den unsrigen ähnlich sein mögen oder eben etwas »ganz anderes« darstellen. Diese »anderen Erfahrungen« aber finden wir in der *Literatur*. Das »Narrativ« begleitet unser inneres Leben sehr viel eindringlicher als dürre Begriffe, Verordnungen und Regeln.

Die verzweifelt gefallsüchtige Provinzdame Emma Bovary gibt uns Einsichten in den Mechanismus narzisstisch-hysterischer Wut, die ein Lehrbuch der Psychopathologie nie vermitteln kann. Die Verkrampfung eines ehrgeizigen, aber »ausgebrannten« Professors (in Pascal Merciers »Perlmanns Schweigen«) angesichts eines noch immer nicht konzipierten Aufsatzes oder die chaotische Triebwelt eines Zwangscharakters (in Heinrich Manns »Professor Unrat«): das alles steigert unser Verständnis über uns selbst und unsere Mitwelt. Literatur kann im besten Falle also eine Instanz werden, eigenes Handeln zu reflektieren, soziales Handeln zu stimulieren und andere Menschen verstehend zu begleiten.

Die erzählte Geschichte ist allemal farbiger als der Begriff oder die Lebensregel. Sie geht mehr »unter die Haut«. Sie lädt zur Identifikation ein, man kann darin versinken und wieder auftauchen – anders als im realen Leben ist die Distanz beim Lesen mitgegeben und kann dadurch wichtiger Denkanstoß sein.

Der Abstand, den der Leser zur realen Welt gewinnt, ist genau das, was nötig ist, um die jeweils symbolische Dimension von Literatur zu erfassen.

Es ist das Verständnis für das über das einzelne Schicksal hinausgehende Typische und Verallgemeinernde, für die bleibende Form, in die ein Menschentyp oder ein Schicksal gegossen wird. Ob diese symbolische Dimension erreicht wird oder ob es sich beim Lesen bloß um einen angenehmen Zeitvertreib handelt: das ist abhängig von der Sprache, in der eine Person und ihre Situation geschildert wird. Die literarisch ausgefeilte Sprache trägt das Symbolische gleichsam in sich und macht – anders als triviale Literatur – das Lesen zu einer Quelle des ordnenden und Ordnung stiftenden Wissens von der Welt. So eröffnet Emma Bovary Einblicke in die Verzweiflung einer hilflos und aussichtslos um ihre Lebendigkeit ringenden Seele, in die Welt eines ausgebrannten Ehe-Alltags und in die monomane Abhängigkeit von einem vermeintlichen Liebesobjekt. In anderer, weniger aufregender Verkleidung, aber von ähnlichen Motiven getragen eröffnet die Literatur Erlebnisbereiche, die vielen Menschen vertraut sind und sie daher im tiefsten Inneren ansprechen.

Die Welt der Literatur ist aber auch voll von Figuren, durch die das »Andere«, das »Fremde« dargestellt wird. Dieses »Andere« kann als das geheimste »Eigene« entdeckt werden und auch auf diese Weise – anders als bei der schlichten Identifikation – zu neuen Erkenntnissen über die eigene Person und die Welt führen. Man kann sich selbst entdecken als einen, der »im selben Boot« sitzt oder als einen, der »ganz anders« und gerade so nicht ist. Neue Lebensentwürfe können entdeckt werden.

Auch wenn Tabus gebrochen, Einblicke in Intimbereiche gewagt werden: Es ist der literarische Stil, der auch diese Bereiche ins Symbolische überhöht – übrigens meist dadurch, dass auch Bereiche der Sexualität, der Perversion sogar, nie bis zum Letzten ausgeleuchtet werden und so dem Bereich der Fantasie des Lesenden Raum gewähren. Die allerdings schwer zu ziehende Grenze zwischen Literatur und Pornografie kann man dort sehen, wo die Distanz zur individuellen Bearbeitung des Gelesenen noch immer gewahrt bleibt. Es wird durch das Lesen auch der Ausbruch aus der oft sorgsam gehüteten Normalität ermöglicht. Die Fantasie überspringt die Grenzen und gibt dem Leser den Ausblick auf neue Freiheiten oder neue Grenzen mitsamt ihren Gefahren frei.

Der innere Raum, von Psychologen als eine der Quellen von persönlicher Eigenständigkeit und Kreativität bezeichnet, kann sich beim Lesen öffnen. Es kommt zu einer »Reinigung der Seele« in diesem Innenraum, sodass der Mensch nicht mehr auf ständige laute und lärmende Überrieselung durch ein Außen angewiesen ist. Das Horchen nach innen dominiert bei diesem auch entwicklungspsychologisch wichtigen Prozess. Deswegen auch die Besorgnis von Pädagogen und Psychologen, wenn schon Kinder Stunden vor dem Fernseher verbringen, der kein Innehalten und keine Distanz ermöglicht. Beim Lesen anspruchsvoller Literatur überwiegt nicht mehr die begierig konsumierende Haltung, sondern die reflektierende Form, die innere Ruhe bringt und so zu den Erkenntnissen über die Ordnung der menschlichen Welt beiträgt.

Das Fehlen dieses inneren Raums trägt bei zu den viel beklagten Mängeln in der Bildung unserer Bevölkerung. Was als das größte Manko (z. B. in der Pisa-Studie) angesehen wird, das Verstehen von Texten, ist eben diesem Fehlen des Gestus von Innehalten und Distanz geschuldet.

Angeleitetes Lesen kann hier Abhilfe schaffen. Viele Menschen lernen lesen, indem sie Cartoons und später die »Bild-Zeitung« lesen: Aufnehmen und Verdauen sind eins, der innere Raum muss sich nicht auftun, wenn alles in banaler 1:1-Relation auf eine (vermeintliche) Realität bezogen wird.

Literarisches Lesen aber bedarf der Ruhe und der Interpretation. Nicht jedes Buch der Weltliteratur ist für jeden sofort verständlich. Allzu weit weg vom eigenen Erleben mögen manche Gedanken und Geschehnisse sein. Die Interpretation durch einen anderen Leser aber ermöglicht oft einen anderen Blick auf das Geschehen. Sie gibt – durch die Brille des anderen gesehen – einen neuen Ausblick auf das Ganze, ermöglicht oft ganz plötzlich eine neue Wendung. Phänomenologen nennen es die »Wesensschau«, die dadurch frei werden kann.

Unser Interesse an der Literatur der Moderne (und dazu rechnen wir die seit Beginn des 19. Jahrhunderts entstandenen Romane) kann also von sehr verschiedenen Quellen gespeist werden. Eine davon ist eben das Interesse an den Beweggründen des psychischen Lebens. Dieses Interesse ist heutzutage weit verbreitet und tangiert längst nicht nur Fachpsychologen. Das vorliegende Buch ist daher gedacht für alle Menschen, die Zugang zur Literatur suchen, sich ihre eigenen Gedanken zu bestimmten Romanfiguren gemacht haben und nach weiteren Sichtweisen Ausschau halten, um sich noch besser in die Belletristik einleben zu können.

Aber auch für Fachpsychologen kann unsere Auswahl an psychologisch interpretierten literarischen Werken wichtig sein.

Wir – die Herausgeberinnen – sind seit unserer Jugend begeisterte Leserinnen und haben uns durch Kinder- und Jugendbücher, moderne und klassische Literatur, Kitsch und Wertvolles zugleich, bis ins Erwachsenenalter durchgelesen. Zuerst war es neben unserem Beruf als Psychotherapeutinnen ein schönes Hobby. In dem Ausmaß, in dem wir uns als Lehrerinnen für Psychologie (an der Universität und in Ausbildungen für Psychotherapeuten) betätigten, wurde immer klarer, welche Fundgrube die Literatur auch für das Verständnis von psychologischen Prozessen ist und welchen Vorteil es bedeutet, wenn man subtile psychische Gegebenheiten den Lernenden durch Literatur veranschaulichen kann. Wir begannen, bestimmte Bücher oder Stellen in Büchern (meist in Romanen) in unsere Lehre einzubauen, tauschten uns mit anderen literaturinteressierten PsychologInnen aus und sammelten auf diese Weise viele Hinweise. Verglichen wir die Auffassungen von Psychologen mit denen von Literaturwissenschaftlern, die wir auf diesem Weg auch kennen lernten, wurden wir darauf aufmerksam, dass Psychologen meist mit einem etwas unterschiedlichen Blick literarische Produkte betrachten als diese.

Was Psychologen in erster Linie an der Literatur interessiert, sind die Übereinstimmung von Handlungs- und Erlebensweisen innerhalb einer Person und einer Biografie, die Schlüssigkeit bei erstaunlichen psychischen Neuentwicklungen von Personen oder auch die psychologisch evidenten Darstellungen von Interaktionen. Hierin sind sie zweifellos »strenger« als andere Leser. Wenn etwas psychologisch nicht einleuchtet, dann ist für Psychologen das Lesevergnügen gestört. Demgegenüber sind die formalen Besonderheiten eines literarischen Produkts für Psychologen nicht so bedeutend – oft bemerken sie diese gar nicht, oder sie finden sie nicht so interessant wie die psychologische Interpretationsebene. Dass hingegen die sprachliche Bearbeitung auch für Psychologen als wichtig erachtet wird, erhellt sich schon daraus, dass sich ihr Interesse nie auf Trivialliteratur gerichtet hat, obwohl sie jede Freiheit hatten, auch solche in ihre Überlegungen einzubeziehen. Wohl ganz intuitiv wissen Psychologen, dass sich das Erleben des »Allgemeinen« und »Typischen« nur bei entsprechend literarisch ausgefeilter Sprache einstellt.

Natürlich sind wir nicht die Ersten, die an psychologischen (meist psychoanalytischen) Literaturinterpretationen interessiert sind. Schon am Beginn der Psychoanalyse steht Freuds Satz, dass sich seine Falldarstellungen »wie Novellen« lesen lassen (was ihm nicht ganz recht war), und mit Jensens »Gradiva« hat er selbst klar gemacht, wie man Belletristik lesen kann, wenn man das nötige theoretische Handwerkszeug hat. Schon Vertreter der ersten Psychoanalytiker-Generation – etwa Hanns Sachs, Theodor Reik und Eduard Hitschmann – haben sich sehr eingehend mit Literatur befasst. Allerdings gab es dabei nicht selten Entgleisungen in die Pathographie: ein Werk wurde dann nur als der Auswuchs einer psychischen Störung des Autors gesehen. Zu Recht haben Literaturwissenschaftler und Schriftsteller diese Art der psychologisierenden Literaturbetrachtung geharnischter Kritik unterzogen. Auf diese Weise wird man vermutlich nie und nimmer einem literarischen Werk näher kommen. Die oft gehörten Einwände gegen Literaturanalyse durch Psychologen, man würde Kunst dadurch »entzaubern«, beruhen denn auch vor allem auf dieser Art der Herangehensweise. Solcherart Literaturanalyse wollten wir auf keinen Fall betreiben und haben mit unseren Autoren in dieser Beziehung auch nie Probleme gehabt.

Oft sträuben sich Schriftsteller gegen jede psychologische Interpretation ihrer Werke. Sehr zu Unrecht, wie uns scheint – sind doch Psychologen mittels ihrer theoretischen Kenntnisse und praktischen Menschenkenntnis mitunter ähnlich oder sogar besser als Kritiker und Literaturwissenschaftler in der Lage, dem Leser ein Werk zu erschließen. Schriftsteller und Dichter »wissen« oft nicht, was sie schreiben, sie könnten es zumindest nicht in abstrakten Begriffen darlegen – und natürlich ist dies gar nicht ihre Aufgabe. Aber viele Leser brauchen eine Anleitung zum Lesen. Wenn man ihnen mit psychologischen Konstrukten den Werdegang von Figuren erläutert, Entwicklungen nachvollziehbar macht, wird das Lesevergnügen für viele entschieden größer. Das gilt natürlich nicht für alle Leser; mancher genießt Literatur ohne jede Erklärung genauso gut und sensibel wie mit Hinweisen auf psychologische Finessen. In einer Zeit aber, in der auch bildungsfernere Schichten gelernt haben, sich mittels psychologischer Konstrukte zu verständigen, kann diese Art Erläuterung den Zugang auch zu schwierigeren Werken der Literatur erleichtern.

Ein eindrucksvolles Beispiel gibt Achim Würker in seinen Überlegungen zur Gretchentragödie in Goethes »Faust«. Er weist auf, dass das alte Thema der Verführung eines jungen unberührten Mädchens durch einen älteren und statusmäßig höheren Mann sich nicht nur in der Literatur immer wieder vorfinden lässt, sondern auch im heutigen Leben (zum Beispiel in der medialen Vorführung bekannter Politiker) eine große Rolle spielt und sowohl mit den narzisstischen Größenfantasien ewiger Jugend als auch mit kindlichen Symbiosebedürfnissen verknüpft werden kann.

Wenn Freuds Falldarstellungen sich »wie Novellen« lesen lassen: warum werden dann nicht von seinen NachfolgerInnen mehr Falldarstellungen als Novellen geschrieben? Man bräuchte doch dann nicht literarische Darstellungen, um psychologische Tatbestände zu veranschaulichen? Die Überlegung ist berechtigt – aber leider gibt es die Doppelbegabung des Sigmund Freud – Wissenschaftler und begabter Schreiber zu sein – nicht gerade häufig. Falldarstellungen wie »Der Flieger« (von Hermann Argelander) oder »Schattenmund« (von Marie Cardinal) sind äußerst selten. Als Psychologen sind wir daher froh, wenn wir genügend KollegInnen finden, die sich an Literatur erfreuen und dabei auch noch verständlich schreiben. Mit solchen haben wir uns zusammengetan.

Bei der Auswahl der Werke war klar, dass man niemanden »verpflichten« kann, sich für ein bestimmtes Werk zu interessieren. Niemandem wurde irgendetwas aufgedrängt. Zu unserem Glück aber hat es sich so ergeben, dass die Literaturinteressierten sich für alle möglichen Sparten und alle möglichen Gattungen erwärmen konnten. So haben wir das Ziel, das uns vorschwebte, erreicht: sowohl klassische als auch moderne Werke von Psychologen besprechen zu lassen. In Ausnahmefällen haben wir auch die Besprechung von Filmen möglich gemacht, weil diese Filme auf Video erhältlich sind.

Wir finden daher Goethe neben Schlink, Sartre neben Wellershoff und ähnliche nicht unbedingt »zusammenpassende« Autoren. Gemeinsam ist allen Essays der Versuch, die geschilderten Menschen und Probleme mit psychologisch wichtigen Theorien zu erläutern, einsichtig zu machen, weshalb bestimmte Konstellationen sich ergeben oder Interaktionen scheitern oder gelingen.

Für Menschen, die Literatur oder Psychologie nicht berufsmäßig betreiben, könnte die hier gebotene Art der psychologischen Interpretation ein Anreiz sein, sich mit dem jeweils interpretierten Werk im Gesamten zu beschäftigen. Nicht jeder mögliche Gesichtspunkt kann ausgeleuchtet werden; es bleibt reichlich Gelegenheit, sich selbst nicht nur vom Wert der Werke zu überzeugen, sondern auch neue Interpretationshorizonte aufzumachen. Ein vertieftes Verständnis für Literatur fügt auch dem eigenen Leben neue Interpretationsmöglichkeiten hinzu. Manchem hat es in bedrängter Lebenslage geholfen, eigene Schmerzen zu begreifen.

»... gab mir ein Gott zu sagen, was ich leide«: Dieses Goethewort gilt auch dann, wenn die Worte nicht selbst erdacht, sondern von einem Sprachmächtigeren geliehen sind.

Eva Jaeggi und Hilde Kronberg-Gödde

Jugend – Zeit der Unruhe und Neuorientierung

»Wer bin ich?« – »Was macht mich aus?« – »Wer bin ich für andere?« Anhand dieser Fragen beschreibt die Adoleszenzforscherin *Brigitte Müller-Bülow* (2001) die Grundfragen von Pubertät und Adoleszenz. Die Suche nach der eigenen individuellen Persönlichkeit ist die wesentliche Aufgabe der Phase etwa zwischen 13 und 20 Jahren.

Diese Suche ist meist schwierig, auch schmerzlich. Sie wurde in verschiedenen Entwicklungsromanen in unterschiedlichen historischen Zeiten immer wieder von neuen Seiten beschrieben und reflektiert. Zu den Eigenarten dieser Periode gehört in vielen Berichten der »Aufbruch«. Nicht nur innerlich, sondern sehr oft auch äußerlich wird diese Phase durch einen Wechsel des Ortes markiert, wodurch neue Erfahrungen gemacht werden (können) und der Ort der Kindheit nicht nur symbolisch, sondern auch real verlassen wird.

Identitätssuche und Identitätsfindung sind als ein Prozess zu verstehen, der nie zu einem Stillstand oder an ein Ende kommt. Dies betrifft moderne Identitätsfindung in ganz besonderem Maße. Die Vielfalt der »Selbste« (Bilden 1997) muss immer wieder neu errungen werden. Immer wieder neue Konzepte tauchen auf und können nie endgültig in ein statisches Selbstbild integriert werden. Mehr als in anderen Kulturen ist in unserer Zeit die Frage danach, welches Bild die »anderen« sich wohl von einem machen, wichtig. Es gibt nur mehr schwankende Rollenvorbilder, das Meiste muss sehr individuell und persönlich »erarbeitet« werden – mit Hilfe der wichtigen Personen aus der unmittelbaren Umwelt.

Im Zentrum der »Verwirrungen« junger Menschen aber steht nach wie vor die erwachende Sexualität mit ihren drängenden Forderungen und dem schwierigen Balance-Akt, diese einzubeziehen in eine persönliche intime Beziehung – eine Beziehung, die das unmittelbare Drängen erst vermittels sensibler Einfühlung in einen anderen Menschen realisieren sollte.

Die beiden Romane, die in diesem Kapitel analysiert werden, beziehen sich auf eine jeweils vollkommen andere Welt: Robert Musils berühmte Erzählung spielt in der Welt der Donaumonarchie am Ende des 19. Jahrhunderts in einer der k. u. k.-Provinzen. Der »junge Törleß«, ein sensibler und noch sehr muttergebundener Schüler, wird in eine fremde und strenge Internatswelt versetzt, die ihn mit schockierenden Erfahrungen konfrontiert. Seine ihm selbst noch fremde Sexualität durchläuft mehrere Phasen kruder Betätigung (Sadismus, Homosexualität, Besuche bei Huren etc.), bis er so weit ist, sublimierend einen neuen Prozess der Erkenntnis seiner selbst und der Welt einzuleiten und ein »junger Mann von sehr feinem und empfindsamen Geist« zu werden, wie Musil schreibt.

Der von *Johanna Müller-Ebert* (2001) behandelte Adoleszenzroman Ulrich Treichels spielt in einer Zeit, die der unsrigen näher ist (vermutlich in den 60er oder 70er Jahren) und handelt von einem Studenten der Kunstgeschichte, der eben diesen Prozess verfehlt. Er ist sozusagen das Gegenstück zum positiven Entwicklungsroman, die Beschreibung eines Prozesses, der ins Nichts führt. Die nötige Sublimierung eines heftigen Sexualtriebes gelingt nicht. Der junge Mann verstrickt sich in immer neue fruchtlose Fantasien und Befürchtungen, ohne je zum Handeln zu kommen. Weder eine tiefe Beziehung noch eine befriedigende Arbeit kann er gestalten. Ungeläutert und unzufrieden kehrt er heim. Die Aufgabe der Adoleszenz bleibt unbewältigt.

Obwohl die Welten der beiden Protagonisten sehr unterschiedlich sind, ist doch in den beiden Analysen von Brigitte Müller-Bülow und Johanna Müller-Ebert das Moment der (gelingenden oder verfehlten) Sublimierung von Sexualität (der »zweite Triebschub« nach Freud) als die wichtigste Aufgabe der Adoleszenz sehr klar zu sehen. In jeweils sehr verschiedenem Gewand gerät so das Grundgerüst dieser Lebensphase mit ihrer »zweiten Chance« (Eissler 1966) in den Vordergrund. Nicht zufällig ist bei beiden Helden eine starke Mutterbindung zu übersteigen, damit diese Chance auch wirklich ergriffen werden kann. Bei Törleß gelingt dies, bei Albert, dem Kunststudenten, wird die Mutterbindung nur in Frustration und Ekel verkehrt und kann daher nie zur Quelle neuen Lebens werden.

Literatur

Bilden, H. (1997): Das Individuum – ein dynamisches System vielfältiger Teil-Selbste. Zur Pluralität in Individuum und Gesellschaft. In: H. Keupp & R. Höfer (Hg.): Identitätsarbeit heute. Frankfurt/M. (Suhrkamp).

Eissler, K. E. (1966): Bemerkungen zur Technik der psychoanalytischen Behandlung Pubertierender nebst einigen Überlegungen zum Problem der Perversion. In: Psyche 20, 837–872.

Müller-Bülow, B. (2001): Therapie in der Spätadoleszenz. Eine qualitative Studie über Beratungserfahrungen weiblicher Jugendlicher. Münster (Waxmann).

Müller-Ebert, J. (2001): Trennungskompetenz – Die Kunst, Psychotherapien zu beenden. Stuttgart (Klett-Cotta).

E. J. & H. K.-G.

Identitätssuche in der Pubertät
Robert Musil:
»Die Verwirrungen des Zöglings Törleß«*

»Die Verwirrungen des Zöglings Törleß« ist ein Entwicklungsroman, der von männlicher Pubertät und Adoleszenz handelt, das Erstlingswerk des 25-jährigen österreichischen Dichters Robert Musil (1880–1942).[1] Beim Lesen spürt man – und das macht den ungebrochenen Charme dieses fast 100 Jahre alten Werks aus –, dass hier ein spätadoleszenter junger Mann die Selbstfindungsphase eines Jugendlichen beschreibt, die ihm noch ganz nahe ist und zu der er dennoch schon die notwendige, reflektierende Distanz eines Beobachters gewonnen hat. Dabei sind die augenscheinlich auch autobiografisch gefärbten Erfahrungen des Autors noch nicht durch die Macht der Verdrängung verflacht und bereinigt worden.

Das psychologische Feingefühl, das den jungen Dichter auszeichnet, ist noch unbeeinflusst von den frühen Werken Freuds »Traumdeutung« (1900a), »Der Witz und seine Beziehung zum Unbewussten« (1905c) und »Drei Abhandlungen zur Sexualtheorie« (1905d), die kurz zuvor oder ungefähr zeitgleich erschienen waren. Seine kongeniale ungeschminkte und offen legende Schilderung der adoleszenten seelischen Regungen jugendlicher Charaktere erregte aber ähnlich die Gemüter seiner Zeitgenossen.

Die Handlung der romanhaften Erzählung ist schnell erzählt: Der junge Törleß, Sohn aus gutem Hause, ist Schüler in einem ländlich abgelegenen paramilitärischen Eliteinternat in der Zeit der österreichischen k. u. k.-Monarchie. Feingeistig und sensibel und dem Schreiben und der Philosophie zugeneigt, ist er in dieser Welt der Reglementierung und gesellschaftlichen Enge nicht zu Hause. Trotzdem fühlt er sich zu den wilden und rohen und die Gemeinschaft dominierenden Jungen seines Anstaltjahrgangs Beineberg und Reiting hingezogen, die von der Beweglichkeit seines Denkens beeindruckt sind und ihn in ihren engeren Zirkel hineinholen. Durch sie gerät Törleß in

---

* Robert Musil (1906): Die Verwirrungen des Zöglings Törleß. Hamburg (Rowohlt) 1978.

[1] Bereits als 22-Jähriger hatte Musil mit dem Entwurf dieses Romans begonnen. Das Manuskript entstand zwischen 1902 und 1905. Das Buch wurde zunächst von mehreren Verlagen abgelehnt, bis es 1906 der Wiener Verlag herausbrachte. Zeitweilig stand es auch auf dem kirchlichen Index.

einen Strudel von sexuellen Abenteuern, Intrigen und sadomasochistischen Quälereien, die sich vor allem an dem Mitschüler Basini austoben, der bei ihm wiederum Schutz, Halt und Liebe sucht. Diese erste Konfrontation mit den triebhaften und dunklen Seiten seiner Kameraden und vor allem auch bei sich selbst stürzt Törleß in eine Krise, aus der er mit einem klareren Bewusstsein seiner selbst und der ihn umgebenden Welt hervorgeht. Es bedeutet auch seinen Abschied von dieser Bildungsanstalt.

Welche Psychodynamik schildert Musil, wenn er von den »Verwirrungen« seines jugendlichen Helden spricht? Der Roman beschreibt in einer einfühlsamen und bilderreichen Sprache das Labyrinth der Gefühle und Gedanken, in das sich der Schüler Törleß bei seinem Internatsaufenthalt hineingeworfen sieht. Das ist »psychologische Kunst«, wie der Dichter es selbst in einem Brief ausdrückte, die er »nicht begreiflich, sondern fühlbar machen« will.[2] Was jedoch können wir anhand seiner Schilderung über die Innenwelt des Adoleszenten begreifen?

– In seiner gefühlsmäßigen Beziehung zu den Eltern vollzieht sich für den Jugendlichen ein grundlegender Wandel.

– Die Phänomene und Menschen in seiner Umwelt erscheinen in einem neuen Lichte. Er möchte hinter die Dinge schauen.

– Sexuelle Abenteuer und sadomasochistische Handlungen bedeuten ein Experimentierfeld seiner Seele auf der Suche nach den eigenen wahren Empfindungen. Die Sehnsucht nach Begreifen führt über das körperliche Greifen.

– Das »Perverse« zu erkunden, ist für ihn das Normale und jenseits von Moral angesiedelt. Es ist das Noch-nicht-pathologisch-Fixierte und steht im Dienste seiner Selbstfindung und psychisch-geistig-moralischen Entwicklung.

---

[2] An Alfred Kerr schreibt er 1906, dass er »nicht Psychologie in allen ihren Finessen geben will. Davon steht viel in dem Buche. Ich will nicht begreiflich, sondern fühlbar machen. Das ist glaube ich im Keim der Unterschied zwischen psychologischer Wissenschaft und psychologischer Kunst« (zit. nach Steinbach 1979, 23).

– In einem stetigen Wechsel des Erlebens von Nähe und Distanz, von Identifikation und Entfremdung vollzieht sich seine Suche nach Sinn und eigener
Art sowie nach dem ihm adäquaten Platz in Gemeinschaft und Gesellschaft.

– Auf seinem inneren Weg zu sich selbst schwankt er zwischen dem extremen
Erleben der Leere und des Nichts auf der einen und einer rauschhaft-
narzisstischen Selbsterhöhung auf der anderen Seite.

Als Einzelkind ist der junge Törleß eng an seine Eltern, den Hofrat und seine
Gattin, einer »Dame von vielleicht vierzig Jahren«, gebunden, die »hinter
ihrem dichten Schleier traurige, von Weinen ein wenig gerötete Augen«
verbarg (6). In der ersten Zeit seines Internatsaufenthalts leidet er unter so
starkem Heimweh, dass er an den Spielen der Gleichaltrigen nicht teilnimmt
und seine Zeit damit verbringt, täglich Briefe nach Hause zu schreiben.
Zunächst lebt er in diesen Briefen. Es ist kaum übertrieben, die anfängliche
Eltern-Kind-Beziehung als symbiotisch zu bezeichnen, eine von beiden
Seiten gesuchte Symbiose. Von den Eltern wird gesagt, dass sie »ihn mit einer
starken, gedankenlosen, tierischen Zärtlichkeit« lieben, und »beide hätten sie
sich für ihn in Stücke reißen lassen« (9). Die Mutter leidet schwer darunter,
dass sie durch den Internatsaufenthalt ihres Sohnes nicht mehr die Möglichkeit hat, »selbst schützend über ihren Liebling zu wachen« (6).
   Die Stärke der Sehnsucht, »diese jähe verzehrende Hinneigung« (7), die
Törleß nach der Trennung von den Eltern diesen gegenüber empfindet, überrascht und befremdet ihn selbst. Aber er entdeckt, dass sich dieses Gefühl des
Verlangens nach den Eltern von dem konkreten Bild der Eltern löst und sich
verselbständigt. Was in ihm bleibt, ist ein auf sich selbst gerichteter »grenzen-
loser Schmerz [...], dessen Sehnsucht ihn züchtigte und ihn doch eigenwillig
festhielt, weil ihre heißen Flammen ihn zugleich schmerzten und entzückten«
(8). Die libidinöse Besetzung der Eltern wird aufgegeben und auf die eigene
Person gerichtet, eine aufflammende, narzisstische Selbstliebe, die Grundlage und motivationale Kraft für seine Identitätssuche wird. In diesem Prozess
der Libidoverschiebung von den elterlichen Objekten zum Selbstobjekt
erscheint es, als ob Törleß »überhaupt keinen Charakter habe« (14), als ob
ihm jeder Hintergrund – und damit auch seine Eltern – verloren ginge.
   In diesem labilen Seelenzustand fühlt er sich nicht nur in starkem Maße
seinen eigenen Tagträumen und Triebimpulsen ausgeliefert, sondern auch
den Einflüssen der Umwelt. Er sucht die Nähe seiner Kameraden, als fände
er dort eine neue Stütze. In seiner Fantasie tauchen seine Eltern nur noch als
»zwei kleine, wackelnde Figürchen« auf, »aber so klein, dass er für sie nichts

empfinden konnte« (114). Auf diese Weise kann er sie entmachten und seinen Weg der Ablösung von den bindenden Elterngestalten vorbereiten. Allerdings taucht das Bild seiner Mutter gerade in dem Moment irritierend vor ihm auf, als er mit seinem Schulkameraden Beineberg der Dorfhure Bozena einen Besuch abstattet. »Dieses Weib«, so geht es ihm durch den Kopf, »ist für mich ein Knäuel aller geschlechtlichen Begehrlichkeiten, und meine Mutter ein Geschöpf, das bisher in wolkenloser Entfernung, klar und ohne Tiefen, wie ein Gestirn jenseits allen Begehrens durch mein Leben wandelte« (41 f.). Im Widerstreit der Gedanken über die Frauen und die Liebe muss er noch in Huren und Heilige spalten, um die ihn überwältigende Macht des Weiblichen und der Sexualität abwehren und bewältigen zu können.

Beim Abschied von seiner Jugendphase, der auch einen Abschied von dem Internat bedeutet, hat sich für Törleß die Beziehung zu den Eltern neu zurechtgerückt. Er kann seine Mutter, die ihn abholt, mit neuen Augen wahrnehmen. Bozenas Haus im Wäldchen, an dem sie vorbeifahren, kommt ihm nun ganz harmlos und unbedeutend vor, und er erinnert sich, wie unvorstellbar, ja asexuell, ihm damals das Leben seiner Eltern vorgekommen war. »Und er betrachtete verstohlen von der Seite seine Mutter. [...] Und er prüfte den leise parfümierten Geruch, der aus der Taille seiner Mutter aufstieg« (192).

Die Wiederannäherung an die Eltern geschieht auf einer realistisch-distanzierten Erwachsenenebene. Die Mutter kann er nun als sexuelles Wesen wahrnehmen ohne die ödipale Abwehr, die noch dem Anfang seiner pubertären Entwicklung innewohnte.

Das Motiv der Eltern, ihre Kinder in das ländlich-abgelegene, militärisch geführte Institut zu schicken, lag in erster Linie darin, »die aufwachsende Jugend vor den verderblichen Einflüssen einer Großstadt zu bewahren« (6). Musil verdeutlicht in seinem Roman, dass das Verderben nicht im Außen, sondern im Innern des Menschen lauert und aus den Tiefen der Abgründe der menschlichen Seele emporsteigt. Und dies geschieht erstmals heftig in der Pubertät und Adoleszenz. Es gibt keine »reine« Jugend, das will der Dichter mitteilen.

So befindet sich sein Held Törleß in einem andauernden Kampf mit den Kräften seines Unbewussten und seiner sexuellen Triebe, und er muss diesen Kampf bestehen, um zu einer eigenständigen erwachsenen Persönlichkeit zu reifen. Die in ihm aufbrechenden Triebe irritieren den schüchternen und schamvollen Jungen. Er spürt das unbestimmte Gefühl von »fürchterlicher, tierischer Sinnlichkeit, das ihn wie mit Krallen packe und von den Augen aus zerreiße« (20). Die Verwirrung liegt für ihn darin, dass diese Sinnlichkeit noch vielgestaltig und ungerichtet, also »polymorph-pervers«[3] in Erscheinung tritt, dass seine sexuelle Identität noch diffus ist. Da lockt auf der einen Seite die Dorfhure Bozena und entfacht seine Leidenschaft bis hin zu der Fantasie, dass er »nackt, von allem entblößt, in rasendem Laufe zu diesem Weibe zu flüchten« wünscht (38). Dann wiederum gibt es Momente, wo er sich im Gefühl der Einsamkeit als weibliches Wesen empfindet (30) und wo starke Erinnerungen an seine Kindheit in ihm auftauchen, »da in ihm eine ganz unaussprechliche Sehnsucht war, ein Mäderl zu sein« (116). Und dann ist da seine Begegnung mit Basini, bei dessen Bild von Nacktheit er fühlt, »wie heiße, weiße Flammen in seinen Nerven auflodern« (133). Immer wieder überwältigen ihn seine homoerotischen Impulse in »mörderischer Sinnlichkeit« (130), als der gequälte Basini sich unter seinen Schutz flüchtet. Auch erlebt er sexuelle Sensationen, als er im Verbund mit seinen Schulkameraden Beineberg und Reiting an den sadistischen Quälereien Basinis beobachtend teilnimmt. Er nimmt an sich wahr, wie er von diesem Schauspiel zugleich sinnlich fasziniert wie auch körperlich angeekelt ist.

Musil kommentiert und reflektiert in diesem Kontext diese ersten Leidenschaften seiner Romanfigur so, dass sie »nicht Liebe zu der einen, sondern Hass gegen alle« sei (38). So werden folglich alle Kontaktpersonen, die Törleß vorübergehend mit seiner triebhaften Liebe besetzt, im Verlauf des Romans wieder von ihm in die Distanz gestoßen: Beineberg, Reiting, Basini und Bozena. Am Ende dieser Entwicklung verschwendet er keine Gedanken mehr an diese Personen, gehören sie einer anderen, vergangenen Welt an. Und so fiel »seiner Mutter, die geglaubt hatte, einen überreizten und verwirrten jungen Menschen zu finden, [...] seine kühle Gelassenheit auf« (191). Seine »Larvenexistenz« (53) im Institut ist schließlich beendet, der Kokon abgestreift und nutzlos für den Schmetterling, der nun geschlüpft ist.

Das Handeln des Adoleszenten ergibt sich zunächst aus dem Sich-nicht-verstanden-Fühlen und dem Nicht-Verstehen der Welt. In allem verbirgt sich die unablässige egozentrische Suche nach der eigenen Person, nach der eigenen Identität. Die Beschäftigung mit dem Anderen wird benutzt zur

---

3   Freud konstatiert in seinem Werk »Drei Abhandlungen zur Sexualtheorie«, dass die Neigung zu Perversionen keine Abartigkeit bedeute, sondern Teil der normalen kindlichen Konstitution sei. Wir können ergänzen, dass in Pubertät bzw. Adoleszenz eine erneute Auseinandersetzung des Individuums mit dem kindlichen Triebleben stattfindet, um dieses auf dem Wege zur erwachsenen Geschlechtsidentität umzuformen.

Selbst- und Weltfindung. So wird auch Törleß bewusst, »dass von der hellen, täglichen Welt, die er bisher allein gekannt hatte, ein Tor zu einer anderen, dumpfen, brandenden, leidenschaftlichen, nackten, vernichtenden führe« (61). Und in diese dunkle Welt muss er vorstoßen, um über sich zu lernen, um sich seiner selbst zu vergewissern und sich seiner seelischen Geheimnisse bewusst zu werden. Denn: »Er suchte etwas in sich, was er nicht versteht« (112).

Nichts anderes versinnbildlichen die heimlichen nächtlichen Treffen mit Beineberg und Reiting in der düsteren, abgelegenen, »mit blutrotem Fahnenstoff ausgekleideten« (50) Bodenkammer des Internats, in der sie philosophieren, und wo Basini gequält, gefoltert und missbraucht wird. Törleß steht diesem Unternehmen ambivalent gegenüber. Er »liebte diese Kammer nicht. Ihre Enge und dieses Alleinsein gefielen ihm wohl, man war tief in dem Inneren eines Berges, und der Geruch der alten verstaubten Kulissen durchzog ihn mit unbestimmten Empfindungen« (50). Die regressive Funktion dieses Raumes für die Jungen ist augenscheinlich: Er bietet den Rückzug aus der Erwachsenenwelt und gleichzeitig die aggressive Auseinandersetzung mit den eigenen weichen und weiblichen Seiten in Gestalt des Basini.

Etwas anderes Typisches der Adoleszenz beschreibt Musil, wenn er die extremen Stimmungsschwankungen seines Helden ausmalt. Da gibt es nicht nur die heftigen sinnlichen Gefühlserfahrungen, sondern auch das immer wieder auftauchende, alles ergreifende Erlebnis einer furchtbaren Gleichgültigkeit und Auswechselbarkeit, die Erfahrung der Leere und des Nichts, wenn »die Stunden seines Lebens [...] ohne innerlichen Zusammenhang auseinander[fielen]« (16). Die Welt erscheint ihm dann »wie ein leeres, finsteres Haus« (30), dessen dunkle Zimmer er durchschreitet. Er fühlt sich dann »verarmt und kahl wie ein Bäumchen, das nach der noch fruchtlosen Blüte den ersten Winter erlebt« (9), ist umfangen von einem »Meere grauer Empfindungen [...], das ihn Tag um Tag kalt und gleichgültig umdrängte« (7). In solchen Augenblicken »hätte [er] schreien mögen vor Leere und Verzweiflung« (32).

Dieses Gefühl der Einsamkeit, Sinnlosigkeit, Leere und Gleichgültigkeit erlebt Törleß wie einen Tod: »Jede Nacht bedeutete für ihn ein Nichts, ein Grab, ein Ausgelöschtwerden« (43). Diese Grenzerfahrung führt ihn unerbittlich zu sich selbst, zu seinen augenblicklichen Gefühlen und Gedanken, so als lebe er »gleichsam über sich selbst gebeugt« (16). Grundlegende Fragen nach seiner Existenz beschäftigen ihn: »Wovon hat man etwas? Was davon hat eigentlich einen Zweck? Üben? Wofür denn?« (27 f.). Die Welt der Kindheit ist im Prozess der Auflösung begriffen. Und dieses Zerfallen der bisherigen Weltsicht und des bisherigen Erfahrungswissens wird davon begleitet, dass ihm Gegenstände und Menschen immer wieder fremd und unwirklich erscheinen, dass die Farben der Natur verblassen, so wie die Konturen der Bilder seiner Eltern vor seinem inneren Auge verschwimmen. Alle Phänomene haben »etwas Gleichgültiges, Lebloses, Mechanisches an sich, als seien sie aus der Szene eines Puppentheaters genommen« (5). Selbst seine Schulkameraden werden oft »während des Bruchteils eines Gedankens zu etwas Fremdem, Unwirklichem« (85), bis es ihm im Umgang mit ihnen wieder gelingt, das Lebendige, die Wirklichkeit in ihnen zu entdecken. Der Zustand seines Innenlebens findet so seine projektive Entsprechung in der Außenwelt. In solchen Momenten vertraut er seinem Tagebuch an: »Ich muss krank sein, – wahnsinnig! [...] Die Welt ist für mich voll lautloser Stimmen: ich bin daher ein Seher oder ein Halluzinierter?« (119 f.). Und immer wieder fühlt er sich wie im Zustand eines seelischen Fiebers (123).

Diese Gefühle von Selbst- und Weltentfremdung, von Verrücktsein, Depression und Kranksein, mit denen Törleß sich konfrontiert sieht, sind keine neurotischen Symptome, sie gehören zum »normalen Wahnsinn« der Adoleszenz, sind Zeichen eines Entwicklungsprozesses und der Statuspassage ins Erwachsenendasein. Sie beinhalten auch eine tief greifende Neugier, hinter die Dinge und in die Menschen hineinzublicken, das Innere bloßzulegen, das Unendliche hinter dem Endlichen zu begreifen. »Freilich gibt es kein Ende«, sagt er sich, »es geht immer weiter, fortwährend weiter, ins Unendliche« (83). Und er beobachtet, wie er »mit unnatürlich gewordenen Augen stets noch (das Innere) als zweites dahinter schimmern sah« (85).

Deshalb muss er sich in existentielle Grenzsituationen hineinbegeben, beunruhigt, erschreckt, fasziniert, weil er wissen will, sehen will, wie es um ihn bestellt ist. Deshalb schaut er dem sadomasochistischen Treiben seiner Mitschüler zu, um sich »halb betäubt, [...], über sich selbst klar zu werden« (80). Er will herausfinden, was ein Mensch wie Basini empfindet und denkt, wenn er bis aufs Blut gepeinigt und gedemütigt wird. So geschieht es, dass er zuschaut wie einer, »der plötzlich aufgewacht ist, mit Augen, denen alles von ernsterer Bedeutung zu sein schien« (107).

Der Übergang von der Kindheit ins Erwachsenenalter führt, so beschreibt es Musil am Beispiel seines Helden, durch die Untiefen des Unbewussten, durch die Nacht, den Schlaf, den Tod, die Leere, durch Ängste und Verzweiflung, in die erste Begegnung mit den eigenen dunklen Seiten des sexuellen und aggressiven Triebhaften. Und der Ausstieg aus dieser Passage« (vorausgesetzt, der Jugendliche stellt sich dem Prozess wie Törleß) bedeutet eine neue Wahrnehmung seiner selbst und der Welt, verheißt erste Schritte in die entscheidende Unabhängigkeit von den Einflüssen der primären

Sozialisation und verspricht ein klareres Selbstbewusstsein und erste Formen einer stabilen Ich-Identität.

Aber es gibt auch etwas, was den jungen Törleß motiviert, diesen schwierigen Entwicklungsweg für sich zu wählen und zu gehen, was ihn im Roman unter den gleichaltrigen Kameraden heraushebt: im Schreiben fühlt er seine Berufung. »Wenn er aber schrieb, fühlte er etwas Auszeichnendes, Exklusives in sich; wie eine Insel voll wunderbarer Sonnen und Farben hob sich etwas in ihm aus dem Meere grauer Empfindungen heraus« (7). Diese neue entflammte narzisstische Selbstliebe empfindet und zelebriert er in »wollüstigem Stolz« (8), »wie ein Heiliger, der himmlische Gesichte hat« (125). Diese Größenfantasien geben ihm die Kraft und die Möglichkeit, seine inneren Seelenbewegungen in eine ihm adäquate Form zu gießen und seine sonst empfundenen Unsicherheiten, die durch den Zusammenbruch des kindlichen Weltbildes entstanden sind, zu kompensieren. Sie bereiten auch den stützenden Boden, von dem aus er sich letztendlich aus dem Bann seiner intrigierenden Altersgenossen lösen und seinen eigenen individuellen Weg gehen kann.

Der Roman »Die Verwirrungen des Zöglings Törleß« erzählt von der Entwicklungskrise eines sensiblen Adoleszenten. Diese Krise, die viele scheinbar neurotische Merkmale aufweist, ist eine Transformation oder Wandlungskrise in der Statuspassage zwischen Kindheit und Erwachsenenalter. Erik H. Erikson (1950, 257) hat für die Lebensphase des Pubertierenden und Adoleszenten den Begriff des »psychosozialen Moratoriums« geprägt. Er bringt damit zum Ausdruck, dass die Jugendlichen für ihre psychische und soziale Entwicklung einen Frei- und Schonraum brauchen, der ihnen die Möglichkeit gibt, mit den Normen und Geboten der Gesellschaft zu experimentieren, bevor sie sich festlegen. Gelingt die Bewältigung dieses psychosozialen Moratoriums, dann geht der Adoleszente aus dem Prozess als ein Veränderter hervor. Das Ende dieser krisenhaften Epoche umschreibt der Dichter mit Metaphern, die wir auch schon aus der Entwicklungsthematik der Märchen kennen. Es ist wie das Erwachen aus einem Alptraum – »nur ein schwerer Traum war verwischend über diese Grenzen hingeflutet« (191) – oder wie das Überleben eines fürchterlichen Sturms im eigenen Innern (190), das nun die Geburt eines neuen Selbst verheißt: »Er konnte nicht viel davon erklären. Aber diese Wortlosigkeit fühlte sich köstlich an, wie die Gewissheit des befruchteten Leibes, der das leise Ziehen der Zukunft schon in seinem Blute fühlt« (191).

Törleß spürt die Veränderung in sich, indem er plötzlich Menschen und Dinge mit neuen Augen sieht, so, »als ob das Bild seiner Umgebung plötzlich in andere, aus hundertjährigem Schlafe erwachte Augen fiele« (143). Seine Erkenntnis seelischer und intellektueller Zusammenhänge ist differenzierter geworden, er weiß nun, symbolisch gesprochen, »zwischen Tag und Nacht zu scheiden« (191), und begreift die Bedeutung wechselnder seelischer Perspektiven. Das vergangene Geschehen ist wie eine schwere Arbeit, aus der er müde, nachdenklich still, aber voller Zuversicht herausgetreten ist.

Musil kommentiert die Entwicklung seines Helden mit Respekt und Zufriedenheit: »Eine Entwicklung war abgeschlossen. Die Seele hatte einen neuen Jahresring angesetzt wie ein junger Baum, – dieses noch wortlose, überwältigende Gefühl entschuldigte alles, was geschehen war« (180).

Törleß wurde später »ein junger Mann von sehr feinem und empfindsamem Geiste« (151).

Literatur

Erikson, E. (1950): Kindheit und Gesellschaft. 6. Aufl., Stuttgart (Klett) 1976.

Freud, S. (1900a)[4]: Die Traumdeutung. GW II/III.

Freud, S. (1905c): Der Witz und seine Beziehung zum Unbewussten. GW VI.

Freud, S. (1905d): Drei Abhandlungen zur Sexualtheorie. GW V, 33–145.

Steinbach, D. (1979): Materialien zu R. Musils: Die Verwirrungen des Zöglings Törleß. Stuttgart (Klett).

Brigitte Müller-Bülow

---

[4] Die Zählung von Freuds Publikationen folgt der »Freud-Bibliographie mit Werkkonkordanz«. Bearbeitet von I. Meyer-Palmedo & G. Fichtner. 2. Aufl., Frankfurt/M. (Fischer) 1999.

Von einem, der auszog, das Fühlen zu lernen
Hans-Ulrich Treichel: »Der irdische Amor«*

Der Leseerfahrene kennt aus dem Verlauf von Entwicklungsromanen, dass, ähnlich wie im Märchen, ein Held auszieht aus der gewohnten Welt, sich mehreren Prüfungen und Bewährungsproben unterziehen muss, Feinde überwindet und nach Bestehen der Prüfungen und Aufgaben häufig mit einer Belohnung und neuen Eigenschaften versehen in die Heimat zurückkehrt. Manchmal geht mit dieser äußeren Reise auch eine innere Verwandlung einher, und der Märchenheld gelangt »von Verzweiflung zur Hoffnung, von Schwäche zu Stärke, von Torheit zu Weisheit, von Liebe zu Hass und umgekehrt« (Vogler 1988, 55).

Bereits in den ersten Zeilen des Romans »Der irdische Amor« von Hans-Ulrich Treichel erscheint uns aber der Weg des Helden wie eine verkehrte Welt.

> »Albert war nur widerwillig nach Berlin und in seine Schöneberger Wohnung zurückgekehrt. Wäre alles nach Plan verlaufen, dann würde er nun an der Universität Rom Kunstgeschichte und Italianistik studieren. Aber er war nicht in Rom. Weder er noch seine beiden Studienfreunde, mit denen er gemeinsam nach Italien gegangen war« (7).

Das ist kein Romananfang, der Gutes erwarten lässt. Da scheint sich ein Szenario zu entwickeln, in dem die Aufbruchsfantasien von Albert und seinen Freunden in den Süden und zur Kunst offensichtlich frustriert werden, wo er seine Rückkehr nicht als heldenhaft erfahren, sondern eher als Niederlage erleben wird.

Bereits nach den ersten Seiten weiß man, dass hier jemand nicht das erreichen wird, was er beabsichtigt, dass er diesen quälend langsam sich entwickelnden Lebensentwurf immer wieder boykottieren wird, weil er das Handeln scheut, weil er traumatisiert scheint.

Albert ist Student der Kunstgeschichte in Berlin. In kluger Anpassung an seinen Professor, einen Caravaggio-Spezialisten, wendet er sich diesem Künstler zu, wählt das Bild »Amor vincitore« als Gegenstand seiner Examensarbeit und vertieft sich in dessen Anschauung in der Dahlemer Gemäldegalerie. Er ignoriert die Regeln des akademischen Lebens und Lesens und muss erfahren, dass sein lediglich erfühltes und erschautes Referat über das Bild nur das wiedergibt, was »andere vor ihm bereits gesehen und geschrieben haben« und

---

* Hans-Ulrich Treichel (2002): Der irdische Amor. Frankfurt/M. (Suhrkamp).

längst zum Mainstream der Forschung gehört. Die Überwindung seiner Scham, den Kommilitonen von seiner sexuellen Entdeckung im Faltenwurf des Gemäldes zu berichten, wird mit Beschämung durch seinen Lehrer erwidert: Seine Thesen sind inzwischen ein Gemeinplatz in der Caravaggio-Forschung. Später in der Sprechstunde kritisiert der Dozent, dass Albert zu Caravaggio zu wenig Distanz habe und rät ihm zu einem Themen-, wenn nicht gar Studienfachwechsel. Zu allem Überfluss fragt er ihn eher herablassend, ob er eine Freundin habe, und legt damit den Finger in die Wunde: »›Der Mensch muss einen Körper haben‹, sagte Delbrück so entschieden, als habe Albert das je bestritten« (33).

In diesem Dilemma bleibt Albert nur noch die Flucht nach Italien. Er lernt dort auf Empfehlung seines Berliner Professors Italienisch, um später in Rom Kunstgeschichte zu studieren.

Sein Aufenthalt in Rom endet, bevor er eine Universität von innen gesehen hat. Ein von ihm nicht zu verantwortender Zwischenfall mit der italienischen Polizei führt dazu, dass er nicht nur nach Deutschland zurückgeschickt wird, sondern auch seine peinigende Unterlegenheit gegenüber Frauen mit einer jungen, italienischen Polizistin erleben muss, während er gleichzeitig vom Begehren nach der Schönen gequält wird.

Misserfolg als Leitmotiv wird den Leser begleiten.

Es scheint, als überschätze sich der Protagonist ständig, aus dessen Sicht wir die Qual miterleben, erwachsen zu werden, ein Studium zu bewältigen und mit seiner Sexualität und der Sehnsucht nach Liebe zurechtzukommen, den wir aber auch von außen, ironisch verfremdet und auch eher ungeduldig über all seine Empfindlichkeiten und sein Zögern betrachten können.

Seine Vorstellungen von dem, was er wünscht, und dem, was er zu bewerkstelligen bereit und im Stande ist, klaffen weit auseinander und bilden eine doppelte Pathologie: einerseits die von narzisstischer Größenfantasie, die eher mit einer trägen Uninformiertheit des Hysterikers und oraler Gier einhergeht, andererseits die der selbstunsicheren Persönlichkeit und deren ängstlicher Grundstruktur, von mangelndem Willen und der damit verbundenen Handlungshemmung, die ihm und auch dem Leser das Leben schwer machen. Albert ist gebeutelt von Konflikten, denen er immer wieder zu entkommen sucht, statt sich ihnen zu stellen.[1]

---

[1] Mentzos (1994, 76 ff.) beschreibt, dass nicht nur ein zu hohes, sondern auch ein »zu niedriges intrapsychisches Spannungsniveau« unverträglich sei und durch Gefühle der Langeweile und Bedrücktheit signalisiert werde. Normalerweise

Was immer Albert beginnt, wem immer er sich nähert, es gelingt nicht. Oder besser, es wird sich ihm versagen.

Albert bricht zwei Mal nach Italien auf. Das erste Mal nach einer Kränkung, die ihm sein betreuender Professor vor der Seminarversammlung zufügt, das zweite Mal im Schutz der Beziehung zu seiner Geliebten Elena. Er kehrt zurück, bevor er die Entwicklungsaufgaben der Reifung gelöst hat und flieht nach Hause, kriecht unverwandelt in seiner alten Welt unter. Statt den Konflikt durchzuarbeiten, vermeidet er den locus operandi und versteckt sich anderwärts, erfüllt von Größenfantasien und Tagträumen, was er sein und werden könne. Eine Realitätsprüfung lässt er aus, was im Kontakt mit der jeweiligen Realität häufig zu einer harten Landung in der dort vorgefundenen Wirklichkeit führt. Aber auch dies scheint er auf wundersame Weise – durch Verleugnung und passive Aggression – von sich fern halten zu können, ja durch projektive Identifikation den Anderen zu dem von ihm ungewusst Gewünschten zu veranlassen. Er selbst kann in der Neurose verharren und muss keine Wandlung erleiden. Die einzig wirkliche Bedrängnis, unter der er leidet, ist der Druck seiner sexuellen Erregung, der er seit seiner Pubertät ausgeliefert ist und den er offenbar durch nichts zu sublimieren im Stande ist.

Eine Vorstellung von einem Ich und Du in Beziehungen fehlt ihm, die Andere, die Frau, ist für ihn ein fremdes Wesen – außer, dass sie mit den entsprechenden Möglichkeiten, ihn zu befriedigen, ausgestattet ist.

Er schämt sich oft, fühlt sich leicht lächerlich, errötet, erinnert sich an die ganze »Pein seiner Pubertät« (19). »Seit der Pubertät hatte er seinen Geschlechtstrieb als eine verschleppte Dauererregung empfunden. Irgendwann war er plötzlich dagewesen, dieser Drang, und er hatte nur versuchen können, ihn so gut wie möglich zu tarnen. Abstellen konnte er ihn nicht. Befriedigen ebenso wenig. Befriedigung des Geschlechtstriebes war nicht vorgesehen. Und auf die Möglichkeit der Selbstbefriedigung hatte ihn auch niemand hingewiesen« (20). – »Wie gerne hätte er irgendetwas phantasiert. Aber er wusste nicht, was er phantasieren sollte« (21).

In der Enge des Elternhauses gibt es keine Anregung, es gibt keine Freunde, die er um Aufklärung zu fragen wagt, weil ihn immer die Angst plagt, sich lächerlich zu machen. Erst im Studium ermöglicht ihm die Kunst durch die Betrachtung sinnlicher Gemälde eine Identifikation:

folgten daraus Reaktionen, um diesen Zustand zu ändern. Dieser Seelenzustand tritt uns in dem Alltagsablauf und der inneren Landschaft Alberts, die wir aus der Sicht des Er-Erzählers mit vollziehen müssen, deutlich entgegen.

»Caravaggios Amor schien beflügelt vom erwachenden Geschlechtstrieb, ohne davon geplagt zu sein. Albert dagegen hatte sich immer zernagt und angefressen gefühlt. Er beneidete den Jungen um seine Unbefangenheit und wäre gern wie dieser einmal nackt und unverschämt aus sich selbst heraus- und der Welt entgegengetreten« (27).[2]

Albert tritt der Welt nicht entgegen. Er wartet, dass sie zu ihm kommt, dass sie ihn erlöst.

Er traut sich nicht, er ist verlegen, er versteckt sich. Frauen sehen durch ihn hindurch, an ihm vorbei. Aber das erregt ihn, gibt ihm Sicherheit, sich anzunähern.

Schon als Junge im Schwimmbad hat er nicht, wie die anderen, die Mädchen berührt oder geküsst, sondern qualvoll, hinter einem Comic versteckt, »das Mädchen seines Lebens« heimlich mit Blicken verfolgt, wie es sich von anderen küssen ließ: »[...] mit dem Bleistift hatte er ein Loch durch den Comic gebohrt und alles beobachtet« (96). Daran hat sich im Laufe der Jahre nicht viel geändert. Auch als Student wagt er nicht die Annäherung, den Kontakt, den Zugriff. Wieder verbirgt er sich im Schwimmbad hinter einer Zeitung, diesmal der »Frankfurter Allgemeinen«, um wochenlang eine junge Frau zu betrachten, bevor er sie anzusprechen wagt.

Er ist ein Zögerer, ein Zauderer, eine phobisch ängstliche Persönlichkeit. Er handelt in der Fantasie, scheut die Realität, probehandelt in Gedanken, verwirft immer wieder den richtigen Zeitpunkt. Es ist mühsam für mich als Leserin, weiterhin Interesse an ihm zu behalten. Meine »Gegenübertragungsgefühle« als Leserin schwanken zwischen Ärger und Langeweile.[3]

---

[2] Mentzos (1997, 47) rechnet zu den deskriptiven Merkmalen des hysterischen Charakters u. a. »verführerisches Verhalten im Sinne einer Durchsexualisierung jede Aktivität, die jedoch nicht dazu dient, erotische Liebe auszudrücken und orgastische Erfahrungen herbeizuführen, sondern nur mit dem Ziel, von anderen gemocht und bewundert zu werden«.

[3] Mir als Leserin ging es ähnlich wie Mentzos (1997, 109), der die Gegenübertragungsgefühle beschreibt, die sich beim Therapeuten in der Behandlung eines Hysterikers einschleichen, wo die Geduld massiv auf die Probe gestellt werde und die »Bevorzugung und Dramatisierung des Nebensächlichen auf Kosten des Wichtigen und Hauptsächlichen« ihn wütend machten oder zur Verzweiflung bringen könnten.

»Jeden Sommer würden zigtausende Männer ebenso viele Frauen ansprechen. Sie lag nur wenige Meter von ihm entfernt auf einem roten Badetuch, und er brauchte bloß hinzugehen. Aber er ging nicht hin. Zumindest jetzt nicht. Albert zögerte noch mehrere Tage, bis er es endlich wagte« (106).

Wie erwartet lehnt sie ab, mit ihm einen Kaffee zu trinken, und wieder beschämt, beobachtet von anderen Badegästen, muss er das Feld räumen.

Auch die Begegnungen mit Männern erlebt er bereits früh in der Pubertät als traumatisierend und kastrierend. Dort scheint sich auf dem Hintergrund des unsicher aufgewachsenen Jungen seine soziale Phobie, seine ängstliche Persönlichkeit, seine unsichere Sexualität mehr und mehr herausgebildet zu haben.

Zunächst erscheint es dem Leser, als verliefe die Pubertät des Jungen ganz gewöhnlich: Er war ein »schwieriger und renitenter Schüler gewesen, der sich mit Wilhelm Reich und Marcuse beschäftigt hatte, was ihm Ärger mit dem Vater eintrug« (54). Das ist nichts Besonderes in den 60er Jahren, in denen der Roman offenbar spielt.[4]

Von den Eltern, die sich als Vertriebene zu Besitzern einer Kleinfleischerei hochgearbeitet haben, in ein Internat geschickt, damit er seine mäßige Begabung doch mit einem Abitur abschließe, stürzt er sich dort mutig in eine Beziehung zu einer Mitschülerin, Katharina, die ihn in die Geheimnisse der Befriedigung einführt und schließlich auch mit ihm schläft. Er jubelt: »Das ist die sexuelle Revolution« (58). Sich selbst überschätzend lässt er sich vom Erzieher erwischen, wird aus dem Wohnheim des Internats verwiesen und wohnt fortan allein in der Stadt. Das Mädchen allerdings verspricht ihren Eltern, nicht mehr mit ihm zu schlafen. Noch scheint er mutig. Er möchte

---

[4] Anfangs hat man den Eindruck, die Geschichte handle von jemandem, der die eher oral-passive Haltung gegenwärtiger junger Erwachsener vertritt, aber die zeitlichen Verweise im Roman verwirren: Albert scheint einerseits seine Jugend in den 60er und 70er Jahren verbracht zu haben (Sammeln von Autogrammen von Lübke und Sophia Loren), dem Kleinbürgermief dieser Zeit verhaftet und ihn bekämpfend. Im Studium dagegen begegnen ihm amerikanische Professoren, die political correctness auf ihre Fahnen geschrieben haben, wie sie erst in den letzten zehn Jahren deutlich gefordert wurde. Auch ein anderer Hinweis im Text auf die Öffnung der Berliner Mauer und auf die Möglichkeit, in Potsdam ein Caravaggio-Bild zu sehen, lassen den Leser die Studienzeit Alberts eher später vermuten. Dies aber nur am Rande.

zu ihren Eltern fahren und sich dort vorstellen, gestärkt von seiner Lektüre von Reich, von Malinowskis »Geschlechtsleben der Wilden in Nordwest-Melanesien« (62) und von Freud, um für die Fortdauer der sexuellen Beziehung mit Katharina zu kämpfen.

Dort aber lauert erneut die Beschämung. Die großbürgerliche Villa des Möbelfabrikanten und auch der ungewohnte, herablassende Umgang der Eltern mit ihm schüchtern Albert ein. Er fühlt sich peinlich, zaghaft, errötet vor Scham. Man macht es ihm, dem Verführer der Tochter, nicht leicht. Man lässt ihn warten, der Hund bellt ihn an, die Mutter mustert ihn beim Rauchen mit einem »aus Ekel, Vorsicht und Interventionsbereitschaft gepaarten Blick« (71), und der Vater, nachdem er das Outfit des Protagonisten gebührend entwertet hat, verbittet sich dessen weiteren Umgang mit der Tochter. Mutlosigkeit ergreift Albert.

Diese Mutlosigkeit wird ihn bei seinen Kontakten mit Frauen begleiten. Er wird in ihren Blicken lesen, dass er ein Nichts ist – oder, wie die römische Polizistin zischte, »ein Cretino« (18), als habe ihn diese Begegnung mit Katharinas Vater traumatisiert.

Später im Studium scheint es mit Elena anders zu werden, auch wenn sich die Annäherung ähnlich schleppend vollzieht und es hier wieder die Frau ist, die im wörtlichen Sinne Hand anlegt.

Nachdem er zu Beginn des Romans nach einem missglückten Aufbruch aus Italien zurückgekommen ist, fristet er sein Dasein mit Grübeleien, wie er sein Leben gestalten will. Er denkt an ein »Freisemester, ohne zu wissen, was er damit soll, Berlin erscheint ihm grau und trostlos« (37). Für seine Freizeit am Abend und später auch tagsüber wählt er einen Ort, der ihn nicht ängstigt: ein einfaches italienisches Lokal, das »das einzige war, in das er sich überhaupt hineinzugehen traute. Es war dort auch entsprechend langweilig« (39).

Er verliebt sich in die Kellnerin, ohne es ihr zu gestehen, macht sich keine Hoffnungen, erhört zu werden. Diese Begegnung gleicht den anderen mit Frauen und doch wieder nicht: »So wie Elena hatte noch nie jemand an ihm vorbei- und durch ihn hindurchgesehen« (44).

Er besucht täglich das Lokal und wiederholt mit ihr all das, was er in den früheren Begegnungen mit Frauen erfahren hat.

Als er erfährt, dass sie Sardin ist, liest er ihr täglich aus einer italienischen Zeitung den sardischen Wetterbericht vor und nimmt endlich all seinen Mut zusammen, um ihr – in Erwartung einer Ablehnung – ein Treffen vorzuschlagen. Erschrocken ist er von ihrer Reaktion »Warum nicht« (48) und darüber, dass sie ihm ihre Telefonnummer notiert. Er zögert, trifft sich mit ihr im Tiergarten und durchleidet wieder alle Qualen des Schüchternen, verklemmt Anspruchsvollen, der immer die falschen Fragen stellt und immer fürchtet, falsch zu handeln, der zaudert, überlegt, aber nicht versteht, dass er initiativ werden, etwas von sich geben müsste.

Sie nimmt die Sache in die Hand, küsst ihn leidenschaftlich auf einer Bank, macht sich wortlos an seiner Hose zu schaffen, befriedigt ihn quasi öffentlich, was ihn schutzlos und ängstlich, aber auch »glücklich macht und ihn erinnert, sich schon einmal so gefühlt zu haben, damals mit Katharina im Internat« (52).

Eine andere Wiederholung erlebt er: Er hört sie ein italienisches Wort murmeln, bevor sie geht: »Poveretto« (75). Es klingt für ihn ähnlich, aber weniger vernichtend als das der italienischen Polizistin. Tagelang zieht er sich zurück und meidet das Lokal. Sein früheres Erfolgsmuster, keine Bedürftigkeit zu zeigen, um das Begehrte unaufgefordert zu erhalten, spult sich automatisch ab, obwohl es – außer in der Beziehung zur Mutter – immer fehlschlug: »Er musste vermeiden, Elena merken zu lassen, dass er es ohne sie nicht mehr aushielt« (76).

Er verzehrt sich vor Erregung und sexuellem Begehren, aber auch danach, sich geliebt zu fühlen. Doch erst nach unendlich scheinenden inneren Grübelmonologen, verkrampften Überlegungen, Fantasien, Projektionen und der Angst davor, die Initiative zu ergreifen, wagt er einen zweiten Anlauf, ruft sie an, trifft sie in der Wohnung, schläft mit ihr.

Sie werden ein Paar. Er kümmert sich um ihre Behördenangelegenheiten, lernt ihre Szene kennen – sie ist Schlepperin in einem Spielerlokal, wo Fremde und Bekannte ausgenommen werden – und geht mit ihr aus. Irgendwann erfährt er durch Zufall, dass er nicht der Einzige ist, dass Elena einen verheirateten »Perser« liebt, der in London lebt, der sie manchmal besucht, mit dem sie schläft und für den sie »sogar sterben würde« (128).

Masochistisch erfragt Albert Einzelheiten. Elena gibt ihm Auskunft, er gerät in Eifersucht, wertet sich in seiner Fantasie dem Rivalen gegenüber ab und erlebt in seiner Unfähigkeit, sich in einer Kommunikation auf einen anderen zu beziehen, ein erneutes Schachmatt, aus dem er nur durch Flucht zu entkommen glaubt:

> »Elenas Perser war wahrscheinlich kräftiger und muskulöser als der Schah [...] Gegen einen durchtrainierten Schah von Persien, der in London lebte und in Berlin Industrieanlagen verkaufte, kam er nicht an.« (126) – »Albert beneidete den Perser. Er beneidete ihn so sehr, dass er ihn hätte umbringen können. Albert wusste, dass jetzt alles ausgesprochen war. Ihm blieb nur noch übrig, die letzte Frage zu stellen. ›Möchtest Du, dass ich gehe?‹ lautete sie, und Elena würde sie fraglos bejahen. Zu Alberts Überraschung aber antwortete sie mit ›Nein‹, was

ihn wiederum zur Gegenfrage veranlaßte, ob sie denn glaube, dass er überhaupt keinen Stolz habe. Die Frage war rhetorisch gemeint, doch Elena nahm sie wörtlich und sagte nur ›Ja, das glaube ich ... zumindest nicht genug‹« (129).

Gekränkt durch ihre von ihm provozierte Offenheit, ermannt er sich zu einer Tat: er verlässt die Wohnung und verbringt »die nächsten Tage damit, sein Leben neu zu ordnen. Zumindest versuchte er es« (130). Hypochondrisch vermeint er in seinem Körper Sekrete des Persers zu bemerken.

Wie bereits nach dem missglückten Italienaufenthalt und wie jedes Mal, wenn ein Konflikt durchzustehen und durch eine Auseinandersetzung zu lösen wäre, vermeidet er die anstehende Entwicklungsaufgabe, indem er sich in Grübeleien darüber flüchtet, wie er sein Leben ordnen könnte. Aber da ist nicht viel zu ordnen, es fehlt nur der nächste Schritt.

Der Konflikt mit dem anderen Mann scheint allerdings eine Wende herbeizuführen. Es scheint, als nähme Albert die Herausforderung an seine Männlichkeit an; allerdings flüchtet er dann aber lediglich in eine Identifikation mit dem Nebenbuhler: »Er hatte vielmehr selbst das Zeug zum Perser in sich, auch wenn er Kunstgeschichte studierte und zur Krankengymnastik ging. Er musste nur ein wenig Mut haben und offen auf Frauen zugehen« (130).[5]

Er schwankt zwischen Größenfantasien hinsichtlich seiner Attraktivität und seinen Studienleistungen und den Minderwertigkeitsgefühlen, die in den Begegnungen mit Assistenten, Professoren und den Frauen immer wieder verstärkt werden, da er mit traumwandlerischer Sicherheit, völlig bar jeder realistischen Einschätzung von Situationen, geleitet von romantischen, übersteigerten, ängstlich-hypochondrischen Gefühlen, immer das Falsche tut.

So endet ein trotziger Bordellbesuch zu seinem Entsetzen mit der Entdeckung, einem Transvestiten aufgesessen zu sein, der ihn bestiehlt, und eine spontane sexuelle Annäherung an eine fremde Kommilitonin im Hörsaal zieht eine öffentliche Ohrfeige, Zurechtweisungen durch den Hausmeister und viel Scham nach sich. Seine aktiven Befreiungsversuche, zu denen er sich halb entschlossen aufmacht, wenn er einmal nicht auf Erlösung wartet, scheinen alle im Versagen zu enden. Elena fehlt ihm; er beschließt, wieder bei ihr anzurufen.

Und wieder kommt Elena ihm zuvor.

---

[5] Hier zeigt sich der deutliche Wunsch, eine Männlichkeit wie die der Perser zur Verfügung zu haben, der durch identifikatorische Übernahme des Verhaltensmusters und Sehnsucht nach dem Sosein des Rivalen verarbeitet wird (vgl. Mentzos, 1997, 61 ff.).

Es scheint sich doch so etwas wie Liebe, wie er sie sich vorstellt, zwischen Elena, der italienischen Kellnerin, und ihm entwickelt zu haben, und er bricht unter dem Schutzmantel dieser Beziehung mit ihr nach Sardinien auf. Die Kellnerin hat ihren Lebenstraum erreicht und, anders als Albert, zielsicher verwirklicht, nämlich an ihrem Heimatort in Sardinien ein bescheidenes Haus zu erbauen und einen Kosmetiksalon zu betreiben. Sie hat in der Fremde ihr Ziel nicht aus den Augen verloren und Erspartes zusammengetragen, Liebe und möglicherweise auch einen Begleiter gefunden, den sie leicht leiten und lenken kann und den sie in ihrer Heimat auf seine Beziehungstauglichkeit zu überprüfen beabsichtigt. Ihre Heldenreise mündet in der siegreichen Rückkehr in die Heimat. Albert hängt sich an das an, was er fälschlich für sich als Aufbruch interpretiert und was ihn alle nur denkbaren Klischees auf ein neues Leben in Italien projizieren lässt: Er träumt von sardischen Straßenräubern, vom Besuch mediterraner Universitätsbibliotheken, vom Schreiben seiner Examensarbeit auf südländischen Terrassen.

Was die gemeinsame Planung betrifft, versinkt er in Tatenlosigkeit: Obwohl ihm Elenas deutlich einschränkende Erklärung, dass man erst einmal ein paar Wochen sehen solle, wie es ginge, nicht gefällt, fragt er nicht nach, er klärt nicht die Bedingungen für diesen Schritt mit ihr und verdrängt diese Einschränkung. Er fühlt sich geliebt, das genügt.

Illusion hat als Antriebsenergie schon oft zu genialen Werken geführt. Gegen eine solche Motivation wäre auch nichts einzuwenden, wenn nicht allzu deutlich würde, dass Albert tagträumend die Kommunikation mit seiner Umwelt und mit Elena darüber vergisst, was ein Leben mit ihr in ihrem Heimatdorf für ihn bedeuten könnte. Seine Ichbezogenheit und seine Unfähigkeit zu fragen, um nicht unwissend zu erscheinen, wie es Hysteriker häufig tun, um die Peinlichkeit nicht zu vergrößern (nichts zu wissen), seine fehlende Gegenwarts- und Zukunftsorientierung und die mangelnde Realitätsprüfung lassen den Leser auch diesmal schon das Unheil vorausahnen.

Dass Elena in Sardinien ähnlich hausen könnte, wie sie das in Berlin in ihrem heruntergekommenen Appartement tat, scheint ihm nicht in den Sinn zu kommen. Er folgt ihr, allerdings erneut ohne großes Risiko, quasi mit Netz und doppeltem Boden: Seine Berliner Wohnung behält er, Elena reist vor ihm ab und bereitet das Nest. Den Lebensunterhalt für sein Auslandsstudium bzw. den Abschluss der Examensarbeit soll das kleine Erbe der Mutter sichern.

Ach, die Mutter – sie hatte immer gefürchtet, ihr Sohn sei homosexuell. In der ihm eigenen Grausamkeit und Kommunikationslosigkeit und seinem

Gekränktsein darüber, dass seine Werte nicht wortlos anerkannt werden, hatte er ihr zeitlebens absichtsvoll diese Angst nie genommen, indem er etwa von Freundinnen oder Frauen zu Hause berichtet hätte, sondern hatte seine Wochenendheimfahrten lediglich dazu genutzt, sein Taschengeld aufzubessern, ihre klebrige Fürsorge zurückzuweisen, um dann ohne Dank das zu nehmen, was sie ihm gegeben hatte.[6]

Seine Zukunft malt er sich in Größenfantasien ebenfalls gesichert aus: »Er könnte zum Italienspezialisten mit Sardinienschwerpunkt werden, lief die Stelle von Delbrücks Assistenten nicht irgendwann aus? Er wurde geradezu euphorisch bei der Vorstellung, einen neuen Lebensabschnitt auf der Mittelmeerinsel zu beginnen« (178).

Dass er keine Aussichten auf diese Stelle haben könnte, wird ihm nur vage deutlich, als er während einer Sprechstunde den diensthabenden Assistenten als sich selbst weit überlegen anerkennen muss, aber er verdrängt diesen Gedanken sofort.

Auf der 30-stündigen Fahrt nach Sardinien, versehen mit einer Reiseschreibmaschine und Fotokopien, desillusioniert sich sein Traum von Italien Kilometer um Kilometer, Schritt für Schritt, Schicht um Schicht, je weiter er vordringt: Das Wetter ist grau, die Landschaft öde, Elenas Heimatort eine ehemalige Bergarbeitersiedlung mit von Unkraut überwucherten Halden. Das von ihr errichtete Betonhaus ist ein unfertiger Rohbau mit zwei Zimmern, die Möbel: zwei Matratzen und ein Tisch. Real erscheinen ihm nur die Liebe und der Sex, mit denen sie ihn empfängt. Während sie den sardischen Frauen bei ihren kosmetischen Problemen im Nebenzimmer hilft, belauscht Albert in der ihm gewohnten Weise und der ihm eigenen voyeuristischen Erregung die Vorgänge im Nebenzimmer, nachdem er vergeblich versucht hat, seine mitgebrachten Caravaggio-Texte zu lesen oder zu bearbeiten.

Drei Tage, wie in einem Märchen, währt die Probe auf Sardinien, während derer er aus dem Haus zum Arbeiten in ein Café flieht, auch dort – wie vorauszusehen – nicht arbeiten kann und will, beiläufig unfreiwillig Kontakt mit dem Dorfpfarrer und dessen Filmclub bekommt und schließlich bei einem Sonntagsausflug mit Elenas Familie, einer einfachen Maurerfamilie, ans Meer zu einem Picknick fährt. Elena, die lebenspraktisch bereits bemerkt hat, dass dies alles nicht zum Erfolg seiner Arbeit führen kann, hat für ihn ein ehemaliges Büro ihres Schwagers angemietet. Sie übergibt ihm den

[6] In seinem Verhalten gegenüber der Mutter kann man eine indirekte Abfuhr von Frustrationsaggression und Rache sehen (vgl. Mentzos 1997, 86 ff.)

Arbeitsplatz quasi als Geschenk. Statt darüber erfreut oder dankbar zu sein, stellt er fest, dass außer Elena niemand so recht Interesse für ihn und seine »wichtige Arbeit« aufzubringen scheint. Als er während des Picknicks am Meer zufällig die kurze Bekanntschaft einer deutschen Studentin macht, wodurch ihm seine verquere Situation bewusst wird, wendet er sich an diesem Nachmittag der Probe auf Familientauglichkeit innerlich wie äußerlich von Elena ab: einerseits aus Bindungsangst, aus Peinlichkeit und aus Angst vor dem Banalen, andererseits aber vor allem, um der jungen Studentin zu imponieren, die ihn – wie sollte es anders sein – sexuell erregt. Er gibt sich Fantasien hin, wie er mit dieser Frau Kontakt haben könnte, während Elena sich an ihn drängt. Er träumt erneut von einem Aufbruch, diesmal zurück nach Berlin.[7]

Am Abend nach dem Ausflug überrascht und erleichtert ihn Elena mit der Klarheit des Einfachen. Sie macht kurzerhand seinem Aufenthalt bei ihr ein Ende, nachdem Albert sich ihr offenbar im sozialen Umgang mit ihrer Familie und den Freunden als Verräter und für ein Zusammenleben als ungeeignet offenbart hat: »Ich will nicht mehr« (248). Der Märchenheld hat den Lohn, die Hand der Prinzessin, verwirkt.

Er fragt nicht weshalb; erneut überlässt er ihr das Handeln und Entscheiden und ist froh, dass sich alles fügt.

Ihr Vorschlag, sich für einige Zeit zu trennen, entspricht seinen eigenen Wünschen. Bei dieser Trennung scheint er zu erkennen, dass von ihm wahrgenommene Gefühle offenbar nicht authentisch sind, sondern er ganz anderen Gesetzen folgt:

»Aber er spürte, wie sich ein Schmerz in seinem Brustraum ausbreitete. Gleich wusste er, dass dieser Schmerz nicht echt war, auch wenn er weh tat und sich echt anfühlte. Aber es war ganz überflüssig, dass er jetzt besonders litt und sich verletzt fühlte. In Wahrheit hatte Elena etwas ausgesprochen, woran auch er gedacht hatte. Nur dass sie auf jede Begründung verzichtete, während seine Version ziemlich feige ausgefallen, er sich auf seine Arbeit und dringende Bibliotheksbesuche rausgeredet hätte. Das war aber nicht die Wahrheit. Die Wahrheit war, dass er Sehnsucht nach Berlin hatte, nach seiner Wohnung, seinem Briefkasten, wo ein Brief von

---

7 In dieser Szene kulminiert noch einmal die Pathologie des Protagonisten. »Der Hysteriker hat viel Spontaneität und zuwenig Selbstbeherrschung, er sagt: ›Ich kann die Gefühle nicht beherrschen, die in mir aufsteigen‹. Sein Körper steht im Vordergrund, er wird von Gefühlen weggespült, seine Ideen und Einfälle sind launenhaft, alles ist sexualisiert« (vgl. Perls 1979, 253 f.).

Klara auf ihn warten würde. Die Wahrheit war auch, dass er schon in dem Moment, als er Elenas Studio zum ersten Mal betreten hatte, ein Spruchband durch sein Gehirn hatte flattern sehen, auf dem geschrieben stand: ›Ich möchte nicht in einem sardischen Kosmetiksalon leben‹. Er hatte das Spruchband ignoriert. Durch seinen Kopf flatterten immerzu irgendwelche Sätze. Er konnte sie unmöglich jedes Mal für bare Münze nehmen. Doch manchmal war ein Satz darunter, der Gültigkeit hatte« (251).

In der Klarheit über seine Gefühle im Jetzt entwirft er erneut Größenfantasien. Er leugnet seine Erleichterung über Elenas Entschluss, packt seine Koffer und träumt weiter. Diesmal von einem Schlafraumticket auf der Fähre nach Italien. Wieder ist er erstaunt, dass er sich für die Rückreise darum hätte kümmern und planen müssen. Albert scheint anzunehmen, dass die Welt auf seine Bedürfnisse eingestellt ist, ohne dass er dies der Welt mitteilen muss, ohne dass er dafür etwas tun und willentlich und aktiv für sich etwas einleiten muss.

Was ist er denn nun? Ein Anti-Werther, der in Italien weder Bildung noch Liebe findet und keine Konsequenzen aus seinem Leben zieht? Ein moderner Hans im Glück, dem sein Besitz und Gedankengut von Mal zu Mal durch einen törichten Tausch zu Nichts zerrinnt und der sich über den jeweiligen Wert des Gewonnenen Illusionen macht? Oder eher einer, der auszog, das Fühlen zu lernen, und dessen Wunsch nicht wie im Märchen heißt »Wenn mir nur gruselte, wenn mir nur gruselte« (Grimm 2002, 37 ff.), sondern »Ach, wenn ich nur fühlte und verstünde«.

Diesmal scheint er seinen Anteil am Scheitern des Lebenstraums von Italien aber offenbar mehr zu ahnen, ein Scheitern, das einerseits seinen Größenfantasien, andererseits seiner Unfähigkeit geschuldet ist, sich auf ein Du zu beziehen. Er vermeidet und ist gleichzeitig voller Angst, das Leben zu verpassen, wenn er nicht zugreift.

Wie der Märchenheld zieht er aus, riskiert jedoch nichts, flüchtet in die Verleugnung, nimmt die Prüfungen nicht an, zahlt den Preis an das Leben nicht, findet immer wieder jemanden, der die Zeche für ihn bezahlt (Mutter, Elena). Er gewinnt keinen Lohn, weder innerlich noch äußerlich, und kehrt quasi ungeläutert von seiner »Heldenreise« zurück.

Literatur

Ferenczi, S. (1919): Hysterische Materialisationsphänomene. In: Ders. (1984): Bausteine zur Psychoanalyse, Band III. 3. Auflage. Bern/Stuttgart/Wien. (Huber).

Freud, S. (1895d): Studien über Hysterie. GW I, 77–312.

Grimm (2002): Kinder- und Hausmärchen gesammelt durch die Brüder Grimm. Zürich (Manesse).

Mentzos, St. (1994): Neurotische Konfliktverarbeitung. Frankfurt/M. (Fischer-Taschenbuch).

Mentzos, St. (1997): Hysterie. Zur Psychodynamik unbewußter Inszenierungen. Frankfurt/M. (Fischer-Taschenbuch).

Perls, F. S., Hefferline, R. F. & Goodmann, P. (1979): Gestalttherapie. Lebensfreude und Persönlichkeitsentfaltung. Stuttgart. (Klett-Cotta).

Vogler, Ch. (1998): Die Odyssee des Drehbuchschreibers. Frankfurt/M. (Zweitausendeins).

Johanna Müller-Ebert

Anpassung versus Emanzipation

Die Identitätssuche in der Jugend mündet zumeist in »Anpassung« ein, so der Tenor der kritischen Pädagogik und Psychologie, während das Ziel der »Emanzipation« eher selten erreicht wird. Anpassung ist ein vielschichtiger Begriff, soll aber in diesem Zusammenhang im engeren Sinne von Konformismus (vgl. Lipp 1975) verstanden werden. Bei (über-)angepassten oder konformistischen Charakteren erscheint die – partiell sinnvolle und notwendige – Übereinstimmung mit den Normen und Werten der Allgemeinheit (Gruppen, Klassen, Gesellschaft) einseitig ausgeprägt und daher problematisch. Es besteht ein auffälliges Defizit an Eigenständigkeit im Denken und Handeln und damit an Unabhängigkeit von der Umwelt.

Der Angepasste unterwirft sich, wie es Sartre in »Das Sein und das Nichts« (1943) beschrieben hat, dem »Blick des Anderen«. Er sucht dessen Erwartungen möglichst genau zu entsprechen, um nur ja kein Gefühl der Fremdheit aufkommen zu lassen. Dass dies mit einem Verlust innerer Freiheit und einer Entfremdung von sich selbst einhergeht, liegt offen zutage.

In diesen Zusammenhang gehört auch David Riesmans rasch populär gewordenes Buch »Die einsame Masse« (1950), in dem er den »außengeleiteten Charakter« als eine Art Verhaltenskonformität beschreibt. Der Außengeleitete bedient sich gleichsam eines Radargeräts, um sich in seiner sozialen Umwelt zu orientieren, und unterwirft sich mit seiner ganzen Person der öffentlichen Meinung und den wechselnden Modeströmungen.

Die Übermächtigkeit gesellschaftlicher Strukturen gegenüber dem Einzelnen hat in den totalitären Bewegungen des 20. Jahrhunderts, vor allem in den faschistischen und kommunistischen Herrschaftssystemen eine verhängnisvolle Rolle gespielt. Ein Beispiel für extreme Konformität ist der Kadavergehorsam, wie er in den »totalen Institutionen« (Goffman 1973) zu beobachten ist.

Ein anderes Beispiel ist der Antisemit. Er ist ein »terrible simplificateur«, der sein antithetisches Weltbild nur durch den Kunstgriff der Verabsolutierung aufrechterhalten kann. Mit den Worten Sartres:

»Der denkende Mensch zermartert ächzend sein Gehirn, er weiß, dass seine Erwägungen immer nur Möglichkeiten ergeben werden, dass andere Betrachtungen alles wieder in Frage stellen werden, er weiß nie, wohin er geht, er ist allem ›geöffnet‹, und die Welt hält ihn für einen Zauderer. Aber manche

Menschen werden von der ewigen Starre der Steine angezogen. Sie wollen wie Felsblöcke, unerschütterlich und undurchdringlich sein und scheuen jeden Wechsel, denn wohin könnte der Weg führen« (Sartre 1946, 114).

Äußerlich betrachtet erscheint der Antisemit als ein offensiver und aggressiver Mensch. Tatsächlich ist er aber alles andere als kraftstrotzend und selbstbewusst. Er fühlt sich der Realität gegenüber so ohnmächtig, dass er geradezu des antisemitischen Vorurteils bedarf, um sein psychisches Gleichgewicht aufrechtzuerhalten: »Er ist ein Mensch, der Angst hat. Nicht vor den Juden, sondern vor sich selbst, vor seiner Willensfreiheit, seinen Instinkten, seiner Verantwortung, vor der Einsamkeit und vor jedweder Veränderung, vor der Welt und den Menschen, vor allem – außer vor den Juden. Er ist ein uneingestandener Feigling [...] Er wählt für sein Ich die Undurchdringlichkeit des Felsens, die völlige Unverantwortlichkeit des Soldaten, der seinen Vorgesetzten gehorcht« (Sartre 1946, 134).

Sartres Erzählung »Die Kindheit eines Chefs« kann nach der Lesart von *Wolfgang Hegener* als Kindheitsneurose und Jugendkrise eines Antisemiten gelesen werden. Lange Zeit in der Unsicherheit über die eigene Geschlechtsidentität und den eigenen Wert befangen, verhilft ihm ein aggressiver Ausbruch gegen einen Arbeiter, den er für einen Juden hält, sowie die Beleidigung eines Juden – durch Nicht-Grüßen – zu einer »antisemitischen Wahl«. Jetzt ist er derjenige, der sich aus der quälend vertrauten »Wendung gegen sich selbst« befreien, der alles Schmutzige und Triebhafte nach außen projizieren und die anderen seine Macht spüren lassen kann. Jetzt ist er oben, ist er der Starke und endlich bereit, die ihm als Sohn eines Fabrikbesitzers übertragene Rolle als »Chef« zu übernehmen. Damit ist sein weiterer Weg als Karrierist und Erfolgsmensch vorgezeichnet. Dass Sartre dem von ihm geschilderten Prozess der Anpassung an die bürgerliche Gesellschaft ironisch und kritisch gegenübersteht und ihn als Feigheit verurteilt, ist nicht zu verkennen.

Geht Anpassung mit einer konformistisch-gleichgültigen oder gar opportunistischen Gesinnung einher, so bedeutet »Emanzipation« eine Wahl zu treffen, die den Einzelnen aus einengenden gesellschaftlichen und sozialen Bindungen befreit und ihm zu einer neuen Form selbstbestimmten und selbstgestalteten Lebens verhilft. Mit den Worten von Habermas: »Ein Akt der Selbstreflexion, der ›ein Leben ändert‹, ist eine Bewegung der Emanzipation« (Habermas 1968, 261).

Gemeinsam mit Sartre hat Simone de Beauvoir einen philosophischen Entwurf von Emanzipation erarbeitet und ihn in ihren literarischen Werken vertreten. *Günter Gödde* widmet sich dem ersten Band ihrer Autobiografie, den »Memoiren einer Tochter aus gutem Hause«, um zu zeigen, unter welchen spezifischen Bedingungen es der Autorin gelungen ist, sich von den bürgerlichen Wertvorstellungen und Normen ihres familiären und schulischen Umfeldes zu emanzipieren. Bedeutete »emancipatio« in der römischen Antike die Entlassung des Sohnes aus der väterlichen Gewalt, um eine eigene Familie gründen zu können, so geht es hier um das Schicksal einer Tochter und jungen Frau, die über den Weg der Bildung, der Selbstreflexion und neuer menschlicher Bindungen sich aus emotionalen und ideologischen Abhängigkeiten zu lösen vermag.

Literatur

Goffman, I. (1973): Asyle. Über die soziale Situation psychiatrischer Patienten und anderer Insassen. Frankfurt/M. (Suhrkamp).

Habermas, J. (1968): Erkenntnis und Interesse. Frankfurt/M. (Suhrkamp).

Lipp, W. (Hrsg.) (1975): Konformismus – Nonkonformismus. Darmstadt und Neuwied (Luchterhand).

Riesman, D. (1950): Die einsame Masse. Reinbek (Rowohlt) 1985.

Sartre, J.-P. (1943): Das Sein und das Nichts. Reinbek (Rowohlt) 1974.

Sartre, J.-P. (1946): Betrachtungen zur Judenfrage. In: Ders. (1977): Drei Essays. Frankfurt/M., Berlin, Wien (Ullstein).

E. J. & H. K.-G.

Psychoanalyse eines Antisemiten
Jean-Paul Sartre: »Die Kindheit eines Chefs«*

»›Ich bin entzückend in meinem Engelskostümchen.‹ Madame Portier hatte zu Mama gesagt: ›Ihr kleiner Junge ist zum Anbeißen süß. Er ist entzückend in seinem Engelskostümchen.‹ Monsieur Bouffardier zog Lucien zwischen seine Knie und streichelte seine Arme: ›Ein richtiges kleines Mädchen‹, sagte er lächelnd. ›Wie heißt du? Jacqueline, Lucienne, Margot?‹ Lucien wurde ganz rot und sagte: ›Ich heiße Lucien.‹ Er war nicht mehr ganz sicher, ein kleines Mädchen zu sein: viele Menschen hatten ihn geküßt und Mademoiselle genannt, alle Welt fand, daß er mit seinen Gazeflügeln, seinem langen blauen Kleid, seinen nackten Ärmchen und blonden Locken ganz reizend war; er hatte Angst, die Leute würden auf einmal beschließen, daß er kein kleiner Junge mehr war; er würde sich umsonst dagegen verwahren, niemand würde auf ihn hören, er würde sein Kleid nicht mehr ausziehen dürfen, außer zum Schlafen, und morgens beim Aufwachen läge es am Fußende seines Bettes, und wenn er tagsüber einmal Pipi machen wollte, müßte er es hochheben wie Nénette und sich hinhocken. Alle würden zu ihm meine hübsche Kleine sagen; womöglich ist es schon soweit, daß ich ein kleines Mädchen bin; er fühlte sich innerlich so sanft, daß ihm ein kleines bißchen schlecht davon war, und seine Stimme kam ganz flötend aus seinem Mund, und er schenkte allen Leuten mit weichen Bewegungen Blumen; er hatte Lust, sich in die Armbeuge zu küssen« (108).

Mit diesen Sätzen beginnt der berühmte französische Philosoph, Literat und engagierte Intellektuelle Jean-Paul Sartre seine Erzählung über Kindheit und Jugend des sich zum manifesten Antisemiten entwickelnden Lucien Fleurier. Lucien ist ein Junge, wie schon die ersten Zeilen eindrücklich zeigen, der in seiner männlichen Identität stark verunsichert ist. Er ist sich der Realität seines Geschlechts nicht wirklich sicher, zweifelt daran, wirklich ein Junge zu sein. Vielleicht hängt eines seiner zentralen Gefühle, das er schon früh als Kind entwickelt, mit diesem Umstand zusammen. Schon der kleine Lucien glaubt nämlich, dass alles nur Theater, eine Komödie, ein Spiel ist. Entstanden ist dieses Gefühl, als er eines Tages auf dem Töpfchen sitzt und seine Mutter ihn auffordert: »Drück, Lucien, drück, mein Schätzchen, ich bitte dich.« Da hört er plötzlich auf zu drücken und fragt sie: »Bist du denn wenigstens meine richtige

---

* Jean-Paul Sartre (1939): Die Kindheit eines Chefs. In: Gesammelte Werke in Einzelausgaben. Romane und Erzählungen. Band 2. Reinbek (Rowohlt) 1985.

Mama?« Er kann ihr nicht glauben und beschließt, ihr nie wieder zu sagen, dass er, wenn er groß sei, sie heiraten werde. Schon zuvor, nach einem verwirrenden Traum, entscheidet er sich, nie wieder im elterlichen Schlafzimmer zu nächtigen. Seine Verunsicherung ob der unheimlichen nächtlichen Vorgänge dort ist sehr groß, und es gelingt ihm nur, »sich einigermaßen wichtig zu finden«, wenn seine Mutter zweimal im Monat Besuch von anderen Damen bekommt. Ganz entzückt ist er, wenn ihn dann eine dieser Damen auf den Schoß nimmt und ihm sagt: »Meine kleine Puppe.« Nun kann er lachen und sich voller Wonne vorstellen, er sei eine reizende kleine Puppe für Erwachsene.

Gewöhnlich ist Lucien ein sehr braves Kind, doch zuweilen hat er Lust, ungehorsam zu sein. An einem Tag beginnt er, mit seinem Stock Brennnesseln zu schlagen und ruft dabei aus: »Ich liebe meine Mama, ich liebe meine Mama.« Doch auf einmal beginnt er, beim Anblick der kaputtgeschlagenen Brennnesseln Angst zu bekommen. »Ein Geruch nach Verbotenem, mächtig, faul und ruhig, stieg ihm in die Nase« (113). An diesem Tag begreift er, dass seine Mutter ihn nicht liebt, dass er aber ein Leben lang so tun muss, als liebe er sie und seinen Vater. In dieser Zeit, sein Vater ist im Krieg – es ist der Erste Weltkrieg – wird Lucien zu einem kleinen Vandalen. Er zerstört zahlreiche Gegenstände, schlitzt Dinge mit einem Rasiermesser auf, lässt teure Vasen fallen, köpft Bäume und ist doch jedes Mal ganz enttäuscht: Die Dinge sind dumm, sie existieren gar nicht wirklich. Sie reagieren nämlich nicht auf seine Attacken, fügen sich nicht seinem Willen. Am liebsten hätte er ein Tier gequält, das schreit, wenn man ihm weh tut – doch das traut er sich nicht. In der Folge verfällt Lucien in eine Art Verschlafenheit. Man muss ihn anflehen, damit er sein Geschäft macht. Stundenlang bleibt er auf dem »Thron« sitzen. Es gelingt ihm kaum noch, aus seinen Launen herauszukommen.

Diese sich mehr und mehr manifestierende Wirklichkeitsferne und -verleugnung hält Sartre für ein allgemeines Kennzeichen des Antisemiten; er deutet sie vor seinem existentialistischen Hintergrund als Angst vor der Freiheit und Einsamkeit der Existenz.[1] Wir wollen dieses Merkmal jedoch

---

[1] Sartre schreibt: »Es handelt sich um eine Urangst vor dem Ich, eine Scheu vor der Wahrheit. Sie [die Antisemiten] fürchten nicht so sehr die innere Wahrheit, die sie nicht einmal ahnen, als ihre stets fliehende, unerreichbare Gestalt« (Sartre 1946, 114). An anderer Stelle heißt es weiter: »Dieses Vorbild enthebt ihn davon, sein Ich in sich selbst zu suchen, er hat beschlossen, nach außen zu leben, sich nie zu erforschen und nichts zu sein als die Angst, die er anderen einflößt. Aber mehr noch als vor der Vernunft, flieht er vor dem heimlichen Wissen um sich« (ebd., 116). Später formuliert es Sartre noch bündiger: »Der Antisemit ist, kurz gesagt, die Angst, Mensch zu sein« (ebd., 135).

genauer psychoanalytisch interpretieren und in einem ersten Schritt der Näherung als Hinweis einer analsadistischen und narzisstischen Strukturierung nehmen. Lucien unterwirft die Dinge der »Allmacht der Gedanken« (Freud 1912-13a), er will sie in omnipotenter Weise beherrschen und kontrollieren, will, dass sie ihn seine Macht spüren lassen. Widersetzen sich die Gegenstände aber seinen Manipulationen, reagieren sie nicht, so löst dies heftige sadistische Impulse aus, und Realität wird schlicht geleugnet bzw. zu Abfall und reinem Schmutz degradiert (»Dreckiger Baum, dreckiger Kastanienbaum! Warte nur ab, wart's nur ab!«). Sein »Wirklichkeitssinn« (Ferenczi 1913), also die volle Anerkennung der materiellen Realität, misslingt gründlich. Lucien flüchtet sich in die rettende und narzisstische Fantasie, die Realität der Dinge, aber auch die seiner Eltern, die ihn hervorgebracht haben, existiert nicht – das Gefühl der Unterlegenheit und Minderwertigkeit wäre ansonsten wohl allzu groß. Wir können weiter vermuten, dass Lucien am Ödipuskomplex, hier vor allem an der Anerkennung des schöpferischen elterlichen Paares, so wie sie Money-Kyrle (1971) als eine der Grundtatsachen des Lebens beschrieben hat, und der väterlichen Macht gründlich zu scheitern beginnt. Wichtig ist dabei, dass er den frühen ödipalen Misserfolg als eine tiefe narzisstische Kränkung erlebt (vgl. dazu auch Grunberger 1961, 9), die zu einer Regression führt. Am glücklichsten scheint er nämlich zu sein, wenn er sozusagen eine kleine (bisexuelle) Puppe, eine »Ding-Schöpfung« (Khan 1983) ist und wenn er stundenlang auf seinem »Thron« hocken kann. Hier sitzt nicht der Vater, sondern er allein; nur hier gelingt es ihm, ungestört durch die Realität des elterlichen Paares, seinen omnipotenten Fantasien nachzuhängen, die ihn in einen tranceähnlichen, realitätsabgewandten Zustand führen. Seine Ausscheidungen, in die hinein er zum einen seine narzisstische Destruktivität abspaltet und die zum anderen für die entwerteten inneren Objekte stehen (vor allem wohl für den Vater), an deren Stelle später die Juden treten werden, kann er beliebig attackieren, kontrollieren und zurückhalten. Vielleicht ist diese obsessive Beschäftigung mit den eigenen Ausscheidungen sogar mit der narzisstischen Fantasie einer (analen) Selbstgeburt verbunden, die ihn in omnipotenter Weise aus der Abstammungslinie seiner Eltern herausschreibt.

Doch verfolgen wir die Entwicklung Luciens weiter. Besonders schön sind die Sonntage, dann geht Lucien mit seinem Vater durch die Stadt spazieren. Dabei begegnen ihnen Arbeiter des Vaters, die ihn, aber auch Lucien, ehrerbietig grüßen. Nach einem solchen Spaziergang erklärt Monsieur Fleurier seinem Sohn, was ein Chef ist, und dass er eines Tages ein solcher werden wird und die Arbeiter ihm dann gehorchen werden. In der Schule fühlt sich

Lucien hingegen nicht wohl; er ist nach Aussage seines Lehrers zwar höflich und fleißig, aber an allem so »schrecklich unbeteiligt«. Es ist für ihn vor allem ein Graus, ja eine Verurteilung, groß und erwachsen werden zu müssen. Er weiß nicht, was er mit seinem Körper anfangen soll. Egal, was er anstellt, er hat immer den Eindruck, dass dieser Körper dabei ist, »von allen Seiten gleichzeitig zu existieren, ohne ihn danach zu fragen« (121). Und auch jetzt fällt auf, dass Lucien auf die Eigenwilligkeit seines Körpers (vermutlich auf unwillkürliche genitale Erregungen) mit einer analen Regression reagiert und in einer femininen Einstellung anal-passive Penetrationswünsche entwickelt: Er zieht sich auf das »Örtchen« zurück, dort beruhigen ihn die Kühle, Einsamkeit und der Wohlgeruch. Und er fantasiert, dass er durchs Schlüsselloch im Badezimmer beobachtet wird, dass er in die Hocke geht, damit sein Hintern »schön gewölbt und schön lächerlich« aussieht. Dann stellt er sich vor, dass sich Monsieur Bouffardier, ein Freund der Familie, anschleicht und ihm ein Klistier verabreicht. Er ergeht sich weiter in der Vorstellung, er sei unsichtbar, und beginnt die Erwachsenen durch das Schlüsselloch bei ihrer Toilette zu beobachten.

Es handelt sich hier um eine Verkehrung von passiv in aktiv: Lucien will sich rächen, sehen, wie die anderen gebaut sind, ohne dass sie es wissen. Nach anfänglichen Triumphgefühlen (er bildet sich ein, dass kein Schüler seines Alters die weiblichen Organe so gut kennt wie er) wird er jedoch »von entsetzlichen Ängsten ergriffen« – Ängsten vor der Rache der angegriffenen, fäkalisierten und dann ausgestoßenen Objekte. Die passiv-feminine bzw. homosexuelle Einstellung gegenüber dem Vater, die sich bei Lucien verschoben ausdrückt (es ist Monsieur Bouffardier und nicht sein Vater, der ihm in seiner Fantasie das Klistier verabreicht), bedroht seine Männlichkeit massiv, löst enorme Wut aus und muss mit allem Aufwand verdrängt bzw. gegenbesetzt werden. Es kommt gewissermaßen zu einer mehrphasigen zwangsneurotischen Verarbeitung der Urszene (vgl. dazu Freud 1918b): Zuerst nimmt Lucien die Position der Mutter ein und lässt sich vom Vater penetrieren. Dann jedoch gibt er diese Position auf, da sie ihn seiner Männlichkeit zu berauben droht, und wird schließlich Beobachter hinter dem Schlüsselloch. Dort kann er sich sicher fühlen vor den erniedrigenden und ihn unterwerfenden Attacken und die Objekte omnipotent kontrollieren. In jedem Falle ist es nicht Lucien, der in kränkender Weise aus der elterlichen Verbindung ausgeschlossen bleibt, sondern er nimmt eine gleichsam panoptisch-kontrollierende Position ein. Der Preis ist allerdings hoch: Lucien kann so niemals die Realität der ödipalen Position, die immer mit der Anerkennung des Ausgeschlossenseins verbunden ist, erreichen und muss in der analen Fixierung verharren.

Als Lucien in die Pubertät kommt, ziehen die Fleuriers nach Paris, und dort erlebt er eine schwere innere Krise. Eines Sonntagmorgens sitzt er in seinem Zimmer über einer Physikaufgabe, grübelt über eine Kritik eines Freundes nach, er sei ein Angeber, und gerät darüber fast in einen psychotischen Zustand der Depersonalisation.

»Lucien machte verzweifelte Anstrengungen, dieses Stück Wolke anzusehen, und er spürte plötzlich, daß er hineinfiel, kopfüber, er befand sich mitten im Schwaden und wurde selbst Schwaden, er war nur noch weiße und feuchte Wärme, die nach Wäsche roch. Er wollte aus diesen Schwaden ausbrechen und zurückweichen, aber er kam mit ihm« (125).

Lucien kann keine positive Antwort auf die Frage finden: Wer und was bin ich? »Lucien erschauderte, und seine Hände zitterten: ›Es ist soweit‹, dachte er, ›es ist soweit! Ich wusste es genau: ich existiere nicht.‹« (126).

Er hält nun die ganze Existenz für eine, wenn auch hartnäckige, Illusion und dünkt sich in der »boshaften Überlegenheit«, ein Geheimnis zu besitzen, die Vorstellung nämlich, dass die Welt ein »Schauspiel ohne Schauspieler« sei. Dies schützt ihn vor allem vor Enttäuschungen. Als der Sohn eines Arbeiters ihn nicht wiederzuerkennen scheint, ist Lucien schwer enttäuscht und mehr denn je von der Nicht-Existenz der Welt überzeugt.

In dieser Zeit, es ist die Zeit der vollen Pubertät, lernt Lucien einen neuen, leicht exzentrischen und aufschneidenden Mitschüler, Berliac, kennen, den er anfänglich sehr für seine Eleganz bewundert. Es ist Berliac, der ihn auf die Psychoanalyse hinweist und ihn veranlasst, Bücher Freuds zu lesen. Lucien denkt jetzt in geradezu zwangsneurotischer Manier den ganzen Tag über seine Komplexe nach und stellt sich »mit einem gewissen Stolz die dunkle, grausame und gewalttätige Welt vor, die unter den Dämpfen seines Bewußtseins brodelte« (131). Die »Freundschaft« zu Berliac erweist sich schnell als eine Enttäuschung und als ein »Mißverständnis«. Lucien schwelgt zwar auch in der »pathetischen Schönheit des Ödipuskomplexes«, will aber, offensichtlich ganz im Gegensatz zu Berliac, seine Komplexe loswerden. Sexuell infantil zu bleiben, so seine Überlegung, passe so gar nicht zu einem gestandenen Mann, der als Chef Führung übernimmt. Enttäuscht ist Lucien auch darüber, dass Berliac ihm keine Frauen verschafft; von einer hübschen Mätresse verspricht er sich, seine quälenden Gedanken loszuwerden.

Über Berliac lernt Lucien einen Mann kennen, der eine hohe Faszination auf ihn ausübt: Es ist der etwa 35-jährige homosexuelle Bergère, der als Surrealist und Kenner der Psychoanalyse vorgestellt wird und schon bald ein großes Interesse an Lucien zeigt. Über Berliac sind sich beide sehr schnell einig, sie schließen ihn aus: »Wissen Sie, dass seine Großmutter mütterlicherseits eine Jüdin ist? Das erklärt so einiges« (137). Bergère konfrontiert Lucien mit obszöner Literatur, gibt ihm Werke von Rimbaud und dem Marquis de Sade zu lesen. Lucien ist schockiert und begeistert zugleich. Einerseits hält er Bergère, der ihm erklärt, die Vorstellung, die spezifischen sexuellen Objekte des Mannes seien die Frauen, weil sie ein Loch zwischen den Beinen hätten, sei ein Irrtum der Gesetzten, für ein Genie. Andererseits jedoch erwacht er nachts, ist schweißgebadet und überschwemmt von monströsen und obszönen Visionen. Er sieht sich zuweilen, »ganz klein, in einem langen blauen Kleid und mit Engelsflügeln, wie er Blumen bei einem Wohltätigkeitsbasar verteilte« (140). Lucien hat schlicht Angst und fühlt sich nur noch in der Gegenwart seiner Eltern, zu denen er sich in dieser Zeit verstärkt flüchtet, wohl. Bergère macht sich mehr und mehr an Lucien heran, lässt ihn seine Zärtlichkeit spüren und arrangiert schließlich eine gemeinsame Fahrt mit mehreren Hotelübernachtungen. Gleich am ersten Abend startet Bergère einen recht brutalen und beschämenden Verführungsversuch. Lucien reagiert darauf, angefüllt mit einigem Alkohol, mit heftigem Ekel; er glaubt, sich übergeben zu müssen.

> »Umsonst steckte er sich zwei Finger in den Hals, er konnte nicht brechen. Da ließ er automatisch die Hose herunter und setzte sich zitternd auf den Thron. ›So ein Schwein‹, dachte er, ›so ein Schwein!‹ Er war entsetzlich gedemütigt, aber er wußte nicht, ob er sich schämte, weil er Bergères Zärtlichkeiten geduldet hatte oder weil er von ihnen nicht erregt worden war. [...] Nach einer Weile bekam er heftigen Durchfall, der ihn etwas erleichterte: ›Es geht unten heraus‹, dachte er, ›das ist mir lieber‹« (145).

Wieder im Schlafzimmer, legt er sich zu Bergère ins Bett, und sie schlafen miteinander. Lucien ist von diesem Erlebnis zutiefst beschämt und erlebt in Paris einen Zusammenbruch. Er fühlt sich nun als Homosexueller, als Tunte, verachtet und verstoßen. Es gelingt ihm jedoch, sich von Bergère abzuwenden; er gibt auch seinen Plan auf, sich einer psychoanalytischen Kur zu unterziehen. All dies gilt ihm jetzt nur noch als Episode und Zeichen einer vorübergehenden Krise. »»Ich hätte mich beinah verloren‹, dachte er, ›aber meine moralische Gesundheit hat mich geschützt!‹« (150).

Grunberger (1961, 13 f. und 2000, 94 f.) hat nachdrücklich darauf aufmerksam gemacht, dass der Adoleszenz für die Herausbildung einer antisemitischen Struktur eine konstitutive und organisierende Funktion zukommt, ganz so wie dies auch Sartre in seiner Erzählung beschreibt. An der Schwelle zum Erwachsenenalter, die zugleich mit einem sexuellen Aufschwung und einem narzisstischen Schub verbunden ist, entscheidet sich Lucien, wie wir später noch genauer sehen werden, für die »antisemitische Wahl«. Zuvor hat er erhebliche Zweifel an seiner männlichen Identität und gerät in eine homosexuelle Verführungssituation. Diese reaktiviert seine passiv-feminine Einstellung und führt zu einer massiv beschämenden Unterwerfung unter einen wesentlich älteren Mann. Auch in dieser Situation regrediert Lucien auf seine Analität. Nur auf seinem »Thron« findet er noch Halt und kann seinen ödipalen Hass mobilisieren, indem er das entwertete väterliche Objekt abführt. Gerade diese Überwertigkeit des Analsadismus führt aber dazu, wie wir im Folgenden noch genauer verfolgen werden, dass Lucien eine wirkliche narzisstische und ödipale Reifung sowie die Integration beider Dimensionen nicht gelingen kann.

Nach der beschriebenen Trennung von Bergère wendet sich Lucien seinen Mitschülern und Kameraden wieder zu, erklärt ihnen die Irrtümer Freuds, lässt sich bewundern und denkt an die Verantwortung, die er dereinst als Chef zu tragen hat. Nur manchmal noch trauert er seinen Komplexen nach, doch glauben tut er nicht mehr daran: »Ich bin nichts‹, dachte er, ›aber das liegt daran, daß nichts mich beschmutzt hat. Berliac dagegen steckt tief im Schmutz. Ich kann etwas Ungewissheit schon ertragen: das ist der Preis der Reinheit.‹« (152). Hier deutet sich eine Spaltung an, der eine große Bedeutung zukommt. Alles Schmutzige und Triebhafte wird nach außen projiziert – hier auf Berliac, dem ja der Makel des Jüdischen anhaftet –, um selbst in aller »Reinheit« erstrahlen zu können. Wir können auch hier festhalten, dass die Integration der Analität nicht gelingt und der destruktive Narzissmus gesteigert wird. Da gibt es diesen weißen Nebel, der in seinem Kopf wabert. Er ist da, verdaut, gähnt, doch er weiß zugleich gar nicht, was er mit diesem Leben, ein »riesengroßes und unnützes Geschenk«, anfangen und wie er es ablegen soll. In dieser inneren Lage macht er sich an eine 17-jährige Bedienstete seiner Eltern heran. »Sie ist mein Eigentum, ich kann mit ihr machen, was ich will‹« (156). Aber er lässt dann doch von ihr ab und ist sehr zufrieden mit sich. Sie hat sich ihm, so seine Gedanken, angeboten, und er hat sie nicht gewollt. Er ist der Meinung, dass er von nun an keine Jungfrau mehr ist.

In der Schule lernt er neue Kameraden kennen, unter anderem den nationalistischen und antisemitischen Lemordant. Dieser ist ein sehr ruhiger junger Mann, geradezu ein Buddha; wütend wird er nur, wenn ihm ein »Itzig« quer kommt. Lucien ist schwer beeindruckt. »›Ich wäre gern Lemordant, das ist einer, der seinen Weg gefunden hat!«« (161). Und obwohl er mit seinem Freund Guigard ein Mädchen kennen lernt, von der er allerdings enttäuscht ist, will der Gedanke an seine kleine, traurige und vage Existenz nicht weichen. Doch langsam bekommt er Kontakt zu der extrem nationalistischen Gruppe Lemordants. Er liest die antisemitischen Pamphlete von Barrès und ist begeistert. Endlich keine Psychologie mehr! Die jungen Leute, von denen hier die Rede ist, sind keine Deklassierten und keine Kranken. Lucien entdeckt in sich die »moralische Gesundheit« seiner auf dem Lande verwurzelten Vorfahren. Endlich kann er dem nie versiegenden Geschwätz seiner Gedanken und Grübeleien entkommen und die Kraft finden, ein Chef zu werden. Doch vorerst wagt er nicht, daran zu glauben, zu oft schon ist er enttäuscht worden. Er spricht Lemordant an, der ihm sagt, er brauche praktische Erfahrung, und ihn zu den Versammlungen mitnimmt. Die jungen Leute dort hatten »die Verwirrungen und Unsicherheiten ihres Alters hinter sich, sie brauchten nichts mehr zu lernen, sie waren fertig« (164). Nach anfänglichem Befremden zieht ihn auch die brutale Frivolität der Gruppe an. Einer von ihnen trägt in seiner Tasche ein Stück von einem alten Präservativ mit sich herum, von dem er sagt, es sei die Vorhaut Léon Blums.[2] Die Gruppe grölt auch, als sie erfährt, dass der Frau eines bekannten Gegners die Beine abgefahren worden seien. Für Lucien ist das bald nichts mehr als die Behauptung eines Rechts. Es überkommt ihn eine »heilige Wut«. Trotz aller erneut auftretenden Anfälle von Weltschmerz fühlt sich Lucien nun hart wie ein Stein. Einmal in Schwung, ergeht er sich in Witzen und lässt bissige Bemerkungen über die Juden und Berliac ab. Lemordant erklärt ihm nun: »Du bist ein Reiner« (166).

---

[2] Wir können dies in folgender Weise interpretieren: Der Antisemit ist gewissermaßen ein auf einen frühen und primitiven Ödipuskomplex fixiert gebliebener Narzisst, und »der« Jude trägt in seiner durch Dissoziationen und Projektionen geprägten Vorstellungswelt Züge eines gespaltenen Vaterbildes: Einerseits ist der Vater mächtig und verfolgend, eben Repräsentant des gehassten moralischen Über-Ich, andererseits jedoch so schwach und ohnmächtig, eben »beschnitten«, wie der gehasste Vater zumal in der Adoleszenz gewünscht wird. Diesen kann man nun ohne moralische Einsprüche und Schuldgefühle verfolgen. Der Antisemit benutzt für die Spaltung seines Vaterbildes insbesondere die Vorstellung von Beschneidung, die unbewusst die Bedeutung der Kastration annimmt und Inbegriff des eigenen, projizierten »negativen Narzissmus« ist (vgl. Grunberger 1961; Grunberger & Dessuant 2000; Hegener 2001).

Die schlecht aufgelöste, nicht integrierte und deshalb projizierte Analität verbindet sich bei Lucien zunehmend mit einem sozusagen »reinen Narzissmus« (Grunberger), das heißt mit einem Narzissmus, der in seinem Willen zum Absoluten und zur Allmacht nicht durch Rationalität und Realität, also durch ein reifes Ich *und* Über-Ich, vor allem durch die Fähigkeit, Schuld zu empfinden, zu begrenzen ist. Dieser rechtfertigt jede Form von Gewalt; der Antisemit ist, wie es Sartre so treffend formuliert, ein »keuscher Sadist«, ein »unbefleckter Verbrecher« (Sartre 1946, 132) – diese Art Sadismus unterscheidet sich vom »perversen« Sadismus, bei dem die libidinöse Bindung ans Objekt ja gerade die Bedingung seiner Möglichkeit ist. Der »keusche Sadismus« der Antisemiten hingegen ist ein rein narzisstischer und religiöser, das Objekt wird vollends gleichgültig, reiner Abfall, der ohne Schuldgefühle für die »heilige Sache« beseitigt werden kann. Besonders erschreckend wird dies deutlich, als die Gruppe mit äußerster Brutalität einen »gräulichen kleinen Mann« zusammenschlägt, der »L'Humanité« liest. Als ein Freund Lucien lobt, er habe einen famosen Schlag, antwortet er lediglich: »Er war ein Jude!« Jede weitere Ergänzung erübrigt sich scheinbar; Jude zu sein, rechtfertigt a priori jede Form der Gewalt und des Sadismus, sie ist eine religiös begründete, und damit eben heilige und reine Gewalt.

Am übernächsten Tag geht Lucien lächelnd mit einem dicken Rohrstock zu seiner Freundin Maud. Ihr ist sofort klar, dass er sich nun entschlossen hat, Mitglied der Gruppe zu werden, und fühlt sich geschmeichelt (obwohl sie eher der Linken zugeneigt ist). Kurz darauf schläft er zum ersten Mal mit ihr. Mit diesem Akt jedoch schwindet all seine Achtung vor Maud. Bis dahin hat er ihre Verschlossenheit und ihren Ruf als anständiges Mädchen begehrt. Doch dieser Lack ist mit einem Mal ab, übrig bleibt nur Fleisch.

> »Er hatte eine dicke feuchte Fleischblume besessen. Er sah das blinde Tier wieder, das klatschend und haarig klaffend in den Decken zuckte, und dachte: das waren wir beide. Sie waren eins gewesen, er konnte sein Fleisch von dem Mauds nicht mehr unterscheiden; nie hatte ihm jemand diesen Eindruck ekelhafter Intimität vermittelt« (170).

Er fühlt sich wie ein besudelter langer Spargel. Es ist auffällig, wie sehr Lucien die körperliche Intimität mit einer Frau abwehren und entwerten muss: Sie wird durch den genital-sexuellen Akt zu einem Stück tierischen und ekligen Fleisches und damit ihrer menschlichen Individualität entkleidet. Doch mehr noch: Lucien erlebt den Akt als eine bedrohliche Verschmelzung mit dem weiblichen Körper, die ihn seiner höchst unsicheren männlichen Identität zu berauben droht und unbewusst wohl für die ängstigende Imago einer (wieder-)verschlingenden Mutter steht. Weil die anale Fixierung so stark, die Integration des Triebes so gründlich misslungen und das ödipale Scheitern so groß ist, kann Lucien eine wirkliche, genital geprägte Intimität nicht eingehen und aushalten.

Mit seinem Freund Guigard ist sich Lucien schnell einig, dass es Frauen wie Maud geben müsse, schließlich könne man als Mann nicht bis zur Hochzeit keusch bleiben. Binden solle man sich aber nicht an sie. Nun wendet er sich den Schwestern seiner Freunde und deren Freundinnen zu. Ihnen gegenüber fühlt er sich rein und stark und lächelt ihnen zu. Er wird zum 18. Geburtstag von Guigards Schwester zu deren Party eingeladen – dieses Ereignis bildet den Höhepunkt der Erzählung. Schnell entdeckt er in der Gesellschaft einen Juden, und es überkommt ihn eine entsetzliche Wut. Als dieser ihm zur Begrüßung die Hand ausstreckt, dreht sich Lucien auf dem Absatz um und geht. Allein auf der Straße ist seine Wut jedoch schnell verraucht. Er empfindet die Situation nun als eine Katastrophe, glaubt, dass seine Freunde ihn für verrückt erklären. »»Alles ist verpfuscht‹, sagte er sich, ›ich werde nie jemand sein‹« (172). Doch all diese Pein löst sich auf, als ihm Guigard am nächsten Morgen sagt, es tue ihm leid, den Juden eingeladen zu haben. Nun befindet sich Lucien in einem Zustand »außergewöhnlicher Überschwenglichkeit«, er fühlt sich »sauber und rein wie ein Chronometer« (174). Die Juden hingegen sind für ihn kaum mehr als Quallen, Mitglieder einer erniedrigten Fauna. In einem manischen Hochgefühl findet er zu einer neuen Selbstdefinition: »»Lucien, das bin ich! Jemand, der Juden nicht ausstehen kann‹« (175). Ihm wird jetzt auch endgültig klar, dass es keinen gefährlicheren Fehler gibt, als in sich hineinzuschauen. »Den wahren Lucien – das wusste er jetzt – musste man in den Augen der anderen suchen, im furchtbaren Gehorsam« (176). Er wird eines Tages der Chef sein und eine Frau finden, die für ihn keusch bleibt. Sie wird bis in den geheimsten Winkel ihres Körpers hinein sein Recht als Herrn anerkennen, sie als Einziger zu besitzen. Bei all diesen überwältigenden Gedanken wird Lucien ganz ungeduldig und fragt sich, ob sein Vater nicht bald sterben kann. Die Metamorphose ist vollendet, aus einem unsicheren Jüngling ist ein Mann geworden, ein »Chef unter den Franzosen«, der beschließt, sich einen Schnurrbart wachsen zu lassen.

Der Kreis ist geschlossen. Durch die Abweisung des Handschlages endgültig manifestiert, gelingt es Lucien mittels seines Antisemitismus, eine pseudomännliche Identität auszubilden. Nun kann er sich, durch keines Gedankens Blässe mehr getrübt, ganz als Herr und Chef fühlen und, einer pervertierten Herr-Knecht-Dialektik gleich, sich über die Angst und Unterwerfung, die er im Blick der anderen hervorruft, spiegeln und stabilisieren. Resultierend aus seinem frühen ödipalen Scheitern und seiner analen Fixierung wird alles Schmutzige und Unreine, letztlich alles Triebhafte aus dem purifizierten narzisstischen Ich ausgeschlossen und konsequent auf die Juden projiziert. Jedes Gefühl der Reue und Schuld erscheint ihm nun als unmännlich – Hitler würde wohl sagen: als eine perfide jüdische Erfindung, die die rücksichtslose Durchsetzung der reinen Ideale verhindert. Im Juden wird das verworfene und zu verfolgende ödipal-väterliche Gesetz gesehen, das allen Hass und einen gnadenlosen Zerstörungswillen auf sich zieht. Lucien erwartet nichts sehnlicher als den Tod seines Vaters.

Sartre, bekanntlich kein allzu großer Freund der Psychoanalyse (sein Essay »Betrachtungen zur Judenfrage« trägt allerdings den sprechenden Untertitel »Psychoanalyse des Antisemitismus«), hat diese psychodynamischen Zusammenhänge, die durch zahlreiche psychoanalytische Erklärungsmodelle des Antisemitismus bestätigt werden konnten (vgl. dazu etwa die Übersicht von Beland 1992), in seiner Erzählung in subtiler Weise erfasst und dargestellt.

Adorno hat einst, als es prinzipiell noch möglich war, vorgeschlagen, dass sich die nationalsozialistischen Täter einer langjährigen Analyse unterziehen sollten, um herauszufinden, wie ein Mensch so werden könne. »Das, was jene an Gutem irgend noch tun könnten, ist, wenn sie selbst, in Widerspruch zu ihrer eigenen Charakterstruktur, etwas dazu helfen, daß es nicht noch einmal so komme« (Adorno 1969, 98). Meines Wissens nach findet sich in der psychoanalytischen Literatur tatsächlich aber keine einzige Darstellung einer solchen Analyse eines manifesten Antisemiten. Zur Wahrheit gehört aber auch, dass viele Psychoanalytiker, zumal in Deutschland, die Realität des Antisemitismus in den Analysen aufgrund eigener unbearbeiteter Verstrickungen oft ausgeblendet haben. Sartres Erzählung ist gerade aufgrund des vielfältigen Verschweigens so wertvoll und unverzichtbar für uns.

Schließen möchte ich mit einigen Sätzen Sartres, geschrieben in Frankreich kurz nach Beendigung des 2. Weltkrieges, also nach der Shoah, dem »Zivilisationsbruch« (Diner) schlechthin. Diese Sätze besitzen gerade auch für uns in Deutschland Gültigkeit und haben ihre Aktualität bei weitem nicht verloren. Sie betonen, dass es nicht um eine irgendwie geartete »Judenfrage« geht, sondern dass die Situation und das Schicksal der Juden uns alle existentiell betreffen und betreffen müssen – weshalb das wiederholte Trauern um die Millionen ermordeten europäischen Juden so unabdingbar für den Erhalt der Kultur ist. »Man wird jedem Einzelnen darlegen müssen, daß das Schicksal der Juden auch *sein* Schicksal ist. Kein Franzose wird frei sein, solange die

Juden nicht im Vollbesitz ihrer Rechte sind. Kein Franzose wird sicher sein, solange ein Jude in Frankreich, *in der ganzen Welt*, um sein Leben zittern muss« (Sartre 1946, 190).

Literatur

Adorno, Th. W. (1966): Erziehung nach Auschwitz. In: Ders.: Erziehung zur Mündigkeit. Vorträge und Gespräche mit Hellmut Becker 1959–1969. Frankfurt/M. (Suhrkamp).

Beland, H. (1992): Psychoanalytische Antisemitismustheorien im Vergleich. In: W. Bohleber & J. Kafka (Hg.): Antisemitismus. Bielefeld (Aisthesis).

Ferenczi, S. (1913): Entwicklungsstufen des Wirklichkeitssinnes. In: Ders. (1970): Schriften zur Psychoanalyse, Band 1. Frankfurt/M. (Fischer).

Freud, S. (1912-13a): Totem und Tabu. GW IX.

Freud, S. (1918b): Aus der Geschichte einer infantilen Neurose. GW XII, 27–157.

Grunberger, B. (1962): Der Antisemit gegenüber dem Ödipuskomplex. In: Ders. (1988): Narziss und Anubis. Die Psychoanalyse jenseits der Triebtheorie. Band 1. Stuttgart (Verlag Internationale Psychoanalyse).

Grunberger, B. & Dessuant, P. (2000): Narzissmus, Christentum, Antisemitismus. Eine psychoanalytische Untersuchung. Stuttgart (Klett-Cotta).

Hegener, W. (2001): Wege aus der vaterlosen Psychoanalyse. Vier Abhandlungen über Freuds »Mann Moses«. Tübingen (edition diskord).

Khan, M. M. R. (1983): Entfremdung bei Perversionen. Frankfurt/M. (Suhrkamp).

Money-Kyrle, R. (1971): The aim of psycho-analysis. In: International Journal of Psycho-Analysis 52, 103–106.

Sartre, J.-P. (1946): Betrachtungen zur Judenfrage. In: Ders. (1977): Drei Essays. Frankfurt/M., Berlin, Wien (Ullstein).

Wolfgang Hegener

Der Emanzipationsprozess in Simone de Beauvoirs »Memoiren einer Tochter aus gutem Hause«*

Die »Memoiren einer Tochter aus gutem Hause« (1958) lassen sich als klassischer Entwicklungs- und Bildungsroman lesen, in dem Simone de Beauvoir ihre Individuation unter Loslösung vom bürgerlich-christlichen Wertsystem ihrer Klasse und von der traditionellen Frauenrolle schildert und analysiert.

Dieser Emanzipationsprozess wird in wichtigen Aspekten – Familienloyalität, Religiosität, bürgerliche Wertorientierung, Intellektualität, Frauenrolle, Liebe und Ehe – kontrastierend zum Schicksal ihrer Jugendfreundin Zaza (Elisabeth Mabille) dargestellt. Am Ende der »Memoiren« mündet er in die Begegnung mit ihrem Lebensgefährten Jean-Paul Sartre ein, mit dem sie dann jahrzehntelang literarisch und philosophisch an einer existentialistischen Freiheitskonzeption arbeitete.

Simone de Beauvoir wurde 1908 geboren. Nach ihrer Erinnerung war sie ein aktives und vitales Kind, das seinen Eigenwillen gegen die elterlichen Versagungen und Verbote vehement zu behaupten suchte. Ihre Wutanfälle veranlassten die Mutter zu dem Kommentar: »Wenn man Simone anrührt, wird sie violett.« Der Vater charakterisierte sie als »eigensinnig wie ein Maulesel« und bezeichnete sie sogar als »unsoziabel« (15).

Mit fünfeinhalb Jahren kam Simone auf die katholische Privatschule »Cours Désir«. Von Anfang an hatte sie Freude am Lernen, und nach und nach verwandelte sie sich in ein »artiges Kind«, das ein paar Jahre hindurch »das getreue Abbild« ihrer Eltern war (31).

Die Mutter, mit der sie in einer Art emotionaler Symbiose lebte, führte sie zur Messe, nahm persönlich am Unterricht teil, wählte sorgfältig die geeignete Lektüre aus und war die Vertraute in allen persönlichen Dingen: »In jedem Augenblick war sie noch im Innersten meines Herzens als Zeuge da, und ich machte kaum einen Unterschied zwischen ihrem und Gottes Auge über mir« (38).

Der Vater führte seine acht Jahre jüngere Frau in das Leben und in die Welt der Bücher ein und pflegte sein paternalistisches Selbstverständnis mit dem Satz zu unterstreichen: »Eine Frau ist, was ihr Mann aus ihr macht« (36). Auch Simone nahm er in seine geistige Obhut und förderte ihre kulturellen Interessen,

---

* Simone de Beauvoir (1958): Memoiren einer Tochter aus gutem Hause. Reinbek (Rowohlt) 1984.

besonders durch seine Leidenschaft für das Theater und die Literatur: »Ich war für ihn weder Körper noch Seele, sondern einzig Geist. [...] Er neigte sich nicht zu mir herab, sondern hob mich zu sich empor« (36 f.). In seinem Wertesystem stand die Vaterlandsliebe an oberster Stelle. Im privaten Bereich huldigte er dem Kult der Familie und trat für die klassische Rollenaufteilung zwischen Mann und Frau ein. Dementsprechend stand er dem Sozialismus, der Frauenbewegung und jeglichem Emanzipationsdenken ablehnend gegenüber.

Im Verhältnis zu der zweieinhalb Jahre jüngeren Schwester Poupette, die sie als »zweites Ich« und »Doppelgängerin« bezeichnete, nahm Simone die Führungsrolle ein; beide waren einander »unentbehrlich« (42). Da sie sehr fromm war und auch mit Gott in liebevoller Übereinstimmung lebte, hielt sie es für ein ungewöhnliches Glück, dass ihr »der Himmel ausgerechnet diese Eltern, diese Schwester, dieses Leben zugeteilt hatte« (45).

Im Alter von knapp zehn Jahren begann die Freundschaft zwischen Simone und Zaza. Von diesem Zeitpunkt an bis zum Abitur waren sie Klassenkameradinnen auf der »Cours Désir«. Die Bedeutung dieser Jugendfreundschaft hat de Beauvoir sehr hoch angesetzt: »Sich mit jemandem von Grund aus zu verstehen, ist in jedem Fall ein großes Privileg; für mich war es buchstäblich nicht mit Gold aufzuwiegen. In meiner Erinnerung leuchten die Stunden, die ich mit Zaza plaudernd [...] verbrachte, in unvergleichlichem Zauber« (Beauvoir 1960, 26).

Zaza stammte aus einer streng katholischen, vermögenden und gut situierten Familie. Simone war besonders von ihrer Unbefangenheit im Umgang mit den Lehrerinnen beeindruckt: »Ihre natürliche Art stand im Gegensatz zu den stereotypen Stimmen der anderen Schülerinnen; sie machte wundervoll Mademoiselle Bodet nach; alles, was sie sagte, war interessant oder amüsant« (86).

Auch ihrer Mutter gegenüber war Zaza keineswegs unterwürfig. Nachdem es ihr bei einem Schulkonzert gelungen war, ihr Stück fehlerlos zu spielen, warf sie ihrer Mutter einen triumphierenden Blick zu und streckte ihr – zum Entsetzen ihrer wohlbehüteten Mitschülerinnen – die Zunge heraus, worauf die Mutter amüsiert reagierte und ihr einen vergnügten Kuss gab. Diese Unkonventionalität von Mutter und Tochter rief bei Simone große Bewunderung hervor: »Obwohl ich selbst mich den Gesetzen, den Klischees, den Vorurteilen unterwarf, liebte ich doch, was neu, was spontan war und von Herzen kam« (88 f.).

Simone und Zaza wurden bald zu Freundinnen und führten nun

»richtige Unterhaltungen wie am Abend Papa mit Mama. Wir sprachen von unseren Schulaufgaben, unserer Lektüre, unseren Kameradinnen, unseren

Lehrern, von dem also, was wir von der Welt kannten, nicht aber von uns selbst. Niemals arteten unsere Gespräche in Vertraulichkeit aus. Wir erlaubten uns keine allzu große Annäherung. Wir sagten einander förmlich ›vous‹, und außer am Schluß von Briefen gaben wir uns keinen Kuß« (87 f.).

Für Simone rangierte diese Freundschaft zunächst eindeutig hinter der Liebe zu ihren Eltern und ihrer Schwester, bis ihr eines Tages blitzartig aufging, wie sehr sie die Freundin brauchte, wie abhängig sie von ihrem Dasein geworden war: »Ich kann nicht mehr leben ohne sie« (90).

In der Phase zwischen 13 und 15 Jahren erlebte Simone schmerzlich den Unterschied zu ihrer Freundin, die ausgeprägte Vorlieben und Abneigungen hatte, sich ein eigenes Urteil bilden konnte und überhaupt kritisch war. In dieser Lebensphase entwickelte Zaza die Ironie zum System und entlarvte mit ihrem Zynismus die als heuchlerisch empfundene Moral ihrer katholischen Umgebung.

Während sie Zazas »geheimnisvolle Persönlichkeit« idealisierte, unterzog sich Simone selbst einer schonungslosen Selbstkritik, bei der sie sich als konturlos, innerlich leer und unbedeutend einstufte:

> »›Ich habe keine Persönlichkeit‹, gestand ich mir traurig ein. Meine Neugier gab sich allem hin; ich glaubte an die Absolutheit des Wahren und die Notwendigkeit des Sittengesetzes; meine Gedanken formten sich nach ihrem Objekt; [...] Ich entdeckte keine Spur einer subjektiven Haltung in mir. Ich hätte mich gern grenzenlos gewollt, aber ich war nur gestaltlos wie das Unendliche. [...] Es gab begabte Wesen und verdienstliche, unwiderruflich aber reihte ich selbst mich in die zweite dieser Kategorien ein« (107 f.).

Trotz ihrer Unterlegenheitsgefühle war Simone insgeheim davon überzeugt, dass sie es »als einzige fertig bringen würde, die Wirklichkeit zu enthüllen, ohne sie zu entstellen oder zu verkleinern. Einzig wenn ich mich mit Zaza maß, beklagte ich bitter meine Banalität. [...] Zaza war tatsächlich etwas Außerordentliches« (109).

Ein anderes Thema, das in der Adoleszenz der beiden Freundinnen eine große Rolle spielte, war die Art der Bindung an die Eltern. Simone begann sich gegen die Daseinsform ihrer Mutter aufzulehnen:

> »Eines Nachmittags half ich Mama beim Geschirrspülen: sie wusch die Teller, ich trocknete ab; durchs Fenster sah ich die Feuerwehrkaserne und andere Küchen, in denen Frauen Kochtöpfe scheuerten oder Gemüse putzten. Jeden

Tag Mittagessen, Abendessen, jeden Tag schmutziges Geschirr! Unaufhörlich neu begonnene Stunden, die zu gar nichts führten – würde das auch mein Leben sein? [...] Nein sagte ich mir, während ich meinen Tellerstapel in den Wandschrank schob, mein eigenes Leben wird zu etwas führen« (99).

Anstatt in der Mutterschaft das Höchste im Leben einer Frau zu sehen, träumte sie schon als Jugendliche davon, eine berühmte Schriftstellerin zu werden. Sie war von Natur aus mitteilsam und hoffte, dass die Literatur ihr die Möglichkeit verschaffen werde, »in Millionen von Herzen wie eine Flamme weiterzubrennen«. Daher war sie über eine dazu ganz konträre Äußerung Zazas empört: »Neun Kinder in die Welt zu setzen, wie Mama es getan hat, ist ebensoviel wert wie Bücherschreiben« (134). Für Simone bedeutete die Existenzform der Schriftstellerin hingegen die Chance, neue geistige Horizonte aufzubauen und in der Sphäre der Intellektuellen und Künstler heimisch zu werden.

Ihr Vater hatte gehofft, dass Simone ihrer Rolle als höherer Tochter gerecht werden würde. Sie sollte durch geistreiche Konversation in den Salons glänzen und in die »gute Gesellschaft« einheiraten. Als er erkannte, dass das Lernen für sie kein Nebenzweck ihres Lebens, sondern »das Leben selbst« war, war er bitter enttäuscht. Ihre Entschlossenheit, eine berufliche Karriere zu machen, war in seinen Augen ein gesellschaftlicher Abstieg.

Simone machte sich von den bürgerlichen Konventionen ihres Vaters frei und entwickelte einen anders gearteten Lebensentwurf: »Den ganzen Tag trainierte ich mich darauf, nachzudenken, zu begreifen, Kritik zu üben, mich ernsthaft selbst zu befragen; ich versuchte der Wahrheit auf den Grund zu gehen; diese Gewissenhaftigkeit machte mich unfähig zu gesellschaftlicher Konversation« (171).

Die nun stärker einsetzende Ablösung von den Eltern war für Simone zunächst sehr belastend, da es galt, mit der damit verbundenen Angst und Einsamkeit fertig zu werden. Dabei war ihr die Führung eines Tagebuchs eine große Hilfe: »Ich trug in dieses Buch Stellen aus meinen Lieblingsbüchern ein, richtete Fragen an mich selbst, ich analysierte mich und gratulierte mir zu der Wandlung, die sich in mir vollzogen hatte« (181).

Schon mit zwölf Jahren hatte Simone das Vertrauen zu ihrem langjährigen Beichtvater verloren, nachdem er sie – offenbar als Komplize der Eltern – mit Anspielungen auf ihren Ungehorsam und ihr ungebärdiges Verhalten bloßgestellt hatte. Einige Zeit später wurde ihr klar, dass sie nicht mehr an Gott glauben konnte, weil sie feststellte, dass er nicht mehr in ihr Leben eingriff (133). Ihrer streng katholischen Mutter verschwieg sie aber ihren

Glaubensverlust. Als sie ihr dann doch eines Tages gestand, dass sie schon seit einiger Zeit nicht mehr an Gott glaube, kühlte sich das Mutter-Tochter-Verhältnis sehr ab. In den Augen der Mutter war sie nun »eine gefährliche Seele, die es zu retten galt«. Dem zeitgenössischen katholischen Ideal der totalen Mutterschaft nacheifernd, nahm die Mutter damals immer noch das Recht für sich in Anspruch, die Briefe ihrer Tochter zu öffnen und zu lesen (vgl. Moi 1997, 82). Sie war nicht fähig, die Starrheit und Intoleranz der eigenen Überzeugungen im mindesten zu relativieren. Eine Verständigung und klärende Aussprache erschien Simone aussichtslos, sodass sie mit beharrlichem Schweigen reagierte. Da ihr auch der Vater »ein für allemal und ebenso radikal« wie die Mutter Unrecht gab, übertrug sie das Schweigen auch auf ihn. In den Augen der Eltern wurde sie zur »undankbaren Tochter« (185).

Neben Zaza war es vor allem der sechs Monate ältere Cousin Jacques, der Simones jugendliche Identitätssuche beeinflusste. Sie bewunderte ihn wegen seiner geistigen Frühreife und kritischen Unangepasstheit. Jacques machte sie auf den Sozialisten Robert Garric aufmerksam. Garric lehrte Literatur am Institut Sainte-Marie in Neuilly, an dem Simone nach dem bestandenen Abitur zu studieren begann. Sein Schlüsselerlebnis war, dass er in den Schützengräben das Glück einer Kameradschaft mit jungen Arbeitern entdeckt und damit die engen Schranken seiner Klasse überschritten hatte. Angesichts der Werte des Internationalismus, Pazifismus und Sozialismus, die Garric vertrat, wurde Simone die nationalistische Weltanschauung ihres Vaters suspekt. Zum ersten Mal war sie einem Mann begegnet, der, »anstatt sich einfach einem gegebenen Los zu fügen, sein Leben selber wählte« (174).

Jacques führte seine Cousine auch an die moderne Literatur heran, die bei ihr allmählich die frühere Rolle der Religion einzunehmen begann. Barrès, Gide, Claudel, Valéry u. a., die ganz ähnliche Identitätsprobleme mit ihrer bürgerlichen Herkunft hatten und »Aufrichtigkeit gegen sich selbst« predigten (187), bestärkten Simone in ihrer Abkehr vom Konservativismus ihrer Klasse.

Jacques gehörte zwar zu den »Unruhevollen« (209), aber er vermochte an nichts zu glauben und wusste nicht, wofür er sich voll engagieren sollte. Hier spürte Simone, die längere Zeit in ihn verliebt war, eine entscheidende Differenz: »Keiner von uns glaubte an traditionelle Werte; ich jedoch war bereits entschlossen, andere zu entdecken oder zu erfinden; [...] er dachte nicht daran, das Leben zu verändern, sondern sich selbst ihm ausreichend anzupassen. Ich aber wollte höher hinaus« (210). Aus materiellen Gründen ging er später eine Ehe mit einer reichen Frau ein, unternahm leichtsinnige Investitionen und endete im Ruin. Aus dem »Helden« ihrer Jugend wurde schließlich ein berechnender Bourgeois.

Auch Zaza war ein kritischer Geist, ging aber in ihrer Ablösung von Elternhaus und bürgerlicher Klasse nicht so weit wie Simone. Da sie ihrer Mutter sehr
zugeneigt war, unterwarf sie sich ihr zuliebe den gesellschaftlichen Spielregeln
ihrer Familie und fügte sich nach außen hin in die Rolle einer Tochter der guten
Gesellschaft: Sie reichte den Tee, lächelte und verstand es, auf angenehme Weise
Nichtigkeiten zu sagen. In Wirklichkeit wünschte sie sich oft sehnlich, allein zu
sein. Dennoch warf die Mutter ihr vor, dass sie dem Lernen, der Lektüre, der
Musik zu viel Zeit widme und ihre »gesellschaftlichen Verpflichtungen«
vernachlässige (213). Sie wollte unbedingt verhindern, dass ihre Tochter eine
Intellektuelle wurde. Einerseits sah Zaza es als ihre »Christenpflicht« an, sich
ihrer Mutter unterzuordnen; andererseits las sie in einem religiösen Buch, dass
»Gehorsam ein Fallstrick des Bösen« sein könne. »Sie fürchtete, durch Hochmut zu sündigen, wenn sie sich ihrem eigenen Urteil anvertraute, durch Feigheit
jedoch, wenn sie einfach dem Druck von außen nachgab« (265).

Der Mutter-Tochter-Konflikt hatte auch Auswirkungen auf die Freundschaft zwischen Simone und Zaza:

> »Aus der Entfernung sprach sie mir immer nur von ihren Schwierigkeiten, ihren
> Revolten, und ich fühlte mich als ihre Verbündete; in Wirklichkeit aber war ihre
> Haltung zwiespältig; sie bewahrte ihrer Mutter allen Respekt, alle Liebe, sie blieb
> im Grunde doch solidarisch mit ihrem Milieu. Ich konnte mich mit dieser Teilung
> nicht länger abfinden. Ich hatte die Feindseligkeit von Madame Mabille gründ-
> lich ermessen und einsehen müssen, dass zwischen den beiden Lagern, denen wir
> angehörten, kein Kompromiss möglich war. Die ›Rechtdenkenden‹ strebten nach
> der Vernichtung der ›Intellektuellen‹ und umgekehrt. Wenn Zaza sich nicht für
> mich entschied, so paktierte sie mit Gegnern, die erbittert darauf aus waren, mich
> zugrunde zu richten, und das nahm ich ihr übel« (277).

Ein anderes Hauptthema, das die beiden Freundinnen in der Adoleszenz
bewegte, war die Bindung an die Religion. Eines Tages offenbarte Simone ihrer
Freundin, dass sie den Glauben verloren habe. Daraufhin gestand ihr Zaza, dass
auch sie im Laufe des Jahres eine religiöse Krise durchgemacht habe:

> »Als ich den Glauben mit den Praktiken meiner Kindheit und das katholische
> Dogma mit allen meinen neuen Ideen verglich, ergab sich ein solches Missver-
> hältnis, eine derartige Unvereinbarkeit zwischen den beiden Ideenordnungen,
> dass eine Art von Schwindel mich befiel. Claudel ist eine sehr große Hilfe für
> mich gewesen, ich kann gar nicht sagen, wie viel ich ihm verdanke. Ich glaube
> jetzt wieder wie zu der Zeit, als ich sechs Jahre alt war, sehr viel mehr mit dem

Herzen als mit dem Verstand und unter absolutem Verzicht auf meine Vernunft. [...] Ich glaube vor allem, dass Gott für uns unbegreiflich ist und uns gänzlich verborgen bleibt und dass der Glaube an ihn eine übernatürliche Gabe, eine Gnade ist, mit der er uns beschenkt. Deshalb kann ich nur mit ganzem Herzen diejenigen beklagen, die dieser Gnade nicht teilhaftig geworden sind, und ich glaube, dass sich, wenn sie aufrichtig nach Wahrheit dürsten, diese Wahrheit eines Tages auch ihnen enthüllen wird ...« (242 f.).

Hier zeigt sich wiederum eine große Differenz zwischen Zaza, die bei einem religiösen Mystizismus à la Claudel Zuflucht suchte, und Simone, die in dieser Phase zu einer rationalistischen und atheistischen Einstellung gelangte.

Da Zaza weit stärker an ihre Mutter und Familie gebunden blieb, stürzten sie ihre Liebesbeziehungen in schwere Loyalitätskonflikte. Mit 15 Jahren hatte sie sich erstmals verliebt, in ihren gleichaltrigen Vetter André. Als sie 18 Jahre alt war, verbot ihr die Mutter, ihn weiterhin zu sehen. Zaza litt unter der Trennung so sehr, dass sie mehrmals dicht am Selbstmord war. An Simone schrieb sie damals: »Ich erinnere mich an einen Abend, an dem ich, als ich die Metro herankommen sah, mich fast daruntergeworfen habe. Ich hatte nicht den geringsten Lebenswillen mehr.« Als sich Zaza und André 20 Monate nach der Trennung zufällig wieder trafen, keimten die Liebesgefühle bei beiden erneut auf, aber die Mutter erneuerte ihr Verbot und Zaza gehorchte: »Ich liebe sie eben so sehr, wissen Sie, dass es mir ärger als alles ist, ihr Kummer zu bereiten und ihren Willen zu missachten« (139).

Zwei Jahre später verliebte sich Zaza erneut, diesmal in den Studenten Pradelle (den später berühmten Philosophen Maurice Merleau-Ponty). Anfänglich verleugnete sie ihre Verliebtheit. Dann gestand sie sich ihre Hoffnungen auf eine Beziehung mit ihm ein. Ihre Mutter legte ihr aber wiederum einen Verzicht auf eine Liebesehe nahe und bedrängte sie, stattdessen eine Vernunftehe mit einem anderen jungen Mann einzugehen:

>>Was hast du gegen den jungen Mann?< – >Nichts, Mama, aber ich liebe ihn nicht.< – >Mein liebes Kind, die Frau liebt nicht; der Mann ist derjenige, der liebt< [...] >Wenn du nichts gegen den jungen Mann hast, warum weigerst du dich dann, ihn zu heiraten? Deine Schwester hat sich sehr gut mit einem Mann abgefunden, der weniger gescheit ist als sie!<« (319 f.).

Entsprechend ihrer eigenen Heiratspolitik suchte Zazas Mutter die Beziehung zwischen ihrer Tochter und Pradelle zu verhindern. Ihre erneuten Verbote kommentierte Zaza resigniert:

»Wir müssen vollkommen getrennt voneinander leben – wie grauenhaft! Ich ergebe mich für meine Person darein, aber für ihn leide ich um so schwerer darunter; ich selbst bin an Leiden so sehr gewöhnt, dass es mir fast das Natürliche scheint. Aber dass ich es für ihn hinnehmen soll, der es so gar nicht verdient hat [...] Wie bitter das alles ist!« (337).

Simone lernte 1929 während der Vorbereitung auf ihr philosophisches Abschlussexamen (agrégation) an der Sorbonne und der École Normale Supérieure die drei »petits camerades« – Herbaud, Nizan und Sartre – kennen, die radikal antibürgerlich eingestellt waren und ihr eine kräftigere intellektuelle Kost anboten, als sie es bisher gewohnt war: »Sie verlangten im Grunde nichts weiter von mir, als dass ich wagte, was ich immer gewollt hatte, nämlich der Wirklichkeit ins Gesicht zu sehen« (323).

Schon als 15-Jährige hatte sie sich Träumereien über den Mann, den sie lieben und heiraten würde, hingegeben:

»Der Erwählte musste wie einst Zaza einfach zwingend da, seine Überlegenheit vollkommen evident sein, sonst würde ich mich fragen: ›Warum er und kein anderer?‹ Dieser Zweifel war unvereinbar mit wahrer Liebe. Ich würde an dem Tag lieben, an dem ein Mann durch seine Klugheit, seine Kultur, seine Autorität mir unbegrenzt imponierte« (138).

Bemerkenswert ist, wie sehr der damals 24-jährige Jean-Paul Sartre diesen Vorstellungen entsprach. Er suchte ihren Lebensentwurf zu ergründen und bestätigte sie in ihrem Hang zur Freiheit, ihrer Liebe zum Leben, ihrer Neugier und ihrem Willen zu schreiben.

Die entscheidende Initialszene zwischen beiden spielte sich eines Tages im Jardin du Luxembourg ab. Dort suchte sie ihm ihre pluralistische Moral nahe zu bringen. Sie kämpfte drei Stunden lang, bis sie zugeben musste, dass sie geschlagen war und viele ihrer Meinungen nur auf Vorurteilen, auf Unaufrichtigkeit oder Unüberlegtheiten beruhten: »Ich bin mir dessen, was ich denke, nicht mehr sicher, ja, nicht einmal mehr sicher, überhaupt zu denken«, schrieb sie bestürzt in ihr Tagebuch (330). Danach wurde ihr klar, dass Sartre genau dem entsprach, was sie sich als Jugendliche gewünscht hatte: »Er war der Doppelgänger, in dem ich in einer Art Verklärung alles wiederfand, wovon ich auch selber besessen war« (331). Er war es, der ihr die ersehnte philosophische Begründung für ihren mühsam begonnenen Emanzipationsprozess als Intellektuelle und Frau zu geben vermochte (vgl. Moi 1997, 39 ff.).

Demgegenüber erwies sich Zazas Liebesbeziehung zu Pradelle wegen der Störmanöver ihrer Mutter als äußerst kompliziert. Einerseits widersprach es ihren moralischen Prinzipien, sich dem Willen der Mutter zu widersetzen; andererseits wäre der Abbruch der Beziehung eine für sie kaum zu ertragende Härte gewesen. Der Konflikt zermürbte sie innerlich. Simone versuchte zu vermitteln, aber Zazas Mutter blieb unnachgiebig.

Von den Auseinandersetzungen und ungewissen Zukunftsaussichten seelisch und körperlich erschöpft, bekam Zaza hohes Fieber und furchtbare Kopfschmerzen und musste in eine Klinik eingewiesen werden. Zuletzt gab ihre Mutter den Widerstand gegen eine Heirat mit Pradelle auf. Aber Zaza delirierte, und ihr Fieber ging nicht zurück.

Ihre Mutter durfte die letzte Nacht bei ihr in der Klinik verbringen. Zaza wusste, dass sie sterben würde. »Sei nicht traurig, liebste Mama«, sagte sie. »In allen Familien gibt es einen Versager: dieser Versager bin ich« (344). Bald darauf starb sie im Alter von 21 Jahren.

Mit dem tragischen Tod ihrer Jugendfreundin ließ Simone de Beauvoir den ersten Band ihrer Autobiografie, dem noch drei weitere Bände (»In den besten Jahren«, 1961; »Der Lauf der Dinge«, 1966; und »Alles in allem«, 1972) folgten, ausklingen: »Zusammen haben wir beide gegen das zähflüssige Schicksal gekämpft, das uns zu verschlingen drohte, und lange Zeit habe ich gedacht, ich hätte am Ende meine Freiheit mit ihrem Tode bezahlt« (345).

Im letzten Band ihrer Autobiografie kommt de Beauvoir nochmals auf ihre Begegnung mit Zaza zu sprechen:

>»Meine Familie hat in mir von meinem sechzehnten Lebensjahr an das Verlangen geweckt, aus meiner Umwelt auszubrechen, jähzornig und rachsüchtig zu reagieren, aber speziell durch Zaza habe ich entdeckt, wie hassenswert das arrivierte Bürgertum war. Gegen diese Schicht hätte ich mich unter allen Umständen gewendet, aber ich hätte den falschen Spiritualismus, den erstickenden Konformismus, die Arroganz und die bedrückende Tyrannei, die sie kennzeichneten, nicht in meinem eigenen Herzen erlebt und mit Tränen bezahlt. Dass Zaza an ihrem Milieu zugrunde gegangen ist, war für mich ein aufwühlendes Erlebnis, das ich niemals habe vergessen können« (1972, 17 f.).

Welche psychischen Faktoren haben dazu beigetragen, dass Simone de Beauvoir ihr Emanzipationsvorhaben realisiert hat? In einem 1980 geführten Interview mit Alice Schwarzer führte sie als Erstes die Prägungen ihrer ersten Lebensjahre an, mit anderen Worten: die emotionale Sicherheit, die sie im Elternhaus erworben hatte, und den daraus entspringenden Willen, als

Person ernst und wichtig genommen zu werden. Gemäß der damaligen feministischen Programmatik fügte sie Aspekte auf der Ebene von Subjekthaftigkeit, Handlungs- und Leistungsfähigkeit hinzu: »Dass ich immer schon meinen eigenen Beruf haben wollte! Dass ich immer schon schreiben wollte, lange bevor ich Sartre kannte! Dass ich Träume hatte, keine Fantasien, sehr kühne Träume, Wünsche, die längst vor der Begegnung mit Sartre feststanden! Zum Glücklichsein war ich es mir also schuldig, mein Leben zu erfüllen. Und Erfüllung war für mich in erster Linie Arbeit« (zit. nach Schwarzer 1986, 107 f.). Diese Faktoren kommen auch in den »Memoiren einer Tochter aus gutem Hause« klar zur Geltung.

Im Brennpunkt der dort beschriebenen psychischen Dynamik steht jedoch etwas anderes – nämlich die Fähigkeit, einen in der Jugendphase durchgängig virulenten Bindungs- und Ablösungskonflikt zu bewältigen. Im Gegensatz zu ihrer tragisch scheiternden Jugendfreundin gelingt es ihr, sich aus ursprünglich entwicklungsfördernden, dann aber in wachsendem Maße hemmenden Bindungen und Idealisierungen – aus der emotionalen Symbiose mit der Mutter, aus der geistigen Bevormundung des Vaters sowie aus religiösen und autoritären Vorurteilen und Denkhemmungen – zu lösen und dadurch Freiraum für die eigene Individuation zu gewinnen.

Das Schreiben der »Memoiren« selbst kann als Versuch angesehen werden, eine Bilanz der eigenen Kindheit, Pubertät und Adoleszenz zu ziehen und mit literarischen und zugleich philosophischen Mitteln uns die Möglichkeit einer selbstverantwortlichen und schöpferischen Existenzform vor Augen zu führen, die noch heute modellhafte Züge trägt (vgl. Vintges 1999; Moser 2002).

Literatur

Bair, D. (1990): Simone de Beauvoir. Eine Biographie. München (Knaus).

Beauvoir, S. de (1949): Das andere Geschlecht. Sitte und Sexus der Frau. Reinbek (Rowohlt) 1973.

Beauvoir, S. de (1960): In den besten Jahren. Reinbek (Rowohlt) 1985.

Beauvoir, S. de (1963): Der Lauf der Dinge. Reinbek (Rowohlt) 1970.

Beauvoir, S. de (1972): Alles in allem. Reinbek (Rowohlt) 1974.

Francis, C. & Gontier, F. (1986): Simone de Beauvoir. Die Biographie. Weinheim und Berlin (Quadriga).

Madsen, A. (1980): Jean-Paul Sartre und Simone de Beauvoir. Die Geschichte einer ungewöhnlichen Liebe. Düsseldorf (claassen).

Moser, S. (2002): Freiheit und Anerkennung bei Simone de Beauvoir. Tübingen (edition diskord).

Moy, T. (1997): Simone de Beauvoir. Die Psychographie einer Intellektuellen. Frankfurt/M. (Fischer).

Schwarzer, A. (1986): Simone de Beauvoir heute. Gespräche aus zehn Jahren 1971–1982. Reinbek (Rowohlt).

Vintges, K. (1999): Zur Aktualität von Beauvoirs Denken. In: Die Philosophin 10, H. 20, 99–113.

Zehl Romero, Ch. (1978): Simone de Beauvoir in Selbstzeugnissen und Bilddokumenten. Reinbek (Rowohlt).

Günter Gödde

Die unerhörte Botschaft der Hysterie

Hysterie, die Krankheit der Frauen im 19. Jahrhundert – angeblich verschwunden, dann wieder in Verkleidung aufgetreten – hat immer wieder die Gemüter der Literaten bewegt. Freud hat vor allem bei diesen Frauen seine Neurosentheorien entwickelt. Seine »Studien über Hysterie« (1895d) gelten nach wie vor als »Urbuch der Psychoanalyse« (Grubrich-Simitis 1995).

Die Vielfältigkeit der hysterischen Erscheinungen erfordert eine Art »Hasch-mich«-Spiel: immer wieder anders, flüchtig und provozierend, aufdringlich und leise, lässt sich die Krankheit schwer fassen – das gibt ungemein viel Darstellungsstoff und auch Anreiz zu theoretischen Entwicklungen. »Die Hysterie lehrt«, schreibt Lucien Israel in seinem Buch »Die unerhörte Botschaft der Hysterie«, »und aus eben dieser Lehre geht hervor, dass jede Aussage über die Hysterie unzulänglich bleiben muss. Was ungesagt oder ungeschrieben blieb, kann der Zuhörer oder Leser entdecken [...]. Und weil die Hysterikerin immer etwas Unvorhergesehenes oder Unerhörtes schaffen wird, kann es kein vollständiges Lehrbuch der Hysterie geben, denn sie würde einem immer zeigen, dass etwas darin fehlt« (Israel 1987, 9).

Die gute alte Konversionsneurose (hysterische Blindheit, Taubheit, Lähmung ...) hat möglicherweise heutzutage den Platz mit dem »Erschöpfungssyndrom« und den »vegetativen Dystonien« getauscht und somit Unterschlupf im Bereich der »Psychosomatischen Erkrankungen« gefunden. Ist der Ursprung aber derselbe? Darüber ist man sich in Fachkreisen nicht klar. Die Diagnose »Hysterie« ist sogar aus dem ICD verschwunden, weil sie allzu vage ist.

Unbestritten und immer wieder aufzufinden ist die »histrionische Persönlichkeit« – ob man sie als »hysterisch« bezeichnen kann oder einfach als einen Charaktertyp per se ansieht, muss dahingestellt bleiben. Unbestritten ist außerdem, dass man in Laienkreisen wie bei Schriftstellern, jenen Menschenkennern besonderer Art, den Typ der »Hysterischen« (oder des Hysterikers) immer wieder findet, und dass er offenbar unverwechselbare Kennzeichen trägt (vgl. Shapiro 1965; Mentzos 1986).

Eindeutig, dass dieser histrionische (oft auch »hysterisch« genannte) Typ nicht unbedingt auch Symptome haben muss. Die meisten wissenschaftlichen Autoren (sowie die Literaten) vermuten auch, dass es sich beim »Hysterischen« um Phänomene handelt, die »irgendwie« etwas mit Erotik und Sexualität zu tun haben. Das hat vor Freud schon Charcot gewittert. Das Geheimnis der Hysterien, so meinte dieser, müsste man »im Alkoven« suchen.

Auf dieser Basis suchte Freud weiter, entwickelte die »Verführungstheorie« und später die Theorie von der kindlichen Sexualität, die eine ungesunde Übererregung der Sexualorgane im unreifen kindlichen Stadium nach sich ziehen kann und sich dann – da abgewehrt – im Körper manifestiert. Seither sind die Hysterietheorien vielfältiger geworden. Der ödipale Scheinsieg über die Mutter, der Zusammenhalt des gefährdeten Selbst durch die Erregung des hysterischen Agierens, die Besänftigung des Über-Ichs durch die »Szene« der Erkrankung – all dies kann zur Erklärung dienen (vgl. Gödde 1994; Seidler 1996; Showalter 1997).

Die Figur der Emma in »Madame Bovary«, die *Hilde Kronberg-Gödde* interpretiert, gilt als eine klassische »Hysterika«. Sie zeigt wenig Symptome im klassischen Sinn, eher die vagen Phänomene der »vegetativen Dystonie«. Wichtiger aber sind die typischen Charakterzüge der histrionischen Persönlichkeit: der emotional-sexualisierte Stil, mit dem sie ihre Oberflächlichkeit verdeckt; der Unwille, sich mit einer Sache ernsthaft zu beschäftigen (z. B. mit ihrem Haushalt, ihren Mutterpflichten oder auch nur mit dem Klavierspiel); die Anspruchshaltung, die von ihrer Attraktivität genährt wird, aber nie wirklich befriedigt wird. Emma ist eine zutiefst depressive Frau, deren aufgeregtes Agieren die Depression so lange abwehrt, bis ihr der Erfolg endgültig versagt ist – erst dann bricht das fragile Selbstwertgefühl ein und sie flieht in den Selbstmord.

Dass auch Männer dieser Störung unterliegen können, hat schon Freud betont – trotzdem wurde und wird sie noch allzu oft als etwas »typisch Weibliches« angesehen.

Im Roman »Mann und Frau« von Zeruya Shalev, den *Eva Jaeggi* behandelt, kommt dieser »männliche Hysteriker« mit einer Konversionsneurose, die allen Anforderungen an dieses Krankheitsbild gerecht wird, zur Vorstellung. Neben der präzise geschilderten Wechselhaftigkeit der Symptome wird deren Appellcharakter sehr eindringlich herausgearbeitet. Interessant auch die Darstellung eines von alters her bekannten Wesenszuges des Hysterikers: der so genannten »belle indifférence«. Das heißt: die Schwere des Krankheitsbildes scheint den Kranken wenig zu beeindrucken. Seine Klagen sind Anklagen, aber echte Angst um seine Gesundheit findet man nicht.

Bei Shalev wird auch dem systemischen Gesichtspunkt Rechnung getragen, was eine sehr intensive Auseinandersetzung mit der Familiendynamik gestattet. Die Ehefrau nämlich, eine eher strenge Person mit starken moralischen Grundsätzen, scheint der notwendige Gegenpart zu ihrem unverlässlichen Ehemann. Dass sie – die hochstehend Moralische – das gemeinsame Kind immer wieder ausspielt und dazu verwendet, ihre Ehe zu kitten und den Ehemann zu manipulieren, lässt ahnen, in welch unheilvollem Circulus vitiosus sich diese Familie befindet. In diesem Roman gibt es (vermutlich? – das Ende ist offen) einen Ausweg: Beiden Partnern gelingt eine Abgrenzung voneinander.

Der hysterische Ehemann in Shalevs Roman beweist sich trotz der blühenden Symptomatik als der vergleichsweise Ichstärkere: Es gelingt ihm ein Innehalten (mit Hilfe einer ungewöhnlichen Heilerin), er findet innere Ressourcen, die seine Abwehr überflüssig machen. Emma Bovary zerbricht hingegen an der Unmöglichkeit ihres hysterischen Arrangements.

Literatur

Freud, S. (1895d): Studien über Hysterie. GW I, 77–312.

Gödde, G. (1994): Charcots neurologische Hysterietheorie – Vom Aufstieg und Niedergang eines wissenschaftlichen Paradigmas. Luzifer-Amor, 7, H. 14, 7–54.

Grubrich-Simitis, I. (1995): Urbuch der Psychoanalyse. Hundert Jahre *Studien über Hysterie* von Josef Breuer und Sigmund Freud. Frankfurt/M. (Fischer).

Israel, L. (1987): Die unerhörte Botschaft der Hysterie. München (Reinhardt).

Mentzos, St. (1986): Hysterie. Zur Psychodynamik unbewusster Inszenierungen. Frankfurt/M. (Fischer).

Seidler, G. (Hg.) (1996): Hysterie heute. Metamorphosen eines Paradiesvogels. Stuttgart (Enke).

Shapiro, D. (1965): Der hysterische Stil. In. Ders.: Neurotische Stile. Göttingen (Vandenhoeck & Ruprecht) 1991, 111–134.

Showalter, E. (1997): Hystorien. Hysterische Epidemien im Zeitalter der Medien. Berlin (Rowohlt Berlin).

E. J. & H. K.-G.

Die magischen Weltbezüge in Gustave Flauberts »Madame Bovary«[*]

Für seinen Roman »Madame Bovary« musste sich Flaubert 1857 vor Gericht verantworten. Nicht der Inhalt – die Geschichte einer jungen, leidenschaftlichen Frau, die in ihrem Begehren nach großen Gefühlserregungen und ihrer Sehnsucht nach einem glanzvolleren Leben aus der Enge und Eintönigkeit ihres bürgerlich-konventionellen Daseins auszubrechen sucht – erregte die Sittenwächter, sondern die völlige *Unparteilichkeit* des Autors in diesen hochbrisanten moralischen Fragen.

Flaubert hat seinen Roman als »ein Werk der Kritik oder Anatomie« bezeichnet und bereits in dessen Entstehungsphase bekundet, dass er dabei auch eine *psychologische* Intention verfolge: »Der Leser wird, wie ich hoffe, die ganze unter der Form verborgene psychologische Arbeit nicht bemerken, aber er wird deren Wirkung spüren« (Brief an Louise Colet vom 2.1.1854, zit. nach Flaubert 1977, 307). Insofern liegt es nahe, in »Madame Bovary« eine Art Fallstudie zu sehen, die einen Reichtum an psychologischen Phänomenen in sich birgt.

Der Roman setzt mit dem Eintritt des kleinen Charles Bovary ins Gymnasium ein, der seinen Namen nicht verständlich aussprechen kann und sich so gleich dem Gelächter der Gleichaltrigen aussetzt. Aufgrund seiner Herkunft aus einfachen bäuerlichen Verhältnissen, seiner geringen Begabung und Vorbildung sind ihm von vornherein enge Grenzen gesetzt, und doch gelingt es ihm, angetrieben und unterstützt von seiner ehrgeizigen Mutter, das medizinische Staatsexamen zu bestehen und sich in Tostes als Arzt niederzulassen. Der Aktivität seiner Mutter hat er es auch zu verdanken, dass er danach eine zwar wesentlich ältere, aber vermeintlich reiche Witwe heiratet.

Eines Nachts wird er zum Bauern Rouault gerufen, der sich ein Bein gebrochen hat. Symbolträchtig sein Eintreffen auf dem in Les Bertaux gelegenen Hof: Sein Pferd scheut und macht einen großen Satz. Emma, die schöne Tochter von Rouault, öffnet ihm die Tür. Um das Bein des Vaters zu schienen, benötigt Bovary kleine Polster. Emma versucht diese zu nähen; sie ist dabei auffällig ungeschickt. Bovary betrachtet überrascht die Fingernägel: glänzend, spitz, blank poliert und mandelförmig geschnitten passen sie nicht

---

[*] Gustave Flaubert (1857): Madame Bovary. Ein Sittenbild aus der Provinz. Übersetzung von W. Techtmeier. München (Goldmann) 1995.

zu einer arbeitenden Landwirtstochter. Er bewundert ihren Hals, ihr schwarzes Haar, ihre Kopfform und reagiert mit einer eher komischen Fehlleistung: er verlegt seine Reitpeitsche.

Die nächste Beschreibung von Emma erhalten wir durch Bovarys Ehefrau Héloise, die ob der vielen Besuche ihres Mannes in Les Bertaux misstrauisch geworden ist. Sie erfährt, dass Emma mit den Töchtern des Landadels bei den Ursulinerinnen erzogen worden sei, also eine »feine Erziehung« genossen habe, und dass sie sich ganz wie eine Gräfin in einer Seidenrobe zur Kirche begebe. Héloise Bovary rast vor Eifersucht. Als sich zeitgleich ihr Vermögensverwalter mit dem Geld seiner Klienten ins Ausland absetzt und sich bei den nachfolgenden Untersuchungen zeigt, dass ihre angeblich stattliche Mitgift nahezu wertlos ist, steht sie als Betrügerin da und stirbt aus Gram innerhalb weniger Wochen.

Für den schüchternen Charles bleibt der Hof in Les Bertaux ein Anziehungspunkt. Nach dem Tode seiner Frau richtet sich sein Interesse zunehmend auf Emma. Diese war als 13-Jährige ins Kloster gekommen und begann mit 15 Jahren Liebesromane zu lesen.

> »Es waren immer nur Liebschaften, Liebhaber, Geliebte, verfolgte Damen, die in einsamen Pavillons in Ohnmacht fallen, Postillione, die man an allen Poststationen umbrachte, Pferde, die man auf allen Buchseiten zuschanden ritt, düstere Wälder, Aufruhr des Herzens, Schwüre, Schluchzen, Tränen und Küsse, Gondeln im Mondenschein, Nachtigallen in den Lusthainen, Herren, die mutig waren wie Löwen, sanft wie Lämmer, tugendhaft, wie man es nicht ist, stets gut gekleidet und unglaublich rührselig« (43).

Romanfiguren, mit denen sich Emma sehr identifizierte, waren Agnès Sorel, die Geliebte König Carls, welche Jeanne d'Arc ihren Schmuck schenkte, um einen Feldzug auszurichten, und Schottlands Königin Maria Stuart, die einen Ehemann umbringen ließ, um ihren Geliebten zu heiraten. Solche Romane prägten ihre späteren Erwartungen von Liebe und Ehe; hier wurde ihr vermittelt, dass die Liebe das Einzige sei, für das es sich zu leben lohne.

Anfänglich ging sie in dem klösterlichen Leben ganz auf. Sie kasteite sich, indem sie den ganzen Tag nichts aß, ersann Gelübde, erfand kleine Sünden, um länger im Beichtstuhl bleiben zu können. Nach dem Tod ihrer Mutter stellte sie ihre Trauergefühle dramatisch zur Schau: In tiefe Melancholie bis zur simulierten Todesnähe verfallend, bat sie darum, sie in dem gleichen Grab wie ihre Mutter beizusetzen. Alsbald wurde sie dieser Inszenierung jedoch überdrüssig, scherte aus der Rolle der frommen Schwärmerin aus und verweigerte sich nun zunehmend den Klosterregeln. Die Nonnen waren deshalb froh, als der Vater sie zu sich nahm.

Vater Rouault gelangte allerdings bald zu der Einschätzung, dass seine Tochter »für die Landwirtschaft zu viel Geist« habe. Obwohl oder gerade weil er Bovary für einen »Schwachmatikus« hält, der ihm keine Schwierigkeiten bei der Mitgift machen wird, ebnet er ihm den Weg zu Emma. Dieser ist das Landleben an der Seite ihres Vaters, von dem sie sich so viel versprochen hat, seit längerer Zeit zuwider. Charles Bovary taucht für sie als Retter aus dieser unbefriedigenden Lebenssituation auf. Die durch ihn verursachte Erregung lässt sie glauben, jetzt »endlich diese wunderbare Leidenschaft zu kennen, die bislang immer wie ein großer Vogel mit rosigem Gefieder in der Herrlichkeit des Dichterhimmels geschwebt hatte« (47).

Emmas eigenen Schilderungen vor der Heirat hätte Charles entnehmen können, dass sie sich schwer mit der Rolle einer Arztfrau auf dem Lande arrangieren würde. Sie erzählt ihm von ihren Schwindelanfällen, fragt, ob Seebäder gut täten, verrät, dass sie gerne in der Stadt wohnen würde. In ihrer Selbstdarstellung tritt eine charakteristische Wandlungsfähigkeit zutage, denn

> »je nachdem, was sie sagte, war ihre Stimme klar und hell, oder sie dehnte, wenn sie plötzlich matt wurde, die Laute, die fast in einem Murmeln endeten, wenn sie zu sich selber sprach – eben noch war sie fröhlich und hatte große kindliche Augen, dann wieder waren die Lider halb geschlossen, der Blick war in Kummer ertränkt, die Gedanken waren weit fort« (28).

Charles ist aber so von seinem Liebesglück erfüllt, dass er sich auf das, was sie in ihren Fantasien und Träumen beschäftigt und was sich in ihren emotionalen Verstimmungen und Schwindelanfällen Ausdruck verschafft, nicht näher einlassen kann. Er idealisiert sie und verleugnet ihre Schattenseiten, sodass ihm ihre innere Realität – ihr »sturmbewegtes Herz« – gänzlich verschlossen bleibt.

Schon in der Anfangszeit der Ehe tauchen bei Emma erste Zweifel auf, ob das von der Ehe Erhoffte, das sie an Begriffen wie »Glückseligkeit«, »Leidenschaft« und »Rausch« misst, eintreten wird. Trotz des äußeren Einvernehmens mit Charles spürt sie bald ein »inneres Loslösen« von ihm. Seine »Allerweltsgedanken« ziehen an ihr vorüber, »ohne eine Gefühlsregung, Lachen oder Träumerei zu erregen«. Wie sie zudem ernüchtert feststellt, kann dieser Mann nicht fechten, schwimmen, mit Pistolen schießen, ja, nicht einmal ein Fremdwort erklären:

»Musste ein Mann hingegen nicht alles können, sich in vielfältigen Tätigkeiten auszeichnen, die Frau in die Triebkräfte der Leidenschaft, in die Feinheiten des Lebens, in alle Geheimnisse einweihen? Aber der da lehrte nichts, wusste nichts, wünschte nichts. Er glaubte, sie sei glücklich; und sie ärgerte sich über ihn wegen dieser unerschütterlichen Ruhe, dieser heiteren Schwerfälligkeit und selbst wegen des Glückes, das sie ihm schenkte« (48).

Ihre enttäuschten Erwartungen münden in Gefühle der Leere und Unzufriedenheit, »und die Langeweile, diese geräuschlose Spinne, webte im Dunkeln ihres Herzens ihr Netz« (52). Dann ereignet sich für Emma etwas Ungewöhnliches, das ihre Fantasie wieder in Bewegung bringt und sie aus ihrer resignierten Stimmung herausreißt. Die Eheleute werden zu einem Ball auf dem nahe gelegenen Schloss La Vaubyessard eingeladen. Emma ist von dem Prunk und Glanz der vornehmen Gesellschaft hingerissen. Sie beobachtet, wie eine Dame einem Herrn diskret ein Briefchen zukommen lässt – eine Geste, die für sie ein geheimes Leben voller Spannung und Intensität symbolisiert. Als sie mit dem Vicomte Walzer tanzt, erlebt sie Momente ozeanischen Gefühls, die sich mit prickelnder Erotik verbinden.

Dieser Anhauch der großen Welt erweist sich indes in seiner nachhaltigen Wirkung als verhängnisvoll, denn er nährt ihre Illusion, für ein glanzvolleres Leben bestimmt zu sein. Das Zigarettenetui des Vicomte, das Charles am nächsten Tag findet, verwendet sie als Fetisch und knüpft daran eine Reihe von Tagträumen über die Hautevolee in Paris.

Um »ein bisschen farbigen Abglanz solcher Oberschicht in ihren Provinzhaushalt zu tragen« (Mayer 1954, 257), ändert Emma ihren Lebensstil. Sie kauft Luxusgegenstände, die ihrer Meinung nach zu einer eleganten Frau gehören, und sucht in den Büchern von Balzac und George Sand »eine imaginäre Befriedigung des eigenen Begehrens« (66). Sie verschlingt Zeitungsberichte über das Leben der Diplomaten, der Adelsfamilien, der Literaten und Schauspielerinnen und gibt sich ganz diesem erregenden »Dasein über den anderen« hin. Den Kontrast dazu bilden ihr Ehemann und ihre unmittelbare Umgebung, die für sie die »Mittelmäßigkeit des Daseins« repräsentieren (67).

In ihren ausschweifenden Fantasien ist Emma hin- und hergerissen zwischen der Lust, auf Reisen zu gehen, und der, in die Abgeschiedenheit ihres Klosterlebens zurückzukehren, zwischen dem Wunsch, in der Pariser Gesellschaft zu verkehren, und dem Verlangen zu sterben. Aber ihr Sehnen bleibt unerfüllt. Nach und nach verstrickt sie sich in einen depressiven Circulus vitiosus: »An gewissen Tagen schwatzte sie mit fieberhafter Beredsamkeit;

dieser Überreiztheit folgte plötzlich ein Zustand völliger Erstarrung, in dem sie nicht mehr sprach, sich nicht rührte« (76). Nachdem sie eine Entlastung darin gefunden hat, die äußere Umgebung für ihren Zustand verantwortlich zu machen, setzt sie alles daran, eine Umsiedlung zu erreichen: »Von nun an trank sie Essig, um abzumagern, zog sich ein trockenes Hüsteln zu und verlor völlig den Appetit« (77). Von der Diagnose einer »Nervenkrankheit« ausgehend ist Charles schließlich bereit, seine Arztpraxis nach Yonville, eine in der Nähe von Rouen gelegene Kleinstadt, zu verlegen. Der damit verbundene Klimawechsel soll Emma zur Gesundung verhelfen.

In Yonville erwartet das Ehepaar Bovary ein Kind. Emma sehnt sich nach einem Sohn, der ihre gesellschaftliche Stellung stärken soll. Sie erhofft sich »Vergeltung für die vergangene Ohnmacht«. Während ein Mann »alle Leidenschaften und Länder durchlaufen, Hindernisse überwinden, die fernsten Glückseligkeiten genießen« könne, sei eine Frau »ständig gehindert. Passiv und fügsam zugleich, hat sie die Schwächen des Fleisches zusammen mit der Abhängigkeit vom Gesetz gegen sich« (99). Als sie dann aber doch »nur« eine Tochter zur Welt gebracht hat, reagiert sie in ihrer Enttäuschung und Wut mit einem Ohnmachtsanfall.

Das Kind wird Berthe genannt, weil auf Schloss Vaubyessard eine Marquise so gerufen wurde, und zu einer Amme gegeben, wie es damals bei gut situierten Familien üblich war. Obwohl Emma bei einem Besuch der Amme erkennt, in welch schlechten hygienischen Verhältnissen ihr Kind lebt und wie armselig die Ernährung dort ausfällt, ja selbst als sie hört, dass der Ehemann der Amme Alkoholiker ist, greift sie nicht ein. Sie ist zu sehr von ihren eigenen Problemen absorbiert, um ihre Tochter bemuttern zu können (vgl. Hüls-Wissing 2002, 76).

In der neuen Umgebung findet Emma in dem jungen Notariatsangestellten Leon Dupins einen Seelenverwandten. Aus anfänglicher Sympathie wird bald wechselseitige Verliebtheit. Vom Charakter her Charles ähnlich, ist Leon zu schüchtern, um Emma im Sturm zu erobern, und wartet auf ein Zeichen von ihr. Dafür aber ist Emma zu diesem Zeitpunkt noch zu furchtsam und schamhaft. Eine Zeit lang gefällt sie sich in der Pose der tugendhaften Frau, doch sie erliegt immer mehr ihren Liebesfantasien und wünscht sich nichts mehr als eine leidenschaftliche Beziehung.

Leon entschließt sich, nach Paris zu gehen und dort zu studieren. Nach seinem Weggang tritt die unerfüllt gebliebene Liebe ganz in den Brennpunkt von Emmas Gefühlswelt. In ihren Erinnerungen facht sie immer wieder das Feuer ihrer Sehnsucht und Trauer an. In dieser Zeit nimmt sie vermehrt zu luxuriösen Erwerbungen Zuflucht, aber selbst das macht sie nicht fröhlicher:

»Sie war blaß, weiß wie Wäsche; [...] Oft litt sie an Ohnmachtsanfällen. Eines Tages spie sie sogar Blut [...]« (140).

Charles ist ratlos und verzweifelt, ordnet Emmas Tränenausbrüche und lebensmüdes Klagen aber weiterhin als »Nervenleiden« ein und sucht gar nicht erst zu ergründen, inwieweit auch er am Leiden seiner Frau beteiligt sein könnte. Demgegenüber ist Emma darüber aufgebracht, dass er nichts von ihrer »Seelenqual« ahnt. »Seine Überzeugung, dass er sie glücklich machte, kam ihr wie eine einfältige Kränkung, seine Sicherheit darüber wie Undank vor« (121).

In dem Maße, wie Emmas Verachtung ihrem Ehemann gegenüber wächst, nimmt ihre Bereitschaft zu, sich der Fesseln ihrer Ehe zu entledigen; und als Rodolphe Boulanger, dem das nahe gelegene Gut La Huchette gehört, sie nach allen Regeln der Verführungskunst umwirbt, ist es ein Leichtes für ihn, sie für sich zu gewinnen. Boulanger wird als erfahrener und kühl berechnender Liebhaber vorgestellt. Während er sich überlegt, wie er Emma Bovary erobern kann, denkt er auch schon darüber nach, wie er sie später wieder loswerden wird. Aber zunächst will er sie haben. Bei einem Treffen der Landwirtschaftsvereine zieht er Emma in ein Gespräch, das er auf den Konflikt zwischen dem freien Ausleben der Leidenschaften und der Unterwerfung unter die gesellschaftlichen Konventionen lenkt, und kommt schließlich auf »Seelenverwandtschaften« zu sprechen. Dabei wirft er die persönliche Frage auf: »Warum haben wir uns kennen gelernt?« Seine Antwort hat suggestiven Charakter: »Zweifellos, weil uns unsere besonderen Neigungen über die große Entfernung hinweg wie zwei Flüsse, die aufeinander zulaufen, zueinander getrieben haben« (165).

Sechs Wochen lässt Boulanger Emma auf ein weiteres Zeichen von ihm warten und erreicht, dass sie unter der Ungewissheit sehr leidet. Charles sorgt sich um ihre Gesundheit, als Boulanger wieder auftaucht und empfiehlt, ihn mit Emma ausreiten zu lassen. Das Reiten wird zur Kur stilisiert. Bei ihrem ersten Ausritt trägt Emma einen langen blauen Schal, der vom Hut bis auf die Hüfte fällt. Durch diesen Schleier hindurch »erkannte man ihr Antlitz in einer bläulichen Durchsichtigkeit, als schwämme sie in Azurfluten« (177). Blau steht für Entgrenzung, Freiheit, Weite, Ozeanisches. In allen wichtigen Lebenssituationen Emmas tritt die Farbe Blau auf.

Auf dem Ausritt überlässt sich Emma dem Rhythmus der Bewegung ihres Pferdes, und nach einigem Widerstreben gibt sie sich Rodolphe hin. Die sexuelle Vereinigung wird nur zart angedeutet. Im Vordergrund steht Emmas romantisiertes Erleben in der Natur: »Hier und da, rings um sie, zitterten in den Blättern oder am Boden Lichtflecke, als hätten Kolibris im Fluge ihre Federn verstreut« (179).

Erst im Nachhinein realisiert sie, dass sie ab jetzt einen »Geliebten« hat und endlich das damit verbundene »Glücksfieber« genießen kann.

> »Sie trat in etwas Wunderbares ein, wo alles Leidenschaft, Entzücken, Rausch sein würde; bläuliche Unermesslichkeit umgab sie [...] Nun erinnerte sie sich der Heldinnen in den Büchern, die sie gelesen hatte, und die lyrische Schar dieser Ehebrecherinnen begann in ihrer Erinnerung mit unsterblichen Stimmen, die sie entzückten, zu singen«.

Die Enttäuschung über den mittelmäßigen Bovary und der edelmütige Verzicht auf Leon erlauben es ihr, »ohne Gewissensbisse, ohne Besorgnis, ohne innere Unruhe« zu lieben (181). Nun lebt sie monatelang ihre Romanvorstellungen von Liebe aus.

Emma fragt sich gelegentlich, weshalb sie ihren Mann nicht zu lieben vermag und ob sie dazu fähig wäre, wenn sie ihn wegen seiner Erfolge bewundern könnte. Sie empört sich über den mangelnden Ehrgeiz ihres Mannes, wünscht sich, dass er bis nachts über Büchern säße, um Berühmtheit zu erlangen und ihren Namen in der Welt bekannt zu machen. Sie treibt ihn zu einer sehr komplizierten Operation eines Klumpfußes an, der er nicht gewachsen ist. Als er an dieser Aufgabe scheitert, wertet sie diesen Misserfolg als endgültigen Beweis für sein berufliches Unvermögen. Jetzt ist sie vollends desillusioniert, was Charles betrifft. Wie konnte sie sich nur einbilden, dass »ein solcher Mensch etwas taugen könnte, als hätte sie seine Mittelmäßigkeit nicht schon zwanzigmal zur Genüge bemerkt« (205).

Weil der Reiz des Neuen nachlässt und sie sich in der Beziehung zu Rodolphe nicht wirklich aufgehoben fühlt, drängt es Emma, sich immer wieder seiner Liebesgefühle zu vergewissern. Sie gerät in ein Abhängigkeitsverhältnis, in dem sie bereitwillig den traditionell weiblichen Part übernimmt und sich ihm in masochistischer Manier unterwirft:

> »Ich bin deine Dienerin und deine Geliebte! Du bist mein König, mein Idol! [...] Es war eine Art hündischer Anhänglichkeit, voller Bewunderung für ihn, voller Wollust für sie, eine Glückseligkeit, die sie willenlos machte und ihre Seele ging in dieser Trunkenheit unter« (212 f.).

Im weiteren Verlauf malt sich Emma ein Leben mit Rodolphe aus und drängt ihn dazu, sie zu entführen und mit ihr ein neues Leben zu beginnen. In der Hoffnung auf ein gemeinsames Leben erblüht sie zu voller Schönheit. Schwärmerisch ruft sie aus: »Mir scheint, in dem Augenblick, da ich den

Wagen davonfahren fühle, wird es sein, als stiegen wir in einem Ballon auf, als reisten wir zu den Wolken« (215). Rodolphe hingegen fühlt sich zunehmend gelangweilt und abgestoßen von solchen rauschhaften Anwandlungen und Zukunftsplänen und entschließt sich, das Spiel zu beenden. Sein Abschiedsbrief, der sie völlig unvorbereitet trifft, reißt sie aus allen Wolken.

Bald darauf fährt ein blauer Tilbury am Haus vorbei, Rodolphe ist auf dem Weg in die Freiheit. Emma reagiert auf diesen Verlust mit einem Schrei und stürzt rücklings steif zu Boden. Ihr ganzer Körper zuckt krampfhaft. »Sie blieb ausgestreckt liegen, mit offenem Mund, geschlossenen Lidern, die Hände flach, regungslos und weiß wie eine Wachsfigur. Aus ihren Augen kamen zwei Tränenbäche, die langsam auf die Kopfkissen rannen« (230).

Charles sieht in dieser Symptomatik einen Rückfall in die überwunden geglaubte Nervenkrankheit und verharrt 43 Tage lang an ihrem Bett. Was ihn am meisten erschreckt, ist ihre Niedergeschlagenheit: »Sie sprach nämlich nicht, hörte nichts und schien nicht einmal zu leiden – als wollten sich ihr Körper und ihre Seele gemeinsam von all ihren Aufregungen ausruhen« (232).

Am Tiefpunkt ihrer Krankheit angelangt, glaubt sie sterben zu müssen und bittet um die letzte Kommunion. Als ihr der Priester die weiße Hostie reicht, schwinden »ihr fast die Sinne vor himmlischer Freude, [...] und in einem blauen Himmel, auf einem goldenen Thron, inmitten der Heiligen, [...] erblickte sie Gottvater im vollen Glanze seiner Majestät«. Diese wunderbare göttliche Vision gibt ihr neue Lebenskraft: »Sie wollte eine Heilige werden« (236).

Aber als nach einer Weile »keinerlei Ergötzen« vom Himmel herabkommt, wendet sie sich wieder dem Leben zu, und darüber ist Charles so glücklich und dankbar, dass er mit ihr nach Rouen zu einer Opernaufführung fährt. Der viel bewunderte Tenor Lagardy versetzt sie in einen Taumel der Gefühle, und in ihrer Fantasie stellt sie sich vor, sein außergewöhnliches Leben mit ihm zu teilen:

> »Sie hätten sich kennengelernt, sie hätten sich geliebt! Mit ihm wäre sie durch alle Königreiche Europas von Hauptstadt zu Hauptstadt gereist, sie hätte an seinen Mühen und seinem Stolz teilgenommen, [...] begierig die Ergüsse dieses Herzens aufgenommen, die er nur für sie gesungen hätte« (249 f.).

Die Fantasie von einem Leben mit Lagardy schwindet allerdings schnell dahin, als in der Pause der Vorstellung Leon, der einst Geliebte, ihre Loge betritt. Nun interessiert sich Emma nicht mehr für die Oper, sieht sich nicht einmal den Schluss an. Zu dritt begeben sie sich in ein Lokal. Wieder ist es

Charles, der für den nächsten Ehebruch seiner Frau den Steigbügel hält: er drängt sie nämlich, einen weiteren Tag allein in Rouen zu bleiben, um dort noch einen Theaterabend genießen zu können.

Am nächsten Tag kommt es zu einem Treffen mit Leon. Anfänglich sucht sie seinem Werben zu widerstehen, schlussendlich fährt sie aber mit ihm in einer Droschke mit zugezogenen Gardinen davon. Begann die erste Liebesbeziehung noch romantisch, als Emma hoch zu Ross zu einem verschwiegenen Platz im Walde ritt, so gibt sie sich ihrem zweiten Liebhaber in einer stundenlang im Kreis fahrenden Mietdroschke hin.

Unter dem Vorwand, Klavierstunden zu nehmen, fährt Emma jeden Donnerstag nach Rouen und trifft sich dort heimlich in einem Hotelzimmer mit Leon. Sie bezaubert ihn mit ihrer Anmut, »durch die Unterschiedlichkeit ihrer Stimmungen, die abwechselnd schwärmerisch oder fröhlich, geschwätzig, schweigsam, begeistert, gleichgültig waren« (292). Sie ist ausgelassen, raucht, führt freizügige Reden und sucht ihn – ohne über die Konsequenzen nachzudenken – an seiner Arbeitsstelle auf. Parallel zu ihren leidenschaftlichen Liebesbekundungen überlässt sie sich der Gier, alles, was ihr an Luxuriositäten in den Sinn kommt, zu kaufen. Wie sie sich selbst verwöhnt, so macht sie auch Leon große Geschenke. Dabei erliegt sie den Verführungskünsten des skrupellosen »Glückshändlers« Lheureux und unterschreibt fortlaufend Wechsel (140).

Leon fühlt sich durch ihre impulsiven, sich zu keinen Regeln mehr bekennenden Handlungen irritiert, lässt aber alles über sich ergehen: »Eher wurde er ihre Geliebte, als dass sie die seine war« (306). Während sie bei der ersten Liebesbeziehung zu Rodolphe die passive Rolle einnahm und weiblich Liebende wie Agnes Sorel oder Héloise nachahmte, greift sie in der Beziehung zu Leon auf die eher aktiven Vorbilder Jeanne d'Arc und Maria Stuart zurück.

Nach einiger Zeit tritt bei beiden eine Ernüchterung ein: »Sie war seiner ebenso überdrüssig, wie er ihrer müde war. Emma fand im Ehebruch die ganze Schalheit der Ehe wieder« (313). Sie ist über den Verlust ihrer Illusion gekränkt, und doch sucht sie ihre Fantasien aufrechtzuerhalten, indem sie Leon weiterhin Liebesbriefe schreibt: »Beim Schreiben aber sah sie einen anderen Mann vor sich, ein Phantom, zusammengesetzt aus ihren glühendsten Erinnerungen, ihrer schönsten Lektüre, ihrem stärksten Begehren; [...]« (320).

Schließlich bekommen Emmas Geldprobleme eine rasante Eigendynamik. Lheureux präsentiert seine fälligen Wechsel. Ihre Versuche, bei Leon und Rodolphe Geld zu beschaffen, schlagen fehl.

Als sie Rodolphe nach ihrem demütigenden Bittgang verlässt, vergisst sie allerdings den Grund ihres Besuchs; sie ist wieder ganz in den Gefühlen der unglücklichen Liebe zu ihm verfangen, und da sie die Endgültigkeit des Verlustes ihrer Illusionen und Träume nicht ertragen kann, beschließt sie ihre Selbstauslöschung (vgl. Kaplan 1993, 434).

In dieser Zwangslage erinnert sie sich daran, dass sie beim Tode ihres Schwiegervaters vom Apotheker beiläufig erfahren hat, er bewahre Arsenik, ein weißes Pulver in einem blauen Glas, in einer Dachkammer auf. Diese Information, verbunden mit der Assoziationskette – Tod des Schwiegervaters, Arsenik, Möglichkeit zum eigenen Tod –, hat sie im Gedächtnis bewahrt. In einem Anflug von Heldenmut, der sie fast fröhlich macht, begibt sie sich zum Apotheker. Dort gelingt es ihr, an das blaue Glasgefäß mit Arsenik heranzukommen und das Gift zu nehmen. »Dann ging sie plötzlich befriedigt und fast so heiter fort, als hätte sie eine Pflicht erfüllt. [...] Ach, der Tod ist gar nichts Schlimmes! dachte sie. Gleich werde ich schlafen, und alles wird zu Ende sein!« (346 f.).

In psychologischer Hinsicht lassen sich in Flauberts Roman verschiedene Perspektiven unterscheiden. Zunächst kann man ihn als *Eheroman* betrachten, vergleichbar mit Fontanes »Effi Briest«, in dem die Entwicklung vom latenten Eheproblem zum Ehebruch realistisch geschildert und einleuchtend motiviert wird (vgl. Kronberg-Gödde 2003, 290 ff.). Konzentriert man sich aber allein auf die Person Emma Bovarys, so erscheint sie auf den ersten Blick als eine »romantische Seele« mit den dazugehörigen Höhen und Tiefen des Gefühlslebens. Sie sucht ihre romantischen Vorstellungen vom Leben und von der Liebe, die sie sich anhand literarischer Vorbilder verschafft hat, mit unermüdlicher Kraft gegen die Wirklichkeit durchzusetzen. Unstillbare Sehnsucht, reines Begehren, undefinierbares Verlangen, unermüdlicher Aufbruch bestimmen ihr Seelenleben. Sie erscheint als ein Opfer ihrer leidenschaftlichen Liebe, die nicht in Erfüllung geht, aber auch als ein Opfer ihrer Ansprüche auf Luxus, die sie in die Fänge eines Wucherers treiben, und mehr noch als ein Opfer ihrer gelesenen Literatur, deren illusionären Charakter sie nicht durchschaut und daher nicht zu relativieren vermag (vgl. Bronfen 1995, 404). Gerade ihre fetischistische Bedürftigkeit nach Luxuswaren und das Fehlen großer Gefühle – der Mangel an Authentizität in ihrem Wesen – widersprechen der Annahme, dass sie eine romantische Seele ist. Mit den Worten Hans Mayers: »Ihre großen Gefühle sind kleine Gefühle; ihre romantischen Stimmungen nähren sich von epigonaler Literatur. Ihre Leidenschaft entbehrt nicht der komischen Züge« (Mayer 1954, 255).

Statt von einer romantischen Schwärmerin kann man bei Emma Bovary eher von einer *narzisstischen Selbst- und Fremdidealisierung* sprechen. Dieses Idealisierungsbedürfnis zieht sich durch ihre ganze Lebensgeschichte hindurch und bestimmt deren jeweilige Richtung gleichsam wie ein unterirdischer Strom. Hat sie schon früh in ihren religiösen Fantasien ein lebhaftes Größengefühl verspürt, so versetzt sie sich nach dem Tod der Mutter so intensiv in die Rolle der Trauernden, dass sie »auf Anhieb dieses seltene Wunschbild bleicher Existenzen erreicht [...], zu dem die mittelmäßigen Herzen niemals gelangen« (45 f.). Nach der traumatisch erlebten Trennung von Rodolphe belebt sie ihre Größenfantasien mit der Vision, Gott zu begegnen und als Heilige auserwählt zu sein, in der edlen Rolle der Wohltäterin und im Tagtraum vom gemeinsamen Leben mit einem gefeierten Tenor. Um die benötigte narzisstische Befriedigung zu erlangen, ist sie aber immer wieder darauf angewiesen, andere als idealisierte Objekte benutzen zu können. In der Ehe mit Charles misslingt es ihr, sich ein Gefühl der eigenen Bedeutsamkeit zu verschaffen, weil er ihr nicht genügend narzisstische Zufuhr zu geben und sie ihn ob seiner Mittelmäßigkeit nicht zu idealisieren vermag. In der Verliebtheit in Rodolphe kommen ihre starken Idealisierungswünsche voll zum Tragen, wobei die Objektbeziehung im Wesentlichen narzisstisch bleibt (vgl. Hüls-Wissing 2002, 74). Auch in Leon findet sie einen Liebhaber, den sie idealisieren kann. Wieder ist offensichtlich, dass diese Selbst- und Fremdidealisierung kompensatorischen Charakter hat und der Abwehr immer wieder aufkeimender und sich ausbreitender Depressionen dient.

Nicht weniger auffällig als ihre exzessiven Idealisierungen sind bei Emma Bovary ihre in vielfältigen Erscheinungsformen auftretenden Körpersymptome, die an *Somatisierungen* und teilweise an *hysterische Konversionen* denken lassen. Schon vor der Ehe erlebt sie Körpersensationen und Schwindelanfälle. Nach Leons Weggang nach Paris ist einerseits von plötzlichen Tränenausbrüchen, Blutspeien und Überreiztheit, andererseits von Verstummen, Blässe und Erstarrung die Rede, was darauf hindeutet, dass sie sehr empfindsam, suggestibel und ihren jeweiligen Fantasien und Stimmungen hilflos ausgeliefert ist. Nach der Trennung von Rodolphe kommt es zu einem schweren Anfall, der in Körperstarrheit, lang anhaltende Empfindungslosigkeit (nicht mehr sprechen, hören, leiden können), unklare im Leib wandernde Beschwerden (»bald hatte sie Schmerzen am Herzen, dann in der Brust, im Kopf, in den Gliedern«, 232) bis hin zum eingebildeten Sterben einmündet. Solche mehr oder weniger ausgeprägten Somatisierungen treten immer dann auf, wenn den seelischen Aufschwüngen die Ernüchterung und Desillusionierung folgt.

Flaubert hatte sich schon bei der Abfassung seines ersten Romans »Die Versuchung des heiligen Antonius« in die psychiatrische Literatur zur Hysterie eingearbeitet und bei sich selbst ausgeprägte hysterische Anteile registriert, die ihn dazu veranlassten, sich als »alten Hysteriker« zu bezeichnen (Brief an George Sand vom 12.1.1867, zit. nach Bronfen 1998, 236 f.). Charles Richet, einer der bedeutendsten Mitarbeiter Charcots an der Salpêtrière, gelangte zu dem Schluss, »dass von allen Hysterikerinnen, deren Geschichten von Romanciers erzählt worden sind, diejenige der Madame Bovary die lebendigste, wahrhaftigste und leidenschaftlichste ist« (zit. nach Bronfen 1998, 234). In den letzten Jahrzehnten ist der Begriff der »Hysterie« allerdings des Öfteren für unbrauchbar erklärt worden.

Statt aber völlig auf ihn zu verzichten, hat Mentzos vorgeschlagen, ihn in einem spezifischen Sinne, nämlich nicht als nosologische Einheit, sondern als Modus der Konfliktverarbeitung zu verwenden. Spezifisch an dem *hysterischen Modus* sei, dass der Betreffende sich in einen Zustand versetzt, »der ihn sich selbst quasi anders erleben und in den Augen der umgebenden Personen anders als er ist erscheinen lässt«. Daraus resultiere eine »quasi veränderte Selbstrepräsentanz«. Dieses »Anders-Erscheinen« kann nach Mentzos entweder in eine »pseudoregressive« oder in eine »pseudoprogressive« Richtung gehen. Im erstgenannten Falle treten Lähmungen, Sprachstörungen, »Nervenzusammenbrüche«, ohnmachtsähnliche Zustände und ähnliche Symptome auf, die den Hysterischen schwächer, kränklicher, hilfloser erscheinen lassen, als er tatsächlich ist. Im zweiten Fall geht es hingegen um aktivere Formen der Konfliktverarbeitung wie Don-Juanismus und phallisch-narzisstische Charakterzüge, die den Hysterischen stärker, attraktiver, unerschrockener, erfolgreicher erscheinen lassen, als er wirklich ist (Mentzos 1986, 75).

Diese Bedeutung kommt dem aus Flauberts Roman abgeleiteten Begriff des *Bovarysmus* sehr nahe, der als Fähigkeit verstanden wird, »sich selbst anders vorzustellen, als man ist« (Gaultier, zit. nach Bronfen 1998, 233). Emma Bovary ändert ihre Selbstrepräsentanz in beide Richtungen. In bestimmten Phasen erscheint sie pseudoprogressiv, in anderen Phasen hingegen pseudoregressiv. Gerade der ständige Wechsel ihrer Identifikationen und Rollen macht ihren Charakter aus. Dass sie bei dieser Form der Selbsttäuschung Zuflucht sucht, liegt an ihrer Überzeugung, sie sei für ein anderes Schicksal bestimmt. Diese Größenfantasie verleitet sie dazu, die Aufgabe der Realitätsprüfung ganz zu vernachlässigen, mit der Folge, dass sie in ihren Liebesbeziehungen enttäuscht wird und ihren Ruin ignoriert. Emma verfügt wie viele hysterische Menschen über einen »impressionistischen Kognitionsstil«, der im Wesentlichen auf Einfälle und schnelle relativ passiv gewonnene Eindrücke fußt und sich mit dem unmittelbar

Erkennbaren zufrieden gibt. Ihre hysterische Kognition ist von mangelnder Schärfe; präzise fokussierte Aufmerksamkeit und Konzentration fehlen weitgehend. Daraus wird ihre erstaunliche kognitive Hemmung verständlich; sie neigt dazu, unangenehme Dinge nicht zu sehen und auszublenden. Die Abwehrmechanismen der Verdrängung und Verleugnung dieser Probleme sind bei Emma in hohem Maße vorhanden (vgl. Shapiro 1991, 114 ff.).

Flaubert hat Emma Bovary nach der zeitgenössischen medizinischen Fachliteratur über weibliche Hysterie entworfen, und sie »bestimmte dann nicht nur viele nachfolgende Romane über weibliche Hysterie, sondern beeinflusste ihrerseits die medizinische Diagnostik und das Verhalten der Patientinnen« (Showalter 1997, 122).

Madame Bovary, viel geliebt und viel gescholten, die bei dem Versuch, ihr Leben wie einen Roman zu gestalten, scheiterte, ist eine besonders anrührende und herausfordernde Gestalt der Weltliteratur. Flaubert ist mit seinen »Sittenbildern aus der Provinz« die desillusionierende Darstellung und ironische Kritik der einengenden bürgerlichen Lebensformen gelungen.

Literatur

Becker-Fischer, M. & Fischer, G. (1993): Emma Bovary – eine Männerphantasie. In: J. Cremerius et al. (Hg.): Literarische Entwürfe weiblicher Sexualität. Freiburger literaturpsychologische Gespräche, Bd. 12. Würzburg (Königshausen & Neumann), 135–166.

Bronfen, E. (1995): Nachwort. In: Gustave Flaubert: Madame Bovary. Sittenbild aus der Provinz. München (Goldmann), 385–430.

Bronfen, E. (1998): Das verknotete Subjekt. Hysterie in der Moderne. Berlin (Verlag Volk und Welt).

Bruns, B. (1996): Gustave Flaubert: »Madame Bovary«. Der Roman als Selbstentwurf. In: G. Greve (Hg.): Kunstbefragung. 30 Jahre psychoanalytische Werkinterpretation am Berliner Psychoanalytischen Institut. Tübingen (edition diskord), 193–218.

Flaubert, G. (1977): Briefe. Hrsg. u. übs. v. H. Scheffel. Zürich (Diogenes).

Hüls-Wissing, A. (2002): Die »unerhörte Botschaft« der Madame Bovary. Ein individueller Rettungsversuch zwischen hysterischer Inszenierung und lustvollem Begehren. In: Psychosozial 25, H. 90, 69–82.

Kaplan, L. J. (1991): Weibliche Perversionen. München (Goldmann) 1993.

Kronberg-Gödde, H. (2003): Tiefenpsychologie und Literatur I und II. In: E. Jaeggi, G. Gödde, W. Hegener & H. Möller: Tiefenpsychologie lehren – Tiefenpsychologie lernen. Stuttgart (Klett-Cotta), 272–297.

Mayer, H. (1954): Anmerkungen zu Flaubert: »Madame Bovary«. In: Ders.: Welt-literatur. Studien und Versuche. Frankfurt/M. (Suhrkamp) 1989, 241–258.

Mentzos, St. (1986): Hysterie. Zur Psychodynamik unbewußter Inszenierungen. Frankfurt/M. (Fischer).

Schneider, M. (1965): Liebe und Betrug. Die Sprachen des Verlangens. München (dtv).

Shapiro, D. (1965): Der hysterische Stil. In. Ders.: Neurotische Stile. Göttingen (Vandenhoeck & Ruprecht) 1991, 111–134.

Showalter, E. (1997): Hystorien. Hysterische Epidemien im Zeitalter der Medien. Berlin (Berlin Verlag).

Hilde Kronberg-Gödde

Eine männliche Konversionsneurose
Zeruya Shalev: »Mann und Frau«*

Zeruya Shalev, eine jüngere israelische Autorin, die schon mit ihren ersten Romanen großen Erfolg hatte, beschreibt in diesem Roman die problematische Ehegeschichte eines Paares, das in symbiotischem Überdruss nebeneinander lebt und in einer Sackgasse gelandet ist, in der keiner der beiden sich mehr bewegen kann. Der Ehemann aber gibt durch seine hysterischen Erkrankungen den ersten Anstoß zur Lösung der Symbiose. Das Geschehen wird dominiert von seinen wechselnden Beschwerden und von den zwar verständlichen, aber doch auch allzu selbstgerechten Bemühungen seiner Frau, seine Krankheit zu bagatellisieren, und die Tochter der beiden, die schon sichtbare Anzeichen von psychischen Störungen zeigt, gegen den Vater auszuspielen. Allerdings wird all dies von beiden zunächst in keiner Weise verstanden.

Der Roman beginnt mit den ersten Anzeichen der Krankheit nach der Rückkehr des Mannes von einer seiner Wüstenwanderungen (nachdem er ein Studium der Geschichte abgebrochen hat, wurde er Reiseleiter). Er wird – am Morgen noch im Bett liegend – von seiner Ehefrau aufgefordert, sich ein wenig mehr um seine Tochter zu kümmern. Diese hat ihn sehnsüchtig erwartet, aber – und da gibt es schon den ersten kleinen Streit – er ist wie so oft nicht willens, seinen Aufgaben als Vater nachzukommen und sich mit der Zehnjährigen zu befassen. Die Icherzählerin Na'ama schreibt: »Ich sehe ihn mit müden Bewegungen über das Bett tasten, die gebräunten Arme zitternd, das Gesicht rot vor Anstrengung und Gekränktsein, als er flüstert, Na'ama ich kann nicht aufstehen« (8).

Dieses »Gekränktsein« zieht sich durch die ganze Krankengeschichte. Von Anfang an wird klar, dass er in der Ehefrau vor allem eine Mutter sucht und diese auch darauf eingeht, allerdings mit immer mehr Widerwillen und nicht, ohne dass sie ihn immer wieder ihre Überlegenheit spüren lässt.

> »Mit geschlossenen Augen tastet er nach der Decke, und ich breite sie mit langsamen Bewegungen über seinen Körper, nachdem ich sie vor ihm geschüttelt habe, wie meine Mutter es immer liebevoll tat, wenn ich krank war und sie mir mit dem Luftzug die Stirn kühlte« (9).

---

* Zeruya Shalev (2001): Mann und Frau. Berlin (Berlin Verlag).

Obwohl es sich um eine leichte Sommerdecke handelt, ächzt der Ehemann Udi sofort auf, sie sei ihm zu schwer, er bekomme keine Luft. Hier ist das Thema des ganzen Romans in einer Nussschale eingefangen: in dieser Ehe gibt es »keine Luft«. Udi starrt gebannt und meist gekränkt auf seine Frau, diese wiederum ist gefangen in Angst um die verhaltensauffällige, von ihren Schulkolleginnen isolierte Tochter, versucht aber gleichzeitig auch, ihren schwachen Mann zu dirigieren und zu besänftigen. Die Tochter wünscht nichts mehr als Aufmerksamkeit von ihrem Vater. Dieser, selbst infantil-fordernd, kann aber seiner Vaterrolle nicht gerecht werden und steckt voller Eifersucht auf die Fürsorge, die die Tochter von der Mutter erhält. Seine Frau soll, eben wie eine Mutter, nur für ihn sorgen.

Im Bezug auf die Vergangenheit, die sich immer wieder einschiebt, wird ein acht Jahre zurückliegendes traumatisches Ereignis erzählt: Na'ama hatte sich – einigermaßen platonisch – in einen anderen Mann verliebt, was Udi völlig fassungslos machte. Er ließ daraufhin die zweijährige Tochter Noga unabsichtlich-absichtlich (?) vom Balkon fallen, was sie fast das Leben gekostet hätte. Auch dieses Ereignis steht zwischen den Eheleuten, wird aber tabuisiert.

Nachdem Udi an diesem Morgen wieder eingeschlafen ist, wütet Na'ama innerlich: »Gleich wird er aufwachen und versuchen, mich auf seine herrschsüchtige Art ins Bett zu ziehen« (14). Tatsächlich benimmt er sich weiterhin wie ein Baby, weint, schimpft, fordert und erklärt plötzlich, dass nun auch seine Hände gelähmt seien. Die Ehefrau wird ungeduldig und wütend, sie kann ihm nicht mehr ganz glauben, bekommt aber sofort ein schlechtes Gewissen und verfällt auf den grotesken Gedanken, Schwangerschaftsurlaub nehmen zu wollen, damit sie ihn pflegen kann:

> »[...] nur wir werden ihn pflegen, ein verwöhnter Gefangener wird er sein, ein Riesenbaby, das sich noch nicht auf den Bauch drehen und krabbeln kann, so behalten wir ihn für uns, er soll weder gesund werden noch sterben, das Baby, das ich mir gewünscht habe, das Baby, das uns zu einer Familie machen kann« (18).

In dieser Fantasie wird die Tragödie der Familie nochmals klar angesprochen: nicht voneinander loskommen wollen/können; falsche Rollenverteilung; Infantilität des Mannes, während die Frau die progressive Seite dieser Kollusion darstellt, aus der sie aber ebenfalls nicht herausfindet.

Da Na'ama aber die Realitätstüchtigere ist (sie verdient offenbar auch den Hauptanteil des Geldes), wird nun doch ein Krankenwagen gerufen, worauf der Leser eigentlich schon die ganze Zeit gewartet hat. Da wird das verzogene

Riesenbaby nun plötzlich zum charmanten Jüngling: »[...] ich führe sie [die Träger] hinein zu seinem strahlenden jungenhaften Lächeln, das er für Fremde reserviert hat [...], das ich schon lange nicht mehr gesehen habe« (22). Auch in der Klinik behält er vor dem Klinikpersonal dieses Lächeln und seine fast unterwürfige Freundlichkeit bei.

Die Klinik behagt ihm, die vielen Untersuchungen, die Formulare, die seine Frau ausfüllen muss, die Verlegung in eine andere Station: »[...] er ist erstaunt, aber so etwas wie Stolz blitzt in seinen Augen auf, wie bei einem Schüler, der in eine höhere Klasse versetzt wird« (41). Allerdings gefällt es ihm gar nicht, dass er in die Psychiatrie verlegt werden soll. Er kann die Diagnose »Konversionsneurose« nicht recht verstehen und auch nicht ernst nehmen und wird wieder zum wimmernden Kind. Er möchte ernsthaft und »wirklich« krank sein. Da es keinen Befund gibt, und man ihm daher den Gefallen einer »echten« Krankheit nicht erweisen kann, wird seine Gehfähigkeit zusehends besser, und er kann schon am nächsten Tag mit Na'ama nach Hause fahren. Typischerweise fragt er sich auch gar nicht, was denn nun eigentlich die Ursache dieser rätselhaften Krankheit sein könnte – ein Zeichen dafür, dass ihm unbewusst klar ist, dass es sich um eine psychische Botschaft handelt.

Wiederum einen Tag später beschließt das Paar, sich nach all der Aufregung einen Kurzurlaub zu gönnen, und fährt in ein wunderschönes Hotel, wo sie eine bewegte Liebesnacht verbringen. Aber am darauf folgenden Morgen überfällt Udi ein neues Leiden: hysterische Blindheit, was ihn wiederum zum hilflosen Kind macht, das von seiner Frau heimgefahren werden muss. Offenbar war die Nacht, in der beide ihre Rolle als erwachsenes Liebespaar gefunden haben, zu viel für den Mann: er will wieder regredieren und nimmt seine alte Rolle als hilfloses Kind wieder auf. Auch die Blindheit verschwindet nach kurzer Zeit; sie macht einer totalen Erschöpfung Platz. Nach einiger Zeit im Bett fühlt er sich allerdings in der Lage, wieder eine Touristengruppe zu führen, also wieder zum »erwachsenen Ernährer« zu werden. Aber schon nach einem Tag kommt er zurück: er hat alle seine Kenntnisse als Reiseführer »vergessen«. Nun bleibt er als kränklicher vergrämter Mann im Bett liegen und lässt sich verkommen – verzweifelt versorgt von Ehefrau und Tochter.

Wie sieht die Beziehung zwischen den beiden aus? In Na'ama blitzt schon in der allererersten Phase der Krankheit einiges an Erkenntnissen darüber auf – allerdings sieht sie nur das Schuldkonto des Mannes. Gleich in der ersten Stunde seiner Krankheit räsoniert sie über seinen Egoismus, schwankt aber zwischen Mitleid, Wut und Misstrauen. Jede Handreichung kann zum Anlass neuerlichen Streits werden.

»Ich möchte Wasser, murmelt er, schon seit Stunden bitte ich dich um Wasser, und ich laufe los. [...] Trink, sage ich, und er fragt, wie? Was heißt das, wie, nimm das Glas, sage ich feindselig und er seufzt, das kann ich nicht, ich kann meine Hände nicht bewegen. Das ist unmöglich, fahre ich ihn gereizt an [...]« (16).

Wir erfahren aber noch einiges mehr über die Dynamik dieser Beziehung. Über seine »demonstrative Treue« (im Gegensatz zu ihr, die sich ein Mal verliebt hatte) – diese Treue aber

»hat sich im Laufe der Jahre zu einer Waffe gegen mich verwandelt, eine weitere Art gegen mich anzugehen und seine Überlegenheit zu beweisen. Schau, er konzentriert sich nur auf mich, nur auf mich zielen die Giftpfeile seines Klagens, seines Fanatismus ... seines unendlichen Verlangens«.

Es wird jedoch gleich nach diesen wütenden Anklagen, die sie ihrer Freundin gegenüber äußert, klar, wie sehr auch Na'ama ihn braucht: der kleine Flirt Udis mit der Krankenschwester versetzt sie sofort in Panik. »[...] ich lege mir vor Gekränktheit die Arme um den Körper, die Kälte der Einsamkeit lässt mich erschauern« (35).

Na'ama muss um jedes winzige Stück Freiheit kämpfen, allerdings hält sie sich selbst gefangen, was ihr eine Freundin auch immer wieder rückmeldet. Sogar ihren Beruf neidet Udi ihr. »Vermutlich hab ich mich im Lauf der Jahre zornig damit abgefunden, dass seinem Gefühl nach jede Beschäftigung, die nichts mit ihm zu tun hat, Betrug ist, schon seit Jahren komme ich mit Schuldgefühlen von der Arbeit nach Hause« (82).

Na'ama arbeitet als Sozialarbeiterin in einem Heim für werdende Mütter, die ihr Kind nicht aufziehen wollen oder können und es meist zur Adoption freigeben. Na'ama bereitet die Adoption vor, begleitet diese (meist sehr jungen) Mütter bis zur Geburt und versucht zu helfen, so gut es geht. Dies alles tut sie mit großem, oft übergroßem Engagement. Man spürt, dass sie damit irgendetwas gutmachen will; es sieht fast so aus, als ob die Sorge um die Babys und ihre Mütter dem Wunsch entspräche, heile Welten zu schaffen, indem sie Familien »ordnet« und Kindern ein schönes Zuhause gibt – ein Zuhause, das sie selbst schon lange nicht mehr für die Ihren bereitstellen kann. Auf dem Höhepunkt der Ehekrise denkt sie sogar daran, eines der Kinder samt Mutter zu sich zu nehmen.

Die Geschichte zwischen Na'ama und Udi hat in ihrer beider 12. Lebensjahr begonnen. Wir erfahren nichts über Udis familiären Hintergrund (außer, dass er ein Einzelkind ist) – es wird aber sehr deutlich, dass er seine kleine

Freundin Na'ama mit besitzergreifender Inbrunst von Kindheit an besetzt und nicht mehr loslässt. Er scheint nur für und durch sie zu leben. »Ich bin daran gewöhnt, dass meine Gedanken ein offenes Buch für ihn sind, schon in seiner Jugend besaß er die Fähigkeit, in mich einzudringen« (93). Die Ausschließlichkeit dieser »Liebe« erinnert sehr stark an infantil-ödipale Liebe; es wird hier das Liebesobjekt ganz nach dem Muster dieser ersten Liebe gestaltet und nicht mehr modifiziert (vgl. Bergmann 1999).

Die beiden entdecken in ihrer Jugend die Sexualität für sich, und das ist es auch, was sie immer wieder aneinander bindet. Allerdings scheint auch diese (hier sind die Auskünfte nicht ganz so präzise) stark dominiert von seinen Versorgungswünschen. Am Höhepunkt seiner Krankheit und direkt nach der gelungenen Liebesnacht klagt er sie an, »daß Du mir meinen Samen herauspreßt und deshalb bin ich krank« (128).

»Nur ich liebe Dich wirklich, [...] glaubst Du etwa, jeder würde Dich lieben« (121), hat er schon als kleiner Junge behauptet. Na'ama, obwohl immer wieder rebellisch, gibt ihm innerlich recht und gestattet ihm, jeden möglichen Verehrer zu vertreiben. Allerdings fühlt sie sofort Panik und innere Leere, wenn er ihr im Streit gereizt zugesteht, dass sie auch andere Männer ausprobieren könne.

Na'ama selbst wurde noch als Schulkind von einer jungen und schönen Mutter verlassen und musste mit dem alternden und verbitterten Vater vorlieb nehmen. Sie ist daher gewohnt, für einen Mann zu sorgen, hat aber auch schon früh die damit verbundene Verachtung für einen schwachen Mann empfunden.

Sexualität diente lange Zeit als Abwehr ihrer beider Schwierigkeiten. »Immer ist er meiner Nacktheit durch die ganze Wohnung gefolgt und hat die Hände nach mir ausgestreckt, immer wenn ich mich wusch, ist er ins Badezimmer gekommen und hat sein Glück versucht [...]« (222), räsoniert sie. Irgendwann aber ahnte sie die traurige Funktion dieser verzweifelten Vereinigungsversuche: »Wir sind nicht ein Fleisch und ein Körper, sondern zwei Körper, die getauscht haben, ich habe seinen Körper angezogen und er meinen, jeder hat auf seinen verzichtet und es scheint, als hätten wir damit unser ganzes Leben unterminiert« (124). Dieses hellsichtige Resümee verhindert aber nicht, dass Na'ama in eisige Verzweiflung verfällt, als Udi sich von ihr trennt, um mit einer jungen Heilerin, die im Tibet ihre Heilkunst gelernt hat, wegzugehen.

Diese Heilerin (es wird nie ganz klar, ob sie Udis Geliebte ist) erkennt sofort den Zusammenhang zwischen seiner Krankheit und der gesamten Familiensituation. Sie bemerkt gleich, in welch verzweifelter Situation die Tochter sich befindet, die den Vater an die Familie binden will und die Mutter für die ganze Misere verantwortlich macht. Voll unglücklicher Liebe versucht die Tochter, den Vater zu halten.

In einer besonders eindringlichen Szene wird das Szenario der Kollusion zwischen einem hysterischen schwachen Mann und einer dominierenden Frau, die beide auf ihre Weise das Kind krank machen, geschildert: Na'ama hat sich verspätet, und als sie deswegen voll schlechten Gewissens heimkommt, befinden sich Vater und Tochter gerade in einer äußerst glücklichen Zweisamkeit: sie kochen gemeinsam ein Gemüsegericht, Udi scheint es besser zu gehen und die Tochter Noga strahlt vor Glück. Na'ama aber sieht, dass Udi gerade dabei ist, Knoblauch anbrennen zu lassen und erklärt lehrerinnenhaft, dass man nie den Knoblauch vor den Zwiebeln in dem heißen Fett braten dürfe. Udi wirft in kindischer Weise alles hin, verkriecht sich wieder ins Bett, und Noga macht zum ersten Mal ihrer Wut Luft: »Warum bist Du überhaupt zurückgekommen [...] es ist uns gut gegangen, bevor Du gekommen bist«, weint sie. Na'ama beginnt zu begreifen, dass auch sie aus ihrer Selbstgerechtigkeit heraustreten muss. Noch aber ist sie nicht bereit zu einer Veränderung – allzu klar scheint ihr, wer hier immer wieder Schuld auf sich lädt. Auch in ihrer kurzen Liaison mit einem Architekten wird sie von diesem beschuldigt, sich »wie eine Heilige« aufzuführen.

Udi verlässt schließlich die Familie und geht mit seiner »Heilerin« fort.

Die Trennungsszene erhellt nochmals die »andere Seite der Medaille«, nämlich Na'amas Selbstgerechtigkeit, ihre Definitionsmacht. Dies wird in der letzten Streitnacht erstaunlich klar von Udi angesprochen:

> »Ich halte Deine Herrschsucht nicht aus, nur Du weißt was zu tun ist, du glaubst, daß du immer recht hast und alle anderen sich irren, jetzt fängt er an zu schreien, ja, vielleicht irre ich mich, aber dann ist es wenigstens mein eigener Fehler, und ich werde dafür bezahlen«,

und auf ihre emotionale Ausbeutung des Kindes hindeutend:

> »[...] hör endlich auf, mich zu erziehen und hör endlich auf, Noga zu mißbrauchen, um mich zu bestrafen, du kannst mich nicht durch Schuldgefühle an dich ketten wie mit Handschellen [...] ich habe mich [durch die Krankheit] bestraft, denn wie ist es möglich, auf eine Heilige wie Du eine bist, wütend zu werden«,

worauf Na'ama voll Unverständnis schreit: »Du hast noch die Frechheit wütend auf mich zu sein? Ich habe mein Leben für Dich und Noga hingegeben« (254).

Es wird dabei deutlich, in welchem Maß auch Na'ama von dieser Kollusion profitiert hat. Auch sie muss sich, wie ihr Ehemann, in schmerzvollen Kämpfen daraus befreien. »[...] die Autoreifen stöhnen unter der Last meines leeren Lebens« (376), denkt sie nach seinem Weggang, und:

> »Wie gut wir eigentlich zusammengepaßt haben, wer hätte es besser geschafft, mich einzusperren, wer hätte es besser als ich geschafft, seine Schwäche zu ertragen, mit vier fleißigen Händen haben wir uns unser Leben zerstört, in erstaunlicher Harmonie, während Noga uns erstaunt und verwirrt von der Seite aus zusah [...]«.

Und ein paar Absätze weiter:

> »Wie habe ich es die ganzen Jahre über genossen, das Unrecht auszubreiten, das er mir antat, ich ermunterte ihn sogar dazu, mich zu verletzen, nur um die volle Intensität seiner reinigenden Kraft zu erleben, ich benutzte Noga, um sein Leben zu verbittern [...]« (377).

Wie könnte man besser die Verzweiflung einer zu Ende gegangenen Kollusion beschreiben?

Aber diese Krise der Selbstbeschuldigung findet langsam ein Ende, als Na'ama all dies klar wird:

> »Nie haben wir uns gegenseitig als selbständige Personen gesehen mit dem Recht auf ein eigenständiges Leben [...] wir waren so dicht beieinander, dass wir einander nicht sehen konnten [...] er musste bis Tibet fahren, damit ich das Gefühl hatte, ihm nahe zu sein« (384).

Na'ama findet sich langsam selbst, und sie findet auch ihre Tochter wieder – als ein eigenständiges und schönes junges Mädchen, das mit ihr Freundschaft schließt. Mit voller Überzeugung kann sie daher einer Freundin, die sich nach dem Ehemann erkundigt, sagen, dass sie das im Moment überhaupt nicht interessiere.

Ob alle diese Erkenntnisse den beiden helfen, wieder zueinander zu finden, ist am Ende des Buches, als Udi zum Geburtstag seiner Tochter zurückkommt, zwar ungewiss, wird aber als eine Möglichkeit angedeutet.

Nicht nur die Dynamik einer Konversionsneurose und die Kollusionsthematik, sondern auch die familiendynamische Sicht wird in fast lehrbuchartiger Weise lebendig gemacht, ohne dass man das Gefühl bekommt, es würde eben nur ein Lehrbuch nachgebetet. Alle Figuren »leben«, die große Einfühlung in das Gefühlsleben jedes Einzelnen ist erstaunlich. Situationsbeschreibungen treffen immer ins Schwarze.

Nicht zuletzt ist der Leser auch ergriffen von einer biblischen Erzählung über einen Mann Gottes, dem verboten wurde, einen Weg zurückzugehen – sonst werde er dereinst nicht im Grabe seiner Väter liegen. Udi, so meint Na'ama, ahnte, dass es keinen Weg zurück gibt. Und auch Na'ama wird – sofern Udi zu ihr zurückkommt – nicht mehr den alten Weg gehen können.

Literatur

Bergmann, M. S. (1999): Eine Geschichte der Liebe. Frankfurt/M. (Fischer).

Mentzos, St. (1986): Hysterie. Zur Psychodynamik unbewusster Inszenierungen. Frankfurt/M. (Fischer).

Weber, G. (1983): Systemische Familientherapie in der Praxis. In: Psychother. Psychosom. med. Psych. 28, 293–304.

Willi, J. (1975): Die Zweierbeziehung. Reinbek (Rowohlt).

Eva Jaeggi

Der Zwang als Gegenwehr

Sehr früh schon hat Freud (1908b) die Eigentümlichkeiten von zwanghaften Menschen erkannt und beschrieben. Als »analer« Charakter mit seiner Trias von Eigensinn, Sparsamkeit und Ordnungssinn hat diese Beschreibung auch bei Laien großen Bekanntheitsgrad erlangt.

Als die Emigranten der Frankfurter Schule diese Beschreibung zur Grundlage ihrer empirischen Untersuchung über den »autoritären Charakter« (Fromm 1936 u. 1941, Adorno 1973) machten, galt der anale Charakter bald als der Prototyp des Deutschen, vor allem des Deutschen im Faschismus.

Auch in anderen empirischen Arbeiten erwies es sich – durch faktorenanalytische Untersuchungen etwa –, dass Freud hier ganz intuitiv tatsächlich einen »Typ« gefunden hatte, der sich gerade durch eben diese Trias auszeichnet.

Wie aber sieht die Psychodynamik des zwanghaften, anal strukturierten Menschen aus, und welche Entwicklungslinien können wir verfolgen (vgl. Riemann 1975, Hoffmann 1979, Shapiro 1991)?

Freud postulierte, dass bei diesen Menschen die Konflikte der analen Phase nicht befriedigend gelöst worden seien. Das heißt, dass das Thema der Kontrolle (im Körperlichen: der Kontrolle über die Ausscheidungsfunktionen, davon abgeleitet aber auch Kontrolle im Psychischen) persistiert. Die Lust am Chaotischen, am Schmutz, an der Regellosigkeit wird bei diesen Kindern meist streng bestraft. Die Eltern können die kindliche Spontaneität schlecht ertragen und versuchen mit den ihnen zur Verfügung stehenden Mitteln, Kinder zu dressieren. Menschen mit einem derartigen biografischen Hintergrund versuchen auf vielerlei Weise, Kontrolle zu gewinnen: über sich selbst und über ihre Umwelt. Es ist nicht immer leicht, Zugang zu ihrem Inneren zu gewinnen: gerade dieses müssen sie ängstlich bewahren, da sie von allzu bedrängenden Eltern ihres Eigenlebens beraubt wurden.

Der Übergang zur ödipalen Phase, wie ihn Freud gesehen hat, gestaltet sich durch diese Entwicklungshemmungen dann oft besonders schwierig. Die Dramatik dieser von Liebe und Hass geprägten Phase kommt voll zum Tragen, wird als unlösbar erlebt und mündet nicht in einer Zufriedenheit mit dem Platz, den ein Kind zwischen seinen Eltern haben kann. Das Chaos der erotisch-kindlichen Liebe ist auch später noch bedrohlich. Auch im Erwachsenenleben wird daher dieses Chaos als Prototyp jeder Regellosigkeit und Unordnung gefürchtet – und gebannt. Die Bindungen an die Eltern bleiben – tief unbewusst – erhalten und damit alle Schuld, Aggression und Hemmung.

Unterschwellig aber besteht eine Ahnung davon, dass man eben doch tief im Innern am Chaotisch-Lebendigen Freude haben kann. Dies äußert sich im ewig schlechten Gewissen, im immer wieder neu um ihre Tadellosigkeit ringenden Bemühen solcher Menschen. Das Gewissen aber – und dies ist der Schwierigkeiten auch in der ödipalen Phase geschuldet – kann nicht mehr selegieren und zwischen »mehr oder weniger« unterscheiden. Es bleibt rigide – »primitiv« nennen es die Psychoanalytiker – und verurteilt alles und jedes, was nicht ganz und gar geregelt ist. So wird eigene unbewusst gespürte Unzulänglichkeit immer wieder auf die Umwelt projiziert. Der anale Typ neigt zu dauerndem Moralisieren und Verurteilen und hat wenig Toleranz gegenüber der Andersartigkeit anderer – vor allem nicht, wenn diese Andersartigkeit eine gewisse Nonchalance gegenüber dem Regellosen, Spontanen betrifft.

Die Möglichkeiten zur Bannung von Chaos sind eben diejenigen, die man als »Zwänge« bezeichnet: Festhalten an starren Regeln, Abspalten von Gefühlen, Beharren auf den immer wieder gleichen Mustern, Einhalten von festen Gewohnheiten (bis hin zu den bekannten pathologischen Ritualen wie permanentes Händewaschen oder andere Bewegungsabfolgen). Der Zwanghafte ist daher der typische Konservative – in jeder Lebenslage.

Bei »Professor Unrat« von Heinrich Mann, den *Eva Jaeggi* vorstellt, finden wir minutiös alle diese Gegenwehrversuche aufgelistet: Ordnung um der Ordnung willen, Starrheit, Aggression gegen das Lebendige, strikt konservative Werthaltungen. Mit sicherem Gespür wird auch die »Gegenseite« gezeichnet – nämlich die vollkommene Wehrlosigkeit, als der Professor von Erotik überwältigt wird. Diese Überwältigung setzt einen zerstörerischen Prozess in Gang, der alles mit sich reißt, was bisher als Gegenwehr aufgebaut wurde – bis zur Zerstörung der (bürgerlichen) Existenz.

Über die biografischen Vorläufer erfahren wir bei Heinrich Mann allerdings nichts. Diese werden am zweiten Literaturbeispiel, dem von *Wolfgang Hegener* besprochenen Roman »Musk« von Percy Kemp, deutlicher. Der Protagonist wurde von seiner Mutter grußlos verlassen, als er noch ein Kind war. Der Vater hat sich nach diesem Verlust regredierend in den Selbstmord geflüchtet. Wir erfahren zwar nichts über die Konflikte der analen Phase, aber die ödipale Schuldthematik und die primitive Identifikation mit dem schwachen Vater werden an der Wiederholung des Selbstmordes am Ende des Buches sowie am Ritual des täglichen »Begrüßens« des toten Vaters am Friedhof aufgezeigt.

Auch Monsieur Eme ist besessen von Ritualen, von starren Gewohnheiten (zum Beispiel von der Gewohnheit, sich lebenslang mit demselben Parfum – »Musk« – zu besprühen) und skurrilen Bemühungen um sein

Äußeres. Bei ihm wird deutlicher als bei Professor Unrat, welch wichtige Bedeutung leblose Gegenstände haben, sozusagen als Panzer gegen das Lebendige und die damit immer gefährlicheren Durchbrüche des Unkontrollierbaren. Fallen diese Gegenstände weg (in »Musk« dadurch, dass das Parfum nicht mehr produziert wird), zerfällt die gesamte Person.

Auch der Tod – dieses endgültige Verfallen an das Unkontrollierbare – ist ein heikles Thema für solche Menschen. Dieser wird von Monsieur Eme präzise vorausgeplant. Die mit dem Tod einhergehende Zerstörung soll aufgehalten werden durch klare Bestimmungen über seine Einbalsamierung. In einer grotesken Schlussszene wird diese Einbalsamierung als eine letzte mütterliche Liebestat geschildert – in gewisser Weise ist es also dem Protagonisten gelungen, den Tod zu überlisten.

Literatur

Adorno, Th. W. (1973): Studien zum autoritären Charakter. Frankfurt/M. (Suhrkamp).

Freud, S. (1908b): Charakter und Analerotik. GW VII, 203–209.

Fromm, E. (1936): Studien über Autorität und Familie. Sozialpsychologischer Teil. Gesamtausgabe, Band I. München (dtv), 141–187.

Fromm, E. (1941): Die Furcht vor der Freiheit. Gesamtausgabe, Band I. München (dtv), 217–392.

Hoffmann, S. O.(1979): Charakter und Neurose. Frankfurt/M. (Suhrkamp).

Shapiro, D. (1991): Neurotische Stile. Göttingen (Vandenhoeck & Ruprecht).

Riemann, F. (1975): Grundformen der Angst. München (Reinhardt).

E. J. & H. K.-G.

Die Anarchie des Zwanges
»Professor Unrat« von Heinrich Mann[*]

Der berühmte Roman »Professor Unrat« (Vorlage für den Film »Der blaue Engel«) erschien 1905 und gilt als eines der besten Werke von Heinrich Mann.

Der tyrannische Professor Raat, Gymnasiallehrer in einer deutschen Kleinstadt – von allen Schülern heimlich »Unrat« genannt –, sieht den Sinn seines Lebens und Lehrerseins darin, möglichst vielen Schülern die Aussichten auf einen geordneten Bildungsweg unmöglich zu machen. Rache und Wut wegen der Spott- und Lebenslust der jungen Menschen sind dabei das Motiv. Als er bemerkt, dass einer der Schüler ein etwas obszönes Gedicht über eine herumreisende Sängerin und Tänzerin in sein Schulheft geschrieben hat, macht er sich auf die Suche nach der Spelunke, wo diese »Künstlerin« auftritt. Er findet dort drei seiner Schüler, die sich offensichtlich bei der jungen Frau beliebt gemacht haben. Seine zuerst noch als pädagogische Bemühungen bemäntelten Versuche, die Schüler zu »retten«, indem man sie »fasst« und ihnen den Aufenthalt in der Garderobe der Künstlerin verbietet, schlagen bald um in eine Obsession der Sängerin gegenüber, der er seine Karriere und sein gesamtes bürgerliches Leben opfert.

Der erste Teil des Buches scheint nur das groteske Schicksal eines Einzelnen zu zeigen. In einer grotesken Verkehrung der Verhältnisse aber wird im zweiten Teil klar, dass die chaotische Unordnung, in die sich Unrat verstrickt, nur eine Widerspiegelung der geheimen Wünsche eben derjenigen bürgerlichen Gesellschaft ist, die den Gefallenen verurteilt.

Heinrich Mann hat so mit dem Schicksal des Professors die individuelle Dynamik des Zwanghaften verknüpft mit der gesellschaftlichen Dynamik einer repressiven bürgerlichen Gesellschaft – ein Thema, das er im später erscheinenden Roman »Der Untertan« noch weiterführt. In beiden Romanen wird deutscher Untertanengeist vorausschauend als Vorläufer faschistoider Einstellungen gesehen.

Wie aber »funktioniert« dieser Professor, der Prototyp des zwanghaften deutschen »Untertans«? Heinrich Mann beschreibt vor allem die Psychodynamik eines schwer zwanghaften Menschen mit der von Freud so bezeichneten »analen Trias« von Ordnungssinn, Gerechtigkeitssinn und Sparsamkeit,

---

[*] Heinrich Mann (1905): Professor Unrat. Reinbek (Rowohlt-Taschenbuch) 2002.

allerdings ins Groteske verzerrt und daher – auch das ist prototypisch – immer in Gefahr, ins Gegenteil umzuschlagen. Das Chaos, das Anarchische, das die unbewusste Wunschwelt des Zwanghaften ausmacht, tritt bald unverhüllt ans Tageslicht. Die Nähe des Zwanghaften zum autoritären Charakter wird dabei sichtbar. Auch die alles durchdringende Aggression des Zwanghaften gegen alles Lebendige zeigt sich immer deutlicher.

Die ersten Beschreibungen des Lehrers erhalten wir durch die Augen der ihn hassenden Schüler: er habe einen »grünen Blick, den die Schüler falsch nannten«. Es sei, wie der Autor hinzufügt, der »Blick eines Tyrannen mit schlechtem Gewissen, der in den Falten der Mäntel nach Dolchen späht« (9). Dieses schlechte Gewissen, das mit viel übermoralischem Gerede über Humanismus und Bildung übertönt wird, erweist sich als das »rigide und primitive Über-Ich« des aggressiven Zwanghaften, der feinere moralische Unterscheidungen je nach situativen Gegebenheiten nicht kennt, aber unter dem Deckmantel seines pädagogischen Auftrags jede mögliche Aggression auslebt.

Schon die Schilderung der ersten Schulstunde zeigt den Professor als brutalen Sadisten. Er schreckt nie davor zurück, einen Schüler zu blamieren, zu demütigen und zu strafen. Höhnisch herrscht er einen jungen Grafen, der intellektuell recht schwerfällig ist, an:

»Und Sie, von Ertzum, merken Sie sich, daß Sie nicht der erste Ihres Namens sind, den ich in seiner Laufbahn – gewiss nun freilich – beträchtlich aufgehalten habe [...] das Schicksal Ihres Onkels von Ertzum, dürfte auch das Ihre werden [...] Mein Urteil über Ihre Familie steht seit fünfzehn Jahren fest«.

Und, wie eine Parodie klingend: »Sie sind nicht würdig, an der erhabenen Jungfrauengestalt, zu der wir jetzt übergehen, Ihre geistlose Feder zu wetzen« (12). In diesem Ton geht es weiter. Kein Wunder, dass es von den Schülern heißt, sie sähen ihm zu »wie einem gemeingefährlichen Vieh, das man leider nicht totschlagen durfte«.

Hass und Rachsucht prägen die Beziehungen zwischen ihm und der Umwelt. »Es war ein guter Tag, an dem er einen von ihnen [den Schülern nämlich] ›gefaßt‹ hatte [...] Dadurch war das ganze Jahr gut« (15).

Interessanterweise – dies wird nur als eine Nebengeschichte kurz erwähnt – hat Unrat aus einer kurzen Ehe einen Sohn, von dem es heißt, dass er ihm Unehre gemacht habe durch ein »liederliches Frauenzimmer«. Es scheint also die Delegation des unbewusst Anarchischen im Vater auf den Sohn schon sehr früh gegriffen zu haben.

Dass das Gymnasium alten Stils als »Paukschule« dem hasserfüllten Lehrer viele Möglichkeiten bietet, seinen Groll auszuleben, verwundert nicht. Die Schule ist daher auch für ihn ein Abbild des Lebens. »Was in der Schule vorging, hatte für Unrat Ernst und Wirklichkeit des Lebens. Trägheit kam der Verderblichkeit eines unnützen Bürgers gleich, Unachtsamkeit und Lachen waren Widerstand gegen die Staatsgewalt, eine Knallerbse leitete Revolution ein.« Er strafte »im Ernst und mit zusammengebissenen Zähnen«, heißt es von ihm (17).

Viele Eigenarten des Zwanghaften, so zum Beispiel die Unfähigkeit, Beleidigungen zu vergessen, werden nebenbei erwähnt. Unrat ist noch jahrzehntelang voll Ingrimm über bestimmte Schüler und deren Familien, die ihn geärgert haben.

Verbunden damit ist eine weitere Eigenschaft des starr Zwanghaften: die Humorlosigkeit. Dass ehemalige Schüler ihn vielleicht mit einer gewissen zärtlichen Erinnerung ansehen könnten, kommt ihm nie in den Sinn. Alle älteren Bürger der Stadt sind ihm nach wie vor Feinde – sie alle haben früher einmal den verhassten Spitznamen gebraucht, sie alle müssten eigentlich »gefasst« werden.

Mit boshafter Intuition allerdings wurde dieser Name gewählt – betont er doch eine Seite des honorigen Professors, die man gerade bei einem solch peniblen Menschen nicht vermuten würde: die Freude am Schmutz. Denn Unrat wird, je älter er ist, auch äußerlich schmutzig. Ehemalige Schüler beschrieben ihn als einen »adretten« Hilfslehrer; später kennt man ihn nur leicht schmuddelig, sodass der Name wirklich passt. Im Zwiegespräch meint ein »Ehemaliger« denn auch: »›Ich kann ihn mir überhaupt nicht sauber vorstellen‹, worauf ein anderer sinniert: ›Wissen Sie, was ich glaube? Er sich selber auch nicht. Gegen so'n Namen kann auf die Dauer keiner an.‹«

Dass er in seiner Starrheit streng konservativ denkt, ist selbstverständlich: »Er wollte stark sein: eine einflußreiche Kirche, strikten Gehorsam und starre Sitten« (45), obwohl er nicht im geringsten religiös ist.

Wie menschenverachtend diese Haltung ist, spricht er einmal – schon in gelockerter Stimmung – gegenüber seiner Geliebten aus: »Erkannt aber fürwahr muss man sie [die Menschen nämlich] haben, um sie sich dienstbar zu machen und, sie verachtend, über sie zu herrschen« (65).

Und wie sieht die unbewusste Seite aus, die Seite der triebhaften Wünsche? Wie bei den meisten stark zwanghaft strukturierten Menschen ist es relativ leicht, diese Seite zu entziffern, da sie nur notdürftig verborgen ist.

Unrat ist fasziniert vom »Bösen«, bzw. was er dafür hält. Die Gestalten der drei jugendlichen Schüler, die sich im halbseidenen Milieu herumtreiben, lassen ihn nicht los. Er folgt ihren Spuren, er vermutet sie überall, er fantasiert sie in alle möglichen heiklen Situationen hinein. Den größten Hass allerdings erweckt in ihm derjenige Schüler, der diese jugendlichen Eskapaden eher als lässiges Spiel auffasst und damit im Grunde die todernste Sicht des triebgeplagten Unrat verhöhnt.

Einmal angerührt von der Erotik der Sängerin Rosa Fröhlich, nimmt er selbst mit Erstaunen wahr, dass er sich im Kreis einfacher Menschen in ihrer Künstlergarderobe plötzlich wohl fühlt »und entschuldigte damit auch die Lust, die er selbst verspürte, von der Widersetzlichkeit der Welt einmal abzusehen, in seiner gewöhnlichen Gespanntheit nachzulassen – abzurüsten, sei es nur auf ein Viertelstündchen« (62).

Unrats Hass auf die Schüler schlägt um in brennende Eifersucht, als er selbst vom Feuer erotischer Verzücktheit gepackt wird. Er ist diesem Teil seines Wesens – da ohne jede Möglichkeit der Sublimierung und rationalen Durchdringung – hilflos ausgeliefert und fällt daher auch auf die plumpesten Manöver der »Künstlerin Fröhlich« hinein. Dass sie nur einen gut verdienenden Geldgeber sucht, kann er lange nicht verstehen, zeigt sich zuerst auch gar nicht sehr spendabel und muss von der Geliebten (die sie schließlich auch nur auf ihr sanftes Drängen hin wird) ziemlich unsanft auf seine Pflichten als Galan hingewiesen werden.

Schon bald zu Beginn seiner Liaison wird klar, dass Unrats nunmehr eruptive Leidenschaft sich nicht ungestraft Bahn brechen darf – sein Strafbedürfnis stellt sich sehr schnell ein: »Und es brachte ihn aus dem Geleise, wenn sie sich mit einem unvorhergesehenen Ruck auf ihre Freundlichkeit besann. Ihm war viel unbefangener zumute, wenn sie schalt« (112).

Irgendwann gerät er so sehr in den Bann seiner erotischen Leidenschaft, dass er alles, was ihn bisher ausgemacht hat, über Bord wirft. Er lebt nun die andere Seite des Sadismus: den Masochismus. Seine starre Moral schlägt um in Hemmungslosigkeit. Er wird von seiner Geliebten (die er schließlich heiratet und samt ihrem Kind zu sich nimmt) in übelster Weise ausgebeutet und übertölpelt. Er verspielt Geld, er kauft für sie die teuerste Garderobe und erregt durch wilde Partys, die sie veranstaltet, solchen Unmut in der Kleinstadt, dass man ihn als Lehrer unehrenhaft entlässt.

Sein »Gegner« (eben derjenige Schüler, der das Spiel um die »Künstlerin« nicht sehr ernst nimmt) begreift ziemlich rasch, dass hinter Unrats verbohrter Zwanghaftigkeit, hinter seinem autoritären Charakter das pure Gegenteil steckt. Er findet diese Wendung interessant.

»Dieser Unrat fängt an, mich zu beschäftigen: er ist eigentlich eine interessante Ausnahme. Bedenke, unter welchen Umständen er handelt, was er alles gegen sich auf die Beine bringt. Dazu muß man ein Selbstbewußtsein haben, scheint mir – ich für meine Person brächte so eines nicht auf. Es muß in einem ein Stück Anarchist stecken ...« (145).

Derselbe Bürger, der einmal – auf das Äußere von Unrat bezogen – die Namensgebung für dessen Schmutz verantwortlich gemacht hatte, bezieht dies, nachdem Unrat seinen »schmutzigen« Lebenswandel begonnen hat, auch auf dessen Charakter: »[...] er is nu mal'n rechter alter Unrat« (168). Hier wird die nicht nur von Freud erwähnte Ableitung des Charakters aus dem Körperlichen in ganz naiver Weise ausgesprochen.

Unrats letzter Auftritt als Zeuge vor Gericht (seine drei Hauptfeinde und Rivalen um die Geliebte haben als jugendliche Randalierer ein Hünengrab verwüstet) ist zugleich der Abschied von jeder gesitteten bürgerlichen Gesellschaft. Er lässt dabei seinen Hass ohne jede Hemmung durchbrechen.

> »Diese Burschen sind die Letzten des Menschengeschlechts! Seht sie Euch an; so sieht der Nachwuchs des Zuchthauses aus. Von jeher waren es so Beschaffene, daß sie, die Herrschaft des Lehrers nur widerwillig ertragend, Auflehnung gegen dieselbe nicht allein übten, sondern sogar predigten [...]. Dank ihrer Agitation besteht ihre Klasse zu einem erheblichen Teil aus Elenden« (160).

Als er dann noch jeden Einzelnen öffentlich lächerlich macht (z. B. die Tatsache, dass einer Liebesgedichte verfasst hat), ist selbst das Gericht peinlich berührt und bittet ihn, zum Ende zu kommen. Seine schäumenden Schlusssätze gehen dann nur noch in Gelächter unter: »Wie lange noch werden diese katilinarischen Existenzen durch die Last ihrer Schändlichkeit den Erdboden, den sie drücken, noch beleidigen« (161).

Dies ist das endgültige Aus für seine Karriere als Pädagoge.

Nun beginnt eine kurze, aber wirkungsvolle Karriere als Verführer einer spießigen und selbstgerechten Kleinstadt. Angesehene Bürger verspielen bei ihm ihr Geld, Töchter aus gutem Haus verlieren ihre Unschuld. Unrat ist stolz darauf – nun weiß man, wie es nicht nur in Unrats geheimen Seelenwinkeln aussieht, sondern auch in denen vieler ehrbarer Bürger.

Aber er geht noch weiter: Gemeinsam mit der Geliebten gibt er sich immer wilderen Orgien der Spielsucht und der Verschwendung hin. Schulden häufen sich, natürlich droht damit auch der Verlust der Geliebten. Ein (nur vermuteter) Ehebruch der Geliebten mit eben demjenigen Schüler, den er am meisten hasst, lässt ihn um ein Haar zum Gattenmörder werden. Der Schüler rettet die Frau. Dessen volles Portemonnaie wird Unrat schließlich zum Verhängnis: er stiehlt es in einem plötzlichen letzten Verzweiflungsakt. Dieser Diebstahl ist so plump angelegt, dass Unrat der Polizei nicht entkommen kann. Es ist anzunehmen, dass er seine Bestrafung »sucht«. Unter dem schadenfrohen Hohngelächter der Bürger wird er mitsamt seiner Geliebten abgeführt, womit die brüchige »Ordnung« der Kleinstadt wieder hergestellt ist.

Die Kehrseite der zwanghaften Ehrbarkeit ist endgültig an der Oberfläche erschienen. Die Regression in Chaos und wilde Regellosigkeit ist vollendet. Damit geht die vor allem durch den Zwang gestützte Person dem Untergang entgegen. Dass auch dies dem Strafbedürfnis des primitiven Über-Ichs von Unrat entspricht, lässt sich vermuten.

Literatur

Freud, S. (1908b): Charakter und Analerotik. GW VII, 203–209.

Hoffmann, S. O. & Hochapfel, M. (1984): Einführung in die Neurosenlehre und psychosomatische Medizin. Stuttgart, New York (Schattauer).

Riemann, F. (1975): Grundformen der Angst. München (Reinhardt), 105–156.

Eva Jaeggi

Ein Mann mit festen Gewohnheiten
Percy Kemp: »Musk«[*]

Percy Kemp, ein 1962 in Beirut als Sohn einer Libanesin und eines Briten geborener und in Paris lebender, Französisch schreibender Schriftsteller und politischer Berater, hat mit seinem ersten Roman »Musk« ein veritables Porträt eines zugleich zwanghaft und narzisstisch strukturierten Menschen vorgelegt. Die Hauptfigur ist ein gewisser Monsieur Eme, ein Mann mit festen Gewohnheiten und einem Namen, der die ganze Leere seiner Existenz ausdrückt. Schon die ersten Seiten geben einen guten Einblick in seine innere Verfassung. Wir erfahren, dass er sich morgens von einer speziell konstruierten, mechanischen Armbanduhr wecken lässt, die nicht ganz korrekt funktioniert, eben »eigenwillig« ist. Schon seit zwölf Jahren beginnt dann das allmorgendliche Ritual mit einer »meisterlichen Ehrenbezeugung« in Richtung des berühmten und Berühmtheiten beherbergenden Friedhofes von Montparnasse – seit dem Tag, an dem er auf einem nassen Bürgersteig ausgeglitten und unter einen Bus geraten ist und sich in Augenhöhe mit der Vorderachse des besagten Busses befand.

> »Seine erste Ehrenbezeugung hatte Armand Eme spontan vollführt, ohne eine Sekunde lang zu überlegen. Anschließend hatte er direkt lachen müssen, peinlich berührt, daß er sich zu einem derart absurden Verhalten hatte hinreißen lassen, und beschämt über diese im Grunde frevelhafte Geste. Er hatte daraufhin selbstredend um Verzeihung gebeten, sowohl Gott wie auch seinen Vater, der auf ebendiesem Friedhof lag. Dennoch hatte er am darauf folgenden Morgen seine Geste wiederholt« (7).

Monsieur Eme schämt sich für diese Geste, weil sich hinter der Fassade von Korrektheit und Rationalität eine nur magisch zu nennende Beschäftigung mit seinem Tod und dem eigenen Körper verbirgt. Es liegt ihm besonders viel daran, dem Tod leiblich intakt und unversehrt gegenüberzutreten – jedenfalls sollte er auf keinen Fall mit »Straßenschmutz« einhergehen. Mit dieser Geste, trotz der mit Theatralik zur Schau getragenen Ehrerbietung, triumphiert er wohl unbewusst über seinen toten und schwachen Vater, dem er sich bewusst unterwarf. Wir lesen weiter, dass er nicht wie dieser sterben will und erfahren später beiläufig, dass seine Frau, Monsieur Emes Mutter, diesen schändlich verlassen und er sich das Leben genommen hat.

---

[*] Percy Kemp (2002): Musk. Berlin (Argon).

Die Ehrenbezeugung bildet den Auftakt zu einer ganzen Abfolge von Gesten. Im Ankleidezimmer, ein vormals von seinem Vater beanspruchter Raum, vollzieht sich ein Ritual des Ankleidens. So sucht Monsieur Eme Socken aus, die stets auf die Krawatte oder auf sein Hemd abgestimmt sind, nie jedoch auf seine Hose. Wie zur Abrundung bedarf es noch einer Kleinigkeit, eines Eau de Toilettes. »Es war das gleiche seit etwa 40 Jahren, und Monsieur Eme unterließ niemals, seine Erscheinung durch diese olfaktorische Beigabe abzurunden« (12). Ohne sein Parfüm würde er sich regelrecht nackt vorkommen. Mit ihm aber kann sich Monsieur Eme, der nie verheiratet gewesen ist und keine Kinder oder Enkel hat, die ihn an seine eigene Vergänglichkeit erinnern, vollständig und immer gleich fühlen. An diesem Morgen ist sein Flakon leer, doch wohlweislich hat er sich schon in der vorherigen Woche einen neuen besorgt, der sich jedoch in Form und Verpackung von den bisherigen unterscheidet. Angezogen rundet er seine Erscheinung mit einem Regenschirm ab, der zu seinem Markenzeichen geworden ist. Obwohl er sich im Laufe der Jahre tatsächlich zu einer Art Krücke gewandelt hat, kann sich Monsieur Eme weiterhin einbilden, er sei lediglich ein Regenschirm. Monsieur Eme nimmt überhaupt die Einzelheiten seiner Erscheinung nicht wahr, die ihn mit seiner Vergänglichkeit und seinem Altern konfrontieren würden, sondern nur das stattliche Ganze. Der äußere Schein bleibt so gewahrt, und auf nichts anderes kommt es Monsieur Eme an.

Im Restaurant trifft er sodann Eve, die, ebenfalls seit zwölf Jahren, seine Geliebte ist. Als sie ihm sagt, er rieche gut, anders aber als sonst, gerät er aus der Fassung. Eve behauptet, es liege am in seiner Form veränderten Flakon. Monsieur Eme, vollends verwirrt, eilt, ohne sich zu verabschieden, nach Hause, um den alten Flakon, den er unachtsam in den Müll geworfen hat, vor seiner Haushälterin zu retten – ein für ihn übrigens ganz ungewöhnliches Verhalten, eine Frau ohne jede weitere Erklärung so sitzen zu lassen. Dies wird nur verständlich, wenn man weiß, welche Bedeutung der Duft für Monsieur Eme von jeher hat. Sein Duft ist, wie sein Körperbau und seine stattliche Erscheinung auch, eine nicht zu unterschätzende Trumpfkarte in seiner Strategie zur Eroberung von Frauenherzen.

> »Und ein Parfüm, das er sich ausgesucht und für das er bezahlt hatte, war für ihn der schlagende Beweis, daß sein Erfolg beim schwachen Geschlecht auf einer ausgeklügelten Eroberungsstrategie beruhte und nicht das Ergebnis irgendeiner Laune der Natur war, die ihn mit der Nase von welch griechischem Gott auch immer und mit Augen wie denen irgendeines Giganten der Leinwand ausgestattet hatte« (26f.).

Er, der seinen Geliebten gegenüber wahrlich treulos ist, hält seinem Parfüm gegenüber standhaft die Treue und verfolgt mit Hilfe des Duftwassers die Strategie: Anziehung – Verführung – Unterwerfung.

Monsieur Eme macht sich nun daran, den Inhalt des neuen in den alten Flakon umzufüllen, in der Hoffnung, dass sich der alte Geruch des Parfüms wieder entfalten werde. Er stellt dann den Flakon vorsichtig in die für ihn bestimmte Nische auf der Kommode, so als sei die Kommode keine Kommode, sondern ein Altar, und als gehe es, einer »Privatreligion« gleich, um eine Umwandlung der Substanz. Ein paar Tage später trifft er Eve erneut und beschläft sie in einem Hotelzimmer – er trifft sich, sowohl mit Rücksicht auf das Andenken an seinen Vater als auch wegen des Kitzels, den Geheimniskrämerei und Schuldbewusstsein auslösen, mit seinen Mätressen, die meistens verheiratet sind, niemals bei sich zu Hause, sondern stets in einem verschwiegenen Hotel. Nun bekommen wir auch eine weitere Information über die biografischen Hintergründe seiner Struktur:

> »Wer Monsieur Eme nicht näher kannte, hätte – wahrscheinlich mit Fug und Recht – behauptet, daß sein Verhalten dem eines Machos entsprach und zugleich unreif und deplaziert war. Wer ihn dagegen besser kannte, wäre wohl eher zu der Annahme gelangt, daß Monsieur Eme, wenn er Eve und alle anderen Eves umgarnte, die Mutter ihn ihnen sah, die er kaum gekannt hatte, und daß er, wenn er sie abschließend und ohne die leisesten Gewissensbisse wegschickte, seinen Vater rächen wollte« (35).

Die geplante Substanzumwandlung erweist sich indes nicht als erfolgreich, wie Eve ihm später bestätigt. Darauf setzt er sich zu Hause hin und schreibt an die produzierende Firma in der südfranzösischen Provinz einen Brief mit der Aufforderung um Erklärung. Nach geschlagenen zwei Wochen erhält er sie – allerdings nicht aus Südfrankreich, sondern aus Paris, dem neuen Produktionsort. Ihm wird erklärt, dass man sich entschieden habe, das Parfüm nun auf synthetischer Basis herzustellen. Bislang wurde »Musk« unter Verwendung eines bestimmten tierischen Duftstoffes, nämlich des Sekretes, das während der Brunftzeit von den Drüsen im Hodensack des Bisons abgesondert wird, zusammengestellt. Monsieur Eme wird nun klar, warum ihm dieses Parfüm so ungemein zusagt und eine eindeutig sexuelle Konnotation hat: »Für einen kurzen Moment wurde Monsieur Eme selbst zu einem Moschus absondernden Bison in der Brunft« (46). Er kommt sich jetzt dreifach betrogen vor: um ein natürliches Parfüm, um ein animalisches Parfüm und um ein sexuelles Parfüm. In der nächsten Zeit beschäftigt sich

Monsieur Eme intensiv mit wissenschaftlicher Literatur und greift, um die Wirkung des Parfüms zu überprüfen (so zumindest lautet seine Rationalisierung), auf eine alte Verführungsmasche seiner Jugendzeit zurück. Er setzt sich in sein Stammcafé an eine Stelle in der Nähe des Metroausganges (sein »Gefechtsstand«), um »anzugreifen«, wenn Frauen, offensichtlich unkundig in Paris, hilfesuchend um sich blicken und auf ihn aufmerksam werden, weil er bewusst mit seiner Tasse Krach macht. Früher lief das folgendermaßen ab: »Und jedes Mal, wenn es klappte, wurde Armand Eme zum Verführer, um sich anschließend zurückzuziehen, seine Art, seine Mutter für ihr Verlassen der ehelichen Gemeinschaft zu bestrafen und den Selbstmord seines Vaters zu rächen« (52). Jetzt aber zeigt seine Verführungskunst immer weniger Erfolg. Für Monsieur Eme ist dies ein wirklicher Schock sowie ein empfindlicher Dämpfer für seine Eitelkeit, und er lastet es der Veränderung der olfaktorischen Form von »Musk« an. Nun ist er den kritischen Blicken der Frauen ausgeliefert. »Monsieur Eme [...] war ein Bison in Gefangenschaft: ein Bison, der unfähig war, Moschus abzusondern« (57).

Doch Monsieur Eme ist zugleich ein Kämpfer und will nicht aufgeben; das käme wohl der gefürchteten Identifikation mit dem Vater gleich, der sich als zu schwach erwiesen hat, um sich gegen die Mutter zu behaupten. Mit großer Akribie entwirft er einen Schlachtplan: Er errechnet auf der Grundlage seiner Lebenserwartung, wie viel er an »Musk« brauchen wird – es sind mindestens 156 Flakons –, und er versucht, mit dem Hersteller und den Vertreibern von »Musk« Kontakt aufzunehmen. Doch er wird schnell enttäuscht. Seine Pariser Parfümerie treibt zwar einen Restbestand von »Musk« auf, und bei seiner Treibjagd bei Trödlern ergattert er einige weitere Flakons. Insgesamt reichen die Funde aber nur etwa elf Monate. Noch enttäuschender ist seine Fahrt nach Südfrankreich: er muss feststellen, dass dort der gesamte Vorrat an »Musk« verbraucht ist. Wieder zu Hause setzt er einen Brief an die weltweiten Vertreiber des Parfüms auf. »Dann wartete er. Und wenn man ihn so sah, hätte man ihn durchaus für einen Verliebten halten können, der ängstlich auf ein Zeichen seiner Angebeteten wartete« (68). Das Warten führt dazu, dass Monsieur regelrecht durchdreht, und erbringt lediglich einen Zuwachs von 2.000 Millilitern »Musk«, sodass sein Bedarf nur für insgesamt 31 Monate gedeckt ist. Als er ein Paket aus Argentinien erhält und die verschickten Flakons zerbrochen sind, stellt er seine Suche ein. Aber noch immer gibt er den Kampf nicht auf, sondern plant, sich das Parfüm exklusiv produzieren zu lassen. Doch auch dieses Vorhaben scheitert. Man stellt ihm lediglich ein Parfüm in Aussicht, das genauso riecht wie »Musk«. Doch das reicht Monsieur Eme wahrlich nicht aus, und es wird ihm immer klarer: Nichts wird jemals wieder sein wie früher.

Das Einzige, das ihm bleibt, ist, die tägliche Ration von »Musk« zu reduzieren. Aber das führt dazu, dass Monsieur Eme seelisch wie körperlich schlagartig abbaut. »Was mit der Sünde der Eitelkeit eines Beau begonnen hatte, der sich weigerte, alt zu werden, schlug jetzt in ein existenzielles Drama um« (89) – es kommt nun gleichsam zu einer Wiederkehr des Verdrängten, nämlich des verlassenen und zerstört-kastrierten Vaters. »Vom Bison in Gefangenschaft hatte sich Monsieur Eme zum entmannten Bison gewandelt« (93). Sein Duft verebbt, und Monsieur Eme fühlt sich mit einem Mal saft- und kraftlos. Er, der bislang ein feuriger Liebhaber gewesen ist, kann nun seinen Körper nicht mehr ausstehen. Er gibt Eve, nachdem er zunächst beim Liebesspiel einige Tricks angewandt hat (geschlossene Fensterläden; sexuelle Praktiken, bei denen er Kleidung anbehält), schließlich den Laufpass. Während es Monsieur Eme bislang bei der Betrachtung seiner Person immer um den Gesamteindruck ging, beschäftigt er sich jetzt mit den Einzelheiten seines verfallenden Körpers. »Zum ersten Mal seit unendlich langen Jahren sah sich Monsieur Eme mehr, als daß er sich roch. Und indem er sich sah, fühlte er sich alt. Wie Dorian Gray vor seinem Porträt, das er soeben zerstört hatte, verfiel er« (95). Monsieur Eme vernachlässigt sich jetzt mehr und mehr: Er vergisst, seinen Schirm mitzunehmen, er zieht Unterhosen an, die nicht zum Oberhemd passen. »Er kam sich aus der Bahn geworfen vor, entgleist« (99). Auch seine tägliche Ehrenbezeugung hinüber zum Friedhof hat nichts Erhabenes und auch nichts wirklich Überzeugendes mehr an sich.

Nun fasst Monsieur Eme einen Plan: Er verkauft über einen Immobilienmakler seine Wohnung auf Basis einer Leibrente an einen Junggesellen. Dies ist der erste Teil der Strategie; zur Umsetzung des zweiten Teils seines Planes wendet sich Monsieur Eme an einen amerikanischen Bildhauer und gibt bei ihm die Herstellung eines Gisanten, also einer liegenden Plastik, die das Abbild eines Toten darstellt, in Auftrag. Für eine Grabstelle ist bereits gesorgt, da seine Mutter nach dem Auszug aus der ehelichen Wohnung spurlos verschwunden und ihr Platz leer geblieben ist. Bei einem Bestattungsunternehmen entscheidet er sich neben einem sehr teuren Begräbnis für eine Einbalsamierung und lernt dabei seine künftige Einbalsamiererin kennen, Mademoiselle Jacqueline, die auch Physiotherapeutin ist. Sie erklärt ihm, dass gerade bei Verstorbenen Massagen sehr wichtig seien, um die Totenstarre zu verhindern. Mit einer sofortigen Gesichtsmassage und etwas Schminke könne das Aussehen eines Toten zu seinen Gunsten erheblich verändert werden. Als Mademoiselle Jacqueline noch erläutert, balsamieren heiße eigentlich parfümieren, ist Monsieur Eme vollkommen überzeugt.

»Der Tod seines Musk-Parfüms hatte ihn tief getroffen. Aber jetzt wußte er, daß er durch seinen eigenen Tod und durch seine Einbalsamierung aufs Neue und für immer in MoschusParfüm baden und dadurch zu der kosmischen Harmonie zurückfinden würde, an der es ihm gegenwärtig mangelte« (132).

Nun hat Monsieur Eme, der seinen »Musk«-Konsum nicht weiter einschränkt, endlich das Gefühl, sein Schicksal wieder in der Hand zu haben. Er ist dem so gefürchteten Siechtum seines Körpers nicht mehr ausgeliefert, sondern kann seinen Tod selber bestimmen – er ist nun seine Willensentscheidung. Durch die Einbalsamierung würde er zudem zeitlos sein, er würde nicht altern, die Haare würden ihm nicht mehr ausfallen oder noch weißer werden. Er würde endgültig Oberhand über seine visuelle Form gewinnen. Da Mademoiselle Jacqueline seinen Körper schon vor seinem Tod kennen lernen soll, kommt sie nun zweimal in der Woche zur Massage. Da Monsieur Eme nicht nur ein Mann der Entscheidung ist, sondern auch einer der Tat, macht er sich, obwohl es ihm nicht leicht fällt, an die Umsetzung seines Plans und trifft einige Entscheidungen. Er entschließt sich nach einiger Abwägung zu einem Tod durch Erhängen – eine Vergiftung schließt er aus, sie erscheint ihm nicht nur zu weiblich, sondern er fürchtet auch um seinen Körpergeruch. Er legt zudem den Zeitpunkt genau fest: er soll kurz vor dem Eintreffen von Mademoiselle Jacqueline sein, damit sie ihn, vor dem Einsetzen der Totenstarre, massieren kann. Das genaue Datum macht er davon abhängig, wann sein Vorrat an »Musk« verbraucht sein wird. In dieser Zeit ist Monsieur Eme ein wenn auch nicht glücklicher, so doch ausgeglichener Mann.

An einem verregneten Sonntag entscheidet er schließlich, sich am folgenden Tag das Leben zu nehmen, und führt am Montagmorgen einen sorgfältig und von langer Hand verfolgten Plan aus: Nachdem er seine Morgengymnastik absolviert hat, begibt er sich ins Bad und führt ein Klistier ein – er will sich nicht nach Eintreten des Todes entleeren und Schmutz und Gestank verbreiten. Danach erledigt er sorgfältig seine morgendliche Toilette, zieht einen Dreiteiler, ein weißes Hemd, dazu passende Unterhosen, eine Clubkrawatte und schwarze Schnürschuhe an. Diese Aufmachung vervollständigt er durch einige obligatorische Spritzer »Musk«. Danach setzt er ein Schreiben auf mit genauen Anweisungen für seine Bestattung. Die Panik, die ihn nun überfällt, weicht schnell der Beschämung und wird von Monsieur Eme mit Stolz bekämpft. Er begibt sich in sein Ankleidezimmer, zieht sich sorgfältig aus und legt die gesamte Kleidung zurecht. Er bekleidet sich mit seinem Morgenrock und mit Samtpantoffeln, sucht zwei besonders starke Krawatten aus, bindet sie zusammen, befestigt sie an einem Haken, steigt, nicht ohne vorher die Schuhe ausgezogen zu haben, auf den seit einiger Zeit dort aufgestellten Massagetisch, ruft Mademoiselle Jacqueline an, steckt seinen Kopf durch die Schlinge und erhängt sich. Mademoiselle Jacqueline erscheint wenige Minuten später und findet die Wohnungstür offen vor. Sie entdeckt den erhängten Monsieur Eme, durchschneidet die Schlipse, legt ihn auf den Massagetisch und ist überaus entzückt, dass sein Körper noch ganz geschmeidig ist. Sie massiert ihn am ganzen Körper und rechnet es ihm hoch an, dass er derart auf Reinlichkeit geachtet hat (es sind lediglich ein paar unbedeutende Flecken auf dem Teppich entstanden) – Monsieur Eme ist eben ein ebenso voraussschauender wie umsichtiger Mann gewesen. »Ja, sagte sich Mademoiselle Jacqueline und knetete, direkt zärtlich jetzt, an dem bewegungslosen Körper herum, dieser Monsieur Eme war ein echter Gentleman. Und sie nahm sich vor, für ihn ihr Bestes zu geben« (160).

Wir können psychoanalytisch schlussfolgern, dass Monsieur Eme, der seinen toten und kastrierten Vater für seine Schwäche hasst und die Identifikation mit ihm so sehr fürchtet, in einer fatalen Wunscherfüllung mit der Mutter, repräsentiert durch die Einbalsamiererin, (wieder) vereint ist, die ihn zu schlechter Letzt wie ein Baby liebkost, anzieht und herrichtet. Doch zugleich – und dies ist für die Zwangsstruktur so typisch, in der das Verdrängte in der Form der Verdrängung wiederkehrt – ist unser Held damit seinem Vater gefolgt. Beide reagieren auf den Verlust des mütterlichen Objekts und den damit assoziierten fantasierten Verlust ihrer Männlichkeit mit einer schweren Regression, die sie in den Selbstmord führt. Monsieur Eme hat gegen diesen regressiven Sog seinen Zwang errichtet, dem damit auch bei ihm eine klare »kontradepressive Funktion« (Quint 1987) zukommt: Durch den Zwang können die Objekte kontrolliert und beherrscht werden; fällt der Zwang aber weg, so droht ein depressiver Zusammenbruch, die innere Aufgabe des ambivalent besetzten Objekts. Einerseits werden nämlich die Mutter und nach ihr alle Frauen gehasst und eine Abhängigkeit von ihnen vermieden, andererseits jedoch zieht es Monsieur Eme hin zu den Frauen. Sie werden zur Versicherung der eigenen Männlichkeit dringend benötigt, müssen aber genauso dringend unterworfen und beherrscht werden. Fällt die Bestätigung weg, so droht eine erneute Auslieferung an das unzuverlässige, zerstörende und gehasste innere mütterliche Objekt. Auch der Hass führt zur Vereinigung mit dem Objekt, allerdings in der (Selbst-)Zerstörung. Noch anders gesagt: Mit dem zwanghaften Verhalten kämpft Monsieur Eme um die Aufrechterhaltung einer beherrschenden, manipulierenden und unterwerfenden Objektbeziehung, die sich mit dem Wegfall des geradezu fetischisierten Parfüms in Depression und Selbstzerstörung auflöst.

Der Zwangsneurotiker versucht, das idealisierte Objekt aktiv festzuhalten und nicht loszulassen. Er ist bestrebt, in der ständigen und magischen Wiederholung, in dem Nicht-zum-Abschluss-Bringen die alte Objektbeziehung zu perpetuieren und ihr so Dauer zu verleihen. Das Zwangssymptom, so z. B. Monsieur Emes morgendliche Geste zum Friedhof Montparnasse, erzeugt einerseits Schuldgefühle, weil es gefährliche und zerstörerische Impulse enthält, dient aber gleichzeitig und andererseits der Schuldentlastung und -beschwichtigung sowie der Wiedergutmachung, indem es im sklavischen Gehorsam Buße tut.

Damit kommen wir schließlich zu Monsieur Emes ausgeprägter »analer« Charakterstruktur. Dafür steht zum einem seine Eigenwilligkeit (symbolisiert durch seine Armbanduhr), die in der Psychoanalyse, neben Sauberkeit und Ordentlichkeit, als Bestandteil der »analen Trias« (1908b) und als grundlegende Eigenschaft des Zwangsneurotikers gilt. Mit dem Eigenwillen leistet der Zwangskranke Widerstand gegen die ihm aufgezwungenen Normen, insbesondere gegen die Anforderungen der Sauberkeits- und Reinlichkeitserziehung. Er will selbst die Kontrolle über seine exkrementellen Funktionen ausüben und seine Autonomie gegen jeden fremden Willen behaupten. Es fällt weiterhin auf, dass Monsieur Eme – und auch das ist typisch für die Zwangsstruktur – den ganzen Bereich des Analen, also alles Schmutzige und Verwesende, eigentlich radikal verwerfen und gegenbesetzen muss. Gerade weil er dem Analen so sehr verhaftet ist, bleibt es letztlich gänzlich unintegriert. Man kann feststellen, dass nur bei einer Integration der Analität die ödipale und genitale Reifungsstufe erreicht werden kann. Monsieur Eme hingegen kann keine wirkliche Beziehung zu einer Frau eingehen, in der die Andere wirklich als Andere anerkannt wird. Er bleibt anal fixiert und richtet gegen den Schmutz und das Vergängliche das narzisstische Ideal der Reinheit und Ewigkeit auf, in dem es keine Trennung, keinen Mangel und keine Vergänglichkeit gibt. Ja, Monsieur Eme versucht, über den Tod zu triumphieren, und verfällt ihm doch umso mehr. Im ungebrochenen Narzissmus wirkt gleichsam eine suizidale Aggression. Wir können es auch umgekehrt sagen: Nur wer den Tod, eine Grundtatsache des Lebens, akzeptiert, kann leben und sich entwickeln.

Literatur

Freud, S. (1908b): Charakter und Analerotik. GW VII, 203–209.

Quint, H. (1987): Die kontradepressive Funktion des Zwangs. In: Forum der Psychoanalyse 3, 40–50.

Wolfgang Hegener

Der Circulus vitiosus von Schreibhemmungen

Arbeits- und Schreibstörungen sind weit verbreitete Phänomene, die für Studierende und Wissenschaftler, in allen »Schreibberufen« und besonders für Schriftsteller eine erhebliche Bedrohung darstellen.

Bei Studierenden sind die hohe Quote der Studienabbrecher und Studienfachwechsler sowie die langen Studienzeiten alarmierende Krisensymptome von Arbeitsstörungen im weiteren Sinne. Orientierungslosigkeit, Motivations- und Leistungsprobleme nehmen viele Studierende zum Anlass psychologischer Beratung und psychotherapeutischer Betreuung. In ihren Schilderungen spielen die Enttäuschung über das eigene Unvermögen, Versagensängste, Gefühle des Ausgeschlossenseins und der Resignation eine große Rolle. Wenn sich Vermeidungsverhalten und Verweigerung verfestigen, können die damit einhergehenden Selbstwertprobleme eine Eigendynamik gewinnen, die nicht selten in einen Circulus vitiosus einmündet.

Solche Arbeitsstörungen sind auf das Zusammentreffen individueller Konfliktdispositionen mit ungenügenden universitären Rahmenbedingungen, Defiziten in Ausbildung und Betreuung sowie auf die Lebenssituation der Studierenden in »prolongierter Adoleszenz« zurückzuführen. Angesichts der staatlichen Umstrukturierungen im Bildungssektor und auf dem Arbeitsmarkt werden die äußeren und inneren Belastungen für die Studierenden eher noch weiter zunehmen.

Trotz ihrer großen Relevanz bleiben Arbeitsstörungen überhaupt – nicht nur die von Studierenden, sondern von Angestellten wie Freiberuflern, von Hausfrauen und Managern – in der Öffentlichkeit weitgehend unbeachtet. Sie werden oft als rein individuelles Problem angesehen und im Allgemeinen in ihrer Wirkung unterschätzt. Selbst in Therapien scheint der bedrückende Aspekt unzureichender Leistungsfähigkeit oftmals ausgeklammert. Nicht behandelte Arbeitsstörungen können aber auf längere Sicht zu einer generellen Stagnation der persönlichen Entwicklung führen und zu übergreifenden psychischen Krisen anwachsen.

Aus psychologischer Perspektive ist das Schreiben eine komplexe und störanfällige Tätigkeit.

Es setzt ein hohes Maß an Selbstorganisation, Innensteuerung und Frustrationstoleranz voraus. Man braucht zum Schreiben eine entwickelte Aufschuborientierung, denn man kann weder allen Impulsen unmittelbar nachgeben, noch gibt es umgehend Bestärkung für das Geleistete. Nun bieten ja Arbeitsvorgänge, sofern man sie als sinnvoll oder notwendig erachten kann, durchaus narzisstische Bestätigung. Eine Besonderheit des Schreibens ist aber, dass immer wieder Phasen ohne sichtbare Ergebnisse der eigenen emotionalen und intellektuellen Anstrengungen zu überbrücken sind. Schwierig wird Schreiben erst recht, wenn psychische Belastungen wie Ängste oder Gefühle von Unsicherheit und Orientierungslosigkeit hinzukommen.

Das Problem des Aufschiebens wird neben den Konzentrationsstörungen zu den beiden Hauptsymptomen von Handlungs- und damit auch von Arbeitsstörungen gerechnet. Im Anschluss an sein Buch »Schluss mit dem ewigen Aufschieben« (1999) widmet sich *Hans-Werner Rückert* am Fallbeispiel Marcel Prousts diesem Aspekt. Die vielfältigen Phänomene des Aufschiebens – häufig zu spät zu kommen, nicht genügend vorbereitet zu sein, mit allen möglichen Ablenkungsmanövern dem Angehen einer Aufgabe auszuweichen und sie gar nicht oder nur »auf den letzten Drücker« zum Abschluss zu bringen – sind uns allen wohl vertraut. Der Begriff selbst mutet uns aber im wissenschaftlichen und therapeutischen Kontext noch sonderbar fremd an. Liegt dies daran, dass sich die Experten mit dem Aufschiebeproblem bisher nur am Rande und unsystematisch beschäftigt haben, obwohl es den Betroffenen doch so »unter den Nägeln brennt«? Im angloamerikanischen und französischen Sprachbereich scheint man in dieser Hinsicht schon wesentlich weiter zu sein. Hier gibt es den Fachterminus »procrastination«.

Hinsichtlich der Bewältigung solcher festgefahrener Aufschiebeprobleme hat es sich als unwirksam, ja kontraproduktiv erwiesen, das eigene Verhalten mit der Peitsche der Selbstverachtung zu verändern. Stattdessen muss man gerade von den endlosen Selbstbeschuldigungen und Selbstzweifeln ob des eigenen Versagens wegkommen. Sich als Person trotz des noch ungelösten Aufschiebeproblems zu akzeptieren, erfordert einige Selbsterkenntnis: Von der aktuellen Dynamik ausgehend (Was schiebe ich auf, wie und warum?) gilt es, zur Vorgeschichte dieses psychischen Problems zurückzugehen (Wann ist dieses Problem erstmals bei mir aufgetaucht? Was war damals los in meinem Leben? Was hat im Einzelnen zur Verfestigung dieses Problems beigetragen?). Besondere Bedeutung kommt emotionalen Störfaktoren wie Angst (vor Versagen, aber auch vor Erfolg), Trotz und Ärger (wegen aller möglichen Fremdeinflüsse und »Ungerechtigkeiten«), perfektionistischen Zwängen sowie Scham, Abhängigkeit und Ohnmacht zu. Für Psychoanalyse-Kenner ist klar, dass man an der Abwehr ansetzen muss – sei es dem Nicht-ernst-Nehmen des Problems, dem Ausblenden der Realität, dem »Abtauchen« – und nicht zuletzt an der masochistischen Abwehr, wo die Last partiell zur Lust geworden ist und darum wie ein Suchtmittel »gebraucht« wird. Da jedes Aufschiebeproblem in einer Störung der

118

Handlungsfähigkeit gipfelt, müssen die kognitiven und emotionalen Schritte in der Problembewältigung sich am Ende im konkreten Handeln bewähren. Das setzt voraus, dass man sich Ziele setzt, die mit den persönlichen Eigenheiten und Interessen in Einklang stehen, dass man die zur Erreichung der Ziele erforderlichen Mittel wählt, die unter Umständen auftretenden Hindernisse einkalkuliert und sich rechtzeitig die nötigen Entlastungshilfen holt.

Edith Püschel ist wie ihr Kollege Hans-Werner Rückert seit mehr als zwei Jahrzehnten in der Psychologischen Beratung der Freien Universität Berlin tätig. Die Überwindung von Arbeits- und Schreibblockaden ist das Ziel ihres regelmäßig durchgeführten Workshops »Schreiben, Denken, Fühlen«. In ihrem Beitrag über Pascal Merciers Roman »Perlmanns Schweigen« konzentriert sie sich auf den Aspekt der Willensschwäche, des Mangels an Willenskraft, der bei jeder Arbeits- und Schreibblockade eine wesentliche Rolle spielt. Wie bereits Freud 1917 in seinem Aufsatz »Eine Schwierigkeit der Psychoanalyse« schrieb, stößt das Ich

»auf Grenzen seiner Macht in seinem eigenen Haus, der Seele. Es tauchen plötzlich Gedanken auf, von denen man nicht weiß, woher sie kommen; man kann auch nichts dazu tun, sie zu vertreiben. Diese fremden Gäste scheinen selbst mächtiger zu sein als die dem Ich unterworfenen; sie widerstehen allen sonst so erprobten Machtmitteln des Willens, bleiben unbeirrt durch die logische Widerlegung, unangetastet durch die Gegenaussage der Realität. Oder es kommen Impulse, die wie die eines Fremden sind, so dass das Ich sie verleugnet, aber es muss sich doch vor ihnen fürchten und Vorsichtsmaßnahmen gegen sie treffen. Das Ich sagt sich, das ist eine Krankheit, eine fremde Invasion, es verschärft seine Wachsamkeit, aber es kann nicht verstehen, warum es sich in so seltsamer Weise gelähmt fühlt« (Freud 1917a, 9).

Literatur

Freud, S. (1917a): Eine Schwierigkeit der Psychoanalyse. GW XII, 3–12.

Kruse, O. & Püschel, E. (1994): Schreiben, Denken, Fühlen – ein Workshop gegen Schreibhemmungen. In: H. Knigge-Illner & O. Kruse (Hrsg.): Studieren mit Lust und Methode, Weinheim (Deutscher Studien Verlag), 40–68.

Rückert, H.-W. (1999): Schluss mit dem ewigen Aufschieben. Wie Sie umsetzen, was Sie sich vornehmen. 5. Aufl., Frankfurt/M. – New York (Campus) 2002.

E. J. & H. K.-G.

Das Syndrom des Aufschiebens in Marcel Prousts »Auf der Suche nach der verlorenen Zeit«[*]

»Das Aufschieben wichtiger Geschäfte ist eine der gefährlichsten Krankheiten der Seele.« (Georg Christoph Lichtenberg)

Ernsthaftes Aufschieben bedeutet, dass eine Person unnötigerweise die Erledigung von Aufgaben und Vorhaben, die sie selbst als wichtig, vorrangig und/oder termingebunden einstuft, über Tage, Wochen, Monate oder Jahre verzögert. Immer wieder werden Vorsätze gefasst, Anläufe unternommen und Vorarbeiten gestartet, aber im entscheidenden Moment beschäftigt man sich mit weniger wichtigen Dingen. Man geht aus dem Feld und weicht auf etwas anderes, nicht ganz so Unangenehmes aus. Der Akt des Aufschiebens selbst ist begleitet von einer Fülle von Rationalisierungen und Ausreden.

Der Ich-Erzähler in Marcel Prousts epochalem Roman »Auf der Suche nach der verlorenen Zeit«, der ein literarisches Werk hervorbringen möchte, erklärt sein dauerndes Vertagen dieses Vorhabens mit den folgenden Worten:

»Wäre ich weniger entschlossen gewesen, mich endgültig an die Arbeit zu begeben, hätte ich vielleicht einen Vorstoß gemacht, gleich damit anzufangen. Da aber mein Entschluß in aller Form gefasst war und noch vor Ablauf von vierundzwanzig Stunden in dem leeren Rahmen des morgigen Tages meine guten Vorsätze leichthin sich verwirklichen würden, war es besser, nicht einen Abend, an dem ich weniger gut aufgelegt war, für den Beginn zu wählen, dem die folgenden Tage, ach! sich jedoch leider ebenfalls nicht günstiger zeigen sollten. Aber ich riet mir selbst zur Vernunft. Von dem, der Jahre gewartet hatte, wäre es kindisch gewesen, wenn er nicht noch einen Aufschub von drei Tagen ertrüge. In der Gewißheit, daß ich am übernächsten Tag bereits ein paar Seiten geschrieben haben würde, sagte ich meinen Eltern nichts von meinem Entschluß; ich wollte mich lieber noch ein paar Stunden gedulden und dann meiner getrösteten und überzeugten Großmutter das im Fluß befindliche Werk vorweisen. Unglücklicherweise war der folgende Tag auch nicht der den Dingen zugewendete, aufnahmebereite, auf den ich fieberhaft harrte. Als er zu Ende gegangen war, hatten meine Trägheit und mein mühevoller Kampf gegen gewisse innere Widerstände nur vierundzwanzig Stunden länger gedauert. Und als dann

---

[*] Marcel Proust (1913–27): Auf der Suche nach der verlorenen Zeit. Werkausgabe. Frankfurt/M. (Suhrkamp) 1970.

nach mehreren Tagen meine Pläne nicht weiter gediehen waren, hatte ich nicht mehr die gleiche Hoffnung auf baldige Erfüllung, aber daraufhin auch weniger das Herz, dieser Erfüllung alles andere hintanzustellen: ich fing wieder an, nachts lange aufzubleiben, da ich nicht mehr, um mich des Abends zu frühem Schlafengehen zu zwingen, die feste Voraussicht des am folgenden Morgen begonnenen Werkes in mir fand. Ich brauchte, bevor mein Schwung wiederkehrte, mehrere Tage der Entspannung, und das einzige Mal, als meine Großmutter in sanftem, traurig enttäuschten Ton einen leisen Vorwurf in die Worte kleidete: »Nun? Und diese Arbeit, an die du gehen wolltest – ist davon gar keine Rede mehr?« war ich böse auf sie, überzeugt, daß sie, in Unwissenheit darüber, daß mein Entschluß unwiderruflich gefasst war, seine Ausführung noch einmal und diesmal auf lange Zeit vertagt habe infolge der enervierenden Wirkung, die ihre Verkennung auf mich ausübte und in deren Zeichen ich mein Werk nicht beginnen wollte. Sie spürte, daß sie mit ihrer Skepsis unbewußt einen Entschluss empfindlich getroffen hatte. Sie entschuldigte sich und küßte mich mit den Worten: ›Verzeih mir, ich sage bestimmt nichts mehr.‹ Damit ich den Mut nicht verlöre, versicherte sie mir, sobald ich mich richtig wohl fühle, werde sich die Arbeitslust ganz von allein einstellen« (III, 292 f.).

Marcel Proust beschreibt damit einige wesentliche Bestandteile des hartnäckigen Aufschiebens:

– träumerische Selbstüberschätzung statt eines Beginns im Hier und Jetzt;
– Beschönigungen statt bewusster Wahrnehmung der Probleme;
– Kampf gegen innere Widerstände, statt sich ihnen zu stellen – wir erfahren nichts darüber, was der Erzähler fürchtet;
– das Abgleiten in Selbstaufgabe, Resignation und Schlendrian;
– das Gefühl der Demütigung bei der Konfrontation mit dem eigenen Verhalten;
– Trotz und Wut als Reaktion auf die empfundene Demütigung, womit dann weiteres Aufschieben begründet wird.

Während es aufgeschoben wird, enteilt das Leben, und der so fest gefasste Entschluss des Proust'schen Ich-Erzählers, sich ans Schreiben zu setzen, erweist sich als weiterhin verschiebbar:

»Ich machte es wie bisher, und wie ich es immer schon gemacht hatte seit meinem alten Entschluß, mich ans Schreiben zu begeben, der so weit zurücklag, mir aber von gestern zu stammen schien, weil ich ihn immer von einem Tag zum anderen als noch nicht gefaßt betrachtet hatte. Ich machte es ebenso auch an diesem Tag und ließ wieder, ohne irgend etwas zu tun, seine Regenschauer und hellen Durchblicke zwischen Wolken vorüberziehen, während ich den festen Vorsatz faßte, mit der Arbeit am nächsten Tag zu beginnen« (III, 109).

Das Ergebnis ist ein Leben im Wartezustand. Der Erzähler löst sich nicht von seinem Vorhaben, aber er verwirklicht es auch nicht. Alle Wünsche, die er mit der Realisierung seines literarischen Projekts verknüpft hatte, bleiben unerfüllt.

Ausgeprägtes Aufschieben, das wie ein Zwang als unkontrollierbar erlebt werden kann, wird häufig schamhaft verschwiegen. Sich nicht willentlich steuern zu können, wird als Schande erlebt. Wer ernsthaft aufschiebt, wirft sich »Willensschwäche« vor und träumt von mehr Selbstdisziplin. Proust bezeichnete den Mangel an Willenskraft als das größte aller Laster.

Marcel Proust wird am 10. Juli 1871 geboren, als erstes Kind von Jeanne Proust, geborene Weil, und Dr. Adrien Proust. Marcel ist überaus schwächlich und wäre ohne die ärztliche Kunst seines Vaters wohl bald nach der Geburt gestorben. Seine Mutter macht sich Vorwürfe, ihn in einem so beklagenswerten Zustand in die Welt gesetzt zu haben. Diese Konstellation – der Vater als Lebensretter, die Mutter als diejenige, die ihn für das Leben schlecht ausgestattet hat – und die gegen diese Fantasien gerichteten Abwehren prägen Marcels Kindheit und Jugend. Jeanne Proust stammt aus einer wohlhabenden bürgerlich-jüdischen Börsianer-Familie, Adrien Proust ist der Sohn eines Lebensmittelhändlers, der ein sehr erfolgreicher Arzt, Klinikchef und Professor wird und mehrere Bücher über Hygiene veröffentlicht. Er ist ein Mensch der Tat, voller Energie, entscheidungsfreudig – und er hat sehr strenge Ansichten über Kindererziehung.

Seine 15 Jahre jüngere Frau bringt im Mai 1873 einen weiteren Sohn zur Welt, Robert, der 22 Monate jünger als Marcel ist. Das neue Baby ist gesund, und der ohnehin kränkliche Marcel begreift schnell, dass ihm nur neue Symptome oder die Verstärkung alter die Aufmerksamkeit seiner Mutter sichern, die ansonsten von dem neugeborenen Rivalen mit Beschlag belegt wird. Aufgrund der Schuldgefühle ist Jeanne Prousts Beziehung zu Marcel emotional hoch aufgeladen, von Reaktionsbildungen und dem Wunsch nach Ungeschehenmachen bestimmt. Marcels Wunsch, sich nicht enthronen zu lassen, macht seine Ansprüche auf die Mutter noch besitzergreifender, als seine Liebe zu ihr es ohnehin schon ist. Marcel siegt schließlich über Robert, der zum Idealsohn seines Vaters und später selbst Medizinprofessor wird. Wenngleich Robert keine Konkurrenz mehr darstellt, bleibt der Vater doch ein starker Rivale, denn Jeanne bewundert und liebt ihn sehr wegen seiner unbekümmerten Art, seiner Aktivität und seiner Kompetenz.

Jeanne Proust liebt das Theater und zelebriert ihre eigenen Auftritte in der Gesellschaft. Sie verkleidet ihre Jungen und nährt bei Marcel jenen manierierten Snobismus, der ihn später als Dandy kennzeichnen wird. Nicht nur sie, sondern auch ihre Mutter Adèle, Marcels gebildete, sanftmütige und zärtliche Großmutter, lieben die Literatur. Beide lesen Marcel, der oft krank im Bett liegt, vor, und so geht die Welt der Bücher als integrales Element in die Symbiose ein. Marcel besetzt die Literatur mit derselben possessiven Gier, die seiner Mutter gilt.

Er ist eifersüchtig auf die Zeit, die sie seinem Vater oder seinem Bruder widmet. Er hat das unablässige Bedürfnis, ihr nahe zu sein, und ihr scheint es ähnlich zu gehen. Sie vermittelt ihm das Gefühl, sein Wohlbefinden sei ihr wichtiger als alles andere auf der Welt. Noch als sie 1905 selbst im Sterben liegt, bemerkt die sie pflegende Krankenschwester, dass ihr nunmehr 34 Jahre alter Sohn für sie immer ein Vierjähriger geblieben sei, der ihrer Nähe bedürfe.

Zwischen Marcel und seinem Vater herrschen hingegen Befangenheit und Vorbehalte, beide finden nicht zueinander. Zwischen ihnen steht der Ärger des Vaters über das, was er als »Getue« seines Sohnes empfindet, und die daraus folgenden Bemühungen, ihn zu einem kräftigen und besonders männlichen Mann zu machen. Dazu verordnet er körperliche Betätigung an frischer Luft, bei der sich Marcel 1880 bei einem Spiel prompt die Nase bricht. Es gelingt dem Vater immer wieder einmal, auch seine Frau von der übertriebenen Verzärtelung des Kindes zu überzeugen. Dann versucht sie eine Weile, Marcels Wünschen nicht zu sehr nachzugeben, ihm beispielsweise den Gute-Nacht-Kuss zu verweigern. Angesichts ihrer eigenen symbiotischen Verstrickung ist dieses Vorhaben allerdings vom Scheitern bedroht. Marcel hasst sie für den Verrat, ihn mit der Verweigerung der Verschmelzung erziehen zu wollen, und versucht sich einzureden, es gehe auch ohne Kuss. Wenn sie in der Gesellschaft des Vaters mit Gästen im Salon parliert, schafft er es auf irgendeine Weise doch, die Mutter auf sich aufmerksam zu machen, sodass sie zu ihm kommen muss. Wenn sie ihn dann doch küsst, bleibt er kalt, verlässt sie das Zimmer, springt er jedoch auf, klammert sich an sie und macht den winzigen Schritt in die Loslösung durch die inszenierte Verschmelzung wieder rückgängig. Während der Vater im Salon den Gästen die Gefahren allzu enger Abhängigkeit dozierend nahe bringt, wird sein Gesetz im Zimmer des ödipalen Sohnes mit Genuss gebrochen.

Dieser Kampf, zum Teil offen, vor allem aber latent ausgetragen, findet seinen Höhepunkt und sein Ende im Frühjahr 1881, als Marcel bei einem Spaziergang mit seinen Eltern auf den Champs-Elysées einen Asthmaanfall mit derart panikerregender Atemnot bekommt, dass sein Vater glaubt, er werde sterben. Das Asthma verändert Marcel Prousts Leben dauerhaft.[1] Die unmittelbare Folge ist, dass die Eltern damit aufhören, ihn durch Disziplinierungen abhärten zu wollen. Er hat – gemeinsam mit seiner Mutter und seiner Großmutter, die ihn für schwach halten und sich durch seine Schwäche willig einschüchtern lassen – nun durch die Gewalt seiner Leiden auch den Vater besiegt. Er hält seine Eltern fortan so gut in Schach, dass er noch als 32-Jähriger im März 1903 erfolgreich seinen Willen durchsetzt, indem er mit seinem Auszug aus der elterlichen Wohnung droht! Aber er hat einen Preis zu zahlen.

In seinem siebenbändigen Roman »Auf der Suche nach der verlorenen Zeit«, dem Werk, das eine Welt aus der Perspektive des sich erinnernden Ichs beschreibt, leidet der Erzähler unter jener Prokrastination, mit der er die Arbeit an seinem Werk immer weiter in die Zukunft vertagt. Proust selbst schrieb sich Willensschwäche und Trägheit zu, aber auch eine tief sitzende Überzeugung des eigenen Ungenügens:

> »Was meine Mutter zur Verzweiflung brachte, war meine Willensschwäche. Ich tat alles aus dem Antrieb des Augenblicks heraus. Solange dieser vom Geist oder vom Herzen kam, war mein Leben, ohne ganz gut zu sein, doch auch nicht eigentlich schlecht. Die Verwirklichung all dieser schönen Pläne, Arbeit, Gemütsruhe, Vernunft, beschäftigte uns, meine Mutter und mich, über alles; denn wir spürten, sie deutlicher, ich verworrener, aber doch sehr kraftvoll, daß sie nichts anderes sein würde als das in mein Leben projizierte Bild von der Erschaffung durch mich selbst und in mir selbst jenes Willens, wie sie ihn sich vorgestellt und ausgemalt hatte. Aber ich verschob sie immer auf morgen. Ich ließ mir Zeit, manchmal war ich verzweifelt zu sehen, daß sie vergeht, aber ich hatte noch so viel vor mir! Indessen ängstigte ich mich doch ein wenig und spürte dunkel, daß die Gewohnheit, auf das Wollen zu verzichten, um so mehr auf mir zu lasten begann, je länger sie sich durch die Jahre dahin zog, denn ich hatte die düstere Ahnung, daß die Dinge sich nicht mit einem Schlage ändern würden und daß ich, um mein Leben umzugestalten und meinen Willen zu erschaffen, kaum mit einem Wunder rechnen könne, das mich keine Mühe gekostet hätte. Zu wünschen, einen Willen zu besitzen, genügte nicht. Es hätte dazu genau das gebraucht, was ich ohne Willen nicht konnte: es zu wollen« (Proust 1997, 166 f.).

---

[1] Wer sich für die psychosomatische Seite des Proust'schen Asthmas interessiert, findet dazu Ausführungen in dem Artikel von Schüffel, Herrmann, Dahme & Richter 1996, 810–824.

Die meisten Aufschiebekonflikte fallen in das Register des Zwanghaften, bei dem das Ich im Konflikt zwischen Gehorsam/Unterwürfigkeit und Auflehnung/Rebellion steht. Es wehrt sich gegen Forderungen eines strengen Über-Ichs, die verbal bejaht werden (»Man muss etwas leisten, sonst ist man ein Versager«), aber nicht zu entsprechendem Verhalten führen. »Harte Aufschieber« stimmen einem ganzen Bündel von Vorstellungen zu, das auf ein unrealistisch hohes Ich-Ideal (Ansprüche an sich selbst) als Teil des rigiden Über-Ichs verweist.

Im zwanghaften Modus wehrt sich das Ich in doppelter Frontstellung aber auch gegen spontane Willkürimpulse, die gefürchtet und als unakzeptabel abgelehnt werden. Stets erneut versucht es, sich zu beherrschen und willentlich den »inneren Schweinehund« zu besiegen. Neurotischer Stolz hindert viele Betroffene an der Einsicht, dem Aufschieben gegenüber machtlos zu sein. Er lässt weder Machtlosigkeit noch Unfähigkeit gelten. Die Spaltung in bewusstes Wollen des Ich und sabotierende andere Anteile des Selbst wird durch ihn noch verschärft. Bei der Art des Aufschiebens, die Proust beschreibt, liegen die Dinge jedoch ein wenig anders.

Der Proust'sche Ich-Erzähler beschreibt sein Aufschieben nicht als Kampf gegen Ablenkungen, sondern eher als ein williges Hineingleiten in den Schlendrian. Ein gewisser Widerstand gegen die Vorstellung, so zu sein, wie die Mutter ihn will, mag eine Rolle spielen. Anders als der zwanghafte Aufschieber wehrt er jedoch die orale Thematik des Versorgtwerdens nicht durch eine Überbetonung der willentlichen Kontrolle ab. Er fürchtet nicht die regressive Wiederverschlingung durch eine als omnipotent fantasierte Mutter, sondern richtet sich in der Abhängigkeit von ihr ein.

Lange Jahre führte Proust ein Leben in der mondänen Gesellschaft, zu deren unerbittlichstem Chronisten er in der »Recherche« wurde. Die Zerstreuungen der Salons konkurrierten zeitweise mit der Berufung zum Schriftsteller:

> »Es lohnt sich wirklich nicht, daß ich darauf verzichte, das Leben eines Gesellschaftsmenschen zu führen, hatte ich mir gesagt, da ich für die berühmte Arbeit, an die ich mich nun seit so langem schon immer von einem Tag auf den andern endlich zu begeben hoffe, eben doch nicht – oder nicht mehr – geschaffen bin und da diese ganze Vorstellung vielleicht überhaupt keiner Realität entspricht« (VII, 242).

Er lebt, als sei seine Lebenszeit nicht begrenzt und als könne er alles auf Morgen verschieben, in der Annahme, dass es immer ein Morgen geben werde: »Da meine Trägheit mir die Gewohnheit mitgeteilt hatte, meine Arbeit immer von einem Tag auf den folgenden zu verschieben, stellte ich mir zweifellos vor, es könne mit dem Tode ebenso sein« (VII, 165).

Tatsächlich schrieb Proust von 1896 bis 1904, also zwischen 25 und 33, einen über 1.000-seitigen Roman, der posthum erst 1952 unter dem Titel »Jean Santeuil« veröffentlicht wurde. Der größte Teil der »Recherche« entstand zwischen 1905 und 1912.

Zur Erklärung des Aufschiebens des Proust'schen Ich-Erzählers möchte ich zu einer klassisch Freud'schen Betrachtungsweise greifen. Aus meiner Sicht entsteht sie aus der in eine lange prolongierte Adoleszenz hinübergeretteten Fixierung an das ödipale Phantasma.[2] Erinnern wir uns: Das, was wir ödipal begehren, ist gleichzeitig verboten – die Mutter. Das Inzesttabu versagt uns den Vollzug unseres Begehrens, das zudem von der Kastrationsdrohung des übermächtigen Vater-Rivalen überschattet ist, also von unserem Untergang. Die Kastration des Schriftstellers ist der writer's block, eine durch das Aufschieben generierte Dauerimpotenz. Was bleibt, ist die sehnsuchtsvolle Artikulation des Begehrens, das seine Erfüllung verschiebt. Die Absicht, etwas Neues hervorzubringen, schöpferisch tätig zu sein, wandelt sich zum Wunsch, sich dieser alten Absicht wenigstens zu erinnern:

> »Vielleicht lag es an der Gewohnheit, die ich angenommen hatte, in meinem Innern gewisse Wünsche aufzubewahren, [...] diese Gewohnheit, sie alle in mir zu bewahren ohne Erfüllung, mit einem Genügen einzig in dem Versprechen, das ich mir selber gab, ich wolle nicht vergessen, sie eines Tages dennoch zu befriedigen; diese nun schon so viele Jahre alte Gewohnheit war vielleicht an dem ewigen Wiederaufschieben schuld, das Monsieur de Charlus geringschätzig mit dem Namen ›Prokrastination‹ belegte [...]« (IX, 113).[3]

Die Artikulation des Begehrens ist entschieden risikoloser als der Akt des Schreibens, der identisch ist mit der Realisierung der verbotenen Liebe und der Kampfansage an den Vater, mit ihm zu rivalisieren und die literaturbegeisterte Mutter mit einem wirklich literarischen Werk zu beglücken,

---

2 Proust selbst war homosexuell und musste – um diese Tatsache zu verbergen – in der »Recherche« zu einigen Klimmzügen greifen, um die eigenen Seelennöte einem heterosexuellen Protagonisten zuzuschreiben. Konsequenterweise setze ich das in meiner Betrachtung fort, analysiere also das Begehren des heterosexuell gewollten Erzählers.

während der Vater lediglich Fachbücher über medizinische Hygiene anzubieten hat. In jedem Fall ist die blockierte Verwirklichung des Wunsches nach Produktivität jedoch etwas viel Dynamischeres als das passive Aufgehen jenes anderen bekannten Aufschiebers im ewigen Einerlei, von dem Iwan Gontscharow berichtet. Sein Held, der verarmte Landbesitzer Ilja Iljitsch Oblomow, lebt nicht, sondern vegetiert dahin. Sein höchstes Ideal ist es, in Ruhe und Tatenlosigkeit am Ufer des Stroms des Lebens zu sitzen und ihm zuzuschauen. Arbeit erscheint in seiner Welt als eine bereits den Urvätern auferlegte Strafe, der unbedingt auszuweichen ist. Die Normen des Lebens sind von den Eltern übernommen worden, wozu also nachdenken, grübeln und sich aufregen: »Wenn man nicht weiß, wozu man lebt, dann lebt man einfach in den Tag hinein; man freut sich, daß ein Tag vorbei ist, daß es Nacht geworden ist, und im Schlaf versinkt die langweilige Frage, wozu man diesen Tag gelebt hat und wozu man morgen leben wird« (Gontscharow 1859, 310).

Erinnern wir uns weiter: Adrien Proust ist der Tatmensch, der aus jenen Büchern, deren Autor er ist, die Programme zur Körperertüchtigung seines Sohnes ableitet. Die erwartete Roborierung soll den kränklichen Marcel zu einem leistungsfähigen, potenten Mann machen, nach dem Vorbild seines Vaters, jenes ödipalen Rivalen, dem der kränkliche Sohn sein Leben verdankt und damit auch sein Glück, das darin besteht, dem Lebensspender und -retter die Frau wegzunehmen. Die Symbiose wird durch keine Triangulierung aufgelöst; der strenge Vater samt seinem Gesetz, das einen gehärteten Körper verlangt, wie uns Klaus Theweleit (1977, 1978) gelehrt hat, bleibt irrelevant. Der geschwächte Leib des Kranken verweigert die ihm angesonnene Zurichtung und damit die Identifizierung mit dem Vater, aber er markiert auch den denkbar größten Abstand zu dessen Potenz. Marcels ödipaler Triumph hat sozusagen den Preis des Verzichts auf den Vollzug des Besitzes der Mutter. Der Sohn ist bereits kastriert, ist kranker Patient, der Vater Arzt, aber mangels compliance kann die vorgeschlagene Kur keinen Erfolg haben. Der enttäuschte Heiler-Vater muss schließlich – durch die Krankheit des eigenen Sohns bezwungen – zusehen, wie dieser es sich im Bett gemütlich macht, versorgt und bewundert von Mutter und Großmutter. Steht die

---

[3] Das lateinische Wort *crastinus* heißt: morgig; *pro* heißt: vorwärts; *rem in crastinum differe* bedeutet: eine Sache auf morgen verschieben. Die Schöpfung dieses Begriffs wird übrigens in »Die Entflohene« (XI, 139) St. Loup zugeschrieben.

Bewunderung nicht eigentlich ihm, dem tüchtigen Klinikchef, Professor und Autor zu? Soll der Schwächling es nur nicht wagen, gegen ihn die Feder zu erheben! Adrien Proust stirbt 1903, lange bevor der Sohn, dem 1919 der Prix Goncourt zugesprochen wird, sich als Autor einen Namen macht.

Das ödipale Dilemma: Wie lässt sich das Begehren, das auf das Verbotene zielt, mit dem eigenen Überleben in Einklang bringen? Nur das aktive, in Handlung umgemünzte Begehren, bringt einen in Gefahr. »Freud shows us how if we are not in trouble we are not having sex«, so beschrieb es kürzlich der englische Psychoanalytiker Adam Phillips (2003, 25, 5).

Der sichere Weg, ödipalen trouble zu vermeiden, besteht in der Regression auf ein orales Triebniveau. Doch in der dyadischen Beziehung drohen Abhängigkeit und Verlust (1895 stirbt die Großmutter; Proust gibt der Erschütterung darüber in seinem Roman viel Raum; nach dem Tod der Mutter im September 1905 muss er für zwei Monate in ein Sanatorium).

Schreiben bedeutet, etwas hervorzubringen. Es ist die Realisierung einer Potenz, die man sich zunächst einmal selbst attribuieren und dann auch aktualisieren muss. Es ist offensives Ausleben eines Begehrens und durchbricht die ostentative Selbstkastration zur harmlosen Figur des Aufschiebers, dem es geht wie dem platonisch Liebenden, der ewig zielt und niemals abdrückt. Es ist die bewusste Wahrnehmung der Endlichkeit, des Vergehens der Zeit, nicht die analytische Kur, die dem Ich-Erzähler die Kraft gibt, sein Werk zu beginnen. Vergänglichkeit als Viagra:

> »Die glücklichen Jahre sind die verlorenen, man wartet auf einen Schmerz, um an die Arbeit gehen zu können. Die Vorstellung vorausgegangenen Leidens geht mit dem Gedanken an Arbeit eine enge Verbindung ein, man fürchtet sich vor jedem neuen Werk, wenn man an die Schmerzen denkt, die man zuvörderst ertragen muss, um es zu konzipieren. Da man aber einsieht, daß Leiden das Beste ist, was man im Leben finden kann, denkt man ohne Grauen – wie an eine Befreiung fast – an den Tod« (VII, 316).

Der früher per Aufschieben verleugnete unausweichlich bevorstehende Tod wird nun zu einem Handlungsmotor:

> »Im übrigen durfte ich, solange noch nichts angefangen war, freilich wohl unruhig sein, selbst wenn ich glaubte, in Anbetracht meines Alters noch einige Jahre vor mir zu haben, denn schon in wenigen Minuten konnte meine Stunde schlagen« (VII, 490).

Die fixierte ödipale Position mit der Ablehnung der offenen Rivalität mit
dem Vater, der procrastination als fortwirkendem Signal der Autokastration
und damit – auf den Vater bezogen – der Unterwerfung und die Identifikation
mit den prätentiösen gesellschaftlichen Ambitionen der Großmutter und
Mutter geraten nach dem Tod der Bezugspersonen und dem Näherrücken des
eigenen Todes in Bewegung. Im Krieg 1870/71 waren es die Belastungen durch
die deutsche Besetzung von Paris, die für Jeanne Proust die Schwangerschaft
mit Marcel überschatteten und für seine schwache Konstitution verantwortlich gemacht wurden. Jetzt ist es der Erste Weltkrieg, in dessen Gefolge die
einstmals so bewunderte Adelsgesellschaft untergeht. In Marcels neuen
Augen sehen all die Fürsten und Herzöge alt aus:

> »Da bemerkte ich, der ich seit meiner Kindheit immer nur von einem Tag zum
> anderen lebte und mir im übrigen von mir selbst und den anderen ein definiti-
> ves Bild gemacht hatte, an den Metamorphosen, die sich an allen diesen Leuten
> vollzogen hatten, zum ersten Mal die Zeit, die für sie vergangen war; das aber
> trug mir die bestürzende Offenbarung ein, daß sie ebenso für mich vergangen
> war.« (VII, 340) – »Endlich hatte die Idee vom Wesen der Zeit auch noch den
> Wert für mich, ein Ansporn zu sein; diese Idee sagte mir, es sei jetzt an der Zeit
> zu beginnen ...« (VII, 485).

Der Entschluss, nun wirklich mit dem Schreiben zu beginnen, also aus der
kastrierten Position herauszutreten und die Identifikation mit dem produk-
tiven Vater anzunehmen, bringt Zweifel mit sich, ängstigende Fragen:

> »[...] war es wirklich noch Zeit und war ich selbst noch imstande dazu? Der
> Geist hat seine Landschaften, deren Betrachtung ihm nur eine Zeitlang gestat-
> tet ist. Ich hatte gelebt wie ein Maler, der einen Weg erklimmt, unter dem sich
> ein See breitet, dessen Anblick ihm ein Vorhang aus Felsen und Bäumen
> verbirgt. Durch eine Lücke in dieser vorgelagerten Landschaft sieht er ihn ganz
> und gar vor sich liegen. Aber da kommt auch schon die Nacht, in der er nicht
> mehr malen kann und hinter der kein Tag sich wieder erhebt« (VII, 489 f.).

Das Bewusstsein für die verstreichende Zeit, unsere Lebenszeit, bildet einen
starken Impuls für die Überwindung des Aufschiebens, hin zum Sich-Verewi-
gen, indem man sich in das literarische Gedächtnis der Welt einschreibt:

> »Ein Gefühl der Ermüdung und des Grauens befiel mich bei dem Gedanken,
> daß diese ganze so lange Zeit nicht nur ohne Unterbrechung von mir gelebt,

gedacht und wie ein körperliches Sekret abgelagert worden war, und daß sie mein Leben, daß sie ich selber war, sondern, daß ich sie auch noch jede Minute bei mir festhalten musste, daß sie mich, der ich auf ihrem schwindelnden Gipfel hockte und mich nicht rühren konnte, ohne sie ins Gleiten zu bringen, gewissermaßen trug ... Es schwindelte mir, wenn ich unter mir und trotz allem in mir, als sei ich viele Meilen hoch, so viele Jahre erblickte« (VII, 506).

Nach der endlos verlängerten ödipalen Phase kommt mit der Einsicht in die Begrenztheit der Lebenszeit der Schub zur Überwindung der Fixierung. Durch die Krankheit, an der er im November 1922, nur 51 Jahre alt, sterben wird, ist Proust seit 1919 dauerhaft beeinträchtigt. Er gibt den größten Teil seines gesellschaftlichen Lebens auf, um die ihm verbleibende Zeit für das Erinnerungswerk zu nutzen, das zum analytischen Roman wird – wobei Proust diesen Begriff nicht mochte:

»Es geht darum, aus dem Unbewußten eine Realität zu ziehen, um sie in den Bereich des Verstandes einzubringen, aber im Bemühen, ihr Leben zu bewahren, sie nicht zu verstümmeln, sie so wenig wie möglich zu verderben, eine Realität, die, wie es scheint, durch das bloße Licht des Verstands zerstört würde. Um dieser Bergungsarbeit zum Erfolg zu verhelfen, sind sämtliche Geisteskräfte und selbst Körperkräfte erforderlich. Es ist etwa dieselbe Art von umsichtiger, gelehriger, kühner Anstrengung, die jemand nötig hat, der noch im Schlaf diesen mit dem Verstand untersuchen möchte, ohne durch solchen Eingriff aufzuwachen. Dazu bedarf es Vorsichtsmaßnahmen. Obwohl dem Anschein nach in sich widersprüchlich, ist diese Arbeit nicht unmöglich.« (Proust, Brief an André Lang, zit. nach Haymann 1990, 602).

Die Überwindung der procrastination des Erzählers geschieht nicht durch die analytische Kur. Proust sagte von sich, er arbeite lieber mit einem auf die Zeit gerichteten Teleskop als mit dem Mikroskop, »denn das Teleskop zeigt Sterne, die für das bloße Auge unsichtbar sind, und ich habe versucht, [...] dem Bewußtsein unbewußte Phänomene zu zeigen, die, völlig vergessen, manchmal weit zurück in der Vergangenheit liegen«. Aber der Effekt dieser literarischen Erinnerungsarbeit und des wiederholten Durcharbeitens ist identisch: die Befreiung der Kreativität aus den unbewussten Fesseln der ödipalen Verstrickung.

Literatur

Gontscharow, I. A. (1859): Oblomow. Düsseldorf (Patmos) 2001.

Hayman, R. (1990): Marcel Proust. Die Geschichte seines Lebens. Frankfurt/M. – Leipzig (Insel) 2000.

Phillips, A. (2003), Bored with Sex? London Review of Books 25, 5; online http://www.lrb.co.uk/v25/n05/phil01_.html.

Proust, M. (1913–1927): Auf der Suche nach der verlorenen Zeit. Werkausgabe. Frankfurt/M. (Suhrkamp) 1970.

Proust, M. (1896): Freuden und Tage. Frankfurt/M. und Leipzig (Insel) 1997.

Rückert, H.-W. (2002): Schluss mit dem ewigen Aufschieben. Wie Sie umsetzen, was Sie sich vornehmen. 5. Aufl., Frankfurt/M. – New York (Campus).

Rückert, H.-W. (2003): Entdecke das Glück des Handelns. Überwinden, was das Leben blockiert. Frankfurt/M.– New York (Campus).

Schüffel, W., Herrmann, J. M., Dahme, B. & Richter, R. (1996): Asthma bronchiale. In: Th. v. Uexküll (Hg.): Psychosomatische Medizin. München (Urban und Fischer), 810–824.

Theweleit, K. (1977, 1978): Männerphantasien, Bd. 1: Frauen, Fluten, Körper, Geschichte; Bd. 2: Zur Psychoanalyse des Weißen Terrors. Frankfurt/M. (Stroemfeld/Roter Stern).

Hans-Werner Rückert

Über die Unfreiheit des eigenen Willens
Pascal Mercier: »Perlmanns Schweigen«*

»Die Freiheit des Willens liegt in der Größe der Phantasie und der Selbsterkenntnis.« (Peter Bieri)

Arbeitsstörungen stehen in der Literatur selten im Mittelpunkt des Geschehens. Wenn Probleme beim Schreiben dargestellt werden, dann wird das Warten auf Inspiration, das Starren auf das weiße Blatt meist spöttisch oder ironisch erzählt und der Widerspruch zwischen Größenfantasien und der Unvollkommenheit der tatsächlichen Leistungen wirkt erheiternd, mitunter lächerlich. Der Roman von Pascal Mercier ruft eine ganz andere Wirkung hervor: Durch die einfühlsame Schilderung nimmt man Anteil an der inneren Not und leidet mit.

»Perlmanns Schweigen« handelt von einem angesehenen Linguisten, dem die Fähigkeit abhanden gekommen ist, zu tun, wozu er sich verpflichtet hat. Der Roman beschreibt die sich dramatisch zuspitzende Krise des Wissenschaftlers, seine depressive Dekompensation und eine sich aus dem Zusammenbruch entwickelnde Lösung.

Philipp Perlmann, ein in Fachkreisen geschätzter Sprachwissenschaftler, fühlt sich seiner Arbeit entfremdet. Er, der gelernt hat, sich an den Erwartungen anderer zu orientieren, der sich mit Fleiß, Hartnäckigkeit und Disziplin einen Namen gemacht hat, sieht sich in Situationen gedrängt, an denen er nicht mehr interessiert ist. So wird er auf Grund seiner wissenschaftlichen Reputation zu Kongressen eingeladen, um Manuskripte gebeten, erhält eine in Fachkreisen hochbegehrte Ehrenprofessur. Der Mittelpunkt der Romanhandlung sind die 33 Tage, an denen Perlmann eine interdisziplinäre Fachtagung mit sieben renommierten Kolleginnen und Kollegen aus aller Welt leiten und mit seinem Beitrag krönen soll. Von Beginn an ist ihm klar, dass dieser Arbeitsaufenthalt an der ligurischen Küste eine Tortur werden wird, dass er sich wird zwingen müssen, ihn einigermaßen zu bewältigen. Es gelingt ihm nicht, sich auf seine Aufgabe einzulassen, alle Arbeitspläne bleiben unerfüllt. Er verliert sich in Ersatzhandlungen und ist zwanghaft damit befasst, vor den anderen (Kolleginnen und Kollegen, der Tochter, den Hotelangestellten) zu verbergen, wie es um ihn bestellt ist. Er sondert sich ab,

---

* Pascal Mercier (1995): Perlmanns Schweigen. München (Knaus).

findet ohne Tabletten keinen Schlaf, erschöpft sich in Selbstvorwürfen und grübelt über Versäumnisse. Die Situation spitzt sich zu, und zum Schluss glaubt er seinen Ruf nur noch durch Diebstahl, Mord und Selbstmord retten zu können.

Zufälle verhindern letztlich, dass es dazu kommt. Perlmann kann die Tagung beenden, ohne seine Schaffens- und Sinnkrise voll offenbaren zu müssen. Erst damit wird er frei für Wege in eine selbstbestimmte Zukunft.

Der Roman hat viele Facetten und kann unter verschiedenen Perspektiven gefallen. Er ist ein Milieuroman, von einem Insider der scientific community geschrieben: Die Eitelkeiten, Ränkespiele und Rivalitäten in der akademischen Szene sind gut beobachtet. Er ist auch ein »gelehrter« Roman, der theoretische Aspekte des Zusammenhangs von Sprache, Fantasie, Gedächtnis und der Konstruktion von Erinnerung mit der subjektiven Erinnerungsarbeit des Protagonisten verflicht, und er ist ein Roman, der die Phänomenologie einer massiven Arbeitsstörung detailreich beschreibt. Schmerzlich genau ist aufgezeichnet, wie Perlmann die Tage des Forschungsaufenthalts erlebt, wie sein Versagen ihn in Panik und hilflose Wut versetzt. In den inneren Monologen, in denen sein Denken um altbekannte Ängste, Selbstvorwürfe und Abhängigkeiten kreist, entfaltet sich ein Prozess der Selbsterkenntnis.

Die aufkeimende innere Freiheit, die Perlmann mit zunehmendem Alter, gesicherter Position und beruflichem Erfolg erfährt, löst zugleich Konflikte, Unlust und Gefühle der Sinnlosigkeit aus. Als seine Frau bei einem Unfall stirbt, erkennt er, in welchem Ausmaß es ihm Halt gegeben hat, sich an ihrem Bild von ihm zu orientieren. In altruistischer Abtretung konnte er ihre Wünsche bedienen, um seiner inneren Leere zu entgehen. Ihm blieb die Hoffnung, dass andere ihm geben könnten, was er selbst vermisst.

Überkompensation im Leistungsbereich war bislang Perlmanns bevorzugte Form der Abwehr innerer Konflikte.

»Darin, dachte er, war er gut, vielleicht war das überhaupt das einzige, worin er wirklich gut war: mit einer unerhörten Festigkeit des Willens, eine Anstrengung zu unternehmen um eines fernen Ziels, eines zukünftigen Könnens willen, das ihn dereinst glücklich machen würde. Dieses Verzichten, dieses Aufschieben von Glück beherrschte er in tausend Varianten, und seine Erfindungsgabe war unerschöpflich, wenn es darum ging, sich immer weitere Dinge auszudenken, die er lernen musste, um für eine künftige Gegenwart gerüstet zu sein. Und so hatte er sich systematisch, mit unübertrefflicher Gründlichkeit, um seine Gegenwart betrogen« (223).

Nun, da dieser Mechanismus erkennbar wird, verliert er seine stabilisierende Wirkung.

Mit dem zunehmenden Verlust der Motive für ein weiteres Funktionieren im Wissenschaftsbetrieb ist nicht die Abhängigkeit von Anerkennung durch äußere Objekte überwunden. Entsprechend erlebt Perlmann die innere Distanz zu seinem Beruf und seinen Erfolgen nicht als Befreiung, sondern muss sie schuldhaft verbergen. Die innere kritische Entfernung vom Wissenschaftsbetrieb und dem bisherigen Lebensentwurf vergrößert sich während der Tagung beständig und führt zu einer manifesten Arbeitsstörung. Perlmann kann sich weder auf die Arbeit an seinem Vortrag einlassen noch die Beiträge seiner Kolleginnen und Kollegen vorbereiten. Er flieht in andere Tätigkeiten und beschäftigt sich intensiv mit dem Übersetzen des Textes eines an der Tagung verhinderten russischen Kollegen. Der Text setzt sich mit erzählerischem Erinnern auseinander und der darin liegenden Rechtfertigung, der erfinderischen Apologie. Dieses narzisstische Thema – das Erschaffen von Identität beim Erzählen – fesselt ihn, es entspricht seinem Versuch, sich ein Selbst anzueignen. Das Übersetzen des Textes lenkt ihn ab, liefert ihm Bestätigung und tröstet ihn, denn die russische Sprache vermittelt ihm zudem ein Gefühl von Nähe zu seiner verstorbenen Frau.

Neben dem Übersetzen nimmt die Erinnerungsarbeit, für die sich Perlmann ein Ritual schafft, überhand. Er liest in einer kleinen Trattoria, abseits des Luxushotels, in dem die Tagung stattfindet, eine populäre Chronik der vergangenen Jahrzehnte. Er erinnert sich an viele Stationen seines Lebens, an den Ehrgeiz seiner Mutter: »Man muss etwas werden, sonst ist man nichts« (433). Er

> »haderte [...] mit seinen toten Eltern, denn er meinte einen klaren ursächlichen Zusammenhang zu sehen zwischen den unverrückbaren, in ihrer Starrheit dogmatischen Erwartungen, die sie an ihr einziges Kind herangetragen hatten, und der fatalen Lage und inneren Not, in der er sich gegenwärtig befand« (126).

Philipp Perlmann erkennt sich in der Neigung, sich sozial erwünscht zu verhalten, sich anzupassen und sich schnell unentbehrlich zu machen. Er hasst diese Beflissenheit, mit der er seine Angst, keine Anerkennung und Liebe zu finden, überspielt. Dann erlebt er sich als Abbild seines Vaters, der willfährig ans Telefon eilte, wann immer er angerufen wurde. »Der Vater als Angerufener hatte in diesem Moment kein eigenes Leben, keine eigene Zeit und keine eigenen Bedürfnisse, auf die ein Anrufer hätte Rücksicht nehmen müssen. Er stand bedingungslos zur Verfügung, jederzeit, auf Abruf« (40).

Perlmann hatte erst spät begriffen, »dass dieses Bild sein Verhältnis zur Außenwelt, der Welt der anderen, für lange Zeit geprägt hatte. Dieser Welt hatte man zu Diensten zu sein, man war von der Gnade ihrer Anerkennung abhängig« (40).

Bisher, glaubt Perlmann, habe er seine Anerkennung vornehmlich durch Anpassung bekommen; er spürt, dass er dabei seine Individualität und Lebensfreude verloren hat.[1] Er beneidet andere Menschen um deren Selbstsicherheit, ihm erscheint »Unbeflissenheit« als das wichtigste Ideal im Leben. Im Roman wird Perlmann mit Giorgio Silvestri eine Art Alter Ego gegenübergestellt. Der Psychiater ist ein Außenseiter, der mit kritischer, bisweilen spöttischer Distanz die Tagung verfolgt, keinen besonderen wissenschaftlichen Ehrgeiz erkennen lässt und augenscheinlich die Teilnahme bereichernd findet, sich aber zu nichts verpflichtet fühlt: ein freier Mann! Solche Freiheit weiß Perlmann sich nicht zu verschaffen; er verliert beim Versuch, seine Bedürfnisse seinem Willen unterzuordnen, jegliche Souveränität. Die, nach seiner Meinung erforderlichen, Anpassungsleistungen gelingen ihm nur unzureichend, dabei erlebt er sein Unvermögen schuldhaft. Distanz, nach der er sich sehnt, kann er nur symbolisch herstellen, indem er sich beispielsweise nach der Ankunft seiner Kollegen unter einem Vorwand ein anderes, entfernt liegendes Hotelzimmer geben lässt oder häufig die gemeinsamen Mahlzeiten versäumt. Innerlich ist er jedoch nicht distanziert, er sorgt sich exzessiv um die Meinung der anderen. Er agiert seine Zerrissenheit: immer wieder verhält er sich abweisend und fürchtet sogleich Liebesentzug und harsche Kritik. Seine Angst steigert sich, und in seinen Grübeleien wird paranoides Erleben erkennbar. Er projiziert seine aggressiven Impulse und fühlt sich verfolgt. Dieses innere Geschehen vermischt sich mit dem Erleben des konkurrenzbetonten Arbeitsstils in den Seminarsitzungen. Misstrauisch überprüft er jede Geste, jede Äußerung der anderen auf (oberflächliche) Freundlichkeit und (versteckte) Feindseligkeit.

---

[1] Die völlige Unterwerfung als Weg, die eigene Individualität zu retten, schildert »Jakob von Gunten«. Diesen Roman von Robert Walser hat Perlmann als Reiselektüre bei sich. In dem Buch, von dem Perlmann stark berührt ist, wird beschrieben, wie sich der Ich-Erzähler einer erdrückenden Vaterfigur und der fordernden und verpflichtenden Liebe seiner Eltern durch völlige Selbstaufgabe zu entziehen sucht. Indem er sich in einer Dienerschule zur »runden Null« erziehen lässt, möchte Jakob von Gunten sich die absolute innere Freiheit eines intensiven Lebens bewahren.

»Perlmann kannte es nur zu gut, dieses quälende Kreisen von Sätzen, diese Sucht, sich an einmal geäußerte Sätze zu klammern, und jedesmal, wenn er wieder in diesen Sog geriet, kam es ihm vor, als habe er den größten Teil seines Lebens damit zugebracht, auf diese Weise Sätzen nachzuhorchen, die ihn verletzt oder geängstigt hatten« (62).

Obwohl er sich von der Sprachwissenschaft distanziert, glaubt er, nicht auf die fachliche Anerkennung der versammelten KollegInnen verzichten zu können. Auch wenn er sich entschließt, nicht preiszugeben, dass er selbst Klavier spielt, um sich etwas zu bewahren, das nicht dem Urteil der anderen ausgesetzt bleibt, missgönnt er doch seinem Kollegen Brian Millar die Bewunderung, die dieser für sein Spiel erhält. Perlmann ist darum bemüht, seiner Rolle äußerlich gerecht zu werden, kann jedoch sein Verhalten nicht durchgängig steuern. In den Sitzungen versucht er sein Desinteresse zu überspielen und beginnt in den Diskussionen, »Meinungen zu simulieren«. Er ist aber inhaltlich zu wenig beteiligt, um eine Position überzeugend zu vertreten. Sadistische Impulse und Selbstabwertung brechen unvermittelt durch, und er schießt beim Argumentieren übers Ziel hinaus. In einer Diskussion, als er spürt, dass alle auf eine Äußerung von ihm warten, bezeichnet er sich beispielsweise offensiv, in übertriebener Weise, als widerlegt und bedankt sich für die Befreiung von einer falschen Idee.

»Ihre Kritik an meinen Arbeiten ist das Erhellendste, das Einsichtsvollste, was ich seit sehr langer Zeit gelesen habe. [...] Ich finde Ihre Einwände restlos überzeugend und denke, dass mein gesamter Vorschlag damit widerlegt ist. [...] Und eigentlich finde ich, dass Ihre Kritik noch viel weiter trägt, als Sie annehmen« (90).

Ein anderes Mal, als er sich ertappt fühlt, nicht vorbereitet zu sein, hält er unvermittelt eine lange Rede. Sie gerät zu einer erbarmungslosen Abrechnung mit der Art von Sprachwissenschaft, für die er und einige der Anwesenden stehen. Im inneren Dialog richtet sich der aggressive Ausbruch gegen den Dogmatismus des Vaters.

Die Angst, zu versagen und in der momentanen Unfähigkeit bloßgestellt zu werden, nimmt überdimensionale Ausmaße an und bildet leidvolle Circuli vitiosi aus. Trotz zunehmender Reflexion und Selbsterkenntnis bleibt Perlmann der Konfliktdynamik ausgeliefert. Immer wieder von neuem überschätzt er seine Fähigkeit zur Selbststeuerung und unterschätzt seine inneren Konflikte. Immer wieder von neuem zählt er die Tage und rechnet sich vor, dass er doch noch einen Beitrag verfassen kann. Anstatt sachorientiert über Handlungsmöglichkeiten nachzudenken, grübelt er über die momentane und die zu erwartenden Situationen. Dabei scheint die Energie zum Handeln umso mehr zu fehlen, je mehr er über seine Versäumnisse nachdenkt.[2] Gefühle von Misserfolg hemmen die Ausführung willentlicher Handlungsschritte, und da Perlmann seine Aufgaben für die Tagung weder als selbstbestimmt erleben noch intrinsische Motivation dafür aufbringen kann, findet er keinen Ausweg aus der Spirale von Niedergeschlagenheit, Arbeitshemmung und Selbstentwertung.

Perlmanns Stimmungen schwanken zwischen Wut und Angst. In seinen Grübeleien sucht er nach den inneren und äußeren Gründen für seine prekäre Situation. Er ist wütend auf alle Anwesenden und verübelt sich selbst, sich dieser Situation nicht entziehen zu können. Er findet keinen Ausweg. Immer wieder unternimmt er Anstrengungen, seinen Tagungsbeitrag zu verfassen, aber er ist dazu nicht imstande. Er hat keine neuen Ideen, und alte Aufzeichnungen kann er nicht systematisch auswerten. Ihm fehlen Orientierung und Interesse ebenso, wie er die Erwartungen der KollegInnen fürchtet und sich gezwungen sieht, diesen zu entsprechen. Der Roman fächert die Symptomatik einer Arbeitsstörung auf depressivem Hintergrund weit auf. Er beschreibt detailgetreu Perlmanns Konzentrationsprobleme, die Vergesslichkeit, die Antriebsschwäche, Schlafstörungen, seine Gehemmtheit im Handeln, seinen Drang, sich zurückzuziehen, und die dabei aufrechterhaltene Fixierung auf das Urteil der anderen. Um arbeitsfähig zu sein, müssen die dem Ich zur Verfügung stehenden Abwehrmechanismen funktionstüchtig sein, sollen sie vor dem Einbruch

---

2 Der Roman illustriert Ergebnisse der funktionsanalytisch arbeitenden Willensforschung, die in Konzepten der Handlungssteuerung Wille, Motivation und Kognition integriert. Mit dem Konstrukt der Handlungs- versus Lageorientierung kann die individuell unterschiedliche willentliche Handlungsbereitschaft in Untersuchungen operationalisiert werden. Dabei zeigt sich das paradoxe Phänomen, dass Menschen, die in ihrem Gedächtnis sehr stark die Absicht zu einer Handlung aufrechterhalten, diese bei Gelegenheit seltener ausführen als diejenigen, die den Vorsatz weniger präsent haben. Personen, welche unerledigte Absichten zu stark im Gedächtnis aufrechterhalten, scheinen weniger »Energie« zu haben, diese im geeigneten Moment in Handlungen umzusetzen. Die Hemmung der Absichtsumsetzung betrifft die energetische Funktionskomponente des Willens. Die Antriebsarmut von depressiven Menschen wird nach diesem Konzept auf die Überfunktion der Ausführungshemmung zurückgeführt (vgl. Kuhl 1998).

von Unlustgefühlen und Angst schützen. Intellektuelles Arbeiten ist als selbstreflexiver Prozess störanfällig und bedarf einer stabilen Ich-Organisation, damit das Selbst hinter die sachbezogenen Gedanken zurücktreten kann. Perlmann fehlen aber nicht nur ausreichende Ich-Stärke und Frustrationstoleranz, um aus den seltenen Ideen eine Skizze, Thesen oder gar ein Redemanuskript zu machen. Er findet keine Anknüpfungspunkte für positives oder befriedigendes Selbsterleben, das einen kreativen Prozess anschieben könnte.[3] In selbstdestruktiver Art wertet er alle Versuche ab. Erst in der letzten Nacht, bevor er seinen Vortrag halten muss, kann er sich schreiben lassen, findet aber weder Kraft noch Zeit zu einer kritischen Überarbeitung.

Die Angst zu versagen blockiert Perlmann. Sein Pflichtbewusstsein und sein hoher Selbstanspruch sind nicht mehr mit einem sachlichen Interesse in Einklang zu bringen. Besonders theoretisches Arbeiten wird durch Grenzsetzungen des Über-Ichs und Ansprüche des Ich-Ideals erschwert. Förderlich ist, wenn psychische Konflikte interstrukturell gelöst werden können (vgl. Lüders 1967, 930). Statt sich problemorientiert mit Inhalten beschäftigen zu können, kreisen Perlmanns Gedanken um seine Angst und um die Versuche, dieser zu entgehen. Er kämpft vergeblich gegen seine Arbeitsblockade, denn er verkennt das Ausmaß seiner Störung und kann seine Arbeitsunfähigkeit auch nicht offen legen. Er ist davon überzeugt,

»dass er ein Eingeständnis seiner derzeitigen Unfähigkeit nicht als etwas hätte erleben können, was unangenehm war, peinlich, aber doch etwas, wofür man um Verständnis werben konnte angesichts einer persönlichen Tragödie wie der seinen; dass er es vielmehr als eine öffentliche Preisgabe eines viel weitergehenden Bankrotts hätte erleben müssen, der ihn als ganze Person betraf, und dass ein Offenbarungseid deshalb undenkbar gewesen war« (313).

Der depressive Zusammenbruch wird anschaulich: das überhöhte Ich-Ideal, das das Individuum selbst überfordert, auf das aber ebenso wenig verzichtet

---

[3] Positives Selbsterleben und damit verknüpfte Größenfantasien unterstützen kreatives Arbeiten wesentlich. Im Roman erfährt Perlmann dies im Zusammenhang mit den Übersetzungsarbeiten. Hierbei kann Perlmann an sich glauben und über seine Einsamkeit hinwegkommen. Er braucht dabei nicht den Blick auf die anderen, er kann sich in seinen Ideen entdecken und im freudigen Eifer seine Gedanken entwickeln. Über die konstitutive Funktion von Größenfantasien für den kreativen Prozess siehe Kraft (2001) und Lüders (1967).

werden kann wie auf die Anerkennung durch äußere Selbstobjekte. Beides ist für die Aufrechterhaltung des Selbstgefühls erforderlich. Da seine beruflichen Erfolge Perlmann zunehmend weniger befriedigen und seine Stärken, die er in der Lehre sieht, im kollegialen Wettbewerb nicht hoch im Kurs stehen, ist der Leistungsbereich nicht mehr geeignet, ausreichend narzisstische Zufuhr zu bieten. Die Dynamik wird durch den plötzlichen Tod seiner Frau beschleunigt.[4] Weder kann Perlmann den Verlust durch Leistungsanstrengungen ausgleichen, noch kann er sich der Trauer hingeben. Das Absinken der Aktivität, nachlassende Leistung, der Rückzug und die unzureichenden Fähigkeiten, sich den inneren und äußeren Realitäten zu stellen, begleiten Trauerprozesse häufig. In dem Ausmaß, wie diese Symptome bei Perlmann geschildert werden, haben sie allerdings pathognomische Qualität. Sie schützen nicht mehr, sondern setzen in ihrem Verlauf die Selbstachtung weiter herab. Dadurch verstärken sie die gedrückte Stimmungslage. Selbstvorwürfe nehmen zu und desto mehr wird in der Folge wiederum das Selbstwertgefühl beschädigt.[5] Statt Trauer erlebt Perlmann innere Leere. Er bleibt allein gelassen in einem entfremdeten Alltag. Er findet nicht den Mut zu einer Alternative und ebenso wenig die Kraft, das Gemeinsame alleine weiterzuleben. Regressives und archaisches Antriebserleben werden freigesetzt, er nimmt sich, was er braucht. Der Diebstahl des Manuskripts, der Entschluss, die Arbeit des Kollegen als eigenen Tagungsbeitrag auszugeben, ist als kaptative Regung zu sehen. Kein spontaner Durchbruch oraler Gier, sondern von inneren Debatten begleitet, erliegt Perlmann im Zustand großer physischer und psychischer Erschöpfung der Versuchung. Die Schuldgefühle sind danach kaum zu bändigen, aber noch weniger die Angst vor der Entlarvung und dem Verlust von Anerkennung. Perlmann ist einem starken Konflikt ausgesetzt; die Bedürftigkeit wird groß, innere Objekte sollen gestärkt werden, Schuldgefühle als Reaktionsbildung müssen den Konflikt zwischen Es und Über-Ich binden. Diese treiben seine Selbstverachtung ebenso in die Höhe wie seine destruktiven Impulse. Auch dies ist idealtypisch in Szene

---

[4] Wenn das Liebe/Anerkennung/Aufwertung bietende Objekt verloren geht, droht die depressive Dekompensation (vgl. Mentzos 1984, 187).

[5] Der einer Trauerreaktion inhärente regressive Rückzug bei bestehendem brüchigen Selbstwertgefühl hat verhängnisvolle Folgen, weil er die Überzeugung der eigenen Schwäche und Unfähigkeit verstärkt (Mentzos 2001, 54). Zur Psychodynamik des depressiven Modus im Rahmen einer narzisstischen Krise (vgl. Mentzos 1984, 182 ff).

gesetzt: das Schwanken zwischen Aggression und Autoaggression. Als der russische Kollege überraschend sein Kommen ankündigt, wird dies als Strafe erlebt und führt zu noch größerer Wut. Perlmann, für den es undenkbar ist, seine Arbeitskrise einzugestehen, beginnt zwanghaft und geradezu hemmungslos einen Plan auszuarbeiten, wie er den russischen Kollegen vom Flughafen abholen und in den Tod fahren wird. Dieses Vorhaben kann er nur verfolgen, indem er zugleich seinen Selbstmord plant. Die Schuld muss gesühnt, der Diebstahl und der Mord können aber nicht zu- bzw. aufgegeben werden. Da er mit dem Entschluss zu Mord und Selbstmord seiner Selbstverachtung entkommen kann, wird er als Möglichkeit der inneren Befreiung erlebt: »Erst jetzt, wo ich die Zeit der anderen verlassen habe, gelingt mir die Abgrenzung von ihnen. Das ist der Preis« (329).

Der misslingende Mordanschlag ist ein dramatischer Höhepunkt des Romans. Danach renkt sich alles oberflächlich ein, Perlmann bleibt die befürchtete vernichtende Beschämung erspart. Am Ende hatten die KollegInnen »seinen Text gelesen und seinen Chopin gehört – jetzt wussten sie, wer er war. Er hatte immer gedacht, dass das auf keinen Fall passieren durfte. Dass es einer Vernichtung gleichkäme, wenn einer auf diese Weise in ihn hinein sehen könnte« (566). Nun ist er bereit, sich seiner Krise zu stellen, und denkt über berufliche Alternativen nach. Ein körperlicher Zusammenbruch verschafft Perlmann, zurück an seinem Heimatort, ein Moratorium. Er beginnt sein Leben neu zu ordnen.

»Perlmanns Schweigen« ist eine Auseinandersetzung mit dem Thema der inneren Freiheit. Seit Freud ist das Wissen um die Macht unbewussten Triebgeschehens verbreitet, und man hofft beim Lesen des Romans, dass es Perlmann helfen könnte, seine Selbstreflexionen konstruktiv und produktiv zu nutzen. Perlmann fürchtet, dass seine Arbeitsunfähigkeit als Provokation oder mangelnde Bereitschaft und damit als Frage des Willens verstanden werden könnte: »Es bliebe der Eindruck des Willkürlichen, Mutwilligen« (10). Eine Haltung, die unentschuldbar sei und seine innere Entfernung vom Wissenschaftsbetrieb offenbaren könne. Er will nicht zugeben, dass er in seiner Wissenschaft nichts mehr beizutragen weiß. Er ahnt die emotionalen Hintergründe, möchte ihnen aber doch nicht die Kraft einräumen, die sie besitzen. Er beharrt auf der Illusion einer unbeschränkten Selbstkontrolle, dass man tun kann, was man will, und kämpft erbittert darum, sein Handeln dem Wollen unterzuordnen. Er, der immer beschäftigt ist, seinen Wert zu beweisen, für Liebe und Bestätigung die Erwartungen anderer zu erfüllen, betrügt sich so um seine Gegenwart. Eine Idee, die dem Autor sehr wichtig ist, durchzieht den Roman: die Verbindung von Zeiterleben mit dem Gefühl von Freiheit. Um Urheber seiner Zeit zu sein, muss man Urheber des Willens sein, sonst erlebt man die Zeit des Anderen, an dessen Vorstellungen man sich orientiert. Nur selten hat Perlmann erfahren, was es heißt, die Zeit als frei Entscheidender zu durchleben und »ihr Tiefe zu verleihen, indem man etwas mit sich und seinem Willen macht« (Bieri 2001, 138). Diese Einsicht beantwortet Perlmann mit Selbstmitleid und mit Selbstvorwürfen, denn er nimmt sein Unvermögen wahr, kann aber nicht von seinen inneren Bildern lassen. Es gelingt ihm trotz wachsender Selbsterkenntnis nicht, die einander entgegengesetzten Selbstaspekte, seine Idealisierungen und Entwertungen, auszusöhnen. Sein Blick bleibt zu sehr auf sich selbst bezogen, als dass seine Selbsterkenntnis in heilende »Selbstsorge« (Foucault) münden könnte, er wird nicht frei.

Der Roman beschreibt das Erleben und Agieren Perlmanns aus einer sowohl distanzierten als auch empathischen Beobachtungsposition heraus. Dies kommt der therapeutischen Perspektive nahe und mobilisiert die Gegenübertragung. Jemandem gegenüber, dem wir die Freiheit der Entscheidung zubilligen und der in seinem selbst gezimmerten Gefängnis verharrt, entwickeln wir leicht Ärger und moralische Empfindungen wie Groll und Entrüstung. Unsere Gesellschaft stellt die Macht, dem eigenen Willen gemäß zu handeln, in Zusammenhang mit der Bereitschaft, Verantwortung für das eigene Tun zu übernehmen. Dass diese Freiheit vielfältigen Einschränkungen unterworfen sein kann, wird lediglich in Ausnahmefällen konstatiert, denn dieser Gedanke wirkt bedrohlich. Nicht tun zu können, was man will, Arbeitsabläufe nicht mehr steuern und umsetzen zu können, verstört und provoziert den Beobachter, weckt Unwille und Abwehr. Dies sind Übertragungsgefühle, die in der Alltagskommunikation wie auch bei der therapeutischen Arbeit auftauchen und nach meiner Einschätzung dazu führen, dass an Arbeitsproblemen weniger Anteil genommen wird als beispielsweise an Beziehungsproblemen. Arbeitsprobleme scheinen einsamer zu machen als Beziehungsdramen und sind weit häufiger mit Schamgefühlen verbunden. Auch in Therapien gelten Arbeitsstörungen als ein strapaziöses Thema – wohl auch deshalb, weil man hilflos zusieht, dass im Ringen um das Ideal jede Form narzisstischer Selbstbestätigung, die im Bewältigen von Arbeitsvorhaben liegt, vereitelt wird und ein unproduktiver Umgang mit den Absichten dominiert. Identifizierungen mit dem eigenen Über-Ich und der Umgang mit geforderten Versagungen behindern zuweilen eine empathische Anteilnahme. Das Über-Ich misst an Idealen, die unerfüllbar sind, und es fällt schwer, andere zu begleiten, die dies nicht akzeptieren und auf der Realisierung ihrer Ideale beharren. Mir ist beim Lesen Philipp Perlmann nie richtig sympathisch geworden. Mitleid, Ungeduld und Ärger über seine Selbstbezogenheit und seinen Mangel an Mut standen dem entgegen. Solange Perlmann sich in der Pflicht fühlte, als Tagungsleiter zu brillieren, konnte er keine Alternative für sein Handeln entwickeln. Seine Fantasie war durch das negative Lebensgefühl ebenso beschnitten wie seine Möglichkeit einer positiven Selbstzuwendung. – Aber man liest so gerne von Helden!

Literatur

Bieri, P. (2001): Das Handwerk der Freiheit. Über die Entdeckung des eigenen Willens. Frankfurt/M. (Hanser).

Foucault, M. (1985): Freiheit und Selbstsorge. Frankfurt/M. (Materialis).

Kraft, H. (2001): Sich voran scheitern – Zur Dialektik von Scheitern und Größenphantasien im kreativen Prozess. In: A.-M. Schlösser & A. Gerlach (Hg.): Kreativität und Scheitern. Gießen (Psychosozial), 149–159.

Kuhl, J. (1998): Wille und Persönlichkeit: Funktionsanalyse der Selbststeuerung. In: Psychologische Rundschau 49, 61–77.

Lüders, W. (1967): Lern- und Leistungsstörungen. Ein Beitrag zur Psychoanalyse von Arbeitsstörungen. In: Psyche 20, 915–938.

Mentzos, St. (1984): Neurotische Konfliktverarbeitung. Frankfurt/M. (Fischer-Taschenbuch).

Mentzos, St. (2001): Depression und Manie. Psychodynamik und Therapie affektiver Störungen. 3. Aufl. Göttingen (Vandenhoeck & Ruprecht).

Walser, R. (1909): Jakob von Gunten. Ein Tagebuch. Frankfurt/M. 1976 (Suhrkamp).

Edith Püschel

Narzisstische Kompensation

Ursprünglich war Narziss oder Narkissos der Name eines schönen und eitlen Jünglings, der, in Selbstbetrachtung seines Spiegelbilds im Wasser eines Sees tief versunken, den Ruf der verliebten Nymphe Echo nicht wahrnahm, geschweige denn erwiderte. Wegen seiner Lieblosigkeit wurde er von der Gerechtigkeitsgöttin Nemesis bestraft. Die Strafe bestand darin, dass er sich grenzenlos in sein eigenes Spiegelbild verlieben musste. Dieser Jüngling ist zum Symbol für einen auf sich selbst bezogenen, liebesunfähigen Menschen geworden.

In der Tiefenpsychologie ist der Begriff des *Narzissmus* ein vielschichtiger Begriff, der mit einer Vielfalt von Bedeutungen besetzt und in unterschiedlichen Zusammenhängen verwendet wird. Sigmund Freud führte den Begriff 1914 in die psychoanalytische Theorie ein. Er verstand ihn als einen Grundantrieb im Seelenleben, der Phänomene wie den Größenwahn des Schizophrenen, die extreme Selbstverkleinerung des Melancholikers oder die ständige Körperbezogenheit des Hypochonders erklärbar macht. Ausgangspunkt der frühkindlichen Entwicklung sei der »primäre Narzissmus«, in dem das Kind sich selbst mit seiner ganzen Libido besetzt; er erscheint bei Freud als notwendiges Durchgangsstadium der Entwicklung. Demgegenüber bedeutet der »sekundäre Narzissmus« eine Rückwendung der Libido von ihren bereits vollzogenen Objektbesetzungen. Ein solcher Rückzug von der Außenwelt auf sich selbst kann zu Depression, Sucht oder Eitelkeit, Selbstüberschätzung und Anmaßung führen.

In den 70er und 80er Jahren kam das bis dahin eher vernachlässigte Konzept des Narzissmus in der Psychoanalyse und in den Sozialwissenschaften zum Durchbruch. Wichtige Impulse zur Therapie narzisstischer Persönlichkeiten gingen von Heinz Kohut (1971) aus. In Argelanders »Der Flieger« (1972) findet sich die eindrucksvolle Fallstudie eines auf sein Größenselbst fixierten und daher auf ständige Kompensation angewiesenen Unternehmers. Thomas Ziehe (1975) brachte den Narzissmus als »neuen Sozialisationstyp«, der den autoritären Sozialcharakter von früher abgelöst habe, in die Debatte und sorgte damit für rege kontroverse Diskussion. Christopher Lasch sprach sogar vom »Zeitalter des Narzissmus« (1979).

Bei den verschiedenen »narzisstischen Störungen« hat Kohut zwei Formen der *Kompensation* unterschieden: das »grandiose Selbst« und die »idealisierte Elternimago«. Mit Hilfe des grandiosen Selbst verleugnet das Kind die tatsächlichen oder vermeintlichen Mängel der eigenen Person und gibt sich mehr oder weniger unbewussten Größenfantasien hin. Durch die

Aufrichtung einer idealisierten Elternimago verlegt es seinen Stolz auf die vermeintlich allwissenden und allmächtigen Eltern und nimmt identifikatorisch an ihrer Größe teil. Beide Formen der Idealisierung dienen dazu, narzisstische Kränkungen, Verletzungen, Enttäuschungen auszugleichen.

»So ein Narzisst«: Dieser Ausdruck fand Einzug in die Umgangssprache frauenbewegter Kreise. Von Narzisstinnen war selten die Rede. Es ist wohl kein Zufall, dass in diesem Buch drei Männer vorgestellt werden, die in ihrem Narzissmus schwer getroffen sind und aus Gekränktheit wild um sich schlagen.

Julien Sorel, die Hauptfigur in Stendhals Entwicklungsroman »Rot und Schwarz«, hat, wie *Hilde Kronberg-Gödde* aufzeigt, deutliche narzisstische Persönlichkeitszüge. Als ungeliebter Sohn aus einer einfachen Zimmermannsfamilie setzt er alles daran, in die höheren Gesellschaftsschichten aufzusteigen. Von seinem Ehrgeiz getrieben, aber auch mit Disziplin und Willensstärke vermag er sich Anerkennung und Respekt zu verschaffen. Hierbei bedient er sich der Frauen aus der Oberschicht, die er sich mit seinem persönlichen Charme, aber auch durch Intrigen und Machtspiele gefügig macht. Sein Hochmut und seine starke Kränkbarkeit lassen ihn jedoch immer wieder einbrechen und in einer selbstschädigenden Wut das Aufgebaute zerstören. Am Ende, nach einer Reihe von Enttäuschungen und Kränkungen, schießt er auf die von ihm unbewusst geliebte Mme de Rênal und verzichtet dann auf seine mögliche Rettung, indem er in einer Art Wendung gegen sich selbst die Richter provoziert, um ein Todesurteil zu erwirken. Dennoch hinterlässt er ein versöhnliches Gefühl beim Leser, der sich in Übereinstimmung mit Stendhals milder Anteilnahme fühlen kann: »Er war noch recht jung, aber meiner Ansicht nach war er ein edles Gewächs«.

Auch wenn Julien Sorels Schicksal mit der gesellschaftlichen Wirklichkeit in der nachnapoleonischen Ära eng verflochten ist, kann man sagen, dass er Charaktereigenschaften entwickelt hat, die nicht an das 19. Jahrhundert gebunden sind. Wir finden einen in mancher Hinsicht ähnlichen Charakter in dem von *Heidi Möller* dargestellten »Helden« aus Dieter Wellershoffs Roman »Der Sieger nimmt alles«. Auch in diesem Entwicklungsroman spielen Ehrgeiz und Überkompensation eine wesentliche Rolle. Die Hauptfigur, der aus kleinen Verhältnissen stammende Ulrich Vogtmann, greift auch hier zum Mittel der Unterwerfung einer Frau aus der Oberschicht, um sich zu stabilisieren und mit ihrer Hilfe zum Wirtschaftswunderkind aufzusteigen. Den »Thrill« oder Kick im Sinne einer Angstlust, den Balint (1959) bei narzisstisch gestörten Menschen beobachtet hat, holt sich Vogtmann bei seinen riskanten Geldtransaktionen und den theaterhaften Inszenierungen mit seinen zwei Schwester-Geliebten. Hier verschafft er sich das Gefühl, »hochgeworfen, unbesiegbar« zu sein. Am Ende, nachdem er Macht und Geld verloren hat, richtet er die Waffe direkt auf die eigene Person.

Sieglinde Tömmel beschreibt in dem Roman von Martin Walser »Tod eines Kritikers« den malignen Narzissmus des Schriftstellers Hans Lach. Da die Hauptfigur des Romans, der Kritiker Ehrl-König, der Prototyp eines Narzissten schlechthin ist, nimmt es im ersten Moment wunder, dass hier der weit weniger schillernde Schriftsteller in den Mittelpunkt der Betrachtung gestellt wird. Dann wird rasch die maligne Verstrickung zwischen den beiden Protagonisten klar. Ein Herr-Knecht-Thema zwischen einem gnadenlosen Kritiker und einem sich ihm völlig ausliefernden Schriftsteller wird hier behandelt. Dieser Roman ist (ebenfalls) die Geschichte »einer großen, missglückten Liebe«. Hans Lach liebt und bewundert den Literaturkritiker Ehrl-König. Als dieser ihn öffentlich verhöhnt, ihm den Weg zum Ruhm verstellt, wird Hans Lach überflutet von Gefühlen der Scham und der narzisstischen Wut, die den Wunsch nach Zerstörung des geliebten Objekts nach sich ziehen. Perfide nutzt der Kritiker die Ankündigung des Mordes an ihn, um unterzutauchen und Hans Lach so als Mordverdächtigen ins Gefängnis, später in die Psychiatrie zu bringen.

Bei allen drei Romanfiguren sind Geld, Macht und Ruhm die entscheidenden Antriebsfedern für das eigene Handeln. Werden sie gekränkt – und die Kränkung wiegt umso schwerer, wenn sie von einem geliebten/gehassten Objekt ausgeht, von dem sie sich abhängig fühlen –, so greifen sie, aus Gefühlen von Scham und gekränktem Stolz, zu aggressiven, zerstörerischen Mitteln: entweder der masochistischen Wendung nach innen und gegen sich selbst oder dem unkontrollierten Agieren gegen diejenigen, die ihren Narzissmus verletzt haben.

Literatur

Argelander, H. (1972): Der Flieger. Frankfurt/M. (Suhrkamp).

Balint, M. (1959): Angstlust und Regression – Beitrag zur psychologischen Typenlehre. Reinbek (Rowohlt).

Freud, S. (1914c): Zur Einführung des Narzissmus. GW X, 137–170.

Kohut, H. (1971): Narzissmus. Frankfurt/M. (Suhrkamp) 1976.

Lasch, Ch. (1979): Das Zeitalter des Narzissmus. München (dtv) 1986.

Ziehe, Th. (1975): Pubertät und Narzissmus. Frankfurt/M. (Syndikat).

E. J. & H. K.-G.

Julien Sorels narzisstische Krise
in Stendhals »Rot und Schwarz«[*]

In Stendhals psychologischen Romanen »Rot und Schwarz«, »Die Kartause von Parma« und »Lucien Leuwen« kommt eine ähnliche Konfliktdynamik zum Tragen. Mit den Worten des Psychoanalytikers Edmund Bergler:

> »Ein schöner Jüngling mit hochgespanntem Ich-Ideal tritt ohne Falsch und Heuchelei in die Welt, wo er die übelsten Erfahrungen mit der Schlechtigkeit, Niedertracht und Korruption der Menschen macht. Dies führt zu einer Entwertung der Autorität, zu einem ständigem Herunterreißen von Masken, zur Entlarvung der Heuchelei der Großen und zu einem Wandel des Ich-Ideals des Helden. Diese Jünglinge – mögen sie nun Julien Sorel (›Rouge et Noir‹), Lucien Leuwen (im gleichnamigen Roman) oder Fabrice del Dongo (›Certosa von Parma‹) heißen, sind immer Stendhal selbst. Diesen jungen Männern stehen alte, abgebrühte, zynische Männer gegenüber: Marquis de la Mole, der Bankier Leuwen, Graf Mosca, die mit lächelnder Überlegenheit, auch ein wenig wehmütig und ungeduldig, den ›Macchiavellismus des Fünfzigers‹ den Illusionen der Knaben entgegenhalten« (Bergler 1935, 118).

Dieser Versuch, eine narzisstische Krise anhand einer Romanfigur zu erklären, darf aber nicht darüber hinweggehen, dass, wie uns Tomasi di Lampedusa erklärt, es die Absicht des Autors war, uns bei dem Helden »auf die Verantwortung der geschichtlichen Situation für seine Fehltritte hinzuweisen« (1990, 74).

»Rot und Schwarz« ist ein Entwicklungsroman, dem eine wahre Geschichte zugrunde liegt. Julien Sorel, die Hauptfigur des Romans, ist ein mittelloser Zimmermannssohn, der durch die Förderung eines ehemaligen Stabsarztes von Napoleon Lesen, Schreiben und Geschichte lernt. Ein Pfarrer bringt ihm Latein bei und eröffnet so dem äußerst Lernbegierigen, der bald die Bibel auswendig hersagen kann, die Möglichkeit einer Hauslehrerstelle beim Bürgermeister von Verrières, Monsieur de Rênal. Hier erobert Julien, zu einem stolzen Jüngling herangewachsen, die Frau des Hauses. Um einen gesellschaftlichen Skandal zu vermeiden, geht er ins Priesterseminar und später als Sekretär des Marquis de La Mole nach Paris. Dort beginnt er

---

[*] Henri Stendhal (1830): Rot und Schwarz, übs. v. W. Widmer. Stuttgart (Parkland) 1989.

eine Affäre mit dessen Tochter. Als Mathilde de La Mole ein Kind von ihm erwartet, besorgt ihr Vater ihm ein Offizierspatent und einen Adelstitel. Kurz vor der Heirat, fast am Ziel seiner Wünsche, entlarvt ihn jedoch Madame de Rênal, unter dem Einfluss eines Jesuitenpaters stehend, als einen ehrgeizigen Emporkömmling. Der Marquis verbietet die Ehe. Julien Sorel, rasend vor Wut und Empörung, schießt auf die in der Kirche betende Madame de Rênal. Der Einfluss von Mathilde de La Mole könnte ihn vor einer Verurteilung retten, zumal der Schuss Madame de Rênal nur leicht verletzt hat. Er aber provoziert den Gerichtshof mit einer schneidenden Gesellschaftsanalyse und einer Anklage an die Geschworenen und arrangiert damit sein Todesurteil.

Um Julien Sorels Charakter zu verstehen, muss man sich mit drei Fragen auseinander setzen:

1. Warum gerät er immer wieder in narzisstische Konflikte, einerseits zwischen seinem Ich und seinem Ich-Ideal, andererseits zwischen seinen Idealen und der gesellschaftlichen Realität?

2. Warum geht er die komplizierten Liebesbeziehungen zu Madame de Rênal und Mathilde de La Mole ein?

3. Was veranlasst ihn zu dem Mordversuch an Madame de Rênal und schließlich zu seinem Selbstmord?

1830 ist die Zeit der politischen Restauration in Frankreich. Alle Macht und die wichtigen Posten sind vom alten Adel oder von der neuen Geldaristokratie besetzt. Gleichzeitig gären aber in den Köpfen einiger junger ehrgeiziger Leute, die sich Bildung erwerben konnten, die revolutionären Ideen von Freiheit, Gleichheit, Brüderlichkeit. Zu ihnen gehört Julien Sorel, der sein Leben unter das Leitmotiv gestellt hat, nach oben zu kommen. Napoleon bewundert er als erfolgreichen Aufsteiger und sieht in ihm zudem den Vollstrecker der Revolution und ihrer Ideale. Nur ist es zu der Zeit nicht mehr möglich, in der *roten* Uniform des Militärs die Standesgrenzen zu überschreiten. Es bleibt nur die Möglichkeit, in der *schwarzen* Kutte der Priesterschaft emporzukommen.

Julien Sorels Vater, ein grämlicher Zimmermann, findet seinen Sohn eines Tages lesend im Gebälk sitzen. Er reagiert brutal:

»Ein wuchtiger Schlag schleuderte Julien das Buch aus der Hand, mitten in den Bach, ein zweiter, ebenso kräftiger Hieb auf den Kopf brachte ihn aus dem

Gleichgewicht. Er wäre um ein Haar zwölf oder fünfzehn Fuß tief mitten in die Hebel der arbeitenden Maschine gestürzt, die ihn zermalmt hätte; aber sein Vater hielt ihn mit der Linken im Sturz fest« (25).

Julien empfindet in diesem Moment wilden Hass auf den Vater. Als schwächlicher Jüngster erfährt er auch von seinen Brüdern, grobschlächtigen »baumlangen Burschen«, Prügel, Verachtung und Geringschätzigkeit. Von seiner Mutter ist in dem gesamten Buch nicht die Rede. Daher sieht sich Julien in seiner ganzen Familie als eine Art Findelkind und muss sich kompensatorisch einen Gegenvater suchen: Diese Fantasie wird noch begünstigt durch seine Intelligenz und dadurch, dass er den Brüdern äußerlich so gar nicht ähnelt.

In dem Aufsatz »Der Familienroman der Neurotiker« beschreibt Freud einen Mechanismus, bei dem das Kind die Eltern zunächst mit den magischen Kräften seines infantilen Narzissmus ausstattet und ihnen in seiner grenzenlosen Autoritätsgläubigkeit Unfehlbarkeit und Einzigartigkeit zuspricht. Wenn es dann im Laufe seiner Entwicklung mit der Begrenztheit seiner Eltern konfrontiert wird, ersinnt es sich einen »Familienroman«. Es entwirft sich das Bild großartiger und vornehmer Eltern und flüchtet sich in kompensatorische Tagträume (Freud 1909c, 231). Julien bewegt sich unaufhörlich in solchen Tagträumen, die ihn als Spross eines Adligen oder eines Generals ausweisen.

Freud schreibt weiter:

»Eine genaue Beobachtung dieser Tagträume lehrt, dass sie der Erfüllung von Wünschen, der Korrektur des Lebens dienen und vornehmlich zwei Ziele kennen: das erotische und das ehrgeizige (hinter dem aber meist auch das erotische steckt). Um die angegebene Zeit beschäftigt sich nun die Fantasie des Kindes mit der Aufgabe, die geringgeschätzten Eltern loszuwerden und durch in der Regel sozial höher stehende zu ersetzen« (Freud 1909c, 229).

Derartige Tagträume geben also Einblick in die Idealbildung des Kindes, das in die Wunschvorstellungen von Eltern und Vorbildern die Züge des eigenen idealisierten Selbstbildes einzeichnet. In narzisstischer Manier meint Julien, die Zeit, in der er lebt, sei nicht die richtige für ihn:

»Ich, ein armer Bauer aus dem Jura [...] ich, für ewig dazu verdammt, dieses trübsinnige schwarze Gewand zu tragen! Ach, zwanzig Jahre früher hätte ich wie sie Uniformen getragen! Damals kam ein Mann wie ich ums Leben, oder er war mit sechsunddreißig Jahren General« (396).

Julien Sorel ist klar, dass er nur mit hohem Einsatz nach oben kommen kann. Der alte Pater Chelan, obschon von Juliens Bildsamkeit beeindruckt, lässt sich nicht täuschen:

>Ich bemerke auf dem Grunde Ihrer Seele eine dunkle Glut; sie kündet mir nicht die Mäßigung und den vollkommenen Verzicht auf irdische Vorteile, die für einen Priester notwendig sind. Ich habe eine hohe Meinung von Ihren geistigen Fähigkeiten, aber [...] wenn Sie Priester werden, bange ich um Ihr Seelenheil« (59).

Dies ist die Situation, in der sich Julien zum ersten Mal in seinem Leben ernst genommen fühlt. Aber seine Ambivalenz gewinnt die Oberhand. Und er hält es für wichtig, »gerade ihn zu täuschen. [...] Die heimliche Glut, von der er gesprochen hat, ist mein Plan, vorwärts zu kommen« (59). Am nächsten Tag begeht Julien auf dem Weg nach oben seine erste Gemeinheit: Er verleumdet ein unbescholtenes Mädchen, um sich den an ihn herangetragenen Heiratserwartungen zu entziehen. Ironisch kommentiert Stendhal diesen Vorfall:

>Man darf Julien nicht allzu schlecht beurteilen. Er fand Worte, wie sie ein verschlagener, berechnender Heuchler nicht besser hätte ersinnen können. Das ist für sein Alter nicht übel. Was Ton und Gebärden anlangt, so ist zu bedenken, daß er unter Bauern lebt und bisher noch keine großen Vorbilder vor Augen hatte. Später, als ihm vergönnt war, solchen Herren nahe zu kommen und bei ihnen in die Lehre zu gehen, wurde er in Worten und Gebärdenspiel ein bewundernswerter Meister« (60).

Als Monsieur de Rênal ihn einmal hart kritisiert, bekommt Julien einen Tobsuchtsanfall. Der Bürgermeister ist verärgert und irritiert, will aber das Prestigeobjekt »Hauslehrer« nicht verlieren und reagiert statt mit Strafe paradoxerweise mit einer Gehaltserhöhung. Julien kommentiert dies mit einer charakteristischen Entwertung: »Ich habe dieses Vieh nicht genügend verachtet [...] Das ist wahrhaftig die beste Entschuldigung, die eine so niedrige Krämerseele vorbringen kann« (77).

Eine Erklärung für solch anmaßendes Verhalten gibt Freud in »Einige Charaktertypen aus der psychoanalytischen Arbeit«:

>Wir glauben alle Grund zu haben, daß wir mit Natur und Schicksal wegen kongenitaler und infantiler Benachteiligung grollen; wir fordern alle Entschädigung für frühkindliche Kränkungen unseres Narzißmus, unserer Eigenliebe. Warum hat uns die Natur nicht die goldenen Locken Balders geschenkt oder die

Stärke Siegfrieds oder die hohe Stirn des Genies, den edlen Gesichtsausdruck des Aristokraten? Warum sind wir in der Bürgerstube geboren anstatt im Königsschloß? Wir würden es ebensogut treffen, schön und vornehm zu sein wie alle, die wir jetzt darum beneiden müssen« (Freud 1916d, 369).

Auf dem Wege zum Bürgermeister macht Julien aus »Scheinfrömmigkeit« Station in der Kirche. Stendhal, oft nicht solidarisch mit seinem Helden, verteidigt ihn hier allerdings gegenüber dem Leser: »Erstaunt Sie das Wort Scheinfrömmigkeit? Die Seele eines Bauernjungen hatte einen weiten Weg zurücklegen müssen, bis sie bei diesem abscheulichen Ausdruck angelangt war« (32).

Belege für seinen Entschluss, sich zu verstellen, findet man reihenweise im Roman. Angefangen bei der Kontrolle über seinen Blick, über die Äußerungen seiner Gedanken bis hin zum Verbrennen des geliebten Napoleonbildes überlässt Julien nichts mehr dem Zufall.

Sobald aber sein Stolz verletzt wird, reagiert er, alle seine Ziele und eventuelle Konsequenzen außer Acht lassend, mit blinder Wut und Rache. Er tobt gegen Monsieur de Rênal, verwickelt sich in ein Duell mit einem Edelmann, ersticht Mathilde de La Mole beinahe und schießt später auf Madame de Rênal. In diesen zerstörerischen und gleichsam das Individuum entlastenden Ausbrüchen, aber auch in Julien Sorels inneren Monologen kommt immer wieder ein pathologisches Größenselbst zum Vorschein, das mit verkümmerten Objektbeziehungen einhergeht:

> »Julien stand aufgerichtet auf seinem hohen Felsen [...] Ein Sperber, der aus den Felslöchern zu seinen Häupten aufgeflogen war, hatte seine Aufmerksamkeit erregt [...] Juliens Augen folgten unwillkürlich dem Flug des Raubvogels. Seine ruhigen kraftvollen Bewegungen machten ihm tiefen Eindruck. Er beneidete ihn um diese Kraft, um diese Einsamkeit. So war Napoleons Schicksal. Und sein eigenes? Würde es eines Tages das gleiche sein?« (79).

Ein ungewöhnliches Maß an Selbstbezogenheit im Umgang mit anderen Menschen können wir in Juliens Liebesverhältnissen beobachten. Aus Eitelkeit, Ehrgeiz und Begierde macht er zwei Frauen in sich verliebt, beide aus einer Gesellschaftsschicht, zu der ihm als einfachem Zimmermannssohn der Zutritt verwehrt wäre. Dazu merkt Ilja Ehrenburg an: »Wie eine Schachpartie trägt er die Liebe aus, und in beiden Fällen offenbart sie sich ihm selbst unerwartet, als Gefühlsüberwältigung, aus dem Spieler wird die Schachfigur« (1957, 204).

Wenn man Stendhals Autobiografie »Das Leben des Henry Brulard«
heranzieht, sieht man sich mit stark ödipal gefärbten Schilderungen seiner
schönen, liebevollen, anmutigen Mutter und seines unbedeutenden, verach-
teten Vaters konfrontiert:

> »Meine Mutter war eine reizende Frau, und ich war verliebt in meine Mutter.
> [...] Ich wollte meine Mutter mit Küssen bedecken und wünschte, daß es keine
> Kleider gegeben hätte. Sie liebte mich leidenschaftlich und küßte mich oft, ich
> gab ihr ihre Küsse mit solchem Feuer wieder, daß sie oft gezwungen war, hinaus-
> zugehen. Ich verabscheute meinen Vater, wenn er kam und unsere Küsse
> unterbrach. Ich wollte sie immer auf die Brust küssen. Dabei muß man sich in
> Erinnerung rufen, daß ich sie durch eine Niederkunft verlor, als ich kaum sieben
> Jahre alt war« (1982, 29).

Diese Darstellung findet ihren Widerhall in vielen Frauenfiguren seiner
Romane, so auch in der Figur der Louise de Rênal. Sie ist ungefähr 16 Jahre
älter als Julien Sorel, von feinen Manieren, gebildet und liebevoll.

In der friedvollen Umgebung des Landgutes der Familie de Rênal und
beeinflusst von einigen Bemerkungen Napoleons über die Frauen, macht
sich Julien erstmals Gedanken über die Liebe. Er würde gerne Madame de
Rênals Hand berühren, wobei ihn weniger die Liebe leitet als »vielmehr ein
Gefühl der Unterlegenheit, die er empfinden müßte, wenn es ihm mißlänge«
(66). Als sein Unternehmen eigentlich sehr einfach gelingt – denn Louise de
Rênal ist schon lange in den sensiblen Hauslehrer verliebt –, kann er das
große Glück nicht empfinden, sondern fällt in einen bleiernen Schlaf, todmü-
de von all den Kämpfen, die Schüchternheit und Stolz am Tage ausgelöst
haben, denn: »Er hatte seine Pflicht getan, wie ein Held seine Pflicht getan«.
So gibt er sich alsdann den »Befehl«, bis 2 Uhr nachts bei Madame de Rênal
ins Zimmer einzudringen. Auch jetzt wird ihm wenig Widerstand entgegengesetzt, aber er ist zu sehr in seinen narzisstischen Gefühlen befangen, um
diese Gunst würdigen zu können:

> »Auch noch in den Augenblicken süßester Lust mußte er aus wahnwitzigem
> Dünkel die Rolle eines Mannes spielen, der gewohnt ist, sich Frauen zu Willen
> zu machen. [...] Er hatte Angst, schrecklichen, selbstquälerischen Gedanken und
> immerwährender Lächerlichkeit ausgesetzt zu sein, wenn er von seinem vorge-
> faßten Idealbild eines Mannes abgehe. Mit einem Wort: all das, was aus Julien
> ein überlegenes Wesen machte, hielt ihn geradezu davon ab, das Glück auszu-
> kosten, das sich ihm darbot« (106 f.).

Während für Louise de Rênal die Liebe zu Julien alles bedeutet – sie würde sogar mit ihm fortgehen, ihren sicheren Status und ihre Kinder verlassen –, bedeutet sie für Julien Macht, Pflicht und den Beweis für seinen Wert. Er schafft es nicht, seinen Ehrgeiz und Egoismus zu überwinden. So erklärt sich auch sein künftiges Unglück: »Ein starker Egoismus schützt vor Erkrankung, aber endlich muß man beginnen zu lieben, um nicht krank zu werden, und man muß erkranken, wenn man infolge von Versagungen nicht lieben kann« (Freud 1914c, 151 f.).

Seine Liebe ist zunächst vornehmlich Eigenliebe; sein Glück liegt in der Genugtuung, dass er, ein armer, verachteter Schlucker, eine so vornehme, so wunderschöne Frau besitzen kann. Aber dann setzt vorübergehend eine Wandlung in seinen Gefühlen zu Louise de Rênal ein. Eine seelische Krise von ihr, ausgelöst durch eine Erkrankung des jüngsten Sohnes, lässt Julien das ganze Ausmaß der Liebe dieser Frau erkennen. Sein Misstrauen und sein krankhafter Stolz, der nach Stendhal vor allem eine opferwillige Liebe brauchte, haben keinen Bestand vor so viel Zuneigung.

> »Auch wenn sie vornehm und adlig ist und ich nur der Sohn eines Arbeiters bin, so liebt sie mich doch [...] Ich bin neben ihr nicht bloß ein Kammerdiener mit den Pflichten und Rechten eines Liebhabers. Als diese Furcht von ihm gewichen war, packte Julien der ganze Wahnsinn der Liebe, mit all ihren tödlichen Ungewißheiten und Zweifeln« (143).

Doch nachdem er das Haus de Rênal verlassen und einige Monate im Priesterseminar verbracht hat, lassen diese zarten Gefühlsregungen nach, und seine ursprüngliche Liebesunfähigkeit setzt sich wieder durch.

Später, als er Madame de Rênal auf dem Wege nach Paris nochmals heimlich besucht und diese ihn anfänglich abweist, ist er erschüttert: »So hat mich der einzige Mensch vergessen, der mich jemals geliebt hat« (267). Drei Stunden intensiven Werbens lassen Louise de Rênals in Frömmigkeit verwandelte Schuldgefühle zurücktreten. Ihre alten zärtlichen Gefühle leben wieder auf. Tief ergriffen nimmt Julien Abschied von der Geliebten, wobei er seine Liebesbedürftigkeit nunmehr in ein Machtgefühl umzudeuten weiß: »Ach, es ist herrlich in einem solchen Herzen zu herrschen« (271).

Im Priesterseminar fällt er wiederum durch überragende Leistungen auf und findet auch hier einen Förderer, der ihn an den einflussreichen Marquis de La Mole als Sekretär vermittelt.

Im Hause de La Mole stößt Julien auf Mathilde, die überspannte Tochter des Grafen, deren Liebesfähigkeit ähnlich wenig entwickelt ist wie die seine.

Sie hat keine gesellschaftlichen Pflichten und ist zur Langeweile verurteilt, denn – wie Wolf Lepenies in »Melancholie und Gesellschaft« ausführt – »dem Adel ist es unmöglich, seine Langeweile ›abzuarbeiten‹, weil dies die freiwillige Aufgabe eines präsentablen Privilegs bedeuten würde« (1969, 202). Julien, ebenfalls angeödet von der Langeweile im Salon de La Mole, empfindet die Abendessen als mühsamsten Teil seiner Arbeit. Er bittet den konsternierten Abbé Pirard, ihn von dieser lästigen Pflicht zu befreien: Eher wolle er in einem Gasthaus allein essen. Mathilde de La Mole belauscht dieses Gespräch, und Julien steigt in ihrer Achtung: »Der da ist nicht auf den Knien geboren wie dieser alte Abbé«.

Mathilde wünscht sich ebenso wie Julien eine andere Zeit herbei, in der sie Außergewöhnliches erleben könnte, und gibt sich ausschweifenden Fantasien hin:

> »Einzig ein Todesurteil kann einen Mann über die große Masse der Dutzendmenschen hinausheben. [...] Es ist das einzige, was man nicht kaufen kann [...] Sie starrte ihn an und forschte in seinen Zügen nach den erhabenen Eigenschaften, die einem Mann die Ehre eintragen könnte, zum Tode verurteilt zu werden« (351 f.).

Die nächsten 150 Seiten sind ein Lehrstück für ein sadomasochistisches Machtspiel. Zwei Zitate sollen hier für sich sprechen: Julien erkennt sofort: »Je kälter [...] ich mich gegen sie benehme, um so mehr bemüht sie sich um mich.« Unhöflich lässt er diese »Pariser Zierpuppe« auf einem Ball in aller Öffentlichkeit abblitzen. Mathilde straft ihn mit Beleidigungen und treibt ihn so weit, dass er das Schwert gegen sie erhebt. »Er ist würdig, mein Herr zu sein, da er mich beinahe getötet hätte.« Einen Tag später ignoriert sie ihn schon wieder. Hass, Verachtung, Wut, Selbstzweifel und Stolz lösen einander ab. Indem er sie eifersüchtig auf eine andere macht, gelingt es Julien, Mathilde zurückzugewinnen. Voller Freude teilt sie ihm mit, dass sie schwanger von ihm ist. Sie liebt ihn gerade deshalb, weil er ihr vermittelt, sie liebe ihn mehr als er sie.

Damit erreicht das Spiel einen Höhepunkt. Der Marquis beschafft ihm einen Adelstitel, ein Offizierspatent und ein Gut mit hohen Einnahmen. Julien scheint also durch Ehrgeiz und Leidenschaft ans Ziel seiner Wünsche gelangt zu sein. »Schließlich, dachte er, ist mein Roman nun zu Ende, und mir allein gebührt das Verdienst« (539).

Stendhal leitet nunmehr einen dramatischen Wendepunkt ein: Der Marquis de La Mole verweigert, da er bei Madame de Rênal über Julien

Erkundigungen eingeholt und sie diesen als einen Karrieristen und ehrlosen Opportunisten entlarvt hat, die erforderliche Einwilligung zur Heirat. Außer sich vor Wut, kopflos und »mondsüchtig«, reist Sorel nach Verrières, kauft sich Pistolen und schießt auf Madame de Rênal in der Kirche. Aber »beim Anblick dieser Frau, die ihn so heiß geliebt hatte, zitterte sein Arm so heftig, daß er seinen Plan zunächst gar nicht ausführen konnte« und sie schließlich auch nur verletzt (545).

Wie ist dieser Kontrollverlust zu erklären? Julien hat alles erreicht, was ihm irgend möglich war, aber jetzt erkennt er, dass das erreichte Ziel wertlos, eben nur ein »Roman« war. Deshalb stürzt er sich mit blinder Raserei in die Gefühle des verletzten Stolzes. Der Racheakt ist ihm unbewusst ein willkommener Ausweg aus dieser Sackgasse. So verstehen wir auch seine seltsame Ruhe, mit der er im Gefängnis seinen Seelenzustand diagnostiziert: »Warum soll ich etwas bereuen? Ich bin unerhört grausam beleidigt worden. Ich habe gemordet und verdiene den Tod. Das ist alles. Ich sterbe, nachdem ich meine Rechnung mit den Menschen abgeschlossen habe« (549).

Die eigentliche Dynamik wird aber erst im Schlussteil sichtbar: Julien hat mit der Tat auf den vollständigen Objektverlust, der für das seelische Gleichgewicht des Narzissten sehr bedrohlich ist, mit Panik und blinder Empörung reagiert. Louise de Rênal war für ihn nicht nur ein Liebesobjekt, in dessen Herzen er herrschte, sondern Liebes- und Selbstobjekt in einem, eine »Mutter«, wie er in seiner Schlussrede vor Gericht beteuert. Mit ihrem »Verrat« bricht ein doppelter Verlust – ein Objekt- und Weltverlust – über ihn herein. Dennoch ist er sich auf eine irrational anmutende Weise ihrer Liebe so sicher, als er von ihrem Überleben erfährt. Nun ist er am Ziel angekommen, dem Getriebensein entronnen. Den Ehrgeiz hat er überwunden, alle Ziele – und noch mehr – sind erreicht, und nun besinnt er sich der wunderbaren Zeit mit Madame de Rênal. »Immerhin ist es sonderbar, daß ich erst jetzt die Kunst erlerne, das Leben zu genießen, nun, da ich mein Ende so nahe vor mir sehe« (573).

Am Tag seiner Verhandlung, besetzt von dem Gedanken der Pflicht, in der sich aber nunmehr Stolz und Selbsterfüllung berühren, gibt er nachstehende gesellschaftskritische Analyse ab und besiegelt damit sein Todesurteil:

»Ich habe nicht die Ehre, Ihrer Klasse anzugehören. Sie sehen in mir einen Bauer, der sich gegen sein widriges Schicksal aufgelehnt hat. [...] Mein Verbrechen ist ruchlos [...] Ich habe darum den Tod verdient [...] Aber, wäre ich auch weniger schuldig, so sehe ich Männer vor mir, die sich vom Mitleid, das meine Jugend vielleicht verdient, nicht werden abhalten lassen, in mir diese ganze

Menschenklasse zu strafen, alle die jungen Leute für immer einzuschüchtern, die, in Niedrigkeit geboren und gewissermaßen von der Armut darniedergehalten, das Glück haben, sich eine gute Erziehung zu verschaffen, die kühn genug sind, sich unter die sogenannte Gesellschaft zu mischen, unter das, was die reichen Leute in ihrem hochmütigen Dünkel die gute Gesellschaft nennen [...] Das war mein Verbrechen, meine Herren Geschworenen. Ich sehe auf den Geschworenenbänken keinen wohlhabenden Bauern, sondern nur lauter erboste Kleinbürger« (582f.).

Man hat Julien Sorel einen »Deserteur des Lebens« genannt, diesen begabten jungen Mann, der sich in der nachrevolutionären bürgerlichen Ordnung von der Gesellschaft entfremdet und in eine narzisstische Krise gerät. 20 Jahre früher hätte sich sein Schicksal ganz anders gestaltet: Nach Arnold Hauser ist er »zu spät oder zu früh geboren und steht zwischen den Zeiten, so wie er zwischen den Klassen steht« (1953, 783).

Die Sozialisationsgeschichte, die berufliche Laufbahn und das Liebesschicksal Julien Sorels lassen sich unter verschiedenen Aspekten des Narzissmus untersuchen. Ausgeprägt narzisstische Charaktere sind sehr selbstbezogen und haben das starke Bedürfnis, von anderen geliebt und bewundert zu werden. Sie können nur wenig Empathie für die Gefühle anderer aufbringen und haben im Grunde wenig Freude am Leben. Sobald die äußere Fassade ihren Glanz verliert, leiden sie unter Langeweile. Man beobachtet bei ihnen auch einen starken Neid und die Neigung, andere Menschen zu entwerten. Ihre mitmenschlichen Beziehungen haben überwiegend ausbeuterischen Charakter. Manche leiden unter starken Unsicherheits- und Minderwertigkeitsgefühlen, die durch Größenfantasien und Omnipotenzgefühle kompensiert werden. Andere wiederum sind durch einen Rückzug in eine Art »splendid isolation« gekennzeichnet (vgl. Stimmer 1987, 35 f.). Sie leben am Leben vorbei, versuchen die Welt zu überlisten. Wenn sie dann mit der Realität konfrontiert werden, erleiden sie Niederlagen und nehmen Rache, wofür sie fast immer bestraft werden. Arnold Hauser charakterisiert das Schicksal, das diese Deserteure des Lebens ereilt, wie folgt:

»Sie denken nur an Erfolg, Sieg, Rache, nie an Recht, nie an Liebe. Sie brauchen scheinbar niemanden, nur sich selbst, nur ihr eigenes Ich, [...] dieses Ich ist aber irreal, unaktualisierbar, unfruchtbar; es lebt nur in seinem Eindruck auf andere, im vermeintlichen Erfolg oder im Leid, das es anderen zufügt« (Hauser 1964, 122).

Literatur

Bergler, E. (1935): Stendhal. Ein Beitrag zur Psychologie des narzißtischen Foyers. In: R. Wolf (Hg.): Psychoanalytische Literaturkritik. München (Fink) 1976, 87–124.

Ehrenburg, I. (1986): Essays, Reden, Aufsätze. Berlin (Volk und Welt).

Freud, S. (1909c): Der Familienroman der Neurotiker. GW VII, 227–231.

Freud, S. (1914c): Zur Einführung des Narzißmus. GW X, 137–170.

Freud, S. (1916d): Einige Charaktertypen aus der psychoanalytischen Arbeit. GW X 364–391.

Hauser, A. (1953): Sozialgeschichte der Kunst und Literatur. München (Beck) 1983.

Lepenies, W. (1969): Melancholie und Gesellschaft. Frankfurt/M. (Suhrkamp).

Tomasi di Lampedusa, G. (1977): Stendhal, Reflexionen eines Bewunderers. München (Piper) 1990.

Stendhal, H. (1913): Das Leben des Henry Brulard, übs. v. E. Schneider. Berlin (Rütten & Loening) 1982.

Stimmer, F. (1987): Narzißmus. Berlin (Duncker und Humblod).

Hilde Kronberg-Gödde

Der Hunger nach dem Erfolg
Dieter Wellershoff: »Der Sieger nimmt alles«*

Dieter Wellershoff erzählt die dramatische Lebensgeschichte eines Menschen, der am Allmachtstraum des Wirtschaftswunders zugrunde geht. Ulrich Vogtmann, ein Aufsteiger par excellence, geprägt durch den Zweiten Weltkrieg und den Umbruch der Werte in der Nachkriegszeit, will Erfolg um jeden Preis. Er nimmt das Leben als Herausforderung, setzt allein auf seinen Willen und seine Vitalität, seinen Scharfsinn, sein Glück. Geld, das universelle Antriebsmittel, das alles in Bewegung setzt, erscheint ihm als Möglichkeit zur totalen Wunscherfüllung. Er jagt der Verlockung rücksichtslos nach, zieht eine Spur der Zerstörung durch die Welt, bleibt zum Ende völlig isoliert zurück und rennt sich schließlich in seiner selbst geschaffenen Falle der Fantasien und Begierden zu Tode.

Von Anfang des Romans an wissen wir, dass das Leben des Wirschaftsmagnaten im Suizid enden wird. Wir lernen Ulrich Vogtmann jedoch zunächst als einen wartenden Niemand kennen:

»Dieses vorläufige Leben, in dem er seit Jahren dahintrottete, hatte ihn vorläufig fast blind gemacht, und manchmal sagte er sich, dass er das Leben eines Schlafwandlers führte, der bereit war zu erwachen, aber nicht wusste, wie es geschehen konnte und was es bedeutete, wach zu sein« (11).

Auf der Suche nach einem überlegenen Standpunkt lebt er in einem Verschlag, dem Speicher eines Mietshauses – einem Schutzort, an dem er sich seinen unverwirklichten Projekten und Träumen hingibt.

Ulrich Vogtmann beginnt zunächst, Philosophie zu studieren, und verschwindet dabei im Wortnebel. Die ständige Angst vor der Auslöschung seiner Person endet, als er, von einem Bekannten überredet, den Einführungsvortrag einer längeren Vorlesungsreihe über Geld hört. Die höhnische Skepsis dem Thema gegenüber – motiviert durch seine Armut – weicht einer Euphorie: »Geld. Es war das höchste Allgemeine« (13). Das Studium der Ökonomie kann ihn inhaltlich auch nicht fesseln; wieder dominiert die Enttäuschung, ein grauer Belag überzieht sein Inneres und löscht den anfänglichen Zauber aus.

---

* Dieter Wellershoff (2002): Der Sieger nimmt alles. München (btb).

Sein Leben ändert sich, als er – studentischer Hilfsarbeiter in einer Fabrik – glücklichen Umständen geschuldet den Inhaber kennen lernt, auf diesen, raffiniert eingefädelt, großen Eindruck macht und den Posten eines Assistenten der Geschäftsleitung angeboten bekommt. Folgerichtig tritt das Unternehmertöchterlein Elisabeth in sein Leben. Sie spricht ihn ästhetisch wenig an, verspricht aber seinem Leben die entscheidende Wende zu geben. In ihrem vorweggenommenen Glanz beginnt die Welt verführerisch zu leuchten: Freiheit, Autonomie, sexuelle Verführung, Prestige und Luxus – all das verspricht sich Ulrich Vogtmann vom so genannten Erfolg, den diese Ehe sichern könnte. An dem dominierenden Verwendungsmuster bleibt kein Zweifel. Auch Elisabeth, ehetechnisch selbst etwas überfällig, inszeniert die Beziehung zu Ulrich, wie sie es »im Kino gesehen hatte« (49). Der Genuss kultureller Veranstaltungen, obligatorischer Bestandteil bürgerlichen Lebens, kann Ulrichs Interesse nicht wecken, »aus Ärger und Unzufriedenheit [nach einem gemeinsamen Theaterabend] begann er sie zu küssen« (74). Sie versucht ihn zu lieben. Er scheint aber in eine Mutterübertragung auf sie geraten zu sein, wenn beschrieben wird, wie er in ihren Augen nach und nach die Ohnmacht mit wechselnder Beimischung aus Angst, Ratlosigkeit und wortloser Melancholie sieht, die er von seiner Mutter kennt. Dabei war er davon ausgegangen, dass Frauen aus der Oberschicht keine Seele haben, denn »Seele bedeutete Angst, Hemmung, Ergebung« (162). Dieses Abwehrarrangement geht nicht auf, jedoch ein anderes – die Unterwerfung einer Frau aus der Welt der Mächtigen und Reichen, um selbst an Stabilität zu gewinnen: »Solange man die Frauen der Herrschenden nicht anzublicken wagte, war man ein verdammter Knecht« (162). Vor der Heirat jedoch muss sich Ulrich Vogtmann seiner bisherigen Partnerin entledigen, die von ihm ein Kind erwartet. »Seine Abneigung gegen das Kind steigert sich bis zu Anfällen von Ekel« (78). Er ringt ihr unter falschen Versprechungen recht skrupellos einen Schwangerschaftsabbruch ab. Die Beziehung zu dieser acht Jahre älteren, jugoslawischen Lehrerin, die in Deutschland als Kellnerin arbeitet, hat er zunehmend als besitzergreifend und einengend erlebt. Möglich geworden war diese Verbindung nur dadurch, dass zwei verletzte Kinder sich zunächst in Ruhe ließen, nichts fragten und innere Distanz hielten.

Nur wenig erfahren wir von seiner frühen Biografie: Der Vater wurde im Krieg als vermisst gemeldet und blieb für immer verschwunden. Seine Mutter starb im dritten Kriegsjahr, und Ulrich wurde von einer Tante in ein Internat gegeben und dort vergessen. Er verbrachte die Jahre der Schulzeit, von den Mitschülern gedemütigt und geschlagen, ohne passende Kleidung oder einen Bezug zur Welt außerhalb des Internats. Die spärlichen Andeutungen aber sind – recht folgerichtig – typisch für Menschen mit einer narzisstischen Persönlichkeit, die sich den Schmerzen der Vergangenheit nicht stellen mögen.

>»Sein Widerwille gegen diese Erinnerungen war wieder so heftig geworden, dass sich seine Stimme belegte, und er kaum mehr zustande brachte als eine Aufzählung der Fakten, den dünnen Beleg der Tatsache, dass er seit damals allein war und genauso bindungslos lebte wie sie« (20).

Elisabeth und Ulrich bekommen einen Sohn, Christoph, den die väterliche Verachtung trifft. Er kann einem Sohn, der ängstlich ist und von anderen Kindern verprügelt wird, nur das Boxen beibringen. Zu sehr wird er mit seinen abgewehrten Selbstaspekten konfrontiert: »Ulrich, der niemals verlieren wollte, für den das Leben ein Kampf war, den man gewinnen musste, und der nur auf seine Kraft, seinen Willen, seine Intelligenz vertraute« (93). Ehefrau und Sohn spüren seine verhohlene Enttäuschung. Ulrich erlebt seinen Sohn als lauernd, seinen Tod herbeisehnend. Christoph verweigert – zunächst unentdeckt – den Schulbesuch und prägt später eine Kleptomanie aus, die zumindest den sozialen Tod beinhaltet, im Wesentlichen aber autoaggressiv bleibt.

Während Ulrich Vogtmann die Firma inzwischen eigenständig und die Geschicke des Unternehmens zu Wachstum und großer Prosperität führt, wird seine Störung in der Intimität allzu deutlich. Im Urlaub beispielsweise hält er es nur kurz mit der Familie aus. Ohne Arbeit geht es nicht, seine Wut steigt:

>»Seltsam, dass ihn die Ruhe so reizbar machte. So, als hätte man ihn mitten in einer Bewegung angehalten und gezwungen, ruhig zu sein, hier still in diesem Liegestuhl zu liegen und abzuschalten, wie es hieß, am Strand spazierenzugehen und im Meer zu baden und in eine zufriedene Gedankenlosigkeit einzuwilligen« (112).

Inzwischen hat Ulrich alle anderen Familienmitglieder, vor allem den Schwiegervater, ausgezahlt. Alleinbesitzer zu sein, ist sein wichtigstes Ziel, denn damit erlangt er Autonomie von seiner Frau, die nun von ihm abhängig ist. Die Illusion endlosen wirtschaftlichen Wachstums lässt ihn waghalsige geschäftliche Abenteuer riskieren. Es kommt der Moment, in dem er den Abgrund nicht mehr sehen kann, nicht mehr realisieren darf, dass es nicht mehr möglich ist zu gewinnen.

Bis dahin stürzt sich Ulrich aber in eine theaterhafte Inszenierung mit zwei Geliebten, Schwestern, die im Grunde als Prostituierte arbeiten: »Glück war ein starkes, berauschendes Gefühl, mitten im Leben zu sein, darin unterzutauchen und immer wieder hochgeworfen zu werden auf den Kamm der Welle, unsinkbar zu sein, unbesiegbar« (182).

Der Leser weiß oft nicht, von welcher der beiden Frauen die Rede ist. Ist es nun deren Zwillingsidentität oder vielmehr die Tatsache, dass beide gar keine Identität besitzen, da sie jeweils das Gesicht aufsetzen, das ihrem Zweck – der Ausräuberung reicher Geschäftsleute – am ehesten dienlich scheint? Verzweifelt klammert sich Ulrich Vogtmann an die Illusion, die die beiden Luxusgeschöpfe für ihn verkörpern. Liebe wird er auch dort nicht bekommen. Da er vermutlich auch keinerlei Vorstellung davon hat, was es bedeutet, zu lieben und geliebt zu werden, stört ihn dieses eindeutig pragmatische Verhältnis auch nicht weiter. »Das falsche war das einzige Leben und man musste sich darin bewähren« (122).

Als der geschäftliche Erfolg bedroht ist, kündigt sich eine Depression an. Ulrich hat keine Lust mehr, sich morgens anzuziehen, er ist grundlos erschöpft. Seiner Frau und seinem Sohn gelingt es nicht, seine kalte Verdrossenheit anzugehen, seine Abweisung zu durchbrechen. Er spürt, wie es ihm auch nichts mehr bedeutet, Unternehmer zu sein, einen Betrieb mit vielen Menschen zu führen. Die Gespräche der Eheleute gleichen zufälligen Meinungsäußerungen und dem Austausch von Beliebigkeiten. Langeweile und Lustlosigkeit dominieren. Er kann sich mit seinen existentiellen Nöten nicht anvertrauen: »Es war ihm unerträglich gewesen, ihr einzugestehen, wie dumm und in welchem Ausmaß er sich hatte täuschen lassen« (312). Ulrich geht (heftig projizierend) davon aus, dass Frau und Sohn seinen Sturz herbeisehnen. Er weiß sich nur einen Rat: mehr desselben! Ein international agierender Betrüger, der als bewunderter Geschäftsmann auftritt und dessen Bekanntschaft Ulrich narzisstisch auflädt, zeigt ihm die Welt des Großkapitals. Allzu symbolträchtig geht es in der geschäftlichen Kooperation der beiden um den Handel mit Giftampullen, der an internationalen militärischen Auseinandersetzungen (externalisierte aggressive Selbst- und Objektrepräsentanzen) scheitert. Die Suche nach den Schuldigen gelingt Ulrich Vogtmann folgerichtig nicht: »Was wollte er? Was suchte er? Nirgendwo fand er es. Die Welt hatte ihre Farbe verloren, ihr geheimes Leuchten. Sie war, was sie war, bekannt, gewöhnlich, alltäglich, überflüssig und ohne Sinn« (448). Diese Befindlichkeiten im Sinne einer Kapitulation zu nutzen und seinem Leben noch eine Wendung zu geben, gelingt ihm nicht, und … Der Rest möge der eigenen Lektüre dieses fesselnden Werkes überlassen bleiben.

Die Lebensgeschichte Ulrich Vogtmanns zeigt in aller Anschaulichkeit die Herausbildung einer narzisstischen Persönlichkeit. Das »hungrige Selbst«, wie Volkan (1994) es nennt, gebiert sich in der Adoleszenz, der zweiten Chance, die uns allen mit noch so verqueren Biografien gegeben ist. Wir können als Leser der Konstruktion dieser Selbstsicht in einer trostlosen »Studentenbude« zuschauen, gleichsam eine Landkarte der inneren Welt dieses Menschen und eines potentiellen Patienten mit dieser Problematik anlegen. Unser Protagonist würde, so vermute ich, die Möglichkeiten einer psychotherapeutischen Unterstützung jedoch niemals für sich in Anspruch nehmen. Sein Wunsch nach Unterstützung würde die Anerkennung des abgewehrten, hungrigen Selbstes voraussetzen, eine selbstreflexive Wende, die unser Held wohl nicht zu vollziehen in der Lage wäre.

Dennoch lassen sich anhand dieser Lektüre typische Therapieanlässe narzisstischer Persönlichkeiten sammeln. Das Bedürfnis nach einer Therapie entsteht zumeist dann, wenn das grandiose, hungrige Selbst nicht mehr aufrechterhalten werden kann. Anlässe dafür stellen »kritische Lebensereignisse« wie Karriereknick, Niederlagen, Trennung, Krankheit oder Opfer-eines-Verbrechens-Werdens dar, die dazu führen, dass die dominierende Selbstrepräsentanz gefährdet ist. Als Folge treten Angst, Verwirrung, Depression, hypochondrische Befürchtungen oder psychosomatische Erkrankungen auf. Die Besonderheiten der Behandlungstechnik bei narzisstischen Persönlichkeiten wurden mir anhand einer fiktiven Therapie mit dem Protagonisten sehr deutlich. Zudem führt Wellerhoffs Roman die Schwierigkeiten vor Augen, die sich in der Therapie mit den Mächtigen und Reichen auftun (vgl. Cremerius 1990). Die Innenschau und die Beschreibung der äußeren Welt eines Menschen im Geflecht des Wirtschaftslebens ist auch von Bedeutung für Organisationsberater, Supervisoren und Betriebswirtschaftler, die solch einem Persönlichkeitsstil von Zeit zu Zeit in ihrem Beratungsalltag begegnen (vgl. Kernberg 2000).

Die Entstehungsgeschichte der Störung Ulrich Vogtmanns bleibt nur angedeutet. Die Phänomenologie einer narzisstischen Persönlichkeit jedoch erschließt sich sehr präzise. Bei der Lektüre kann der Leser seine »Gegenübertragung« auf den Text erleben, die recht typische Züge aufweist, wenn man mit diesem Klientel arbeitet. Sich widersprechende (z. B. idealisierende und paranoide) Übertragungen auf den »Helden« existieren auch beim Lesen nebeneinander. In der negativen Übertragung sowohl des Lesers auf die Titelfigur als auch von diesem auf seine soziale Welt wird jeweils das grandiose Selbst aufrechterhalten, indem das hungrige Selbst bei den anderen deponiert wird. Auf diese Weise wird die Spaltung aufrechterhalten, die den

»Patienten Vogtmann« kennzeichnet. Er bleibt die Nummer eins, und der Leser repräsentiert das entwertete Selbst, oder: Der Leser und der Held sind großartig, während ein Dritter – draußen – für das entwertete Selbst steht. Die Gegenübertragungsreaktionen bei der Lektüre können anschaulicher nicht sein; Ulrich stellt z. B. seinen Masochismus zur Schau, in der Folge treten sadistische Impulse und Fantasien beim Leser auf. Das hungrige Selbst wird auf die Ehefrau und den gemeinsamen Sohn hin externalisiert, Ulrich erniedrigt beide. Die Folge beim Leser können Distanznahme, Langeweile oder Schläfrigkeit als Gegenübertragungswiderstand sein. Die Idealisierung der ökonomischen Welt kann auch beim Leser ein Hochgefühl erzeugen und ist als Widerstand gegen das Verstehen der schmerzhaften Traumata der Kindheit zu begreifen, die den Erfolg zwingend fordern. Der maligne Narzissmus ohne Mitgefühl mit dem Opfer und aggressive Triumphe des Protagonisten stoßen den Leser u. U. ab, er verliert die empathische Verbindung.

Literatur

Cremerius, J. (1990): Vom Handwerkszeug des Psychoanalytikers: Das Werkzeug der psychoanalytischen Technik, Bd. 2. Stuttgart (frommann-holzboog).

Kernberg, O. (2000): Ideologie, Konflikt und Führung. Stuttgart (Klett-Cotta).

Volkan, V. D. & Ast, G. (1994): Spektrum des Narzißmus. Göttingen (Vandenhoeck & Ruprecht).

Heidi Möller

Maligner Narzissmus in
Martin Walsers »Tod eines Kritikers«[*]

> Um die Schuld oder die Unschuld eines Schriftstellers zu beweisen, braucht man
> doch keine Indizien, die Bücher genügen.
>
> (Martin Walser: Tod eines Kritikers, 122)

Die Hauptperson in Martin Walsers Roman »Tod eines Kritikers« trägt den
Namen André Ehrl-König. So heißt jener Kritiker, der nach einer langen
Festnacht in der Villa des Verlegers Ludwig Pilgrim seinen blutgetränkten
gelben Kaschmirpullover im frischen Schneefall Münchens vor der Einfahrt
der Villa hinterlässt. Folglich wird vermutet, dass er ermordet wurde. Der
einzige Verdächtige ist der Schriftsteller Hans Lach. Dieser hatte sich auf der
Party, die nach der Fernsehsendung »Sprechstunde« stattfand, in der sein
neuer Roman von Ehrl-König verrissen worden war – offiziell uneingeladen,
inoffiziell von der Verlegergattin Julia Pelz-Pilgrim eingeschleust –, in Wort
und Tat »danebenbenommen«. Er war auf einen Glastisch gestiegen, hatte ein
Goethe-Gedicht vorgetragen, anschließend aus seinem neuen Werk »Das
Mädchen ohne Zehennägel« vorgelesen und schließlich Ehrl-König wüst
beschimpft. Bevor er tätlich werden konnte, hatte er – so jedenfalls stand es
in der »Frankfurter Allgemeinen« – gerufen: »Die Zeit des Hinnehmens ist
vorbei. Herr Ehrl-König möge sich vorsehen. Ab heute nacht Null Uhr wird
zurückgeschlagen« (10). Er war von Butlern vor die Türe gesetzt worden und
danach erst einmal abgetaucht. Später wurde er als Mordverdächtiger ohne
Alibi verhaftet und in das Gefängnis Stadelheim gebracht: »Sein Zustand
wird als Schock bezeichnet« (10).

Walsers Buch beginnt mit den Reflexionen des Schriftstellers und Ich-
Erzählers Rudolf Landolf, der an einem Buch »Von Seuse zu Nietzsche«
arbeitet, und dessen eigentliche Themen »Mystik, Kabbala, Alchemie,
Rosenkreuzertum« (9) sind. Er ist, eher per Zufall, ein Freund und Nachbar
von Hans Lach. Beide wohnen in dem nicht ganz vornehmen, aber heimeli-
gen Münchner Viertel Gern. Als Landolf, aus beruflichen Gründen in
Amsterdam, im »NRC« liest, dass Hans Lach wegen »Mordverdacht« (9)
verhaftet wurde, will er sofort helfen:

---

[*] Martin Walser (2002): Tod eines Kritikers. Frankfurt/M. (Suhrkamp).

»Aber ich wusste doch, dass Hans Lach es nicht getan hatte. So etwas weiß man, wenn man einen Menschen einmal mit dem Gefühl wahrgenommen hat. Und obwohl ich über seine Freundschaften nicht viel weiß, beherrschte mich, als ich das las, sofort eine einzige Empfindung: er hat außer dir keinen Freund« (11).

Zunächst besucht Landolf seinen Freund Hans Lach im Gefängnis. Dieser schweigt beharrlich und gibt Landolf nur einige Seiten von Hand beschriebener Blätter. Hans Lach ist also einer, der einer Mordtat verdächtigt wird und nichts zu seiner Verteidigung tun kann als schweigen – und schreiben. In den Blättern steht unter anderem:

»Versuch über Größe [...] Nach meiner Erfahrung, der ich neuestens bis zur Unerträglichkeit ausgesetzt bin. In einem Satz gesagt: immer öfter merke ich, dass Menschen, mit denen ich spreche, während wir miteinander sprechen, größer werden. Ich könnte auch sagen: Ich werde, während wir sprechen, kleiner« (21).

In diesen Zeilen ist der depressiv-narzisstische Konflikt des Dichters Hans Lach bereits angedeutet.

Im zweiten Teil des Buches wird Hans Lach psychotisch und auf die forensische Abteilung des Bezirkskrankenhauses Haar verlegt. In der Psychose gesteht er zunächst den Mord an Ehrl-König, dann widerruft er (141).

In den Medien wird nun zum Thema, dass Hans Lach einen Juden getötet habe: »Jetzt war man geradezu gierig auf die Leiche« (143).

Dann kommt Rosenmontag die Nachricht: André Ehrl-König lebt.

»Am Samstag ist er zurückgekehrt. Von Schloss Syrgenstein. Und das erfuhr man durch ein Interview. Gegeben von Cosi von Syrgenstein, die auch wieder in der Stadt war, die nicht auf Fuerteventura gewesen war, die das nur, um keine Fragen beantworten zu müssen, erfunden hatte [...] Sie habe, was alle schon über Ehrl-König wissen, in vollem Maße bestätigt gefunden. Es ist ein Glück, dass wir ihn haben« (179).

Gegen Schluss des Romans wird offenbar, dass Hans Lach die Tat nicht begangen hat, dass er unschuldig sowohl im Gefängnis als auch im Psychiatrischen Krankenhaus saß und nichts zu seiner Verteidigung tun konnte. Nicht nur hatte Hans Lach die Tat nicht begangen, es war überhaupt keine Tat begangen worden. Nachdem André Ehrl-Königs Frau, »Madame« genannt, sich öffentlich bezichtigt hatte, sie habe den Mord an ihrem Ehemann begangen, kehrt er zurück von Schloss Syrgenstein. Von den

Medien wird aufgenommen, wie er, der Ehemann, zurückgekehrt von einem erotischen Abenteuer, wieder ins verzeihend hell erleuchtete Haus seiner Ehefrau einzieht.

Zentral beschäftigt sich Walsers neuester Roman mit den Krankheiten und Kränkungen innerhalb des deutschen Literatur- und Medienbetriebs. Die Darstellung spielt bewusst mit den variationsreich beschriebenen Charaktereigentümlichkeiten und -schwächen, die wie ein Puzzle den weithin bekannten Literaten und Intellektuellen des öffentlichen Lebens in Deutschland zuzuordnen sind. So wurde in den Feuilletons im Frühjahr 2002 nicht nur in seltener Einmütigkeit Marcel Reich-Ranicki als Vorlage für André Ehrl-König gesehen, sondern auch Carl Raddatz nahm in der »ZEIT« für sich in Anspruch, im Allgemeinen ziere der gelbe Kaschmirpullover ihn; und André Ehrl-Königs Ehefrau aus Frankreich trägt offenkundig Züge der Ehefrau von Ignaz Bubis: »Da Walser in seinen Attacken nicht zimperlich ist, vermengte er einige biografische Züge der beiden ihm verhassten Ostjuden« (Gröziger 2002). Die Romanfiguren des Verlegers Ludwig Pilgrim und seiner Ehefrau Julia Pelz-Pilgrim sind unschwer Siegfried Unseld und seiner Frau Ulla Berkéwicz zuzuordnen. Auch Ludwig Pilgrim stirbt vorzeitig in Walsers Roman – eine der eher weniger erwähnten Geschmacklosigkeiten in dem hier besprochenen Roman. Joachim Kaiser, der das Buch mehrfach verteidigte, vor allem gegen den Vorwurf eines dort vorzufindenden Antisemitismus (so in der »Süddeutschen Zeitung« vom 5. Juni 2002 und in der reaktionären »Jungen Freiheit« vom 5. Juli 2002) ist ebenso im Buch versteckt wie Walter Jens.

Aber die Streitigkeiten in den Feuilletons sollen hier nicht das Thema sein. Wichtiger scheinen mir die Entdeckungen des »klinischen Lesens«. Diesen in meinen Augen glücklichen Begriff gebrauchte Tilman Moser 1985 anlässlich seiner Analyse der Romane von Peter Handke, Christoph Meckel und Martin Walser. Das »klinische Lesen« ist eventuell geeignet, die Motivationslücken, die im Prozess des bloß ästhetischen Lesens eines Romans entstehen können, zu überbrücken. Es geht Moser darum, dass die Anwendung des »gesicherte[n] und innerhalb des Berufsstandes der Psychoanalytiker verbreitete[n] und therapeutisch angewandte[n], diagnostische[n] Wissen[s] über seelische Störungen auf Figuren der Literatur [...] als seien es potentielle Patienten, die zur klinischen Untersuchung kämen«, in einer Haltung des Mit-Leidenden stattfindet (Moser 1985, 146). »Klinisches Lesen bedeutet aber noch etwas anderes: die dunkle und verworrene Logik eines leidvollen oder [...] entsetzlichen Lebens wird zur klareren Logik eines verstehbaren Krankheitsverlaufs« (Moser 1985, 150). Vielleicht ist der Widerspruch, der die Diskussion um die Zusammenarbeit von Literaturkritik und

Psychoanalyse charakterisiert, auf diese Weise am ehesten zu überwinden: dass das Wissen des Analytikers, das sich im Prozess des Lesens zuweilen schwer zu ertragender Lebensgeschichten und verworrener Ereignisse nicht verleugnen und unterdrücken lässt, in einer Haltung des beteiligten Mit-Leidens geäußert werden darf. Bedauerlicherweise nimmt man der Literatur etwas von ihrem Geheimnis, wenn man sie psychoanalytisch durchleuchtet. Vielleicht ist es das, was Dichter und Künstler am meisten an dieser Art des Lesens stört. Dass die Psychoanalyse den Dichtern möglicherweise »mit den Teufeln auch die Engel« nehmen könnte, ist seit Rilke sprichwörtlich (vgl. dazu auch Tömmel 1986 und 1998). Dagegen steht allerdings und wohl zeitlos das Wort Freuds, dass man darüber, worüber man nichts weiß, am besten die Dichter befragen solle.

Nach diesen Vorbemerkungen zurück zu Martin Walsers Roman, dessen wütende Gestaltung zuweilen sehr wohl Motivationslücken bezüglich des Weiterlesens aufkommen lassen kann. Seine Darstellung suggeriert, dass es den beteiligten Personen keineswegs um Literatur und um die gerechte Beurteilung der literarischen Fähigkeiten einzelner Schriftsteller geht, sondern ausschließlich um mediengerechte Auftritte und narzisstische Selbstdarstellungen.

Der Text liefert klar die Aussage: In diesem Medienbetrieb, aus dem es kein Entrinnen gibt, ist der Schriftsteller Hans Lach zwar vordergründig der Täter, in Wirklichkeit aber das Opfer. Der kritische (und als »mörderisch« fantasierte) Literaturpapst André Ehrl-König umgekehrt nur vordergründig das Opfer, tatsächlich aber der Täter; sein Tod wäre verdient.

Im Folgenden sollen die Gespräche des Michael Landolf alias Hans Lach mit den Intellektuellen des Landes genauer dargestellt werden. Es handelt sich bei ihnen um eine stete Steigerung von den Kritiker abwertenden Hasstiraden, an deren Ende die Mordtat, die ja nur eine angenommene, eine fantasierte, eine für möglich gehaltene ist, folgerichtig und logisch scheint. Paradigmatisch ist der Satz aus dem Buch des Hans Lach mit dem Titel »Der Wunsch, Verbrecher zu sein«: »Eine Figur, deren Tod man für vollkommen gerechtfertigt hält, das wäre Realismus« (66).

Das erste Gespräch führt Michael Landolf mit Professor Silberfuchs, von Hans Lach spöttisch »Silbenfuchs« genannt. Professor Silberfuchs ist mit diesem Namen einverstanden: er könne so auch »bei Wagner in den Meistersingern vorkommen« (14). Er ist »mit Gott und der Welt befreundet« und weiß stets alles, was im Münchner Kulturbetrieb so geredet wird.

Zuvor hat sich Michael Landolf (selbstquälerisch!) die Aufnahme der »Sprechstunde« besorgt und »nicht nur einmal, sondern täglich einmal« angesehen:

»Ich habe das Auftritts-Zeremoniell studiert. Sobald der Überraschungsgast mit deutlicher Geste von Ehrl-König begrüßt ist und sich gesetzt hat, sagt Ehrl-König (offenbar jedes Mal): Spät komm ich, doch ich komme. Das ist das Signal für die Leute im weiten Halbkreis: alle klatschen begeistert. Er lächelt genießerisch. Dann kommt der erste Satz. Den Eröffnungssatz kannte ich [...] längst auswendig: Warum soll Hans Lach, solange er einen Verleger hat, der schlechte Bücher gut verkaufen kann, gute Bücher schreiben? Und sein im weiten Halbkreis vor ihm, fast um ihn herum und ein wenig unter ihm sitzendes Publikum lachte. Und er: ja, Sie lachen, meine lieben Damen und werte Herren, das letzte Mal, Sie erinnern sich: Botho Strauß war dran, habe ich eröffnet: Wer berühmt ist, kann jeden Dreck publizieren!« (34 f.).

Professor Silberfuchs beschreibt den Auftritt des Literaturkritikers Ehrl-König als die Inszenierung eines Schauspiels, das dessen absoluter Dominanz, seiner Erhöhung sowie der Erniedrigung der Anwesenden dienen soll.

»[...] was tut Fereund Lach: schiebt eine unbelehrbar bescheränkte Weibsperson über vierhundertneunzehn Seiten durch einen Roman, der dann auch noch Mädchen ohne Zehennägel heißt. Oh, wie habe er, dieses Buch lesen müssend, die Putzfrauen, pardon, die Reinigungsfrauen in öffentelichen Gebäuden beneidet. [...] Und er muss einen Roman lesen, mit bald so vielen Personen wie Seiten. Ach was, Personen! Wenn's doch Personen wären, nur Namen seien's, Pappfiguren mit deraufgekelebten Namen, bis hundert habe er mitgezählt, dann habe er's gelassen, da lese er doch lieber gleich das Telephonbuch, habe er gedacht. [...] Dabei warf er die Hände so heftig schräg nach oben, dass es aussah, als wolle er sie loswerden. Das war bei ihm immer die Geste seiner völligen Hingerissenheit von sich selbst, sein Publikum kennt das und reagiert seinerseits auf jeden so von ihm produzierten Höhepunkt mit Hingerissenheit, Lachen, Klatschen, auch schon mal mit begeistertem Johlen« (37 ff.).

Und dann beschreibt er, den Sprechfehler Ehrl-Königs imitierend, den dieser seiner ausländischen Herkunft verdankt:

»Immer wird er, wenn er die Leute zum Lachen gebracht hat, so ernst, als wolle er den Leuten nachträglich noch ihr Lachen vorwerfen. So auch diesmal. Vibrierend vor Ernst fuhr er fort: Er sei ja, [...] mit Hans Lach befereundet, er schätze ihn als einen außerordentlich begabten Schschscheriftstellerrr, in der keleinen, und keleinsten Form gelinge ihm gelegentlich durchaus Gutes,

171

manchmal sogar Vorzügeliches, aber im Roman: eine Enttäuschung nach der anderen. Er kann alles mögliche, unser Hans Lach, aber das, was er offenbar am liebsten tut, am ausdauerndsten tut, erzählen, das kann er nicht, das kann er um's Verrecken nicht« (40 f.).

Weiter erzählt Professor Silberfuchs vom Verlauf der Party in der PIL-GRIM-Villa nach der »Sprechstunde«, in der Hans Lachs Buch verrissen worden war. Sie unterscheidet sich etwas von den vorhergehenden Schilderungen:

> »Hans Lach hat gebrüllt: Moment mal, Herr André Ehrl-König. Und schon drehten sich alle zu Hans Lach, der auf einen der niederen Glastische gesprungen war [...] und begann gar nicht einmal laut, sondern fast einlässlich, als wolle er demonstrieren, zu welch vernünftigem Ton er im Stande sei [...] Und was er da aufsagte, war dann doch sensationell. Goethe.

> Ich kenne nichts Ärmeres
> Unter der Sonne als euch, Götter!
> Ihr nähret kümmerlich
> Von Opfersteuern
> Und Gebetshauch
> Eure Majestät …
> Einige klatschten, Hans Lach zischte und sagte: Moment« (44 f.).

Lach liest dann aus seinem (abgelehnten) Roman vor. André Ehrl-Königs Kommentar, so Professor Silberfuchs, sei lediglich gewesen: »Gegen die Rettung von Würmern aus Tennisplatzsand und gegen Monologe ferigider Frauen sei nichts einzuwenden [...] wohl aber gegen die Anwesenheit eines Autors, der in der SPRECHSTUNDE dran war« (47).

Zum Schluss seines genüsslich vorgetragenen Berichts fügt er noch hinzu:

> »Ehrl-König könne ja aus irgendeiner Mundunpässlichkeit hinter einem sch kein r aussprechen, hinter einem Konsonanten schon gar nicht. Das gehöre zu den vielen Sprecheigentümlichkeiten, die es so leicht machten, ihn zu imitieren. Er, Silbenfuchs, sei sicher, dass Ehrl-König vor allem wegen seiner leichten Imitierbarkeit so populär und deshalb so einflussreich sei« (48).

Abgesehen von der Verdrehung der Begründung für Berühmtheit und/oder Erfolg erinnert hier die Karikatur der Sprechweise eines Juden nicht nur, aber auch an Gustav Freitag. Dieser hat in seinem Roman »Soll und Haben« von 1855 »Itzig und die anderen jüdischen Figuren seines Romans – Hirsch Ehrenthal und seine Frau Sidonie, Löbel Pinkus und Schmeie Tinkeles und den jüdischen Wirt in Polen – in der grellen Farbe der Abgrenzung und durch ein fehlerhaftes, besonders ausgesprochenes Deutsch« charakterisiert (Sparr 2002).

Professor Silberfuchs und Hans Lach kritisieren also ausgerechnet einen Literaturkritiker, einen Spezialisten vor allem für deutsche Literatur, bezüglich seiner fehlerhaften Sprache in offen provokativen, hasserfüllten und abwertenden antijüdischen Ausfällen, die allerdings eingebettet sind in den immer weniger zu übersehenden Zusammenhang einer tödlichen narzisstischen Verletzung aufgrund einer abgelehnten ursprünglichen Idealisierung und Liebe des nunmehr »zurückschlagenden« Dichters Hans Lach.

Dass nämlich von Seiten des Schriftstellers Hans Lach gegenüber dem Kritiker André Ehrl-König Liebe im Spiel ist, wird auf den Seiten 50 ff. besonders deutlich:

> »Hans Lach sei immer wieder, wenn er Ehrl-König irgendwo begegnet sei, ins Schwärmen geraten [...] Ehrl-König habe ja jedes seiner Bücher für Hans Lach mit stürmischen Widmungen versehen und habe diese gewidmeten Bücher selber in der Malsenstraße in den Briefkasten gesteckt. Ehrl-Königs Wie-Bücher, von Wie ich verreiße über Wie ich lobe, Wie ich lebe bis zu Wie ich bin, seien ja nie sehr dick [...] Da stand immer in Französisch ein bedeutender Schmus. Das sei eben das Kreuz dieser Beziehung gewesen. Die unmittelbare Hingerissenheit Hans Lachs von der Person Ehrl-König. Hans Lach sei ja nicht eben mit Freunden gesegnet Er, Silbenfuchs, habe von Hans Lach selber nur von beendeten, verendeten Freundschaften gehört. Und dann diese Freundschaftsbeteuerungen Ehrl-Königs von Buch zu Buch [...]. Und Hans Lach könne geglaubt haben: Ehrl-König, vielleicht ist das, vielleicht wird das ein Freund« (50 f.).

Hans Lach meint nicht, dass ein Freund, dass Ehrl-König als Freund auch kritisieren darf (was dieser selbst sehr wohl betont). Keine Rede davon, dass in jeder Freundschaft Ambivalenz herrschen darf, Kritik, Missmut, Neid, Eifersucht oder was auch immer. Nein, Hans Lach sagt: »Lob ist Überheblichkeit über den, den man lobt. Lob ist Anmaßung, wie Kritik Anmaßung ist. Machtausübung beides. Wenn man nicht zustimmen kann, soll man den Mund halten.«

Hans Lachs Wut auf Ehrl-König ist das, was Psychoanalytiker eine »narzisstische Wut« nennen. Bis in alle Einzelheiten lassen sich die Gründe für seinen Hass nachvollziehen: in der Vorgeschichte Zuneigung und

»Hingerissenheit«, dann immer wieder erlittene Kränkungen, schließlich die öffentliche Schmähung in der »Sprechstunde«, in der der Dichter sich aus den Himmeln seiner Hoffnung in die Hölle der Demütigung und Scham geschleudert sieht. Durch das Zitieren eines Goethe-Gedichtes, das die (zuvor dazu gemachten) Götter »erbärmlich« nennt, sucht Hans Lach seine Schuld- und Schamgefühle zu überwinden.

Sein Buch »Der Wunsch, Verbrecher zu sein« ist seine Eintrittskarte bei Julia Pelz-Pilgrim, der Verlegergattin. Sie ist seine nächste Gesprächspartnerin. Julia Pelz-Pilgrim wird als eine schwer durchschaubare, anziehende, »saturnische« Frau beschrieben, die Stil besitzt und sich nicht scheut, ihn durchzusetzen. Auch sie ist davon überzeugt, dass Hans Lach die Tat begangen hat. Zum Beweis liest sie Michael Landolf aus Hans Lachs zuletzt veröffentlichtem Buch vor:

> »Fort sein, ganz drunten, sich im Eis mästen, Gedanken schleifen wie Messer zu nichts anderem als Trennung, Trennung, Trennung.« (66) – »Wie verständlich sind mir die Mörder. Schon wegen der Notwendigkeit, die sie zum Ausdruck bringen. Sie geben zu, dass sie nicht anders können. Ich kann auch nicht anders. Ich tue nur so, als könnte ich anders. Deshalb ist in mir und an mir alles so verrenkt« (67).

Und als wären diese Zeilen noch nicht Beweis genug für die Schuld des Hans Lach, zitiert sie schließlich noch die »rein saturnistische Stelle«:

> »Weit draußen unterm schwarzgefleckten Himmel, aus dem Boden schießt das weißeste Eis. Barfuß und stolpernd weiter. Die Sohlen schreien. Es regnet glühende Nägel, denen nicht zu entkommen ist. Schwefelmeere brodeln mit weltfüllendem Gestank. In diesem Augenblick senkt sich der universale Arsch Gottes aus dem Weltraum und scheißt seine Schöpfung ins Exit. Für immer. Welch ein Glück, denkt man, während man in der göttlichen Scheiße erstickt« (68).

Hier sei der Verweis auf einen Traum von C. G. Jung erlaubt. Jung hatte nach seiner eigenen Schilderung einen Tagtraum, »in welchem Gott von seinem Thron auf das schöne neue Dach der Kathedrale geschissen hatte und deren Wände deshalb einstürzten« (Jung 1961). Winnicott erwähnt diesen Traum in einer Rezension und schreibt dazu:

> »Natürlich unterließ es Jung wiederum, einen Schritt weiter zurück zu tun und diese Vorstellung mit seiner eigenen Destruktivität [his own destruction of

beauty] in Verbindung zu bringen. Wir können nicht erwarten, dass Jung Gott als eine Projektion seiner eigenen infantilen Omnipotenz und das Scheißen als eine eigene Projektion seines eigenen Hasses gegen den Vater in der Mutter erkennt, oder, auf einem primitiveren Niveau, seine eigene Zerstörung des Guten Objektes aufgrund dessen realer Existenz außerhalb der Reichweite seiner Omnipotenz« (Winnicott 1963, 168).

Winnicott bringt dieses »wir können nicht erwarten« damit in Zusammenhang, dass Freud und Jung fundamental unterschiedliche Auffassungen über die Existenz und die Art und Weise der Struktur des Unbewussten hätten. Während Freud, »was immer er war«, eine nicht-gespaltene Persönlichkeit gehabt habe mit einem inneren Raum für das Unbewusste, sei Jung eine gespaltene Persönlichkeit gewesen: »Es ist für eine gespaltene Persönlichkeit unmöglich, ein Unbewusstes zu haben, da ihr der innere Raum dafür fehlt« (Winnicott 1963, 167).[1]

Zurück zur saturnistischen Partnerin Hans Lachs, zu Julia Pelz-Pilgrim. Sie liest weiter: »Wahnsinnsfragmente und Pointenschutt. Klettergeräusche im Leeren. Zersprungene Gipfelvision. Horrormarmelade aufs vergiftete Showbrot. Sadismus zu Tageskursen. Lückenlos nur die Kontrolle« (69).

Ihre Auffassung über Ehrl-König schildert sie so: »Ehrl-König war die Operettenversion des jüdisch-christlichen Abendlandes, das Antisaturnische schlechthin. Pleasure now, das ist Ehrl-König. Instant pleasure. Blind für den Zustand. Taub für die Gemarterten« (69).

Das Schöne, das Gute, die Freude an der eigenen Leistung Ehrl-Königs müssen zerstört, vernichtet werden. Anders droht die Vernichtung des Hans Lach (»Er oder ich«): »Der glücklichste Mensch des Zeitalters musste sterben, weil ihn der unglücklichste nicht ertrug« (69).

Mit der Zeit, sie ist längst »erschöpft, erledigt« (75), steigert Julia Pelz-Pilgrim sich in Hasstiraden und Abwertungsspiralen hinein, aus denen sie kaum herausfindet:

---

[1] In diesem Zusammenhang sei auch auf Janine Chasseguet-Smirgel verwiesen, die in ihrem Buch »Kreativität und Perversion« (1986) ausführlich die Zusammenhänge zwischen Narzissmus, Anal-Sadismus, Destruktivität und Perversion analysiert. Wertvolle Aufschlüsse über dieses Thema lassen sich auch in Maria Bergmanns »What I heard in the Silence« (2000) finden.

> »Er war die Macht und die Macht war er. Und wenn man wissen will, was Macht ist, dann schaue man ihn an: etwas Zusammengeschraubtes, eine Kulissenschieberei, etwas Hohles, Leeres, das nur durch seine Schädlichkeit besteht, als Drohung, als Angstmachendes, Vernichtendes« (76).

Es gibt also mehrere potenzielle Mörder. Julia Pelz-Pilgrim, die Verlegergattin, ist die Komplizin des Hans Lach. Sie verteidigt dessen tagträumerische Absicht des Tötens mehr noch als die anderen Literaten des offiziellen Literaturbetriebs in Deutschland dies tun.

Auch Landolfs Gespräch mit dem Dichter Bernt Streiff unterstützt dies: Ehrl-König habe den Tod verdient.

> »Hans Lach habe es getan, er, Bernt Streiff, habe es immer nur tun wollen, immer nur daran gedacht, Tag und Nacht. Getan! Ja, in Gedanken! [...] Hunderte werden es bezeugen, dass die Gewalt von dem ausging, der dann das Opfer war« (80).

Deutlicher dürfte wohl kaum die Notwendigkeit eines narzisstischen Ausstoßungsvorgangs bei einem hiervon gequälten Menschen zum Ausdruck gebracht werden können.

Die abwertenden Hasstiraden über den Kritiker Ehrl-König werden im Buch nun ins fast Unerträgliche gesteigert. Dass sie unerträglich werden, hat damit zu tun, dass das Mittel der Wiederholung angewandt wird, das der sich selbstbestätigenden Redundanz. Im nächsten Gespräch geht die Zielrichtung ins Private, in die persönlichen Schwächen des Kritikers, die seiner Familie und in die private Vorgeschichte.

Befragt wird nun RHH, Rainer Heiner Henkel, der Ehrl-König »34 Jahre lang gedient« hat, diesen gar als seine »Schöpfung« betrachtet.

RHH und seine Schwester erzählen nun Privates über den Kritiker und dessen Familie:

> »Ihren Sohn hat sie immer verachtet. Sagt der Sohn. Weil er aussah wie sein Vater [...] Ehrl-König verehrte seine Mutter und er hasste sie. Er hasste sie, weil er sich verurteilt fühlte, sie, die ihn verachtete, zu verehren. [...] Die Leute, die spotteten, dass er da wie ein bösartiger und doch bedauernswerter Zurückgebliebener neben der aufragend Schönen stehe, die reagierten genauso, wie er es wünsche« (107).

Schließlich wird Ehrl-König von RHH als ein geiler Liebhaber von »Mädelchen« dargestellt:

»Nehmen sie Ehrl-König und die Frauen. Es hat sich nie um Frauen gehandelt, immer um Mädels. Oder auch um Mädelchen. Mädel oder Mädelchen, da hat er scharf unterschieden. Am liebsten waren ihm natürlich Mädelchen, aber wenn's keine gab, nahm er auch Mädels. Frauen findet er langweilig. Unzumutbar. Besonders deutsche. Weibliches plus Schicksal, zum Davonlaufen! [...] Herr Pilgrim musste ihm jede auftauchende Literaturjungfer sofort melden. Und er fragte nie: Schreibt sie gut, sondern: ist sie hübsch« (112).

Genug der Zitate. Wichtig waren sie, um den Originalton des Buches sicht-, hör- und lesbar zu machen. Ich hoffe, es ist deutlich geworden, dass sich das gesamte Buch vordergründig mit den Zuständen des deutschen Literatur- und Medienbetriebs befasst, bei näherem Hinsehen aber mit der Darstellung der tödlichen Kränkung eines Schriftstellers durch einen Literaturkritiker. Hans Lach schämt sich seiner Person; und weil er unerträgliche Schamgefühle aushalten muss, wechselt er die Identität und befragt in der Figur des Michael Landolf die Intellektuellen des Landes, um Zeugen zu sammeln und sich zu rechtfertigen: alle sind der Meinung, André Ehrl-König habe den Tod verdient. Sein »psychotischer Kern« wird von dem Dichter und Selbstmörder Mani Mani, den er in der forensischen Abteilung kennen lernt, vertreten. Dessen Texte beinhalten sowohl die unerträglichen Abgründe der narzisstischen Verletzung als auch den Zerfall der Persönlichkeit und des Ich-Kerns angesichts dieser Kränkung.

Vieles, was Moser (1985) in seiner Analyse des Martin-Walser-Romans »Brief an Lord Liszt« detailliert beschrieb, lässt sich auch auf diesen Roman anwenden, mit einem entscheidenden, alles entscheidenden Unterschied: Während in dem zitierten Roman die Figur des Franz Horn durchgängig als Opfer eines Industriechefs gezeichnet wurde – von Franz Horn idealisiert, mit Verschmelzungswünschen traktiert und gehasst –, so handelt es sich in dem Roman »Der Tod eines Kritikers«:

1. Um das narzisstische »Zurückschlagen« des Verletzten mit allen Mitteln (wenngleich noch Elemente der Idealisierung, der Liebessehnsucht und der Verschmelzungswünsche mit dem grandiosen Objekt erkennbar sind) sowie um die Ausgestaltung einer Todes- und Tötungsfantasie, also um die Variante des von Kernberg so beschriebenen »malignen Narzissmus«, insbesondere aber um die Steigerung des narzisstischen Defizits zur Ausbildung eines Hasses, der nichts anderes mehr wollen kann, als das geliebte Objekt zu zerstören (vgl. Kernberg 1997, 37 ff.). Dies beinhaltet in letzter Konsequenz allerdings auch die Selbstzerstörung.

2. Um die beabsichtigte Nähe zu einem in Deutschland lebenden Literatur-kritiker, dessen Familie teilweise aus Polen kommt und in den Jahren des Holocaust ermordet wurde: um eine »wahre« Geschichte also, die der Schriftsteller nachweislich selbst erlebte und nachträglich in einem so genannten Schlüsselroman literarisierte.

Zu beiden Punkten lautet der zentrale Satz: »Die Zeit des Hinnehmens ist vorbei. Herr Ehrl-König möge sich vorsehen. Ab heute nacht Null Uhr wird zurückgeschlagen« (10).

Jeder Leser weiß, dass Hitler am 1. September 1939 in seiner Rede im Reichstag angesichts angeblicher polnischer Grenzübergriffe, zu denen auch der von den Deutschen selbst inszenierte Angriff auf die Radiostation Glei-witz gehörte, gebrüllt hat: »Seit 5.45 Uhr wird jetzt zurückgeschossen.« In Wirklichkeit hatte bereits um 4.45 Uhr ein Kriegsschiff namens Schleswig-Holstein das Feuer auf die Westerplatte bei Danzig eröffnet.

Diese Geschichte enthält nicht nur eine der üblen Lügen Hitlers, sie stellt auch eine Verdrehung von Schuld und Unschuld, Opfer und Täter dar. Umso schlimmer scheint es mir, wenn sich 57 Jahre später ein deutscher Schriftstel-ler in der Figur des Hans Lach dieses Zitates bedient, um wiederum die Verdre-hung von Schuld und Unschuld, Opfer und Täter zu zelebrieren. Die von ihm selbst gewählte ironische Distanzierung wirkt unglaubwürdig (10). Eher ist es so, dass Walser mit diesem Roman, den er nach eigenen Aussagen »schreiben musste«, eine narzisstische Wiedergeburt erlebte. Auf seinem Rachefeldzug versucht er, mittels eines Tagtraumes von Mord und Selbstmord seine frühen Schuld- und Schamkonflikte stellvertretend an dem einst Geliebten – dem Ideal, der Vaterfigur, dem Bruder, dem Freund – abzuarbeiten.

Charakteristisch für den malignen oder auch destruktiven Narzissmus ist nach Trimborn auch die Abwehrstruktur der radikalen Gewalt, bei der »durch Verneinung, Verleugnung und Verwerfung [...] das Objekt vernichtet werden [muss]«. Bion (1957, 1959) hat diese Gewalt als »attacks on link« beschrie-ben, wobei »jede innere Verbindung wie auch das Denken angegriffen, ja, zerstört wird« (Trimborn 2002, 20). Als Grundlage dieses destruktiven Narzissmus bezeichnet Trimborn (mit Glasser 1990) den narzisstischen Kernkomplex, der von ihm (verkürzt) wie folgt beschrieben wird:

Eine tief begründete Sehnsucht nach erfüllender Sättigung und Sicherheit durch die Fusion mit der idealisierten Mutter:

1. die Angst, durch vollständiges Aufgehen in der Mutter das eigene Selbst zu verlieren,

2. die darauf folgenden Abwehrstrukturen:

a) narzisstischer Rückzug, der aber zu Angst vor Isolierung, Alleingelassenheit und Desintegration führt, auch zu Depression und zu einem Mangel an Selbstachtung,

b) selbsterhaltende Aggressionen mit dem Ziel der Vernichtung der Mutter, was ebenfalls zu Ängsten vor totalem Verlust führt;

c) a und b konkurrieren miteinander; das führt zu Aggressionen, auch gegen das Selbst (Trimborn 2002, 15).

Alle Elemente dieser narzisstischen Störung können wir bei Hans Lach finden: den Wunsch, mit dem als verführerisch bezeichneten Ehrl-König zu fusionieren, seine Enttäuschung bei geringster Verletzung, die Wut und den darauf folgenden Hass und schließlich die Tötungsfantasie, die sich gegen die sowohl gehasste als auch geliebte Person richtet.

Schon zu Beginn des Buches wird deutlich, dass Martin Walser – hier nicht zum ersten Mal – die Namen (nomen est omen) seiner Protagonisten wie ein Kinderbuchautor konkretistisch wählend im Namen Ehrl-Königs eine, wie in Goethes Gedicht auch, äußerst verführerische, mystische, geheimnisvolle Figur benennt, dessen Umarmung aber sicher den Tod bringt.

»Der Verführer kennt sein Handwerk. Die Verse geraten ins Springen, wo er beginnt; Daktylen, ungefähr, anstatt Jamben. Was er anbietet, sind des Kinderverführers gewöhnliche Versprechungen: gar schöne Spiele. Wes Geschlechts ist er? Des männlichen doch wohl, König, nicht Elfenkönigin. Und hat Töchter und liebt den Knaben. Und das sagt er zuallerletzt, nachdem sein versuchendes Geflüster nichts fruchtete: Liebeserklärung und Gewaltanwendung sind eines. [...] Das Indezente verbindet sich mit dem Mörderischen, und beides zusammen bricht nun auch des Vaters Standfestigkeit. Wo ist noch Verlass, wenn auf ihn keiner mehr ist? [...] Es war alles nur der Fiebertraum des Knaben, todkrank schon, als der Vater ihn aufs Pferd hob. Was er träumt, ist kindlicher Narzissmus, die Lust und die Angst, verführt zu werden« (Golo Mann 1996).

Martin Walsers Roman »Tod eines Kritikers« ist seiner Substanz nach die Geschichte einer großen, missglückten Liebe. Darauf und dass er sich diesbezüglich nicht verstanden fühlte, hat er selbst mehrfach hingewiesen (z. B. Walser 2003). Dass er nicht verstanden wird, hat allerdings etwas mit der Form und dem Inhalt, in denen er seine (frühere) Liebe zum einst bewunderten Literaturkritiker zum Ausdruck bringt, zu tun. Denn die

Antwort auf den tatsächlichen oder vermeintlichen Verrat des Hans Lach durch André Ehrl-König ist der (narzisstische, d. h. das eigene Selbst schützende) Todeswunsch gegen jenen einst Geliebten, Bewunderten, Begehrten. Das subjektive Gefühl des Getretenen, Beleidigten, zu Tode Gekränkten ist, dass er, obgleich als Mörder verdächtigt und auch sich selbst als Mörder fantasierend, vollkommen unschuldig ist. Diese Überzeugung verdankt der hieran Erkrankte einer Spaltung, die das Opfer als Täter, den Täter als Opfer zu definieren erlaubt. Die Spaltung aber ist der Abwehrmechanismus gegen unerträgliche Scham- und Schuldgefühle, die bei Einsicht in die eigene Verursachung, die eigene Verantwortung, den eigenen Anteil an der Verstrickung, das Subjekt dieser Gefühle zusammenbrechen lassen würde. Insofern ist Walsers Roman auch ein Lehrstück über die seelische Verfassung vieler Deutscher nach dem Ende des Zweiten Weltkriegs.

Das Thema – Neid auf einen »Stärkeren«, Bewunderung eines Mannes, der seinen liebenden Bewunderer unterdrückt, quält, durch sein bloßes So-Sein eine solche Provokation darstellt, dass er schließlich den Tod verdient hätte – ist bei Walser nicht neu (vgl. z. B. »Ein fliehendes Pferd« oder »Brief an Lord Liszt«). Die Angriffe auf den Juden André Ehrl-König erlauben dem Dichter schließlich eine ins Maßlose reichende Steigerung seines abwertenden Hasses und die auf dumpfe Zustimmung des Publikums spekulierende wohlfeile zusätzliche Diffamierung des einst Geliebten. Dass es einen latenten Antisemitismus im Werk des Dichters Martin Walser gibt (hier nicht zum ersten Mal) und woher er stammen könnte, zeigt z. B. auch eine Analyse des Romans »Ein springender Brunnen« (1998).

Meines Wissens sind noch nie in der deutschen Literatur Scham und Schuld eines Schriftstellers, mündend in narzisstische Wut, endend in einer Tötungsfantasie, aufgrund enttäuschter Liebe, die für sich selbst und die umgebende Öffentlichkeit keinen anderen rettenden Ausweg sieht als die Vernichtung des ursprünglich geliebten Objektes, mit solcher Vehemenz, mit solcher negativen Leidenschaftlichkeit dargestellt worden.

»Die Dichter sind gegen ihre Erlebnisse schamlos: sie beuten sie aus« (Nietzsche 1886, 101). Nicht zufällig lautet der Titel des Buches, an dem der Dichter Michael Landolf arbeitet: »Von Seuse zu Nietzsche«.

Literatur

Bergmann, M. V.(2001): What I heard in the Silence. Madison, Connecticut (International Universities Press Inc.)
Chasseguet-Smirgel, J. (1986): Kreativität und Perversion. Frankfurt/M. (Nexus).

Goethe, J. W. von (1981): Erlkönig. In: Goethes Werke Bd. I, Hamburger Ausgabe. 12. Aufl., München (Beck).

Gröziger, F. (2002): Tod eines Schriftstellers. In: Frankfurter Jüdische Nachrichten, Juni-Heft 2002.

Jung, C. G. (1961): Erinnerungen, Träume, Gedanken von C. G. Jung. Aufgezeichnet und herausgegeben von A. Jaffé. 4. Aufl., Olten u. Freiburg/Br. (Walter) 1986.

Kaiser, J. (2002): Logisch nicht zu halten. In: Der Streit um Martin Walser. Berlin (Edition Junge Freiheit).

Kaiser, J. (2002): Walsers Skandalon. Süddeutsche Zeitung vom 5. Juni 2002.

Kernberg, O. (1992): Wut und Hass. Über die Bedeutung von Aggression bei Persönlichkeitsstörungen und sexuellen Perversionen. Stuttgart (Klett).

Mann, G. (1996): Die Urballade. In: M. Marcel Reich-Ranicki (Hg.): 1000 Deutsche Gedichte und ihre Interpretationen. Frankfurt/M. (Suhrkamp), 139–141.

Moser, T. (1985): Selbsttherapie einer schweren narzisstischen Störung. Martin Walsers »Brief an Lord Liszt«. In: Ders.: Romane als Krankengeschichten. Über Handke, Meckel und Martin Walser. Frankfurt/M. (Suhrkamp) 1985.

Nietzsche, F. (1886): Jenseits von Gut und Böse. In: Sämtliche Werke. Kritische Studienausgabe, Band 5. München (dtv) 1980, 9–243.

Sparr, T. (2002): Jüdische Figuren in der deutschen Literatur – Zur Geschichte des Antisemitismus. Südwestfunk, Sendung vom 23. Juni 2002.

Tömmel, S. E. (1998): Goethes Wahlverwandtschaften als »kulturell verpflichtendes Kunstwerk«. Einige Bemerkungen zur Geschichte und Gegenwart psychoanalytischer Literaturtheorie. In: Luzifer Amor 11, H. 22, 64–97.

Tömmel, S. E. (1986): Psychisches Leid und Kulturentwicklung: Das Beispiel Antigone. In: W. von der Ohe (Hg.): Kulturanthropologie, Beiträge zum Neubeginn einer Disziplin. Berlin (Duncker & Humblot), 299–329.

Trimborn, W. (2002): »Ich lasse mich nicht zerstören«. Zur Dynamik von Gewalt bei narzisstischen Störungen. In: A. M. Schlösser & A. Gerlach (Hg.): Gewalt und Zivilisation. Erklärungsversuche und Deutungen. Gießen (Psychosozial).

Walser, M. (1978): Ein fliehendes Pferd, Novelle. Frankfurt/M. (Suhrkamp).

Walser, M. (1998): Ein springender Brunnen, Roman. Frankfurt/M. (Suhrkamp).

Walser, M. (2003): Interview mit Martin Walser. Stern 1/2003, 158–164.

Winnicott, W. D. (1963): Rezension v. C. G. Jung: Memories, Dreams, Reflections. In: Luzifer-Amor 15, H. 30, 2002, 162–170.

Wurmser, L. (1990): Die Maske der Scham. Die Psychoanalyse von Schamaffekten und Schamkonflikten. Berlin – Heidelberg – New York (Springer).

Sieglinde Eva Tömmel

Psychotisches Erleben

Das Erscheinungsbild der Psychose in ihren verschiedenen Variationen hat die Dichter seit der Romantik immer wieder fasziniert und zu oft seltsamen Dichtungen veranlasst (vgl. Irle 1965). E.T.A. Hoffmann mit seinen märchenhaften Erzählungen »Elixiere des Teufels« und »Der Doppelgänger« gehört ebenso in die Reihe der von der Psychose beeindruckten Schriftsteller wie Dostojewski (»Der Idiot«), Büchner (»Lenz«), Musil (die Figuren der Clarisse und von Moosbrugger im »Mann ohne Eigenschaften«), Kafka (»Die Verwandlung«) u. a. Virginia Woolf beschreibt in »Mrs. Dalloway« die Angst von Septimus alias Warren Smith vor der Psychose, die ihn ergreift und mit seinem Tod endet, ähnlich dem Schicksal der Autorin. In dem Roman »Ich hab dir nie einen Rosengarten versprochen« dankt Hanna Green der Analytikerin Frieda Fromm-Reichmann für deren Begleitung aus der Psychose.

Woher kommt diese Faszination, dieses Gespür für die aus dem Rahmen Gefallenen? Vermutlich ist vielen Künstlern das Erleben psychotischer Zustände nicht ganz fremd. Dass gerade ein selbst erlebter Realitätsverlust einen wichtigen Impuls zur schöpferischen Umgestaltung der Welt ausmacht, wurde häufig, wie z. B. von Otto Weininger in »Geschlecht und Charakter«, behauptet. Der enge Zusammenhang von »Genie und Wahnsinn« ist ein gängiger Topos. Mit den Worten von Ewald Volhard:

> »Ja [...], dies hartnäckige Eintauchen der Dichter in eine den normalen Menschen unzugängliche Wirklichkeit vor und über dem intellektuellen Bereich findet sich ganz ähnlich auch bei Irren wie bei Träumenden. Auf die psychische Anomalie, die dieser Fähigkeit des Dichters zugrunde liegen könnte, mag sich wohl die oft wiederholte Bemerkung von dem ›heiligen Wahnsinn‹ der Dichter stützen« (zit. nach Urban 1973, 110).

Was aber ist das Wesentliche am psychotischen Erleben, das, was es so geheimnisvoll-anziehend für viele Menschen, nicht nur für Künstler, macht? Es ist offensichtlich das »Andere der Vernunft« (Foucault), das uns dabei aufhorchen lässt, ein »Anderes«, das uns seinen inneren Sinn nicht so leicht preisgibt und dennoch auf zagende Weise darauf pocht, dass diese andere Ebene unseres psychischen Lebens jeden Einzelnen angehen könnte.

Psychose – wie auch immer ihre jeweilige Erscheinungsweise aussieht – bedeutet: Die Realität wird fremd, die Grenzen der eigenen Person lösen sich auf, nichts ist mehr sicher; es liegt eine Störung in den Beziehungen zwischen Ich und Außenwelt vor. Die Psychose, so könnte man überspitzt sagen, zeigt die Fragilität menschlichen Lebens in krasser Weise auf und bedeutet damit wohl jedem Menschen, dass auch er nicht ganz fest sitzt im Gehäuse der Welt und der eigenen Person. Dies kann mit Ablehnung, Angst oder eben mit Faszination beantwortet werden. Für Künstler scheint es vorwiegend die Faszination zu sein, die der künstlerischen Produktion innewohnt und die Angst abwehrt.

Die Vorstellungen der Psychiater und Ärzte im 19. Jahrhundert waren meist geprägt vom Versuch, diese Angst auf eine andere Art abzuwehren: Psychose wurde aus ihrem lebensgeschichtlichen Zusammenhang herausgerissen und der Physiologie überantwortet. Dass Geisteskrankheiten »Gehirnkrankheiten« sind, meinte nicht nur der Psychiater Karl Griesinger. Die Distanzierung von den solcherart zu »Kranken« Gestempelten findet sich immer wieder in der Geschichte der Psychiatrie – bekanntlich bis zum heutigen Tag, wo abwechselnd oder gleichzeitig Transmitterveränderungen oder bestimmte Gene für psychotisches Erleben verantwortlich gemacht werden. Dass diese Faktoren die biografische Determinante nicht ausschließen, scheint sich allerdings doch immer klarer herauszustellen. Und damit wird auch deutlich, dass die scheinbar sinnlosen Äußerungen des Psychotikers einen geheimen Sinn offenbaren.

Wie so oft hat Freud erstmals den Versuch gemacht, dies auf eine wissenschaftlich transparente und systematische Weise darzustellen. Seine Idee, dass im Laufe der Entwicklungsgeschichte der Triebe sich die Libido wieder zurückziehe vom schon erreichten Objektbezug auf das eigene Ich (Freud 1911c, 1914c), ist im Kern noch immer prägend für psychoanalytische Psychosetheorien. Die Psychose – wie immer sie sich zeigen mag – ist somit der Versuch des Menschen, sich qua Wahnbildung das dissoziierte Ich wieder zu rekonstruieren.

Dichter wussten schon immer darum. Gottfried Benn hatte bekanntlich als Arzt auch professionelle Kenntnis von psychotischen Zuständen. In der Erzählung »Gehirne«, interpretiert von *Isabelle N. Koch*, schildert er sehr subtil das Schicksal eines Schizophrenen. Die Verlebendigung der Objekte, verschiedene Projektionen des Protagonisten, die Vater-Sohn-Thematik sowie die Möglichkeiten der prekären Aufrechterhaltung des Ichs durch die Berufswahl des Anatomen: Dies alles wird in solch eindringlichen Bildern beschrieben, dass man versucht sein könnte, die Erzählung einem Lehrbuch der Psychiatrie einzuverleiben.

Hermann Melville, der große amerikanische Schriftsteller (1819–1891), zeigte sich in fast jedem seiner Romane in den Bann psychopathologischer Phänomene gezogen. In »Bartleby« erweist er sich als ein hervorragender Kenner des »Widerstands« der Schizophrenen »gegen alle Zuwendungen seiner Mitmenschen«, so *Gerhard Heim* in der vorliegenden Auslegung dieser Erzählung. Die ungeheure Kraft der Negation des lebendigen Lebensflusses wird darin mit solch großer dichterischer Eindringlichkeit dargestellt, dass das Bartleby'sche »I would prefer not to ...« sich zu einer Art Klischee für alle Arten von Negativismus herausgebildet hat. Dieser Negativismus, so destruktiv er sich auf die Person auswirkt (Bartleby stirbt schließlich im Irrenhaus), kann doch auch als ein Selbstheilungsversuch verstanden werden, der unter anderen Umständen glücklicher hätte verlaufen können.

Literatur

Freud, S. (1911c): Psychoanalytische Bemerkungen über einen autobiographisch beschriebenen Fall von Paranoia (Dementia paranoides). GW VIII, 239–316.

Freud, S. (1914c): Zur Einführung des Narzißmus. GW X, 137–170.

Freud, S. (1924b): Neurose und Psychose. GW XIII, 387–391.

Green, H. (1978): Ich hab dir nie einen Rosengarten versprochen. Reinbek (Rowohlt-Taschenbuch).

Irle, G. (1965): Der psychiatrische Roman. Stuttgart (Hippokrates).

Volhard, E. (1920): Literaturwissenschaft und Psychoanalyse. In: B. Urban (Hg.) (1973): Psychoanalyse und Literaturwissenschaft. Tübingen (Niemeyer), 103–125.

E. J. & H. K.-G.

»Nun lebe ich außen im Kristall«
Gottfried Benns Erzählung »Gehirne«[*]

Das Faktische ist schnell erzählt: Rönne, ein junger Pathologe, fährt in die Berge, um in einer dortigen Klinik für ein paar Wochen den Chefarzt zu vertreten. Wir erfahren, dass Rönne zuvor, mit einigen Monaten Unterbrechung, als Pathologe gearbeitet hat. Rönne beginnt seinen Dienst, doch bald ist er nicht mehr im Stande, diesen ordnungsgemäß zu verrichten. Der Chefarzt wird zurückgerufen und belügt Rönne über den Grund seiner Rückkehr. Rönnes psychischer Kosmos zerspringt.

So weit, so gut. Es wird einem jedoch bald klar, dass man hier eine Erzählung vor sich hat, die viel Nachdenken erfordert – spielt sich doch fast alles auf dem inneren Schauplatz des Protagonisten Rönne ab. In der »Gegenübertragung« ist es im Verlauf der Lektüre nicht leicht zu ertragen, dass es in dem Text etwas Unauflösbares gibt, etwas, das man lange nicht verstehen kann. Kann uns die Erfahrung von an den Text herangetragenen und sich über weite Strecken nicht als tragfähig genug erweisenden Hypothesen beim Verstehen des Textes behilflich sein? Was hat der Eindruck des Lesers, dass er in seinem Wunsch nach einer Annäherung an den Text in einem *sinnlosen* Vakuum zurückbleibt, mit dem Text selbst zu tun? Dieser Eindruck hat, wie ich zeigen möchte, sehr viel mit dem Störungsbild der Schizoidie am Rande einer Psychose zu tun. Vielleicht kann ein solcher Eindruck die erste Hilfe im langsamen Verstehensprozess dieser so dichten und anfänglich so hermetisch wirkenden Erzählung sein.

Ich muss mich in meiner Ausführung auf wenige Textstellen konzentrieren und habe den Anfang und das Ende der Novelle gewählt – den Anfang, weil er das Ende gewissermaßen schon enthält. Die genaue stilistische Beobachtung der ersten Absätze entspringt weniger einer Liebe zum Detail als vielmehr der Überzeugung, dass sich in den rein formalen Kriterien der Eröffnung bereits ganz grundlegende und wichtige psychische Charakteristika entdecken lassen.

Die psychoanalytische Erfahrung trainiert die Wahrnehmung, und das eigene, je besondere innere Gegenübertragungs-»Ohr« fängt an zu zittern, wenn da eine Auffälligkeit ist: wenn der Ton eines fallenden Wassertropfens

---

[*] Gottfried Benn (1914): Gehirne. In: Ders. (1984): Prosa und Autobiographie. In der Fassung der Erstdrucke. Frankfurt/M. (Fischer). Ich danke Wolfgang Hegener und Mascha Aurnhammer für ihre feinen und sehr hilfreichen Anregungen.

die Stille der ruhigen Wasseroberfläche bricht. So auch beim Lesen. Das erste Befremdliche beim Lesen dieser Rönne-Erzählung findet sich schon am Ende des ersten Absatzes. Es ist der Satz: »[...] es waren ungefähr zweitausend Leichen ohne Besinnen durch seine Hände gegangen, und das hatte ihn in einer merkwürdigen und ungeklärten Weise erschöpft« (19).

Dieser Satz sagt viel über Rönne, wie man erst nach und nach versteht. Man stößt sich insbesondere daran, dass Leichen von Mitmenschen so *ohne Besinnen* durch Rönnes Hände gegangen seien: Wo sind denn dessen »Sinne« geblieben, so fragt man sich, dass dies möglich ist? Ein mechanisches Arbeiten wird hier angedeutet, welches auf eine große zwischenmenschliche Entfremdung zurückgehen muss. Die Sektion, die das Aufschneiden und Auseinandernehmen der Leichen bedeutet, hat auch einen ausgesprochen destruktiven Aspekt, wie wir später noch besser verstehen werden.

Eine weitere Frage wirft sich auf: Während es nachvollziehbar ist, dass das Sezieren von zweitausend Leichen in zwei Jahren einen erschöpfen kann (das werden wohl ungefähr vier Leichen am Tag sein), so ist auffällig, dass gerade dieser Umstand als *merkwürdig und ungeklärt* vom auktorialen Erzähler bezeichnet wird. Hier gibt es einen Bruch in der inneren Erlebenswelt eines Menschen, der die eigene Befindlichkeit nicht erklären kann. Gleichzeitig offenbart sich damit die unbewusste Natur des dargestellten psychischen Vorgangs.

Man liest weiter und bemerkt im nächsten Absatz ein Verb in ungewohnter Verwendung: »[...] besprach er sich [...]«. Besprochen wird in der Regel etwas zwischen zwei Personen. Doch hier fehlt das Gegenüber. Rönne spricht auch nicht *zu sich,* sondern *bespricht sich,* als gäbe es in ihm noch eine weitere Person, einen weiteren Teil, der fremd genug ist, dass etwas mit ihm besprochen werden kann. Somit liegt der Gedanke an eine innere Spaltung nahe, an eine Entfremdung unverbundener Selbstanteile, an eine innere Zersplitterung. Diese Entfremdung zeigt sich auch im zwischenmenschlichen Bereich, indem die schizoide Beziehungsstruktur durch die Illusion eines Heiligenscheins überhöht wird, wie es wenig später im Text heißt: »Umleuchtet von seiner Einsamkeit besprach er mit den Schwestern die dienstlichen Angelegenheiten fern und kühl« (19).

Es wird klar, dass dies Rönnes primärer Beziehungsmodus ist, der, wie ich noch zeigen möchte, die beiden Funktionen hat, das eigene Ich sowie das Gegenüber zu schützen. Am Ende der Erzählung wird Benn für Rönnes Einsamkeit ein wunderbares Bild finden: Rönne ist »außen im Kristall«, abgeschnitten, sozusagen ein fixiertes, für immer der Beobachtung von außen preisgegebenes, totes Insekt, das von außen verfremdet wahrgenommen wird, und das, würde es noch leben, die Außenwelt genauso gebrochen wahrnähme. Der Unterschied zwischen ihm und den Mitmenschen könnte größer nicht sein.

Der zweite Absatz zeigt uns noch deutlicher, welches Ausmaß die innere Zersplitterung hat:

> »Jetzt saß er auf einem Eckplatz und sah in die Fahrt: es geht also durch Weinland, besprach er sich, ziemlich flaches, vorbei an Scharlachfeldern, die rauchen von Mohn. Es ist nicht allzu heiß; ein Blau flutet durch den Himmel, feucht und aufgeweht von den Ufern, an Rosen ist jedes Haus gelehnt, und manches ganz versunken. Ich will mir ein Buch kaufen und einen Stift; ich will mir jetzt möglichst vieles aufschreiben, damit nicht alles so herunterfließt. So viele Jahre lebte ich, und alles ist versunken. Als ich anfing, blieb es bei mir? Ich weiß nicht mehr« (19).

Hier werden verschiedene Stilmittel sichtbar, die uns weiterhelfen: Wir finden synästhetische Beschreibungen, die Umkehr von Relationen sowie plötzliche Perspektivwechsel zwischen auktorialem und Ich-Erzähler. Diese Stilmittel zeigen etwas an: Sie greifen auf, was sich von Anfang an ankündigt – die Auflösung des In-Bezügen-Stehens eines Menschen, die Auflösung einer sicheren Verankerung der äußeren wie inneren Welt in einer festen Ordnung. Sie zeigen die Auflösung von *Gesetzmäßigkeiten*, und, geht man noch einen Schritt weiter, die Abwesenheit eines *Gesetzes* an. Die Welt wird von Rönne so fremd erlebt, dass kein tragfähiges, valides Regelwerk mehr erkennbar ist. Dieses Erleben durchzieht die ganze Erzählung. Wir erinnern uns an unseren anfänglichen Eindruck, dass unsere eigenen Hypothesen nicht sinnstiftend wirken, und können ihn nun mit dem bisherigen Verständnis in Einklang bringen. Wir können lesen, wie das Erleben der Welt verändert ist, wenn der Himmel kein Himmel mehr ist, sondern »ein Blau«, das, »feucht und aufgeweht von Ufern«, »durch den Himmel flutet«. Auch kehrt die Wahrnehmung etwas um, wenn »an Rosen jedes Haus [...] gelehnt [ist]«. Die Dinge oder, wie wir auch sagen können, die Objekte bekommen etwas sehr Eigenmächtiges, ein kraftvolles Eigenleben, zu welchem der Protagonist in keiner übergeordneten Hierarchie mehr steht. Wir verstehen, dass diese Wahrnehmung eine Projektion Rönnes ist – eigentlich geht es hier um die Beschreibung innerer Konstellationen. Sind Rönnes innere Objekte mit der gleichen Eigenmächtigkeit ausgestattet? Dies würde psychisch gewissermaßen eine Gleichstellung der inneren Objekte mit dem Ich bedeuten, ein Vorgang, der als sehr beängstigend erlebt werden muss. Diese Gleichstellung können wir auch in dem Satzbau wiederfinden: Die Schilderung dieser Passage geschieht in Parataxe, was »Nebeneinander, Beiordnung« (Schweikle 1990) meint, im Gegensatz zu einem Satzbau, der Interdependenzen von Haupt- und Nebensätzen aufweist.

Den Gedanken der Zersplitterung finden wir auch im Aufbau der Erzählung als Ganzes wieder, wo jeder Absatz etwas Eigenes, mit dem Vorherigen Unverbundenes darstellt. Ein Perspektivwechsel von außen nach innen (das Personalpronomen ändert sich von »er« zu »ich«), bei welchem der Leser plötzlich *in* dem Protagonisten zu stecken scheint, offenbart die Beliebigkeit des Standortes, und damit vielleicht auch die Transitivität der Grenzen. Der innere Standort ist in dieser zersplitterten Welt völlig unsicher geworden: »Ich habe keinen Halt mehr hinter den Augen. Der Raum wogt so endlos; einst floß er doch auf eine Stelle. Zerfallen ist die Rinde, die mich trug« (21).

Wir nähern uns unaufhaltsam dem psychotischen Kern. Vor diesem Hintergrund erscheint der zuvor geäußerte Wunsch nach Dokumentation, »damit nicht alles so herunterfließt«, vollkommen einleuchtend. Wir können diesen Wunsch auch als einen Versuch sehen, etwas kontrollieren zu wollen, diese Bewegung von oben nach unten, das Zerfließen, aufzuhalten. Wie weit die Auflösung des In-Bezügen-Stehens geht, zeigt auch das Unvermögen Rönnes, sich zu erinnern, sich also in einer geschichtlichen Kette, die immer auch eine Generationenkette ist, wiederzufinden: »So viel Jahre lebte ich, und alles ist versunken. Als ich anfing, blieb es bei mir? Ich weiß es nicht mehr« (19).

Die Generationenkette ist an die Abstammung und damit wechselseitige Anerkennung von Vater und Sohn gebunden. Es ist bedeutungsvoll, dass sich Rönne nicht mehr in eine solche Abfolge eingebunden fantasieren kann, und gerade an dieser Stelle, in Anbetracht dieses Mangels, die Fantasie einer Auflösung entsteht. Die Abwesenheit einer Generationenfolge impliziert eine Abwesenheit des inneren Vaters, der auch die Bedeutung einer dritten und deswegen trennenden Struktur hat. Auch die Abwesenheit von Gesetzmäßigkeiten, oder allgemeiner: eines Gesetzes, können wir mit einem fehlenden inneren Vater in Verbindung bringen. Dass gerade die fehlende väterliche Struktur in dieser Erzählung eine zentrale Rolle spielt, zeigt uns auch der vorletzte Absatz, dem letzten vor dem Zusammenbruch, zu welchem wir an dieser Stelle vorgreifen wollen:

»Eines Abends ging er hinunter zu den Liegehallen; er blickte die Liegestühle entlang, wie sie alle still unter ihren Decken die Genesung erwarteten; er sah sie an, wie sie dalagen: alle aus Heimaten, aus Schlaf voll Traum, aus Abendheimkehr, aus Gesängen von Vater zu Sohn, zwischen Glück und Tod – er sah die Halle entlang und ging zurück« (23).

Diese sehnsuchtsvollen Beschreibungen sind wiederum Projektionen. Indem Rönne sie anderen zuschreibt, um sich dann von ihnen abzuwenden, offenbart er seine große innere Entfernung zu diesen Formen von Eingebundenheit. Uns fällt hier neben den Formulierungen, die eine geborgene und geordnete Welt evozieren, diese Wendung auf: »aus Gesängen von Vater zu Sohn«. Es sticht hervor, dass diese Beschreibung in diesem Absatz die einzige einer zwischenmenschlichen Beziehung ist. Diesen »Gesängen«, die auf die Weitergabe einer bestimmten Form von Tradition anspielen, und zwar einer Tradition, die sich ausschließlich auf den Vater und den Sohn beziehen, kommt demnach eine besondere Bedeutung zu. Die Vermittlung von Tradition dient u. a. dazu, ein Individuum in eine historische Reihe (die Generationenkette) und einen Kulturverbund einzuschreiben. Das, was ausschließlich der Vater an den Sohn weitergeben kann, ist die Vorstellung einer männlichen, d. h. väterlichen Identität, deren Errichtung im Sohne so grundlegend ist wie die Vorstellung einer »Heimat«, und so eng mit der psychischen Entfaltung verknüpft ist wie der Schlaf mit dem Traum. Genau diese Verbindung zum Vater, der sich in einer rituellen Weise als Identifikationsfigur zur Verfügung stellen kann, fehlt Rönne jedoch, und die damit verbundene, übergroße Sehnsucht wird auf die Kranken projiziert. Es ist wichtig, an dieser Stelle die Bedeutung des abwesenden Vaters oder einer väterlichen Struktur nicht nur in Bezug auf die spätere ödipale Entwicklung zu begreifen; die hier dargestellte frühe Störung verweist auf ein frühes Defizit, auf eine fehlende »frühe Triangulierung« (vgl. hierzu Abelin 1986; Ermann 1993; Schon 1995). Ich werde später noch einmal darauf zurückkommen.

Kehren wir an die Stelle zurück, von welcher aus wir einen Sprung nach vorne gewagt hatten: Wir konnten die fehlende, innere väterliche Struktur mit einer Abwesenheit an Gesetzmäßigkeit und damit Eingebundenheit in Zusammenhang bringen. Die fehlende Verbindlichkeit einer moralischen Ordnung offenbart sich auch auf gesellschaftlicher Ebene: Rönne bewegt sich in einem maroden sozialen Gefüge, in welchem grundlegende zwischenmenschliche Verpflichtungen nicht eingehalten werden. An zwei Stellen des Textes geht es um Lüge. Dies sind zentrale Stellen der Erzählung. An der ersten Stelle wird beschrieben, wie die Klinik todgeweihte Patienten aus Kalkül als genesen entlässt. Rönne denkt dazu:

»Wer glaubt, daß man mit Worten lügen könnte, könnte meinen, daß es hier
geschähe. Aber wenn ich mit Worten lügen könnte, wäre ich wohl nicht hier.
Überall, wohin ich sehe, bedarf es eines Wortes, um zu leben. Hätte ich doch
gelogen, als ich zu diesem sagte: Glück auf!« (20).

Dieser Absatz ist schwer zu verstehen: Im Versuch zu begreifen überschlagen
sich die Gedanken wie Akrobaten in Salti, aber nie kommen sie auf sicherem
Boden auf. Oder man steigt wie bei der berühmten Zeichnung des Grafikers
M. C. Escher die Treppen hinab, um dann zu merken, dass man sie hinauf-
gestiegen ist – nirgends beginnt oder endet die Welt. Der Konjunktiv hebt
alles ins Ungewisse – die Wahrnehmung weiß in Anbetracht dieser perversen Realität keinen Ausweg. Das, was Lüge ist, ist mit dem, was richtig ist
und was hilft, zu einem Kippbild verschmolzen, das kein (moralisches)
Gesetz trennt. Rönne kann nicht ausmachen, wo die Lüge beginnt, er kann
den Worten nicht trauen.

Wir sehen hier also einen komplexen Sachverhalt: Die fehlende gesetz-
gebende, ordnende Instanz steht in Zusammenhang mit der fehlenden
Etablierung basaler Grenzen (in richtig/falsch, innen/außen, s. o.). In
Rönnes Innenwelt existieren diese beiden Zustände nebeneinander: Einerseits gibt es einen Zustand der Permeabilität – ohne Trennung, ohne
Grenzen –, und andererseits den Zustand der Entfremdung, in dem alles
getrennt, zersplittert und bindungslos ist. In Rönnes Kosmos herrscht eine
unerträgliche Transitivität unintegrierter, frei flottierender Objekte, und es
ist die Frage, was insbesondere mit den destruktiven Anteilen geschieht. Für
die Beantwortung dieser Frage müssen wir uns an die Ausgangslage Rönnes
erinnern, als dieser noch als Pathologe »funktionierte«.

Denn man vergisst schnell, dass die neue Arbeit in der Klinik für Rönne
eine fundamentale Veränderung mit sich bringt: Rönne kümmert sich nun
um lebende Menschen, und sein Zustand beginnt, sich bis hin zur völligen
Arbeitsunfähigkeit zu verschlimmern. Er stellt fest: »Etwas Steifes und
Wächsernes war an ihm lang, wie abgenommen von den Leibern, die sein
Umgang gewesen waren.« Schließlich »lag [er] fast ununterbrochen und
rührte sich kaum«. – »Er lag immer in einer Stellung: steif auf dem Rücken«
(22).

Offenbar hat das Sezieren der Leichen etwas gebunden, etwas veräußer-
licht, dem Rönne nun in sich selbst wieder begegnet. Er selbst wirkt wie ein
Toter, seine Erstarrung erinnert geradezu an einen katatonen Zustand. So
liegt es nahe zu denken, dass Rönne die destruktiven Anteile gegen sich selbst
richtet.

Der zweite, entscheidende Moment, in dem eine Lüge das zwischenmenschliche Geschehen bestimmt, geht dem unmittelbaren Zusammenbruch Rönnes voraus. Im Text heißt es dazu: »Der Chefarzt wurde zurückgerufen; er war ein freundlicher Mann, er sagte, eine seiner Töchter sei erkrankt« (23).

Wir können hier sehen, wie ungeheuer subtil der Text selbst ist; die Bedeutung der »Freundlichkeit« wird einem zuerst nicht bewusst, und die Lüge steht zwischen den Zeilen. Der Chefarzt, selbst eine Vaterfigur, belügt Rönne: Er ist nicht wegen der Krankheit seiner Tochter zurückgekommen, sondern wegen der Rönnes. Statt also den wirklichen Grund für seine Rückkehr zu nennen, nämlich Rönnes Arbeitsunfähigkeit, und damit wieder eine Art von Ordnung, einen tragfähigen Realitätsbegriff bzw. ein gutes väterliches Prinzip zu etablieren, vermeidet der Chefarzt die rettende Benennung des Offensichtlichen und damit die Auseinandersetzung. Wir können auch hier die Verzerrung der Realität erkennen, wenn dies als ein »freundlicher« Akt gewertet wird, tatsächlich aber eine Konfliktvermeidung und Schonung (des Chefarztes) bedeutet.

Rönnes Kosmos zerspringt. Die sezierten Leichen kehren zurück. Im Text folgt der letzte Absatz und damit das Ende der Erzählung:

»Rönne aber sagte: sehen Sie, in diesen meinen Händen hielt ich sie, hundert oder auch tausend Stück; manche waren weich, manche waren hart, alle sehr zerfließlich; Männer, Weiber, mürbe und voll Blut. Nun halte ich immer mein eigenes in meinen Händen und muss immer darnach forschen, was mit mir möglich sei. Wenn die Geburtszange hier ein bißchen tiefer in die Schläfe gedrückt hätte ...? Wenn man mich immer über eine bestimmte Stelle des Kopfes geschlagen hätte ...? Was ist denn mit den Gehirnen? Ich wollte immer auffliegen wie ein Vogel aus der Schlucht; nun lebe ich außen im Kristall. Aber nun geben Sie mir bitte den Weg frei; ich schwinge wieder – ich war so müde – auf Flügeln geht dieser Gang – mit meinem blauen Anemonenschwert – in Mittagssturz des Lichts – in Trümmern des Südens – in zerfallendem Gewölk – Zerstäubung der Stirne – Entschweifungen der Schläge« (23).

Dieser letzte Absatz gliedert sich in zwei Abschnitte. Mit der Kernfrage »Was ist denn mit den Gehirnen?« bricht Rönnes Abwehr vollends zusammen. Nun halten neue Bilder Einzug, der Satzbau mündet schließlich in eine bloße Aneinanderreihung von eigentümlichen Substantiven, die seinen Zusammenbruch beschreiben (Mittagssturz, Trümmer, zerfallendes Gewölk, Zerstäubung, Entschweifungen). Rönnes Zuflucht ist die Identifizierung mit einer martialischen männlichen Figur, einer Art apokalyptischem Krieger mit megalomanen Zügen (»ich schwinge wieder [...] mit meinem blauen Anemonenschwert«). Rönnes Grundkonflikt wird an dieser Stelle nochmals dargestellt: Zwischen den Polen der »Schlucht« und dem »Kristall« gibt es nichts. Wenn man die Interpretation der »Schlucht« als eine Umklammerung durch den mütterlichen Schoß akzeptieren will, so gibt es für Rönne als Ausweg nur die totale Entfremdung (die Schizoidie) einerseits oder das Ungetrennt-Sein (die Psychose) andererseits. In diesem Sinne kann man die Identifizierung mit dem sich aufschwingenden Krieger schon als einen Restitutionsversuch verstehen.

Was bedeutet Rönnes leitmotivische Frage »Was ist denn mit den Gehirnen«? Was steckt hinter den obigen Fragen nach dem Muster: »Was wäre gewesen, wenn ...«? Dies sind Fragen, die von einer tiefen Verunsicherung in Bezug auf das eigene Dasein zeugen und welche vielleicht ständig in Anbetracht einer psychotischen Bedrohung gestellt werden müssen. In diesen Fragen spiegelt sich die Abwesenheit einer haltenden, emotionalen Gewissheit, die dem eigenen Dasein eine ganz basale Sinnhaftigkeit verleiht. Wir können hinter Rönnes hypothetischen, alternativen Lebenswegdeklinierungen eine existentielle Suche nach dem, was *Bedeutung an sich* sein soll, ausmachen.

Warum also wird Rönne in dem Augenblick psychotisch, als er sich um lebende Menschen zu kümmern hat? Mit anderen Worten: Was passiert, als Rönne nicht mehr sezieren kann? Wir bemerken, dass die Sektion eine Herstellung der inneren Fraktionierung im Außen ist, darüber hinaus auch eine Umkehrung von passiv in aktiv. Wir können jetzt verstehen, dass Rönne zu dem Zeitpunkt psychotisch wird, als die ganz konkrete Hinausverlagerung der inneren Fraktionierung und der eigenen destruktiven Anteile nicht mehr möglich ist. Die schizoide Struktur hat demnach zwei Funktionen: Die große emotionale Distanz zum Anderen schützt Rönnes Kosmos zum einen vor dessen unerträglicher Nähe, was er psychisch als ein Eindringen eines (projizierten) zerstörerischen Objektes erleben muss, und gleichzeitig schützt sie den Anderen, als gutes Objekt, vor Rönnes eigener Destruktivität. Das Gegenüber kippt in seiner Eigenschaft als gutes und als böses Objekt hin und her. Dieser Vorgang ist von Melanie Klein als paranoid-schizoide Position beschrieben worden (Klein 1946). Aber nicht nur das: Im Vorgang des Sezierens gelingt es Rönne auf ganz konkretistische Weise, eine Trennung zu vollziehen, indem er die einzelnen Körperteile der Leichen heraustrennt und sie in Einzelteile zerlegt. Dies muss so sein, da Rönne über diese innere, ganz basale, trennende und haltende Instanz nicht verfügt. Als diese Stabilisierung entfällt, reicht die schizoide Struktur allein nicht mehr aus, um Rönnes

Kosmos vor dem psychotischen Zusammenbruch zu bewahren. Die nicht mehr hinausverlagerten, ungebundenen destruktiven Anteile greifen nunmehr das innere, lebenspendende gute Objekt an, was einer inneren Katastrophe gleichkommt. Eine psychische Instanz, die das Ich vor dieser Attacke schützen könnte, fehlt.

In diesem Zusammenhang sei es nun noch erlaubt, einige hypothetische und in diesem Falle sehr spekulative Überlegungen anzufügen – schließlich ist Rönne ein literarisches Produkt: Wir können vermuten, dass sich in dem hier dargestellten Fall die primäre Bezugsperson nicht in der Weise zur Verfügung gestellt hat, wie es notwendig gewesen wäre. Damit ein Kind jene psychische Struktur etablieren kann, die sowohl eine haltende als auch eine trennende Funktion erfüllt sowie im Verlauf der Entwicklung hilft, die destruktiven Impulse zu integrieren, muss die frühe Bezugsperson über diese psychische Struktur selbst verfügen (Bion 1990). Wenn also die Mutter selbst innerlich nur über ein unzureichendes Drittes als eine ganz grundlegende trennende, im Denken verwurzelte Struktur verfügt, wird sie nicht gut in der Lage sein, die projektiven Identifizierungen ihres Säuglings ausreichend aufzunehmen, zu verstehen und wieder »entgiftet« zurückzugeben. In erstaunlicher Weise werden in dieser Erzählung die möglichen Auswirkungen der frühen Abwesenheit einer väterlichen, trennenden Struktur deutlich. Lacan hat diesen Zusammenhang in seiner Schreber-Interpretation schon früh aufgezeigt (Lacan 1975).

Es ist mein Anliegen gewesen, diese frühe schwere Störung, diese basale Störung im Verstehen der Welt in Zusammenhang mit einer fehlenden väterlichen Struktur zu bringen, die die Basis für ganz fundamentale Denkprozesse darstellt. Auf viele weitere Verknüpfungen und Interpretationsebenen dieser meisterhaften, ungeheuer dichten und sehr lyrischen Erzählung, wie zum Beispiel autobiografische und zeitgeschichtliche Bezüge, aber auch die vielen anderen Facetten des Protagonisten, habe ich bei dieser Untersuchung verzichtet. Die anfänglichen Gedanken zur »Gegenübertragung« beim Lesen der Erzählung lassen sich an dieser Stelle nochmals anders verstehen: So erfüllt der Leser gewissermaßen in der Auseinandersetzung mit dem Text, in dem Verstehen-Wollen, in der Entwicklung von Hypothesen genau diejenige Aufgabe, welcher Rönnes primäre Bezugsperson in unseren hypothetischen Überlegungen nicht gerecht werden konnte: für den vorliegenden Zustand eine stimmige Be-Deutung, eine ordnende Sinnzuschreibung zu finden.

Literatur

Abelin, E. (1986): Die Theorie der frühkindlichen Triangulation. Von der Psychologie zur Psychoanalyse. In: J. Stork (Hg.): Das Vaterbild in Kontinuität und Wandlung. Stuttgart (Frommann-Holzboog), 45–73.

Bion, W. (1990): Lernen durch Erfahrung. Frankfurt/M. (Suhrkamp).

Ermann, M. (1993): »Frühe« Triangulierung. In: W. Mertens (Hg.): Schlüsselbegriffe der Psychoanalyse. Stuttgart (Verlag Internationale Psychoanalyse), 200–208.

Klein, M. (1946): Bemerkungen über einige schizoide Mechanismen. In: Dies.: Das Seelenleben des Kleinkindes und andere Beiträge zur Psychoanalyse. Stuttgart (Klett) 1962, 101–126.

Lacan, J. (1975): Über eine Frage, die jeder möglichen Behandlung der Psychose vorausgeht. In: Ders.: Schriften II. Olten (Walter), 61–117.

Schon, L. (1995): Entwicklung des Beziehungsdreiecks Vater-Mutter-Kind. Stuttgart (Kohlhammer).

Schweikle, G. & I. (1990): Metzler Literatur Lexikon. Begriffe und Definitionen. Stuttgart (Metzler).

Isabelle Nathalie Koch

Der Verlust des vitalen Kontaktes mit der Wirklichkeit
Herman Melville: »Bartleby«[*]

Diese Erzählung von Herman Melville (1819–91) erschien 1853 und ist heute fast genauso berühmt wie sein Roman »Moby Dick« oder die Novelle »Billy Budd«. Auch »Bartleby« wurde verfilmt (USA 2000, Regie: Jonathan Parker); es gab eine Fernsehspielfassung (ZDF 1963, Drehbuch von Heinar Kipphardt); und wie »Billy Budd« diente »Bartleby« als Vorlage für eine Oper (1961, Libretto von Edward Albee). Vor kurzem wurde auch die deutschsprachige Theaterfassung »Lieber nicht. Eine Ausdünnung« aufgeführt (2003, Regie: Christoph Marthaler).

Vordergründig handelt es sich um die tragikomische Geschichte eines freundlichen älteren Mannes, der sich um seinen vermutlich – wie man heute sagen würde – schizophrenen Angestellten Bartleby kümmern will und dabei scheitert. Sie teilt auch etwas über ihren Autor Melville mit, der nach ersten Erfolgen mit seinen Seefahrtsromanen »Taipi«, »Omu«, »Redburns erste Reise« und »Weißjacke« seit 1850 immer weniger Resonanz als Schriftsteller fand und bis zu seiner Wiederentdeckung um 1920 weitgehend in Vergessenheit geriet (vgl. Hardwick 2002). Schließlich hilft sie uns dabei, Melvilles zahlreiche, vom »Bartleby-Syndrom« (Vila-Matas 2001) befallene »Brüder« kennen zu lernen, darunter vor allem Franz Kafka und Robert Walser. Ihr besonderes Merkmal ist, dass sie sich um eine eigenartig formulierte, rätselhafte Äußerung Bartlebys dreht, die mit jeder Wiederholung zunehmend den Charakter einer Botschaft erhält, deren Verkünder aber schließlich untergeht.

Der Aufforderungscharakter der Erzählung für Leser und Interpreten ist beträchtlich (Bloom 1996). Sie als Lehrbeispiel für ein psychiatrisches oder psychotherapeutisches Seminar heranzuziehen, scheint nicht weniger gefährlich als harmlos. Es soll trotzdem versucht werden, zumal hier auch ein grundlegendes Problem von Psychiatrie und Psychotherapie geschildert wird (s. u. Exkurs). Die Erzählung besteht aus drei Teilen oder Bildern:

---

[*] Herman Melville (1853): »Der Schreiber Bartleby«, übersetzt von Richard Mummendey. Stuttgart (Edition Weitbrecht in K. Thienemanns Verlag) 1984. Originalausgabe der Erzählung: Herman Melville Redburn, Israel Potter und sämtliche Erzählungen. Aus dem Amerikanischen von Richard Mummendey. München 1967 (Winkler). Amerikanischer Text: Herman Melville: Bartleby. Fremdsprachentexte. Stuttgart (Reclam) 1985.

1. Ein auf die 60 Jahre zugehender Notar besitzt ein Büro in der New Yorker Wall Street mit Blick auf die Mauern eines Lichtschachtes. Der Notar ist ein Junggeselle, der »von Jugend auf von der Überzeugung durchdrungen ist, dass die bequemste Lebensweise die beste ist« (14). Er ist ein außerordentlich zuverlässiger Mensch, dessen »erste Haupteigenschaft« die »Vorsicht«, seine nächste die »methodische Überlegung« (15) ist. Er erzählt uns diese Geschichte, wobei zunächst unsicher ist, ob er sie erzählt, weil ihn bestimmte Ereignisse so sehr beeindruckt und nachhaltig erschüttert haben, oder ob er wegen des ärgerlichen Verlustes einer zwar nicht »besonders mühevollen, aber doch mit einer sehr angenehmen Einnahme verbundenen Tätigkeit« aufgrund der »plötzliche[n] und schroffe[n] Abschaffung des Amtes eines Beisitzers beim Kanzleigericht« (15), über deren möglichen Zusammenhang mit den nachfolgend geschilderten Ereignissen er aber nichts berichtet, nun endlich die Muße findet, über eine »Menschenklasse« zu schreiben, »die uns interessant und irgendwie sonderbar erscheint [...] die Anwaltskopisten oder Notariatsschreiber« (13).

Obwohl in seinem Büro der Ausblick »alles andere als erhebend« sein mag, »da ihm all das fehlte, was ein Landschaftsmaler ›Leben‹ nennt«, er vielmehr »an einen riesigen viereckigen Brunnenschacht« (16) erinnert, herrscht der Notar wie ein guter Hirte über seine Schafe in einem von Melvilles Zeitgenossen Arnold Böcklin (1827–1901) gemalten »Idyll mit Pan«. Im Büro wird emsig gearbeitet, es werden große Mengen Spitzenberger Äpfel und Pfeffernüsse gegessen. Einer seiner Schreiber, »ein kleiner dicker Engländer etwa meines Alters« (17), wird im Büro »der Truthahn« genannt, weil ihm ein ausgeprägtes zirkuläres Temperament zu eigen ist:

> »Des Morgens zeigte sein Gesicht eine, wie man sagen kann, schöne blühende Farbe, aber nach zwölf Uhr mittags – wenn er seine Mahlzeit zu sich nahm – glühte es wie ein Rost voller Kohlen zu Weihnachten [...]. Genau dann, wenn der Truthahn seine vollsten Strahlen aus seinem leuchtenden Gesicht verbreitete, [...] gerade dann in diesem kritischen Augenblick [begann] der tägliche Zeitabschnitt, in dem ich für den Rest der vierundzwanzig Stunden seine Arbeitsleistung als ernstlich gestört ansehen musste. Nicht, daß er dann absolut träge war oder eine Abneigung gegen seine Arbeit zeigte, beileibe nicht. Die Schwierigkeit war die, daß er dazu neigte, zuviel Energie aufzuwenden. Eine seltsame hitzige, verworrene, flüchtige und unbekümmerte Betriebsamkeit überkam ihn. Unvorsichtig tauchte er seine Feder in das Tintenfass. Alle Kleckse auf meinen Schriftstücken verursachte er nach zwölf Uhr mittags. Tatsächlich wurde er nachmittags nicht nur gleichgültig und neigte auf eine üble Art zum

Klecksen, sondern ging an manchen Tagen noch weiter und wurde ziemlich laut. [...] Er verursachte mit seinem Stuhl ein unangenehmes Scharren, verschüttete seine Streusandbüchse, zerschnitzelte beim Zurichten ungeduldig seine Federkiele und warf sie in einer plötzlichen Erregung auf den Fußboden«.

Der »Truthahn« ist jedoch »in der ganzen Zeit vor zwölf Uhr der schnellste und eifrigste Mensch [...], der ein großes Arbeitspensum auf eine nicht leicht zu übertreffende Weise bewältigte« (17 f.).

Der Notar schildert weitere ungemein komische Erlebnisse, insbesondere seine schlauen, aber erfolglosen Bemühungen, nur die Stärken des »Truthahns« für die Arbeit auszunutzen, nicht aber seine »Überspanntheiten« ertragen zu müssen. Sein zweiter Gehilfe, genannt »die Kneifzange«, wird beschrieben als

»ein etwas seeräuberhaft aussehender junger Mann von etwa Fünfundzwanzig mit einem Backenbart. Mir schien er das Opfer zweier böser Mächte, seines Ehrgeizes und seiner Verdauungsstörungen. Der Ehrgeiz bekundete sich durch eine gewisse Unduldsamkeit gegenüber den Pflichten eines einfachen Kopisten, eine unverantwortliche Anmaßung rein fachlicher Kompetenzen, wie des Ausfertigens rechtsgültiger Urkunden. Die Verdauungsstörungen schienen sich in einer gelegentlichen nervösen Missstimmung und einer grinsenden Reizbarkeit zu äußern. Dabei knirschte er über Fehler, die ihm beim Kopieren unterliefen, hörbar mit den Zähnen und stieß im Eifer der Geschäfte und insbesondere in einer ständigen Unzufriedenheit mit der Höhe seines Arbeitstisches überflüssige, mehr gezischte als ausgesprochene Verwünschungen aus« (20).

Die »Kneifzange« ist aber trotz ihrer neurasthenischen Reizbarkeit wie sein Kollege »Truthahn« sehr nützlich, da er »saubere, flüssige Handschrift [schrieb] und [...] wenn es ihm passte, es an einem herrenmäßigen Auftreten nicht fehlen ließ« (21). Außerdem sei er ein – beim Trinken – maßvoller junger Mann, allerdings »schien die Natur selbst sein Weinschenk gewesen zu sein und ihn bei seiner Geburt so mit einer reizbaren branntweinartigen Veranlagung bedacht zu haben, dass es eines späteren Trinkens nicht mehr bedurfte« (23). Ein Glück sei es aber, dass die »Nervosität der Kneifzange hauptsächlich in den Vormittagsstunden bemerkbar wurde, während sie am Nachmittag verhältnismäßig sanft war« (23). Niemals hatte der Notar es »mit Überspanntheiten von beiden Seiten gleichzeitig zu tun. Ihre Launen lösten einander ab wie Wachtposten. Waren die der Kneifzange aufgezogen, so hatten die des Truthahns wachfrei, und umgekehrt. So hatte die Natur dies unter den gegebenen Umständen gut eingerichtet« (24).

Seit Übernahme des Beisitzeramtes, erzählt der Notar, liefen die Geschäfte so gut, dass ein weiterer Schreiber eingestellt werden musste. Auf die Zeitungsanzeige hin erschien »ein junger Mann unbeweglich auf meiner Schwelle [...] blässlich, sauber, erbarmungswürdig achtbar, unrettbar hilflos! Es war Bartleby« (25). Über ihn ist zunächst nichts weiter bekannt; erst später erfährt der Notar, dass er früher als untergeordneter Angestellter im Amt für unzustellbare, »tote« Briefe in Washington beschäftigt gewesen, aber betriebsbedingt plötzlich entlassen worden sei. Der Notar hofft, dass ein »Mann von so einzigartig gesetztem Äußeren [...] einen wohltuenden Einfluss auf das flüchtige Temperament des Truthahns und das heftige der Kneifzange ausüben werde« (26). Auch den Arbeitsplatz von Bartleby richtet er nach ergonomischen Überlegungen ein: »Als weitere angenehme Einrichtung beschaffte ich einen grünen Wandschirm, der Bartleby meinen Blicken völlig entrückte, ohne ihn dem Bereich meiner Stimme zu entziehen. So waren gewissermaßen Privatleben und Gemeinschaft miteinander in Einklang gebracht.« (26). Bartleby kopiert zur vollsten Zufriedenheit seines Chefs, »als ob er seit langem danach hungerte, etwas zu kopieren, schien er sich mit meinen Dokumenten vollzupfropfen [...] Sein Fleiß hätte mir gefallen können, wäre er mit mehr Freude eifrig gewesen. Aber still, bleich und mechanisch schrieb er vor sich hin« (27).

2. Das bis dahin drollige Satyrspiel über das amerikanische Kanzleileben um die Mitte des 19. Jahrhunderts ändert sich plötzlich, als der Notar Bartleby, in »seinem Versteck« (28) schreibend, zu sich ruft, um ihn eine kurze Abschrift mit dem Original vergleichen zu lassen – eine zwar »unentbehrliche«, aber auch »stumpfsinnige und ermüdende Tätigkeit, [die] einem lebhaften Temperament unerträglich ist« (27) und Bartleby »in einem seltsam sanften bestimmten Ton« erwidert: »Ich würde es vorziehen, es nicht zu tun« (28; Engl.: »I would prefer not to.«).

Nun glaubt man ein anderes Bild – Böcklins »Pan erschreckt die Hirten« – zu sehen. Der Leser, mag er auch psychiatrische oder psychotherapeutische Distanz herstellen, wird zum Zeugen eines Geschehens, in das er immer wieder eingreifen möchte, da er wähnt, mit der Situation besser zurechtzukommen als der Notar. Denn dieser versucht, Bartleby zu etwas, was Sinn macht, zu bewegen, wie das Vergleichen von Schriftstücken oder den Gang zum Postamt. Bartleby erwidert seine stereotype Formel: »Ich würde es vorziehen, es nicht zu tun.« Schließlich weigert sich Bartleby sogar zu kopieren und – trotz der folgenden Kündigung und dem Erhalt einer Abfindung

– das Büro zu verlassen; sogar nach dem verzweifelten Umzug des Notars bleibt er in den alten Räumen an seinem Platz stehen. Bartlebys Verhalten wühlt die Umgebung auf. Die mit ihren Launen und Eigenheiten für das Berufsleben domestizierten, konformistischen Angestellten begehren gegen den Arbeitsverweigerer auf, während sie selbst schon anfangen, ganz unreflektiert Bartlebys Formulierung zu imitieren (in einer Art Echolalie). Nachdem ihn Bartleby eines Nachts nicht einmal in sein Büro hereinlässt, weil er sich dort einquartiert hat, bemerkt der Notar:

> »Mit seiner leichenhaften und doch weltmännisch sicheren und selbstbewussten Unbekümmertheit [übte er] eine so eigenartige Wirkung auf mich aus, daß ich von meiner eigenen Tür wegschlich und tat, was er verlangte. Dies geschah allerdings nicht ohne viel inneres Aufbegehren gegen die sanfte Unverschämtheit meines rätselhaften Schreibers. Tatsächlich war es hauptsächlich seine erstaunliche Sanftmut, die mich nicht nur entwaffnete, sondern gleichsam entmannte« (40 f.).

Der Notar versucht, sich in die Einsamkeit Bartlebys einzufühlen, der sich in der Wall Street aufhält, die am Sonntag »so verlassen ist wie Petra« und jeden Abend eine »Einöde« (42). »Zum ersten Mal in meinem Leben ergriff mich ein Gefühl überwältigender schmerzender Schwermut. Abgesehen von einer nicht unangenehmen Melancholie hatte ich bisher dergleichen nicht gekannt« (43).

Aber je mehr er sich mit Bartlebys Einsamkeit beschäftigt,

> »umso mehr verwandelte sich meine Schwermut in Furcht und mein Mitleid in Widerwillen. So wahr und so furchtbar es ist, daß bis zu einer gewissen Grenze der Gedanke an das Elend oder sein Anblick unsere besten Regungen weckt, so hat dies doch in gewissen, besonders gelagerten Fällen jenseits dieser Grenze ein Ende [...]. Viel eher rührt dies von einer gewissen Hoffnungslosigkeit her, einem übertrieben und organischen Übel Heilung bringen zu können [...]. Was ich an jenem Morgen sah, überzeugte mich davon, daß der Schreiber das Opfer einer angeborenen und unheilbaren Störung war. Seinem Körper konnte ich Almosen geben, aber sein Körper verursachte ihm keinen Schmerz. Es war seine Seele, die litt, und seine Seele konnte ich nicht erreichen« (45 f.).

Spätestens hier, wenn der Notar merkt, dass seine persönliche Bezugnahme und Einfühlung ins Leere gehen, weiß der psychiatrisch vorgebildete Leser, dass »Schizophrenie« das Modell ist für Bartlebys passiven Negativismus

(»Widerstand des Kranken gegen alle Zuwendung seiner Mitmenschen und die Umkehrung ihrer Aufforderungen in ein gegenteiliges Verhalten«; vgl. Benedetti 1983, 30; siehe ausführlich Bleuler 1911, 158 ff.) und Katatonie (Bleuler 1911, 149 ff. u. 358 ff. mit Stereotypie des Ortes und des Sprechens bzw. Verbigeration). Es ist die in seiner Formel zum Ausdruck gebrachte Ambivalenz, »bei der jede Tendenz von einer Gegentendenz ausgelöscht wird« (Benedetti 1983, 121; siehe auch Bleuler 1911, 305 ff.) und ihre Verkörperung durch den sanft störrischen Bartleby, der sich, ohne zu verschwinden, immer mehr zurücknimmt, die die Umgebung in Aufruhr versetzen.

Exkurs: Die Botschaft, die sich auf nichts und niemanden bezieht, die alles in der Schwebe lässt – Bartlebys »kabbalistische Formel« – war Anlass für einen philosophischen Essay von Gilles Deleuze über die Melville'sche Psychiatrie, die in allen seinen Meisterwerken zu finden sei.

»Die Gesetze befehlen einer zweiten sinnlichen Natur, während die qua Angeborenheit verdorbenen Wesen an einer ersten, einer ursprünglichen, ozeanischen Natur teilhaben, die durch sie hindurch ihr eigenes irrationales Ziel verfolgt, Nichts, Nichts und die keinerlei Gesetze kennt« (Deleuze 1994, 34).

Der Notar gehört wie Ismael aus »Moby Dick« oder Captain Vere in »Billy Budd« zur zweiten Natur, aber sie haben die Fähigkeit, die Wesen der ersten Natur (Bartleby, Ahab, Billy Budd) zu sehen.

»Sie scheinen gute Väter [...] zu sein [...]. Doch es gelingt ihnen nicht, die Dämonen [Ahab aus »Moby Dick«, Claggart aus »Billy Budd«] zu verhindern, da diese für das Gesetz zu schnell, zu überraschend sind. Und sie retten nicht den Unschuldigen, den Unverantwortlichen [Bartleby, Billy Budd]: sie geben ihn im Namen des Gesetzes preis, sie erbringen das Opfer Abrahams.« (Deleuze 1994, 37).

Giorgio Agamben interpretiert die Formel ontologisch: »Das Sein, das sein kann und gleichzeitig nicht sein, heißt [in der Leibniz'schen Philosophie] kontingent« (Agamben 1998, 50) und falle mit dem Bereich der menschlichen Freiheit zusammen. Bartlebys Formel ziele ausschließlich auf die Potenz von etwas, das sein und gleichzeitig nicht sein kann. Der Notar ahne die Bedeutung, wenn er am Ende sagt: »Vom Leben beauftragt, eilen deine Briefe zum Tode« (78). Denn »das, was sich verwirklicht hat, ist die gegensätzliche Möglichkeit« (Agamben 1998, 69).

Der Notar wird von einer Beunruhigung in die andere gestürzt, ein konflikthaftes Verantwortungsgefühl treibt ihn um. Wenn er glaubt, nach christlich-philosophischer Lektüre seinen Seelenfrieden gefunden zu haben, indem er überlegt, »daß diese meine Schwierigkeiten mit meinem Schreiber mir von Ewigkeit her vorbestimmt waren und Bartleby von einer allweisen Vorsehung zu einem geheimnisvollen Zweck bei mir einquartiert worden war, den ein Sterblicher wie ich nicht zu ergründen vermochte«, dann wecken ihn Reaktionen seiner Angestellten und Geschäftsfreunde unsanft auf: »Aber so ist es oft, daß der dauernde Einfluss einer engherzigen Gesinnung schließlich die besten Vorsätze eines anständigeren Gemüts zu Fall bringt« (61 f.).

Schließlich, als er Bartleby eine ganze Palette von Alternativen anbietet – »Würde Ihnen das zusagen?« –, kommt es zur längsten Antwort Bartlebys: »Überhaupt nicht. Es kommt mir nicht so vor, ob das etwas von Dauer wäre. Ich möchte gern sesshaft sein, aber ich bin nicht wählerisch.« Auch das Angebot, zum Notar zu ziehen, lehnt Bartleby ab: »Nein, gegenwärtig würde ich vorziehen, mich überhaupt nicht zu verändern« (69 f.). Der Notar will aufgeben, aber ein Schuldgefühl hindert ihn daran.

3. Bartleby wird auf Veranlassung der Hausbesitzer festgenommen und widerstandslos ins New Yorker Stadtgefängnis »The Tombs« (»Die Gräber«) eingeliefert. Der Notar fühlt sich, als ob er die »Toteninsel« betreten hätte, obwohl der Leser sich auch an sein altes Büro in der Wall Street (»Mauerstraße«) erinnert fühlt:

> »Im Hof herrschte völlige Ruhe. Er war den gewöhnlichen Häftlingen nicht zugänglich. Die ihn umgebenden Mauern von erstaunlicher Dicke hielten jedes Geräusch fern. Der ägyptische Charakter des Mauerwerks lastete mit seiner Düsterheit auf mir. Aber ein weicher eingeschlossener Rasen wuchs zu meinen Füßen« (76).

Der Notar will »den stillen« Häftling vor dem Verhungern retten, aber Bartleby sagt: »Ich kenne sie [...] und ich habe Ihnen nichts zu sagen.« (73). Danach wird er Zeuge von Bartlebys Tod. Erschüttert beklagt der Notar, wie die jahrelange Verwaltung von »toten« Briefen, die letztendlich ins Feuer geworfen würden, Bartlebys ohnehin »fahle Hoffnungslosigkeit« (77) verstärkt haben müsse: »Verzeihung für den, der verzweifelnd starb, Hoffnung für den, der ohne sie verschied, gute Nachrichten für den, der in ungelinderter Not erstickte. Vom Leben beauftragt, eilen deine Briefe zum Tode. Ach Bartleby! Ach, Menschheit!« (78).

Melvilles »Bartleby, the Scrivener. A story of Wall-street«, so der Originaltitel der Erzählung, stellt buchstäblich den »Verlust des *vitalen* Kontaktes mit der Wirklichkeit« dar, den Eugène Minkowski als Grundstörung der Schizophrenie herausgestellt hat: »Der Schizophrene, der vor allem in seiner vitalen Dynamik getroffen ist, scheint immer mehr und mehr stillzustehen und seine Psyche in Relationen rein räumlicher Art einzusperren« (Minkowski 1972, 110 f.). Mehr als ein halbes Jahrhundert vor Kafka, in dessen Werken »sich das Unglaubliche mehr in der Verhaltensweise der Personen zu[trägt] als in den äußeren Ereignissen«, schreibt Jorge Luis Borges, habe Melville den seltsamen Fall Bartlebys ersonnen, »der sich nicht nur in einer jeder Logik widersprechenden Weise verhält, sondern auch alle anderen zu seinen verblüfften Mittätern macht«. Es sei ein trauriges und wahres Buch, »das uns jene elementare Nutzlosigkeit vorhält, die eine der alltäglichen Ironien des Weltgeschehens ist« (Borges 1984, 11).

Literatur

Agamben, G. (1998): Bartleby oder die Kontingenz. Berlin (Merve).

Benedetti, G. (1983): Todeslandschaften der Seele. Psychopathologie, Psychodynamik und Psychotherapie der Schizophrenie. Göttingen (Vandenhoeck & Ruprecht).

Bleuler, E. (1911): Dementia Praecox oder Gruppe der Schizophrenien. In: Handbuch der Psychiatrie, hrsg. von G. Aschaffenburg. Leipzig und Wien (Deutcke).

Bloom, H. (Ed.) (1996): Herman Melville's Billy Budd, Benito Cereno and Bartleby the Scrivener. Bloom's Notes. Broomall, PA (Chelsea House Publ.).

Borges, J. L. (1984): Vorwort zu Der Schreiber Bartleby. Stuttgart (Edition Weitbrecht in K. Thienemanns Verlag).

Deleuze, G. (1994): Bartleby oder die Formel. Berlin (Merve).

Hardwick, E. (2002): Herman Melville. München (Claassen).

Kipphardt, H. (1988): Bartleby. In: Ders.; Gesammelte Werke, Shakespeare dringend gesucht und andere Theaterstücke. Reinbek (Rowohlt).

Minkowski, E. J. (1933): Die gelebte Zeit II. Über den zeitlichen Aspekt psychopathologischer Phänomene. Salzburg (Otto Müller) 1972.

Vila-Matas, E. (2001): Bartleby & Co. Zürich (Nagel & Kimche).

Gerhard Heim

Unbewusste Partnerwahl

Die Frage, nach welchen Kriterien wir unsere Liebespartner wählen, hat nicht nur die psychologische Wissenschaft, sondern lange davor schon die Literaten beschäftigt. Ist es die Schönheit ganz allgemein? Ist es irgendeine ganz unmerkliche Besonderheit des Äußeren – eine Unregelmäßigkeit der Zahnstellung eventuell oder eine besondere Augenfarbe? Immer wieder lesen wir gerade in den erzählerischen Beschreibungen der Liebeswahl von solch unmerklichen Kleinigkeiten, die für den Liebenden wichtig werden.

Oder: Ist es die Besonderheit des Charakters, eine kleine Geste, die liebevolle Fürsorge verrät wie Werthers Lotte, die ihren kleinen Geschwistern das Brot abschneidet und damit in Werther sofort Entzücken hervorruft?

Auch die Platon'sche Theorie des Kugelmenschen – ein metaphysischer Ansatz – wird zitiert bei der Beantwortung, wie es komme, dass plötzlich der oder die »Eine« als der oder die »Einzige« erscheint? Die Volksweisheit behilft sich mit gegensätzlichen Postulaten: »Gleich und gleich gesellt sich gern« oder »Gegensätze ziehen sich an«.

Und die Psychoanalyse? Auch wenn Freud selbst konzediert, dass seine Erklärungen mit »plumperen Händen« als denen der Dichter gegeben seien: Er formuliert doch die Bedingungen, die zu Liebe und Partnerschaft führen, auf einer Ebene der Verallgemeinerbarkeit, nämlich auf der Ebene des Unbewussten. Sein Vorschlag, Liebeswahlen unter zwei Gesichtspunkten zu betrachten, nämlich 1. unter dem der »Anlehnung« und 2. unter dem des »Narzissmus«, zeigt einen gangbaren Weg auf (vgl. Freud 1914c).

Nun gibt es sicher nicht nur diese zwei Möglichkeiten, Partnerwahlen zu betrachten. Aber der Ansatz, der die unbewussten Bedürfnisse der Liebenden als den letzten und wichtigsten Anziehungsfaktor ansieht, zeigt einen vielversprechenden Weg auf, sich mit dem Problem auseinander zu setzen. In der Folge haben sich Partnerschaftsspezialisten auch immer auf diesen Ebenen bewegt.

Wir finden zum Beispiel diejenigen, die – wie Jürg Willi mit seinem Konzept der »Kollusion« – entlang der psychosexuellen Entwicklungslinie ungelöste infantile Konflikte zum Ausgangspunkt nehmen: Treffen sich zwei, die den Bereich des Oralen, Analen oder Ödipalen in ihrer Entwicklung schlecht bewältigt haben, dann kann dies zum wichtigsten Bindeglied werden – vorausgesetzt, sie sind in ihrem Verhalten innerhalb der Konfliktzone eher zu gegensätzlichen Lösungen gekommen, also: ein oral Frustrierter bewegt sich entlang der Versorgung anderer, während der andere sich immer lieber versorgen lässt, u. ä. m.

Andere Weiterentwicklungen des Themas unbewusster Partnerwahl beziehen sich auf objektpsychologische oder ichpsychologische Themen. Die Ähnlichkeit mit früheren Objekten oder die zentralen Beziehungswünsche, die ebenfalls biografisch bedingt sind, stehen bei diesen Modellen Pate (vgl. Bergmann 1987; Kernberg 1998; Klotter 1999; Jaeggi 2002).

Die Partnerwahl, die *Achim Würker* anhand der Gretchentragödie in Goethes »Faust« ergründet, bewegt sich auf objektpsychologischer Basis: Faust sucht in Gretchen das Mütterliche und fantasiert sie gleichzeitig als die Figur an Vaters Seite, sodass er sie ihm »wegnehmen« kann. Es wird also eine ödipale Figur geschildert. Gleichzeitig erhofft er sich von der Verschmelzung mit der Geliebten die Möglichkeit, in der Unterwerfung endlich regredieren zu können. Seine Abwehr von Alter und Gebrechlichkeit ist in der Verjüngungsillusion gekoppelt mit den grandiosen Ideen von ewigem Leben. Diese in Gretchen hineinprojizierten Wünsche werden von der Geliebten in der Kerkerszene zurückgewiesen – sie lässt sich nur mehr von Gottvater führen und will nicht mehr Teil seines Lebens sein.

Isabelle N. Koch beschreibt in ihrer Erläuterung zu Uwe Johnsons »Skizze eines Verunglückten«, wie die Symbiosewünsche des Protagonisten, der ein unverarbeitetes schweres Kindheitstrauma in seine Geliebte »hineinverlegt« (im Bion'schen Sinn) und sich damit als besänftigt erlebt, völlig aus der Bahn geworfen wird, als er erfahren muss, dass diese Geliebte ihrerseits eben nicht nur symbiotisch mit ihm lebt, sondern ein Eigenleben hat. Hier ist die Partnerwahl offenbar bestimmt von tiefen Verletzungen in der Kindheit des »Findelkindes«, das nur Härte und Ablehnung erfahren hat. Die Geliebte muss »wiedergutmachen« und darf daher nur als Teil des Protagonisten existieren – als er von ihrer Untreue erfährt, muss er sie töten.

Die Autorin des Buches »Eifersucht«, *Hildegard Baumgart*, hat in ihrem Buch ebenfalls die »Skizze eines Verunglückten« von Johnson analysiert. Wir fanden diese Parallelität so interessant, dass wir die Autorin um die Abdrucksrechte baten, die sie auch gewährte. Bei ihr sieht die Erklärung in einigen Teilen anders aus: Es ist nicht das Trauma, das der Protagonist der Geliebten sozusagen zur »Aufbewahrung« gibt (containing), sondern im alten poetischen Sinn seine »Seele« – was die Tat doch wiederum anders konnotiert.

Dass biografisch bedingte Bilder, Sehnsüchte, Konflikte und Wünsche in die Partnerwahl hineinspielen, ist immer schon Thema der Literatur gewesen. Wie man aus dem Text dieses Thema sozusagen »herauspräparieren« kann: das sollte mit den genannten Beispielen deutlich gemacht werden.

Literatur

Baumgart, H. (1985): Eifersucht. Erfahrungen und Lösungsversuche im Beziehungsdreieck. Reinbeck (Rowohlt), 69–72.

Bergmann, M. (1987): Eine Geschichte der Liebe. Vom Umgang des Menschen mit einem rätselhaften Gefühl. Frankfurt/M. (Fischer) 1999.

Freud, S. (1914c): Zur Einführung des Narzissmus. GW X, 137–170.

Jaeggi, E. (2002): Liebe lieber ungewöhnlich. Düsseldorf – Zürich (Walter).

Kernberg, O. (1998): Liebesbeziehungen. Normalität und Pathologie. Stuttgart (Klett-Cotta).

Klotter, Ch. (Hg.) (1999): Liebesvorstellungen im 20. Jahrhundert. Die Individualisierung der Liebe. Gießen (Psychosozial Verlag).

Willi, J. (1975): Die Zweierbeziehung. Reinbek (Rowohlt).

E. J. & H. K.-G.

Über die Objektwahl des Faust
Assoziationen zur Gretchentragödie
in Goethes Drama*

Sigmund Freud hat in seinem Aufsatz »Über einen besonderen Typus der Objektwahl beim Manne« folgenden Hinweis formuliert:

> »Wir haben es bisher den Dichtern überlaßen, uns zu schildern, nach welchen ›Liebesbedingungen‹ die Menschen ihre Objektwahl treffen und wie sie die Anforderungen ihrer Phantasie mit der Wirklichkeit in Einklang bringen. Die Dichter verfügen über manche Eigenschaften, welche sie zur Lösung einer solchen Aufgabe befähigen, vor allem über die Feinfühligkeit für die Wahrnehmung verborgener Seelenregungen bei anderen und den Mut, ihr eigenes Unbewußtes laut werden zu lassen« (Freud 1910h, 66).

Damit weist Freud den Dichtern die Rolle zu, Unbewusstes zu artikulieren, wozu sie nicht nur die Fähigkeit benötigen, »ihr eigenes Unbewußtes laut werden zu lassen«, sondern dies auch in einer künstlerischen Form tun, die die Leserinnen und Leser veranlasst, es zu vernehmen. Der Dichter präsentiert Bilder und Szenen, die ein – dem Dichter und seiner Leserschaft gemeinsames – Panorama unbewusster Vorstellungsinhalte als den latenten Sinn des Textes zur Geltung bringen.

Eine sinnvolle psychoanalytische Interpretation muss die konkreten Wirkungen der literarischen Szenen zum Ansatzpunkt eines tiefenhermeneutischen Verstehensprozesses machen, bei dem es gilt, die Assoziationen und Irritationen, die die Bilder und Szenen auslösen, in ihrer Bedeutung zu verstehen.[1]

---

* Johann Wolfgang von Goethe (1808): Faust, hrsg. und kommentiert von Erich Trunz. München 1999.

1 Zur Methode der Tiefenhermeneutik vgl. Lorenzer 1986, 1991; Würker 1987,1999. Unter methodischen Gesichtspunkten wäre es aufschlussreich, einen Vergleich mit der interessanten Interpretation von Rüdiger Scholz (1995) anzustellen, der stark figurenbezogen und theoriegeleitet deutet und statt des Text-Leser-Verhältnisses letztlich das Autoren-Text-Verhältnis zu beleuchten versucht (vgl. hierzu Anmerkung 5).

Auf dem Hintergrund dieser Vorüberlegungen möchte ich nun auf die Beziehung Fausts zu Margarete eingehen, wie sie in den folgenden Szenen entfaltet wird:

1. »Straße«, in der Faust Margarete anspricht und Mephisto auffordert: »Hör, du mußt mir die Dirne schaffen«;

2. »Abend«, in der Faust in Margaretes Abwesenheit deren Zimmer aufsucht;

3. »Garten«, in der Faust mit Margarete spazieren geht und sich mit ihr unterhält;

4. »Marthens Garten«, in der Faust nach einem Gespräch über Religion Margarete überredet, der Mutter ein Schlafmittel zu verabreichen, um ein heimliches Treffen zu ermöglichen; und schließlich – durch die Walpurgisnacht-Szenen abgetrennt:

5. »Kerker«, die Szene, in der Faust Margarete zur Flucht verhelfen will, diese sich jedoch weigert, mit ihm zu kommen.[2]

Goethe führt die Gretchentragödie bereits im Urfaust und im »Fragment« von 1790 aus, und sie behält trotz des relativ geringen Umfangs eine bestimmende Bedeutung in der endgültigen Faust-Dichtung (vgl. Keller 1980). Dies mag nicht nur mit der persönlichen Problematik des Autors, sondern auch damit zusammenhängen, dass das Motiv des verführten Bürgermädchens zu dieser Zeit große Aufmerksamkeit auf sich zog. Lessings »Emilia Galotti« und Schillers »Kabale und Liebe« sind weitere Beispiele seiner literarischen Verarbeitung. Und bis heute bestimmt die Gretchentragödie neben der Dimension der Wissenschaftlertragödie die Faust-Rezeption.

---

[2] Ich erlaube mir, hier wie auch im Folgenden, die Rolle, die Mephistopheles spielt, zu übergehen und ihn der Psychologie Fausts zuzuschlagen, und zwar als Medium, durch das dessen Wünsche realisierbar werden. Dies ist sicherlich eine gewagte Vereinfachung angesichts der kontroversen Debatte um die Mephistofigur. Immerhin ist darin auch die Deutung vertreten, Mephisto stelle einen Anteil Fausts dar, dieser trage in sich den »mephistophelischen Trieb« (Strich 1965, 97), und auch Keller (1980, 269) sagt: »Mephisto ist Fausts personifizierter Triebwille [...]«.

Meine Interpretation entzündet sich an zwei Irritationen: Die eine entsteht aus der banalen Tatsache, dass Goethes »Faust« (1. Teil) u. a. eine Beziehung zwischen einem älteren, statushöheren Mann zu einem jungen, statusniedrigen Mädchen vorführt,[3] eine Konstellation, die sowohl nicht selten im heutigen realen Leben als auch Gegenstand – meist trivialer – medialer Darstellungen ist.

Dies fiel mir besonders auf, als ich den »Faust« wieder einmal las und gerade die Bundestagswahl, die die erste Amtsperiode Schröders einleitete, bevorstand. Es war frappierend, wie viel Aufmerksamkeit den Ehen einiger Politiker geschenkt wurde: Spitzenpolitiker der damals neuen Regierungskoalition – Schröder, Lafontaine und Fischer – wurden der Öffentlichkeit nach Art der Regenbogenpresse als betagte Männer wesentlich jüngerer Frauen präsentiert.

Auch fällt auf, dass der Autor Goethe selbst ein extremes Beispiel für die Liebe des alten Mannes zum jungen Mädchen liefert, indem er sich als 74-Jähriger in die 19-jährige Ulrike von Levetzow verliebt und sogar um ihre Hand anhält. Und Christiane Vulpius, die Goethe heiratete, war 16 Jahre jünger als er.

Darüber hinaus erinnerte ich mich an zwei Autoren und deren Werke, über die ich Jahre zuvor geschrieben hatte (vgl. Würker 1990, 1997): E. T. A. Hoffmann, mit seiner Liebe zu seiner Gesangsschülerin Julia Marc – er damals 35, sie 15. Und Max Frisch mit seiner Ehe mit Marianne Oelers, die 28 Jahre jünger war als er, und später mit der Beziehung zur 37-jährigen Alice Locke-Cary, als er 69 Jahre alt war – Altersunterschied: 32 Jahre. Und auch eine andere Partnerin Frischs, Ingeborg Bachmann, war immerhin 15 Jahre jünger als Frisch.

Aufschlussreicher noch als diese Verbindungen zum Leben der Künstler erscheinen mir ihre Werke: Während Hoffmann in einigen seiner Erzählungen Aspekte einer problematischen Beziehungsstruktur darstellt, wie sie auch für die Beziehung alter Männer zu jungen Frauen bzw. Mädchen kennzeichnend sind, ohne dies aber mit dem Altersunterschied zu verknüpfen (vgl. z. B. »Rat Krespel«), thematisiert Frisch das Problem direkt, beispielsweise in »Homo faber« oder »Montauk«.

---

3 Rüdiger Scholz deutet hier im Anschluss an Freud, es handele sich bei einer solchen Objektwahl um die Folge mangelnder Ablösung des Mannes von infantilen Sexualobjekten, sie sei Ausdruck der Abwehr inzestuöser Strebungen, »Folge davon, dass der Jüngling Objekten ausweichen muss, die an die ›verpönten inzestuösen Personen gemahnen‹ [...]« (1995, 188).

Auch im »Faust I« wird die Beziehung Fausts zu Margarete explizit in einen engen Zusammenhang mit dem Motiv der Verjüngung gebracht. In der Szene »Hexenküche« heißt es:

»Faust:
Und schafft mir die Sudelköcherei
Wohl dreißig Jahre mir vom Leibe?
[...]
Mephistopheles:
Dich zu verjüngen, gibt's auch ein natürlich Mittel ...« (V, 2341 ff.).

Zweitens verknüpft sich dies – am Ende der Szene – mit dem Mechanismus der Verkennung, die psychoanalytisch als Projektion, Übertragung oder narzisstische Spiegelung aufgefasst werden könnte. So sagt Mephistopheles:

»Du sollst das Muster aller Frauen
Nun bald leibhaftig vor dir sehn.
(Leise) Du siehst, mit diesem Trank im Leibe,
Bald Helenen in jedem Weibe« (V, 2601).

Zu diesen Szenen fielen mir folgende Textpassagen aus Texten der erwähnten Autoren Frisch und Hoffmann ein: E. T. A. Hoffmann hat die Problematik von Projektion und narzisstischer Spiegelung in seiner Erzählung vom »Sandmann« eindrucksvoll thematisiert. Ich zitiere kurze Auszüge der Schilderung des Verhältnisses des Protagonisten Nathanael zur Puppenfrau Olimpia; zunächst eine Aussage Nathanaels gegenüber einem Freund: »Nur mir ging ihr Liebesblick auf und durchstrahlte Sinn und Gedanken, nur in Olimpias Liebe finde ich mein Selbst wieder.« Dann eine Darstellung des Erzählers:

»Er erbebte vor innerem Entzücken, wenn er bedachte, welch wunderbarer Zusammenklang sich in seinem und Olimpias Gemüt täglich mehr offenbare; denn es schien ihm, als habe Olimpia über seine Werke, über seine Dichtergabe überhaupt recht tief aus seinem Innern selbst herausgetönt« (Hoffmann 1816, 35).

Diese literarischen Darstellungen bringen zur Geltung, wie hier die Frau funktionalisiert wird, um das Selbst des Mannes zu konstituieren.

Eine Deutung männlicher Verjüngungsillusion legt Max Frisch im »Homo faber« Hanna in den Mund, die der Erzähler/Protagonist im Roman wiedergibt:

»Hanna findet es nicht unbegreiflich, daß ich mich gegenüber Sabeth so verhalten habe; ich habe (meint Hanna) eine Art von Beziehung erlebt, die ich nicht kannte, und sie mißdeutet, indem ich mir einredete, verliebt zu sein. [...] Mein Irrtum mit Sabeth: Repetition, ich habe mich so verhalten, als gebe es kein Alter, daher widernatürlich. Wir können nicht das Alter aufheben, indem wir weiter addieren, indem wir unsere eigenen Kinder heiraten« (Frisch 1957, 169 f.).

Die Beziehung zur jungen Frau – im »Homo faber« faktisch die eigene Tochter, nicht nur ein Objekt der Übertragung – wird der unbewussten Abwehr von Alter und Tod zugeschrieben. Sie ist Folge der Illusion, die Beziehung zur jungen Frau ermögliche die Verjüngung.

Dieser Seitenblick auf die Texte Hoffmanns und Frischs lässt ahnen, dass auch die Szenen der Gretchentragödie eine männliche Wunschvorstellung präsentieren, die von einer Abwehr von Alter und Tod und der Sehnsucht nach Grandiosität und ewigem Leben geprägt ist. Oder anders formuliert: Das für das eigene Ich anvisierte Ideal (ewiger) Jugendlichkeit wird illusionär durch die Objektbeziehung verwirklicht, diese erweist hierin ihre narzisstische Qualität.

Die zweite Irritation bildete die indifferente, zwiespältige Reaktion auf die Faust-Figur, es verunsicherte mich, dass es mir einfach nicht gelingen wollte, eine orientierende Bewertung der Rollenverteilung zwischen Faust und Margarete vorzunehmen: Faust sehe ich wie bei einem Vexierbild einmal als Macho,[4]

---

4   Es ist auffallend, wie lax und emotional Scholz diese Rezeptionsweise zur Geltung bringt, während er sich ansonsten um eine theoretisch abgesicherte, sehr distanzierte Deutungsarbeit bemüht: »Das naiv brave Mädchen befriedigt die narzisstischen Allmachtsfantasien seines Autors Goethe. Margarete schaut zu dem großen Faust auf und ist sich ständig bewusst, ihm nicht im entferntesten das Wasser reichen zu können. Dass Margarete zu diesem Faust auch noch in Liebe entbrennt, dass sie sich nur für ihn schmückt, ist der Gipfel der Bestätigung des Helden; seine Eitelkeit, seine narzisstischen Wünsche werden in höchstem Maße erfüllt. Welcher Gedanke, dass Margarete den Faust als armen Spinner abgefertigt hätte! Nie und nimmer wäre das Drama Pflichtlektüre für Gymnasiasten geworden« (1995, 195). Es ist frappierend, wie Scholz hier in einer antipatriarchalischen bzw. antiautoritären Wendung nicht nur mit Faust und mit Goethe abrechnet, sondern wie er auch den Kampf mit Vaterfiguren allgemein – repräsentiert in der für die Pflichtlektüre für Gymnasiasten Zuständigen – aufnimmt, während in der Interpretation bezeichnenderweise von Vaterfiguren keine Rede ist. In einer tiefenhermeneutischen Interpretation wäre diese emotionale Reaktion auf den Text zum Ansatzpunkt der Interpretation zu machen und der Frage nachzugehen, was die Wut angesichts der narzisstischen Wunscherfüllungsvision, die die Szenen des Textes präsentieren, bedeutet, konkret: welche Rolle die Auseinandersetzung mit Vaterfiguren darin spielt.

als verführenden Vergewaltiger – was mit meiner These, es würden hier Größenfantasien zur Geltung gebracht, harmonieren würde –, dann aber auch als aufrichtig Liebenden, der als solcher hilflos der geliebten Frau ausgeliefert ist. Dieses Changieren in meinen Reaktionen auf die Szenen, die mir Fausts Handeln vorführen, schließt auch einen Wechsel in meiner Reaktion auf Margarete ein, die ich einmal als ohnmächtiges Opfer empfinde, dann aber auch als die, die eine ungeheuere Macht über Faust besitzt.

Zentrale Bedeutung für das Verständnis dessen, was ich als irritierende Ambivalenz bei der Lektüre spüre, gewann im Verlauf meiner Verstehensbemühung die wenig auffällige Szene, in der Faust, alleine in Margaretes Zimmer, seine Vorstellungen in einem Monolog formuliert:

»Faust (rings aufschauend):
[...]
Wie atmet rings Gefühl der Stille,
Der Ordnung, der Zufriedenheit!
In diesem Kerker welche Seligkeit!
(Er wirft sich auf den ledernen Sessel am Bette)
O nimm mich auf, der du die Vorwelt schon
Bei Freud und Schmerz im offnen Arm empfangen!
Wie oft, ach! Hat an diesem Väterthron
Schon eine Schar von Kindern rings gehangen!
Vielleicht, dankbar für den heil'gen Christ,
Mein Liebchen hier, mit vollen Kinderwangen,
dem Ahnherrn fromm die welke Hand geküßt.
Ich fühl, o Mädchen, deinen Geist
Der Füll und Ordnung um mich säuseln,
Der mütterlich dich täglich unterweist,
den Teppich auf den Tisch dich reinlich breiten heißt,
[...]
Und hier
(Er hebt einen Bettvorhang auf.)
Was faßt mich für ein Wonnegraus!
[...]
Und träte sie den Augenblick herein,
Wie würdest du für deinen Frevel büßen!
Der große Hans, ach wie so klein!
Läg, hingeschmolzen, ihr zu Füßen« (V, 2688 ff.).

214

Goethe entwirft hier im leeren Zimmer drei Szenen, die mit höchst unterschiedlichen Gefühlen korrespondieren, ja von Ambivalenzen geprägt sind, wie sie sich schon im Wortkompositum »Wonnegraus«, das Faust verwendet, andeuten:

Die erste Szene in Verbindung mit dem Requisit des Ledersessels: Dieser wird zum Väterthron; eine Vaterfigur residiert, umgeben von den Nachkommen, im Einklang mit christlicher Religiosität, geachtet, anerkannt, geliebt. Margarete wird mit vollen Kinderwangen vorgestellt, wie sie ihm fromm die welke Hand küsst. Faust stellt sich das alles vor, nachdem er selbst sich auf den ledernen Sessel geworfen hat – ich sehe ihn vor meinem inneren Auge also in diesem Sessel sitzend, während er spricht. Damit hat Faust buchstäblich den Platz dieses imaginierten Vaters eingenommen.

Dann die zweite Szene: Ich stelle mir vor, dass Faust im Zimmer umherblickt und dabei den Geist Margaretes fühlt, der ihn umgibt. Diesen Geist beschreibt er nicht nur als einen der Fülle und Ordnung, sondern er stellt ihn auch in die Tradition des Mütterlichen. Margaretes Wirken in diesem Raum wird so mit dem Wesen und Tun einer Mutter verknüpft, Margarete selbst repräsentiert mütterlichen Geist, ja sie wird offenbar selbst als Mutter gesehen.[5]

Margarete als Mutter zu sehen, wird dem Leser/Zuschauer aber nicht nur durch diese Schilderung ihrer Kammer durch Faust nahe gelegt. Bereits in der Szene »Garten« erlebt er sie in der Mutterrolle, wenn sie beschreibt, wie sie sich an der Mutter statt um ihr Schwesterchen sorgt, wie sie es »bemuttert«:

»Ich zog es auf, und herzlich liebt ich es
[...]
Und so erzog ich's ganz allein,
Mit Milch und Wasser; so ward's mein
[...]
Des Kleinen Wiege stand zu Nacht

---

5   Auch Scholz geht auf »die Assoziation Margarete-Mutterimago« ein und erläutert diese einerseits über die Aspekte von Mütterlichkeit, die die Szenen liefern, andererseits über die Symboldeutung, »Bett als Raum und das Zimmer sind im Kontext von Margaretes Geborgenheit Symbole für den Mutterleib« (1995, 191). Die Spannung zwischen der Deutung, Margarete repräsentiere die Mutter, und der vorherigen These, sie werde für Faust gerade dadurch attraktiv, dass sie als standesniederes Mädchen nicht an die inzestuösen Objekte erinnere, wertet Scholz als Teil der zur Geltung gebrachten Ambivalenzen.

An meinem Bett; es durfte kaum sich regen, war ich erwacht;
Bald mußt ich's tränken, bald es zu mir legen« (V, 3125 ff.).

Die dritte Szene, die in Fausts Monolog entworfen wird, ist die des Ertappt-werdens im Anschluss an den Anblick des Bettes und der Vorstellung, wie Margarete darin ruht. Hier ist von Buße die Rede und davon, wie der große Hans, der Prahlhans oder Faselhans, schrumpft und zerschmilzt. Die Szene vermittelt, wie der erwachsene Mann, den seine Redekunst auszeichnet, seine Identität, seine physische und seelische Kontur verliert, begrifflich gespro-chen: wie er regrediert. Und er unterwirft sich der geliebten Frau völlig, hingeschmolzen – so das entworfene Bild – liegt er zu ihren Füßen. Dies kontrastiert radikal mit der Herrschaftsgeste, mit der er Mephisto befiehlt: »Hör, du mußt mir die Dirne schaffen«.

Ich fasse die drei Aspekte, die in den durch den Raum und die Gegenstän-de ausgelösten Fantasien Fausts zu Tage treten, noch einmal kurz zusammen:

1. Die Geliebte wird in der Vorstellung Fausts an die Seite einer Vaterreprä-sentanz – »Väterthron«, »Ahnherr« – gerückt;

2. Die Geliebte wird nicht nur kindlich, sondern auch mütterlich imaginiert: »Geist [...], der mütterlich dich [...] unterweist.«

3. Am Schluss endet die Szene mit Schuldgefühl, Regression und Unterwer-fung.

Es deutet sich an, dass im Unterschied zum oberflächlichen Eindruck, den der Altersunterschied hervorruft, eine ödipale Konstellation bestimmend ist, und zwar eine, in der Faust nicht die väterliche Position einnimmt, sondern eher die des Sohnes: Wir erleben Faust nicht nur als den Dominierenden, der sich der durch ihre Unschuld ihm verwehrten Frau nähert und sie verführt, sondern wir erleben ihn auch als den, der im Kontext einer familialen Konstellation der Allianz von mütterlicher und väterlicher Figur gegenüber unterlegen und ausgeliefert ist.

In der Kerker-Szene scheint sich diese Konstellation umzukehren. Als Faust Margarete auffordert, mit ihm zu fliehen, wehrt sie sich radikal gegen ihn:

»Laß mich! Nein, ich leide keine Gewalt!
Fasse mich nicht so mörderisch an!«

Wir erleben hier – ich bin nicht geneigt, diese Sätze einfach als Wahnsinn der Dramenfigur abzutun – den Charakter der Beziehung als Gewaltverhältnis, das, wenn auch nicht den physischen Tod, so doch die drohende Auslöschung der Identität bedeutet. Zu solcher Gewalt gehörte bereits die Überwältigung durch das reiche Geschenk, die galante Rede, letztlich die Verheißung von Standeserhöhung, alles streng funktional zum männlichen Wunsch. In der Kerker-Szene sagt Margarete »Nein!« und behauptet damit ihre Identität in Abgrenzung zu Faust.[6]

Doch diese Individuation wird wieder zurückgenommen, denn kurz darauf unterwirft sie sich Gottvater: »Dein bin ich Vater! Rette mich!« In Fortsetzung der psychoanalytischen Assoziationen ließe sich folgern, der ödipale Sohn habe die Rivalität mit dem Vater verloren: nicht er ist der Retter, sondern die Frau wendet sich von ihm ab und einem mächtigen Vater zu. Wem diese Assoziation, Faust rivalisiere mit der Vaterfigur Gott, fern liegt, der sei an Fausts eigene Worte in der Szene »Wald und Höhle« erinnert: »Ja, ich beneide schon den Leib des Herrn,/Wenn ihre Lippen ihn indes berühren« (V, 3334 f.).

Die Enttäuschung, mit der ich als heutiger Leser diese Unterwerfung Margaretes unter den Gottvater erlebe, nachdem ich ihre Weigerung Faust gegenüber als Selbstbehauptung, als Emanzipation empfunden habe, verweist darauf, dass die Befreiung der Frau hier ebenso wenig gedacht werden konnte wie in Lessings »Emilia Galotti«: Auch dort ist es der Vater, nicht die Frau selbst, der die Befreiungstat ausführt. Der Frau können Eigenständigkeit und Aktivität in dieser Zeit auch von aufgeklärten Denkern nicht zugestanden werden.[7]

Bevor ich meine Interpretation zu resümieren versuche, möchte ich noch einmal einen Blick auf Freuds Aufsatz über die männliche Objektwahl werfen, den ich eingangs aufgegriffen habe. Wenn man diesen Aufsatz liest, so ist man enttäuscht, wie holzschnittartig er die »typische Objektwahl« charakterisiert und wie rasch er sie deutet.

Er zählt als Facetten eines neurotischen Beziehungsmodus folgende Merkmale auf: die Existenz eines geschädigten Dritten, die Dirnenhaftigkeit

---

6 Scholz (1995) erinnert der »grausige Ausgang [...] an einen Alptraum«, dessen Wunscherfüllungsqualität er darin sieht, dass »Bestrafungsängste und Hassgefühle, die das Über-Ich zufrieden stellen«, sich durch die Vernichtung Margaretes realisieren können.
7 Vgl. Prokop (1986); Brandt (1981).

des Objekts, den Hang zur Eifersucht, die auffällige Höchstbewertung des Objekts, die Zwanghaftigkeit bzw. Reihenbildung und die Existenz einer Rettungsfantasie. Die Problematik, die sich in diesen Facetten zeigt, führt er anschließend auf den Ödipuskomplex zurück.

Freud scheint die Enttäuschung seiner Leser geahnt zu haben, wenn er seinen eingangs zitierten Hinweis auf die Dichter ergänzt durch eine Charakterisierung der wissenschaftlichen Betrachtung:

>»Somit wird es doch verständlich, daß die Wissenschaft mit plumperen Händen und zu geringerem Lustgewinne sich mit denselben Materien beschäftige, an deren dichterischer Bearbeitung sich die Menschen seit Tausenden von Jahren erfreuen. Diese Bemerkungen mögen zur Rechtfertigung einer streng wissenschaftlichen Bearbeitung auch des menschlichen Liebeslebens dienen. Die Wissenschaft ist eben die vollkommenste Lossagung vom Lustprinzip, die unserer psychischen Arbeit möglich ist« (Freud 1910h, 67).

Andererseits rechtfertigt er die wissenschaftliche Analyse durch den Hinweis auf Grenzen des Dichterischen:[8]

»Aber der Erkenntniswert ihrer [der Dichter] Mitteilungen wird durch einen Umstand herabgesetzt. Die Dichter sind an die Bedingung gebunden, intellektuelle und ästhetische Lust sowie bestimmte Gefühlswirkungen zu erzielen, und darum können sie den Stoff der Realität nicht unverändert darstellen, sondern müssen Teilstücke desselben isolieren, störende Zusammenhänge auflösen, das Ganze mildern und Fehlendes ersetzen. Es sind dies Vorrechte der sogenannten ›poetischen Freiheit‹. Auch können sie nur wenig Interesse für die Herkunft und Entwicklung solcher seelischer Zustände äußern, die sie als fertige beschreiben« (Freud 1910h, 66 f.).

Die Differenzierung, die Freud hier – deutlich beeinflusst vom Leitbild der Naturwissenschaften – zwischen Dichtung und Wissenschaft vornimmt, wirft ein Licht auf das Projekt tiefenhermeneutischen Interpretierens. Dieses Projekt

---

8 Freud argumentiert hier im Sinne seiner Auffassungen, die er bereits in »Der Dichter und das Phantasieren« dargestellt hat und die die Frage provozieren, inwiefern er nicht allzu einseitig eher triviale Literatur charakterisiert und die allgemeinen Potenzen literarischer Symbolisierungen unterschätzt.

setzt, dem hermeneutischen Paradigma folgend, an den »Gefühlswirkungen« bzw. an der »intellektuellen und ästhetischen Lust« an und strebt keinesfalls eine »vollkommenste Lossagung vom Lustprinzip« an. Gleichwohl geht es nicht auf im ästhetischen Genuss, sondern erfordert die reflektierende Distanznahme als Moment des Verstehensprozesses. Die Anstrengung der Deutung erfordert den Übergang von der Ebene sinnlicher Symbole zu der der Sprachsymbolik, wobei durch den Bezug zu den konkreten Szenen auch die diskursiven Deutungsformulierungen an die ästhetische Erfahrung geknüpft bleiben.

In diesem Sinne möchte ich nun zu formulieren suchen, zu welchem Verständnis mich meine Beschäftigung mit den Reaktionen, die die Gretchentragödie in mir auslöste, geführt hat – oder, um es mit Freuds Worten zu sagen: welche »Liebesbedingungen« dabei zu Tage getreten sind.

Die Szenen sind von der Spannung zweier Bedeutungsfacetten geprägt: Es geht einmal um eine Wunschdimension, in der der Mann durch den Besitz der jungen Frau Altern und Tod zu entkommen versucht. Dies ist eine Facette einer Vorstellung von Grandiosität, in der der Mann, repräsentiert in der Allianz von Faust und Mephisto, gleichzeitig über die mütterliche Frau verfügt. Zum anderen geht es um eine hierzu gegensätzliche Vorstellung von Machtlosigkeit und Unterwerfung, in der die Dominanz bei der mütterlichen Frau und letztlich einem mächtigen (Gott-)Vater liegt.

So sind die Szenen und die von ihnen ausgehenden Wirkungen geprägt von einer Ambivalenz von Herrschaft und Unterwerfung, von Selbstkonstitution und Selbstaufgabe.[9]

All diese Bedeutungsfacetten der literarischen Szenen – v. a. die in der patriarchalisch strukturierten Gesellschaft tabuisierte, mit dem Leitbild des Mannes als rationalem Macher unvereinbare Vorstellung von Regression und Unterwerfung – geben meines Erachtens Freud Recht, denn sie zeugen in der Tat von der »Feinfühligkeit« und dem »Mut« Goethes, »das Unbewußte laut werden zu lassen«.

---

[9] Die tiefenhermeneutische Interpretation ergänzt damit in der ihr eigenen Perspektive die literaturwissenschaftliche Debatte um die Tragik der Faust-Figur (vgl. den Überblick bei Kobligk 1992, 102 ff.).

Literatur

Boerner, P. (1983): Goethe. Reinbek (Rowohlt).

Brandt, H. (1981): Der widersprüchliche Held. Goethes Faustgestalt im Lichte der Gretchentragödie. In: P. Boerner & M. Beyer (Hrsg.): Ansichten der deutschen Klassik. Berlin, Weimar (Aufbau-Verlag).

Freud, S. (1908e): Der Dichter und das Phantasieren. GW VII, 213–223.

Freud, S. (1910): Über einen besonderen Typus der Objektwahl beim Manne. GW VIII, 66–77.

Frisch, M. (1957): Homo faber. Frankfurt/M. (Suhrkamp) 1977.

Frisch, M. (1975): Montauk. Frankfurt/M. (Suhrkamp) 1981.

Hermes, E. (1988): Johann Wolfgang von Goethe. Faust – Erster und Zweiter Teil. Stuttgart (Klett).

Hoffmann, E. T. A. (1816): Der Sandmann. Das öde Haus. Stuttgart (Reclam) 1988.

Hoffmann, E. T. A. (1816/19): Rat Krespel. Stuttgart (Reclam) 1977.

Keller, W. (1980): Faust. Eine Tragödie. In: W. Hinderer (Hrsg.): Goethes Dramen – Neue Interpretationen. Stuttgart (Reclam).

Kobligk, H. (1992): Johann Wolfgang Goethe. Faust I. Frankfurt/M. (Diesterweg).

Lessing, G. E. (1772): Emilia Galotti. Stuttgart (Reclam) 1981.

Lorenzer, A. (1986): Tiefenhermeneutische Kulturanalyse. In: H.-D. König, A. Lorenzer u. a.: Kultur-Analysen. Frankfurt/M, (Fischer), 11–98.

Lorenzer, A. (1991): Verführung zur Selbstpreisgabe. Tiefenhermeneutische Interpretation eines Gedichts von Rudolf Alexander Schröder. KulturAnalysen 3, 261–277.

Prokop, U. (1986): Emilia Galotti. Ein Drama über die Zerstörung der Wünsche. In: H.-D. König, A. Lorenzer u. a.: Kultur-Analysen. Frankfurt/M. (Fischer), 163–288.

Scholz, R. (1995): Die beschädigte Seele des großen Mannes. Goethes Faust und die bürgerliche Gesellschaft. Rheinfelden (Scheuble).

Strich, F. (1965): Zu Faust I. In: J. Schillemeit (Hrsg.): Deutsche Dramen von Gryphius bis Brecht. Frankfurt/M. (Fischer).

Würker, A. (1990): Technik als Abwehr. Frankfurt/M. (Nexus).

Würker, A. (1997): Das Verhängnis der Wünsche. Würzburg (Königshausen & Neumann).

Würker, A., Karlson, M. & Scheifele, S. (1999): Grenzgänge: Literatur und Unbewusstes. Würzburg (Königshausen & Neumann).

Achim Würker

Zur Nachträglichkeit eines frühen Traumas in Uwe Johnsons »Skizze eines Verunglückten«*

Nach einem vorangestellten, vom gesamten Textkorpus zunächst unabhängig wirkenden Text beginnen die »Berichtigungen, Ausführungen, Auskünfte und Nachträge« des Dr. Joe Hinterhand in zwölf Kapiteln, alle, wenige Stellen ausgenommen, in indirekter Rede. Der Leser kann sogleich anhand der beigefügten Lebensdaten berechnen, dass der Protagonist in den auf die »Berichtigungen« folgenden sechs Monaten mit 69 Jahren sterben wird. Was bedeuten die »Berichtigungen« in einem solchen Zusammenhang? Stellen sie eine Art Beichte dar?

In diesen zwölf Kapiteln legt der Protagonist seine Lebensgeschichte dar. Zwischen dem eigentlichen Erzähler, Jochim de Catt alias Joe Hinterhand, und dem Leser muss es dabei noch eine dritte Person, einen weiteren Erzähler, geben: denn nur so können wir den Gebrauch der indirekten Rede verstehen. Es wird klar, dass sich im Fantasieraum des Lesers, in seiner »leserischen« Gegenübertragung kein »Kontakt« zum Protagonisten herstellen wird. Die im Grunde tragische Lebensgeschichte wird uns von einem imaginären Referenten zugetragen: Der im Deutschen in solchen Fällen gebräuchliche Konjunktiv hebt dabei alles Erzählte in den Bereich des Unsicheren, des Zweifels; der Erzählstil selbst ist kühl, distanziert, unnahbar, schwerfällig; er erinnert – nicht umsonst – an ein sperriges Amtsdeutsch. Beides erschwert eine Identifikation, und so bleibt der Protagonist für den Leser wenig vorstellbar, gestaltbar und greifbar. Vielleicht kann man sogar sagen, dass diese Stilfigur eine Form von destruktiver Objektbeziehung verkörpert: In dem triangulären Verhältnis von Protagonist, imaginärem Erzähler und Leser herrscht der Ausschluss – sei es des Lesers, weil ihm vom Gespräch nur erzählt wird, sei es des Protagonisten, weil er zu dem Zeitpunkt, an dem der Leser mit dem imaginären impliziten Erzähler in Beziehung tritt, schon tot ist. Die gleich zu Anfang mit den Lebensdaten gesetzte Endgültigkeit der gebrochenen Kommunikation beherrscht die Lesefantasie, der Text lässt nicht zu, irgendwo ein gutes Objekt zu finden: Die Zerstörung ist dem Leser sozusagen vorausgeeilt.

Während der eigentliche Textkorpus also wenig Empathie oder Gefühligkeit im Allgemeinen, im Grunde nur die Übernahme der par force vorgetragenen

---

* Uwe Johnson (1981): Skizze eines Verunglückten. Frankfurt/M. (Suhrkamp) 1982.

Perspektive des Protagonisten erlaubt, beschreibt uns die vorangestellte Einführung – die eigentliche, so genannte »Skizze« – de Catt in all der Tragik eines anspruchsvollen, verbitterten, völlig vereinsamten und in seiner Schüchternheit und Hilflosigkeit anrührenden alten Mannes. Die Erschaffung dieser fiktiven Person im inneren Leseraum gelingt leichter, weil hier von Gefühlen gesprochen wird. Es ist für die Erzählung natürlich bedeutsam, dass dieses Textstück mit seiner emotionalen Wirkkraft vom restlichen Textkörper (auch formal) getrennt ist. Er wird vom Protagonisten selbst als eine »Skizze« bezeichnet, und er betont damit dessen Charakter des Vorläufigen, Ungefähren und Anzweifelbaren. Und selbst diese Skizze wird vom Protagonisten durch das Eingeständnis eines Fehlers zusätzlich noch in ihrer Glaubhaftigkeit relativiert. Was bedeutet das? Darf der Leser unter diesen Lesebedingungen denn ernst nehmen, was er in seiner »leserischen« Gegenübertragung empfindet? Gibt es, allgemeiner formuliert, dann so etwas wie (emotionale) Wahrheit oder Wahrhaftigkeit, oder darf man Gefühlen keinen Glauben schenken?

Joe Hinterhand ist das Pseudonym von Jochim de Catt, der 1906 als Findelkind ausgesetzt wird und seine Kindheit und Jugend in verschiedenen Waisenheimen und Pflegefamilien verbringt. Dabei wird er »Zeuge der Verletzungen, die ein Mann und eine Frau einander antun können« und ist ein »einsames Kind, das Zuspruch nur erfahren habe als Weisung, Tadel oder Befehl« (20), »von mehreren Pflegeeltern behandelt als lästige Waise« (70). Von Anfang an haftet ihm ein Makel an, er wird für jüdisch gehalten, er ist »ein von de anneren« (13). Mit 20 lernt er jene Frau kennen, der er seine ganze Liebe schenkt. Doch schon bei der ersten Begegnung horcht der aufmerksame Leser auf: Seine Schilderung von ihr beschränkt sich auf das, was sie tut, sie bleibt seltsam emotionslos. Während sie de Catt »erschienen sei als für sein weiteres Leben bestimmt« (13), »hält [sie] es für einen Unfug, daß die Menschen sich verlieben ineinander, sie weigert sich, sie weist es von sich […]«. Diese deutliche Differenz wird vom jungen de Catt verleugnet: Er hält diese Differenz für »komplementär« (23). Obwohl de Catt sich in seiner Verliebtheit so erlebt, dass er ihr seine »Mitte«, »das Geheimnis des Individuums, die einzig unersetzliche und unheilbare Stelle in ihm« ausliefert, hat er begonnen, sich anzupassen – fast möchte man sagen, zu verstellen: Er stellt »ihr auf Verlangen den jungen de Catt wie den von morgen und vorgestern getreulich« (24 ff.). Er begegnet ihr nicht als der Gegenwärtige, als der, der er ist, sondern als der, der er vielleicht sein könnte und der, der er vielleicht einmal war. Von Anfang an beherrscht so die Fantasie, das Narrativ, die Konstruktion dieser Beziehung, die Erzählung tritt an die Stelle des Gespürt-Werdens und des Spürens. Die Frage nach einer emotionalen Wahrheit taucht hier wieder auf.

Dass er seine »unersetzliche und unheilbare Stelle« an seine Freundin »ausliefert«, erlebt de Catt als »sichere Bewahrung« (25). Mit anderen Worten bedeutet das, dass er etwas, was tief zu ihm gehört und krank ist, an sie abgibt. Mit Bion (1990) können wir auch sagen, dass sie für de Catt ein gutes Objekt darstellt, indem sie in diesem Augenblick zum *container* wird, der den Gehalt – das Unheilbare – sicher verwahrt bzw. ihn entgiftet. Was aber gibt de Catt an sie ab? Was ist das Unheilbare? Ist es das »erste[n] Eingeständnis« (13), mit welchem ihre erste Begegnung beginnt, jenes »Schild an seinem Hals«, von welchem »in den mehr als zwanzig Jahren ihres benachbarten und gemeinsamen Lebens nie die Rede gewesen« (14) sei? Im dritten Kapitel legt de Catt sein Verständnis von Ehe dar. Es ist ganz dem Platonischen Mythos nachempfunden, nach welchem manche der von Zeus voneinander getrennten, hälftigen Menschen nach einer langen Zeit des sehnsuchtsvollen Suchens wieder zueinander finden und zu dem ursprünglichen »Ganzen« verschmelzen. Schon zuvor hat er den »auserlesenen Entschluß gefasst«, ein eigenes Liebesideal zu verwirklichen, »was gegen die Regel gegangen sei« (20). Für de Catt gilt, dass er und seine Freundin zu diesen wenigen Auserwählten gehören, denen die Verwirklichung dieses Liebesideals, das eigentlich ein Liebesideal der Ungetrenntheit ist, gelingen wird. Dadurch macht er sich und seine Beziehung zu etwas Besonderem. Mit diesem Ideal ist die Beziehungsform für de Catt als eine symbiotische festgelegt, wie dies später im Text als »symbiotische Art ihres Betragens zueinander« (47) auch benannt wird. Gleich zu Anfang erfahren wir auch von den ausgeprägt fürsorglichen Aspekten der Beziehung, vor allem die de Catts zu seiner Freundin. Die Beziehungsform, die de Catt und seine Freundin für sich wählen, hat somit mehr den Charakter einer asymmetrischen Mutter-Kind-Beziehung als den einer symmetrischen Beziehung zwischen Erwachsenen. Zugespitzt formuliert können wir es vielleicht auch so ausdrücken: Unbewusst nimmt de Catt von Beginn an seine Freundin als ein mütterliches Objekt wahr, mit welchem er verschmelzen kann.

Fünf Jahre später, 1931, veröffentlicht de Catt seinen ersten Roman. Dieses »Unternehmen« gelingt, indem es »Satz für Satz, Kapitel für Kapitel, Person für Person« mit ihr besprochen, »[für sie] geschrieben« (25) wird. In der symbiotischen Beziehung, jener verabredeten gegenseitigen Offenheit und Ehrlichkeit, in welcher nach wie vor seine »unheilbare Stelle« sicher deponiert ist, kann de Catt seine schriftstellerische Kreativität entfalten. Er nennt sich Joe Hinterhand, eine Bezeichnung aus der Skatsprache,[1] wie jener »Partner nämlich, der seine Karten als letzter ausspielt« (16). Nach sechs Jahren gemeinsamer Beziehung möchte Hinterhand seine Freundin heiraten, doch sie lehnt ab. Die Zeit des Nationalsozialismus bricht an, und Hinterhand wird als »jüdischer Volksverhetzer« und »jüdischer Nestbeschmutzer« (17) bezeichnet. Von einer amerikanischen Vortragsreise kehrt er für lange Zeit, wenn überhaupt (das wird im Text nicht klar), nicht mehr nach Deutschland zurück. Nach einer längeren Zeit des Wartens, die ihre Ambivalenz deutlich macht, folgt ihm seine Freundin schließlich durch gezielte Intervention von Freunden ins Exil, zuerst nach Dänemark, dann nach England. Es wird nochmals überdeutlich, wie zwiespältig sie der Beziehung mit Joe gegenübersteht: Sie verschläft im Zug den Treffpunkt.

In England heiraten beide. Sie wird zu Frau Hinterhand. Erst sehr viel später realisiert der Leser, dass dies ihre einzige namentliche Benennung ist und bleiben wird. In diesem Moment kann dem Leser auch auffallen, wie wenig ausgestaltet, konturenlos und blass die Figur der Frau Hinterhand insgesamt in der Erzählung bleibt. Auch dies können wir im Zusammenhang mit ihr als imaginierter Mutter verstehen, die vom Säugling noch nicht als eigene, getrennte Person erfahren wird. Dies bedeutet, dass Hinterhand seine Frau in ihrer Individualität nicht wahrnehmen, sondern sie nur in dem Maß »erkennen« kann, wie ihm dies seine rigide innere Bedürfnislage erlaubt. Frau Hinterhand erhält somit innerhalb der Beziehung eine weitgehend instrumentalisierte Funktion, und sämtliche Informationen, die auf sie als einen eigenen und damit anderes denkenden Menschen verweisen, werden von Hinterhand verleugnet. Dazu gehört auch, dass er seine Frau grenzenlos idealisiert – alle ihre Handlungen kommen ihm wohlwollend auf ihn gerichtet vor. Hinterhand sieht nichts anderes als das, was er sehen will. Dies wird auch inhaltlich deutlich, als sich der Leser rückblickend fragen wird, wie viel Hinterhand vom wirklichen Gefühlsleben seiner Frau wohl wahrgenommen haben mag.

---

[1] Diese Metapher besitzt neben der im Text angedeuteten meiner Meinung nach noch eine weitere grundlegende Bedeutung, nämlich die des Ausgeschlossen-Seins: Skat wird in der Regel zu dritt gespielt, wobei zwei Spieler gegen einen spielen. Diese Konstellation könnte man auch auf die Fantasie eines ausschließenden und destruktiven Elternpaares beziehen. Tatsächlich stellt sich später in der Erzählung das Vorhanden-Sein einer unheilvollen Dreiecksbeziehung heraus.

Hinterhand möchte »eine Vorstellung vom Leben in einer Ehe für sich selbst noch einmal [...] erfinden« (20). Es fällt diesbezüglich auf, dass er zur Beschreibung der idealen (Liebes-)Beziehung die Worte anderer entlehnt: So zitiert Hinterhand immer andere Autoren (Bloch, Kandinsky, Kaschnitz, Fontane, Tschechov, Gorki, Frisch), wenn es um Liebe geht, und schafft dabei nichts Eigenes. Wir können hier den *Wunsch*, sich eine solche Vorstellung zu »erfinden« – also in einem *bewussten* Prozess zu erschaffen – gut nachvollziehen: Hinterhand muss an der Stelle anfangen zu »erfinden«, zu konstruieren, wo ihm die entsprechenden Beziehungserfahrungen und -vorstellungen – die Objektbeziehungen – fehlen. In dem von Hinterhand und seiner Frau aufgeführten Liebesstück ist die wahrhaftige Anerkennung des Anderen nicht möglich. Diese setzt die Anerkennung der Getrenntheit vom Anderen voraus, durch welche sich der Andere erst als ein eigenständiger Mensch konstituieren kann. Diese beiden Sachverhalte bedingen sich gegenseitig: Da Hinterhand seine Frau nicht wahrhaft anerkennen kann, bleibt ihm das wahrhafte Erleben oder Erspüren dessen verschlossen, was eine Liebesbeziehung bedeuten kann – und so muss er auf die Worte anderer zurückgreifen. Das Eigene kommt in dem einzigen von Hinterhand selbst stammenden Text zutage, einem auf seiner Amerika-Reise an seine Freundin verfassten Brief. Realität und Wunsch klaffen auseinander. In diesem Brief malt Hinterhand sein Szenario der gemeinsamen Zukunft, in dem der ganze psychische Raum mit seinen eigenen Fantasien ausgefüllt scheint. Es wird dort ganz deutlich, wie sehr Hinterhand dieses Szenario festlegt – an keiner Stelle des Briefes gibt es einen Gedanken daran, ob Frau Hinterhand diesem Zukunftsbild zustimmen wollen würde oder nicht. Daneben befremdet auch der Ton dieses Briefes: Der Brief kommt einem seltsam »abgeklärt« vor, gestelzt, trocken, bar jeder wirklich liebevollen Äußerung. Stattdessen fühlt man sich bei Hinterhands Ansprache an seine Frau an ein kapriziöses, kokettes kleines Mädchen erinnert, dem er schöne Ausflüge verspricht und mit welchem er sich schmücken möchte: »[...] fahren wir abends [...] in die Stadt und zeigen dich und erklären den Touristen die Vorteile einer breiten Mittelschicht [...] und die dir gefallen nehmen wir mit in das Haus« (30 ff.). Man gewinnt nicht den Eindruck, dass Hinterhand seine Frau als gleichwertiges Gegenüber ernst nimmt. Auch die vielleicht realistischen Einschätzungen hinsichtlich des Alters »Du etwas dicker und ich mit längeren Falten« (30) haben etwas Verletzendes. Wie viel versteckte Aggression gibt es hinter der Verabredung zu gegenseitiger Offenheit?

Nach außen hin geben die Hinterhands das Bild einer idealen Beziehung ab. Ein Sohn wird geboren, der in der ganzen Erzählung lediglich am Rande erwähnt wird. 1941 emigrieren die Hinterhands in die USA. 1947, nach der ersten Europa-Reise nach dem Krieg, offenbart ihm seine Frau – wir erfahren den Anlass dafür nicht –, dass sie sechs Jahre lang ein außereheliches Verhältnis mit einem Faschisten geführt habe, welches jedoch schon Jahre zurückliege. Es kommt zu einer Auseinandersetzung, in welcher Hinterhand seine Frau, die ihn in all seinem Vertrauen und seiner Abhängigkeit verraten hat, als äußerst sadistisch, kalt und tief verachtend wahrnimmt. Wenig später tötet Hinterhand sie. Wie ist das passiert?

Vor Gericht gibt er dazu an:

>»Nicht sie sei es gewesen, die sich den Tod gesprochen habe mit dieser [...] philosophischen Leichtfertigkeit. Sie sei ihm verwandelt erschienen in ein Prinzip, eine Verkörperung aller Kräfte, die seinem Leben entgegen seien, als die Drohung, die Gültigkeit der Worte abzuschaffen. In diesem Augenblick habe er nur noch wünschen können, dies möge aus der Welt sein.« (56)

In dem Augenblick, in dem Frau Hinterhand die Gültigkeit der Worte, seiner Worte, abzuschaffen droht, bedroht sie die ganze »Weltkonstruktion« Hinterhands, die er mit seinen Worten erschaffen hat. Indem sie Hinterhand als »eine Verkörperung aller Kräfte, die seinem Leben entgegen seien«, vorkommt, wird sie in seinem Erleben zu einem übermächtigen, zerstörerischen und verfolgenden bösen Objekt, das er um seines Überlebens willen auslöschen muss. Hinterhand mit der Unrichtigkeit seines Glaubens, mit dessen illusionärem Charakter zu konfrontieren, hat für ihn eine über eine tiefe Kränkung weit hinausgehende Bedeutung. Ihm diese Omnipotenz rauben zu wollen, bedeutet für ihn, ihn zu vernichten. Die Formulierung »Nicht sie sei es gewesen [...] sie sei ihm verwandelt erschienen« zeigt den Prozess auf, in welchem Frau Hinterhand vom guten, idealisierten zum bösen, verfolgenden Objekt wird: Objektbeziehungstheoretisch gesehen »kippt« sie geradezu in seinem psychischen Kosmos der paranoid-schizoiden Position. An dieser Stelle können wir die narzisstische Struktur Hinterhands als eine Abwehrform verstehen, die, bevor sie zusammenbricht, eine ungeheure Destruktivität gebunden hat. Wir heben es uns für später auf zu überlegen, welchem Hintergrund diese entsprungen sein könnte. Hinterhand wird 1949 zu einer langjährigen Haftstrafe verurteilt. In einer grausamen Form von Wiederholung wird damit auch sein Sohn zu einer Waise.

»In der Folge habe er seine eigene Todesstrafe gefunden, abzuleisten durch Ableben« (76) – mit diesem Satz endet die Erzählung. Im Gefängnis bekommt Hinterhand zwei Herzanfälle und wird nach mehrfachen Suizidversuchen in eine Psychiatrische Anstalt gebracht. 1957 wird er wegen guter Führung entlassen. Die verbleibenden 18 Jahre wird er als Übersetzer arbeiten. Seine schriftstellerische Arbeit hat mit der Ermordung der Ehefrau für immer ein Ende gefunden, er kann im wahrsten Sinne des Wortes nicht mehr schreiben: seine Handschrift ist zerstört. Hinterhand verliert vollständig seine erworbene nordamerikanische Satzmelodie[2] und wird damit zu jemandem, den man sofort als fremd identifiziert: Er ist somit wieder »ein von de anneren«, ein Außenseiter geworden. Mit dem katastrophischen Beziehungsende findet auch sein Innenleben ein Ende: »Sein Bewusstsein [ist] angehalten worden, arrestiert, versiegelt, bloß noch ein Behältnis, in dem starr Vergangenheit verwaltet wurde.«

Hinterhand setzt sich nun systematisch so genannten »Purgatorien« aus: Er schaut sich alle Fotografien aus der gemeinsamen Zeit an, um sie einer destruktiven Umdeutung, einer totalen Entwertung zu unterziehen. Durch diese sarkastisch hingeworfenen Passagen (dass dies die Schlüsselszene ist, zeigt hier auch der Gebrauch der direkten Rede an) spürt man den brennenden, tiefen Hass und die Verachtung für die Person, die meistens nur mit »sie« tituliert wird. Welche Funktionen haben sie? Für Hinterhand erfüllen sie wohl einen dringlichen Zweck: »Anfangs habe er einen vollständigen Durchlauf der Bilder bis zu fünf Malen im Jahr benötigt« (64). Man kann vermuten, dass Hinterhand diese Bilder braucht, um sich von der ungeheuren Menge an angestautem Hass, von den Gefühlen starker Destruktivität zu befreien. Da Frau Hinterhand nicht mehr lebt, für Hinterhand der Ort, an dem er seine »unheilbare Stelle« deponieren konnte, verschwunden ist, »bleibt« (psychisch gesehen) diese Stelle in ihm. Er verfügt nun über kein gutes Objekt mehr, das ihn vor den eigenen, stark destruktiven Impulsen schützen kann, und so muss er die Bilder in projektiv identifizierender Weise als etwas benützen, an welches er seine Destruktivität abgeben kann.

---

2   Im Zusammenhang mit seinen Symptomen kommt Hinterhand u. a. auch mit der Psychoanalyse in Berührung. Diese Begegnung misslingt u. a. an der verhinderten emotionalen Auseinandersetzung: »Denn er habe versagt bei dem Versuch, den Gedankengängen dieser Schule anders zu folgen denn auf einem abstrakten Strich, der nie sich habe verwandeln wollen in das Erlebnis, das zum Begreifen erforderlich ist« (70). Die Deutungen des Analytikers (»Auch sei Patient Hinterhand verdächtigt worden, im Grunde den Schnitt zwischen der eigenen und der anderen Person zu fürchten. Als sei er süchtig, im Zustand einer Folter zu verharren!«, 71) erreichen ihn nicht.

Mehr noch: Es ist eigentlich die totale psychische Katastrophe eingetreten. Die Destruktivität von Hinterhand hat tatsächlich dazu geführt, dass das gute Objekt zerstört ist.

Diese Umdeutungen dienen auch dazu, sich selbst zu bestrafen und zu erniedrigen.

»Der das Bild aufnahm, hat bequem vergessen, daß er hat sie holen lassen müssen; der es heute ansieht, ist durchdrungen von [...] Geniertheit, daß er eine Rolle gespielt hat in solcher Schaustellung, in Wahrheit der mißachtete Mann, der bloß gut ist zum Besorgen von Unterkunft und Auskommen, für Kleidung und Schuhwerk à jour, den hält sie sich in einer Hinterhand [...]« (61 ff.).

Es fehlen jegliche Gedanken von Schmerz, jegliche Trauer, jegliche Reue. Indem Hinterhand all seine Erinnerungen nur noch als »Unwahr. Falsch. Vergiftet. Entwertet. Ungültig«, »verdorben« (68) gelten lässt, ist ihm der Weg zur Trauer, die ein Eingeständnis der eigenen Schuld voraussetzt (depressive Position), versperrt, und Hinterhand verharrt in dem Zustand destruktiver Wut und Spaltung. Die selbst ersonnene »eigene Todesstrafe«, das Sühnen, soll einen »Ausweg« (76) darstellen, der an der Ausbildung von Schuldgefühlen, die dem Wunsch nach Wiedergutmachung vorausgehen müssen, vorbeigeht. Indem Hinterhand aber in dieser Position verharrt, opfert er die eigene Kreativität und Lebendigkeit, und sein Leben wird mehr und mehr zu einem einzigen Versuch, Erinnerungen zu vermeiden. Diese Erinnerungen bedrohen ihn durch die hasserfüllten und schmerzvollen Affekte, die sie auslösen, zu stark in seiner psychischen Integrität.

Wir können einen Kristallisationspunkt ausmachen, von welchem aus die ganze Erzählung erwächst. Das Ausgesetzt-Werden als zwei Monate altes Findelkind (wahrscheinlich von der Mutter), was den völligen Verlust von Primärbeziehungen bedeutet, stellt mit Sicherheit eine schwere Traumatisierung dar, zumal die Schilderung jeglicher (posttraumatischen) guten Beziehung[3] in der Erzählung fehlt. Die Halbherzigkeit, mit welcher die

---

[3] Bohleber (2000) gibt in seiner Untersuchung der Traumatheorie in der Psychoanalyse die Untersuchungen Keilsons (1979) wieder, der zeigen konnte, dass das mangelnde Einfühlungsvermögen der Pflegeeltern bezüglich der traumatischen Erfahrungen der jüdischen Pflegekinder einen (weiteren) traumatogenen Faktor darstellte, der entscheidend deren weitere Entwicklung in negativer Weise beeinflusste.

Nonnen den kleinen Jochim de Catt (12) taufen lassen, kann man vielleicht als paradigmatisch für die mangelnde emotionale Verpflichtung und Beziehungsfähigkeit sehen, mit welcher die Schwestern den Säugling aufnehmen und versorgen. Obwohl der Junge von Pflegefamilie zu Pflegefamilie wandert, ein Aufwachsen in Lieblosigkeit beschrieben wird, fehlt bis zum Tage des Mordes jeglicher Hinweis auf ausgeprägte Aggressivität, Angst, Depression oder Dissozialität, wie man sie bei einem solchen Aufwachsen fast erwarten würde. Dies kann ein Hinweis darauf sein, dass die traumatische Erfahrung des Verlassen-Werdens, die dadurch hervorgerufenen scharfen Gefühle der Todesangst, Zerstörungswut, des Sadismus und des Verfolgt-Werdens von Hinterhand abgespalten und abgekapselt wurden. Die frühe traumatische Trennungserfahrung ist für Hinterhand mit der paranoid-schizoiden Position untrennbar verbunden. Es liegt nahe, dass dieser abgekapselte Teil in dem Bild der »unersetzliche[n] und unheilbare[n] Stelle«, der »unsicheren Herkunft«, des Findelkindes symbolisiert wird. Hinterhand greift in seiner Abwehr gegen die Wiederkehr des traumatischen Erlebnisses auf frühe Mechanismen wie projektive Identifizierung, Verleugnung, Spaltung und omnipotente Kontrolle zurück; auch die Entwicklung einer narzisstischen Struktur schützt ihn.[4] Als Hinterhand seine spätere Frau trifft, fühlt er sich von ihr als »Findelkind«, das heißt mit seiner »unheilbaren Stelle« – seinem Trauma – angenommen. Er kann den Kern seines Traumas, die »unheilbare Stelle«, über projektive Identifikation bei ihr deponieren. Damit ist Hinterhand entlastet und erlebt sie illusionär über viele Jahre hinweg als ein gutes Objekt. Die mehrmaligen Darstellungen einer doch kalten und zurückweisenden Frau Hinterhand sprechen auf der anderen Seite für ihre eigene Identifikation mit dem abgespaltenen destruktiven, traumatischen Objekt – dies allerdings nimmt Hinterhand wegen der operierenden Spaltungsprozesse bzw. der Idealisierung nicht wahr. Daneben braucht Hinterhand sie und baut sie in sein Abwehrgerüst, in seine narzisstisch durchwirkte Weltkonstruktion ein: Eine symbiotische Beziehung wird zwischen ihnen etabliert, in welcher Trennung aufgehoben ist. Dies erlaubt es Hinterhand wiederum, das gute Objekt in der Person seiner Frau sozusagen wieder zu »inkorporieren«, nachdem sie an seiner Stelle das Traumatische »verdaut« hat. Gleichzeitig bleibt das

---

4 Cohen (1985) spricht im Zusammenhang mit traumatischen Zuständen, dass diese wie ein Loch im seelischen Gewebe wirkten, und dass um dieses Loch eine Reihe von schützenden primitiven Vermeidungsmechanismen wie Abspaltung, Projektion und Verleugnung entstünde.

Traumatische in sie abgespalten. Auch das Schreiben, das »Erfinden«, kann als der Ausdruck von (symbolisierter) Omnipotenz gesehen werden; im künstlerischen Prozess wird eine Welt erschaffen. Diese illusionäre Omnipotenz können wir als ein Bollwerk verstehen, welches die Aktualisierung dessen verhindern soll, was die Traumatisierung hinterlassen hat. In dem Versuch, seine Vorstellung einer absolut einvernehmlichen Liebesbeziehung, die auf gegenseitiger uneingeschränkter Offenheit basieren soll, zu verwirklichen, konnte Hinterhand – zumindest für sich – auf der psychischen Ebene mit seiner Frau eine Form von Ungetrenntheit[5] herstellen. Diese Situation, in welcher die Frau psychisch nicht wahrgenommen wird und kein Eigenleben entwickeln kann, wird für sie unerträglich: Sie führt in der Person des früheren Liebhabers einen trennenden Dritten ein, aus der Liebesbeziehung zu ihm bleibt Hinterhand ausgeschlossen. Damit ist die Aufrechterhaltung der Illusion von Ungetrenntheit und omnipotenter Kontrolle nicht mehr möglich. Nun gleitet Hinterhand in den durch das ursprüngliche Trauma vermittelten und an das Trauma gebundenen psychischen Zustand zurück, sozusagen an den in die Psyche eingeschriebenen »Ort« des Traumas. Er wird daraufhin, ganz im Sinne der von Freud (1895d) postulierten *Nachträglichkeit*, von den mörderischsten Gefühlen mit all ihrer Archaik überflutet. Der paranoid-schizoiden Position entsprechend erlebt er die Trennung von der Frau als ihre Abwesenheit und auf der psychischen Ebene als die Anwesenheit des bösen, lebensbedrohlichen Objekts, das er töten muss (auch hier können wir vermuten, dass Frau Hinterhand, die als deutlich sadistisch und verletzend dargestellt wird, tatsächlich mit diesem zerstörerischen Objekt identifiziert ist). Die Tötung Frau Hinterhands ist die Realisierung der absoluten Katastrophe. Mit ihr zerstört Hinterhand real das eigentlich gute Objekt – vor eben dieser Zerstörung hatte er sich schützen wollen. Hinterhand kann nun nicht mehr aus dem mit der Traumatisierung verbundenen Erleben herausfinden. Auch die vormals »guten« Erinnerungen werden zu bösen Objekten, die ihn unaufhörlich verfolgen. Plötzlich fangen sie an, ihn zu attackieren; er muss sie nun vermeiden und verleugnen. Mit Bion (1990) gesprochen, bricht mit dem Mord die α–Funktion zusammen, und die vormaligen Erinnerungen als α–Elemente werden rückverwandelt in bizarre β–Elemente. Dieser destruktive »Automatismus« kommt nicht mehr zum Stillstand und verunmöglicht einen kreativen Umgang mit

---

[5] Wie oben beschrieben, bietet der Text selbst dies als Verstehensmöglichkeit an.

Erinnerungen, was gleichzeitig den Stillstand innerster und ursprünglichster Lebendigkeit bedeutet. Aus einer kleinianischen Perspektive betrachtet, erreicht Hinterhand die depressive Position nicht, die ihm über die schmerzlichen Gefühle der Trauer, der Schuld und vielleicht daran anschließender Wiedergutmachungsversuche eine Rückkehr zu mehr Lebendigkeit ermöglicht hätte. Hinterhand bleibt einem archaischen Über-Ich unterworfen, das untrennbar mit seinen Erinnerungen verknüpft ist, ihn und seine Geschichte gnadenlos verurteilt. Und so mutet das »dry-cleaning« einer Exekution aller Beteiligten an.

Dennoch können wir in der »Skizze« den Beginn eines Ausweges sehen. Im letzten Satz können wir etwas von der grenzenlosen Sehnsucht, dem tiefen Schmerz und der Trauer wahrnehmen, auch wenn die darin eingefangenen Gefühle vom Textkorpus abgetrennt sind: »Es könne sein, daß er Heimweh bekomme nach dem Ende des Krieges. Heimweh.« In der formalen Trennung der »Skizze« vom Rest der Erzählung greift Johnson das Abgespalten-Sein bestimmter psychischer Bereiche des Protagonisten auf. Man kann nun überlegen, ob die Übergabe der »Skizze« und der »Berichtigungen, Ausführungen, Auskünfte und Nachträge« für Hinterhand ebenfalls einen Versuch darstellt, nochmals eine (einseitige) Beziehung zu einer imaginierten Person/zum Leser aufzunehmen: Damit würde die literarische Figur des Joe Hinterhand wieder etwas im Leser deponieren, worüber der Leser nachdenken kann. Man kann fantasieren, ob es diese letzte Entledigung ist, die es ihm am Ende ermöglicht zu sterben und die selbst auferlegte »Todesstrafe« zu beenden. Stellt somit diese Erzählung doch eine Art von Beichte dar?

Literatur

Bion, W. R. (1990): Lernen durch Erfahrung, übs. u. eingel. v. E. Krejci. Frankfurt/M. (Suhrkamp).

Bohleber, W. (2000): Die Entwicklung der Traumatheorie in der Psychoanalyse. Trauma, Gewalt und kollektives Gedächtnis. In: Psyche 54, 797–839.

Cohen, J. (1985): Trauma and repression. In: Psychoanalytic Inquiry 5, 163–189.

Freud, S. (1895d): Studien über Hysterie. GW I, 75–312 (ohne Breuers Beiträge).

Keilson, H. (1979): Sequentielle Traumatisierung bei Kindern. Stuttgart (Enke).

Isabelle Nathalie Koch

Ausweglose innere Logik in Uwe Johnsons »Skizze eines Verunglückten«

Dies kleine Werk eines großen Schriftstellers vermittelt – bei höchster literarischer Qualität – die Innenansicht eines Mannes, der seine Frau umbringt, mit der Rücksichtslosigkeit, die sich ein Psychologe für eine Falldarstellung erst mühsam erarbeiten und rekonstruieren müsste.

Der Inhalt ist leicht zusammenzufassen: Ein Deutscher, Joe Hinterhand, aus politischen Gründen zunächst nach England, dann in die USA emigriert, entdeckt im Jahre 1947 nach 20-jähriger Gemeinschaft mit seiner Frau, dass diese 14 Jahre lang ein Verhältnis mit einem Faschisten hatte. Er bringt sie daraufhin um; eigene Selbstmordversuche werden verhindert, da er im Gefängnis sitzt. Nach Abbüßung der Strafe lebt er noch etwa 20 Jahre erstarrt und einsam dahin. Er hat sich »eine eigene Todesstrafe erfunden, abzuleisten durch Ableben«.

Was die Fakten angeht, so fällt zunächst auf: 20 Jahre Zusammenleben, davon 14 verheiratet; »carnal knowledge« zwischen Ehefrau und Faschistenfreund bis 1937 (»fleischliche Bekanntschaft« übersetzt der Held, Täter und Erleider der Geschichte bewusst verlegen und ungeschickt); danach offenbar nur noch Briefwechsel (etwas anderes wäre ja auch zwischen Europa und Amerika im Krieg nicht möglich gewesen), bis auf ein zweitägiges Treffen, Abstecher bei einer Europa-Reise des Ehepaares im Jahre 1947. Unklar ausgedrückt: Der Sohn scheint nicht vom Ehemann zu sein. Dagegen steht eine »symbiotische Art des Betragens zueinander«, deretwegen das Ehepaar Hinterhand »belächelt« wird, ein durchgehend als zuverlässig empfundenes Glück des Zusammenseins, wenigstens von Seiten des Mannes, aus dessen Perspektive das Ganze ausschließlich gesehen wird. Ein paar sparsame Seiten überzeugen von der zentralen Bedeutung, die die Liebe zu seiner Frau für diesen Mann hat, dem sie als Mädchen »auf einmal« gefällt, »mit Gesicht und Stimme, mit Haut und Haar, auf den ersten und auf den letzten Blick«. Man lese nach, wie behutsam und innig die junge Liebe geschildert wird (22 ff.), wie ungläubig glücklich Joe Hinterhand die endlich erreichte eheliche Gemeinsamkeit in England erlebt (35 ff.) und mit welcher Zärtlichkeit er vom Zusammen-Altwerden träumt (29 ff.). Er habe ihr ausgeliefert, so heißt es, »die einzige, unersetzliche und unheilbare Stelle in ihm, wofür man früher das Wort Seele gebraucht habe [...] Und es sei ihm diese Mitteilung vorgekommen weder als Opfer noch als Verlust; im Gegenteil, als sichere Bewahrung« (25). Seelentausch also, Hingabe, Verschmelzen.

Und von ihrer Seite? Kann von Tausch, von Gegenseitigkeit, überhaupt die Rede sein? Wir sehen sie nur durch ihn, hören die zögernden Zusagen, seine Deutungen dessen, was sie sagt – spröde, anziehende Einzelheiten. Kein großes Geständnis, aber Einwilligung; kein Wort von Lebensnotwendigkeit, etwa Nicht-ohne-ihn-sein-Können; aber Loyalität, Dasein, Fürsorge, Miteinander.

Wie es zu dem Geständnis gekommen ist, erfahren wir nicht, auch nicht, welchen Stellenwert der unbekannte Rivale in Mrs. Hinterhands eigenem inneren Bezugssystem hatte. Offenbar ist das ihrem Mann gleichgültig. Einige wichtige Dinge, die einen Leser, einen Freund interessieren würden, liegen außerhalb dessen, was ihn berührt: Warum ist sie bei ihm geblieben? Wie steht der Sohn zu ihm? Und gilt das alles nicht mehr – die 20 Jahre seines eigenen Erlebens?

Die Antwort lautet: Nein, dieses unsichtbare Stück Eigenleben seiner Frau verwandelt *alles*. Und nach der Entlassung aus dem Gefängnis wird Joe Hinterhand darangehen, durch wiederholtes Betrachten der Ehefotos aus den langen Jahren, die er jetzt anders verstehen will oder muss, die Vergangenheit umzudeuten. Ob diese Deutung zutrifft, kann er seine· Frau nicht mehr fragen. Für ihn jedenfalls ist alles: »Unwahr. Falsch. Vergiftet. Entwertet. Ungültig.« Seine Frau hat sich als jemand herausgestellt, »der ihm nach dem Leben trachtete«. Wieso? fragt sich der entsetzte Leser, war es nicht sie, die umgebracht wurde? Sie erschien ihm plötzlich, so Joe Hinterhand, verwandelt »in ein Prinzip, eine Verkörperung aller Kräfte, die seinem Leben entgegen seien, als die Drohung, die Gültigkeit der Worte abzuschaffen«. Ein Prinzip also, kein Mensch mehr. Diese Drohung ist für ihn derart stark, dass er »habe nur noch wünschen können, dies möge aus der Welt sein«. Die Zwangsläufigkeit dessen, was damit zu einer »Notwehr« führt, liegt, zutiefst bewegend, auf der Hand – und doch, welche halsbrecherische Umkehr der Normalität, welche Gewalttätigkeit eines Menschen, der sein Leben dem Kampf gegen die faschistische Gewalt verschrieben hat, welche ungeheure Anmaßung eines, der bewusst nichts weiter will, als sich dienend einer als richtig erkannten Sache unterordnen. Jemand, der sich der Wahrheit verschrieben hat, kann auf eine fremde Wahrheit nur antworten: Weil du anders bist, musst du sterben.

Was hier, obwohl es auf den ersten Blick raunend und unklar erscheint, mit der Genauigkeit eines psychologischen Röntgenbildes dargestellt ist, enthält das Grundprinzip der tödlichen Eifersuchtslösung, die von den Tätern als ein Akt der Gerechtigkeit verstanden wird, als Antwort auf die (individuell, nicht juristisch erfassbare) Erfahrung erlittenen Unrechts (vgl.

Lagache 1947, 605 ff.). Um in Frieden zu leben, brauchen diese Menschen, die, klinisch-kühl gesehen, »überempfindlich gegen Nachteile« sind, eine fragile Atmosphäre von Sympathie und Bestätigung, die »bewusst still, ruhig, wenig aggressiv, wenig störend für andere« ist. Verändert sich dieser Lebensraum, so wird die Veränderung der feindseligen Absicht der andern (der Nächsten) zugeschrieben, gegen die im Zustand der Krise (Unzurechnungsfähigkeit wird auch Joe Hinterhand bescheinigt) nur mit Gewalt reagiert werden kann.

Das auffallende Ineinander von Subjekt und Objekt, von innerer und äußerer Realität, von Wahrnehmung und Deutung verweist auf die früheste Kindheit, auf die Zeit, in der sich das kleine Kind noch nicht als getrennt von der Mutter erleben kann (vgl. Baumgart 1985, 239 ff.). Überspitzt lässt sich deshalb sagen, dass Mord und Selbstmord dasselbe sind, sie treffen beide das gemeinsame, untrennbare Eine des Aufeinanderbezogenseins. Auf der Umschlagklappe des kleinen Johnson-Buches steht daher, sehr sinnvoll, dieses Zitat:

> »Ist es Ein lebendig Wesen,
> Das sich in sich selbst getrennt,
> Sind es zwei, die sich erlesen,
> Dass man sie als Eines kennt?«

Angesichts dieser Verschmolzenheit wirkt ein Urteil wie das von Lagache, wonach der Mord aus Eifersucht eine »Selbstbekräftigung [affirmation de soi] ist, der die Realität des andern entschlossen geopfert wird« (Lagache 1947, 622), moralisierend und einseitig. Es geht ja in diesen schlimmsten Fällen nicht eigentlich um das Du-oder-Ich, sondern um das Du-und-Ich-und-sonst-gar-nichts. Also: Wenn das Du getötet ist, ist nicht etwa das Ich gerettet, sondern die ganze innere Welt und zugleich das äußere Leben *beider* zerstört. Das zeigen nicht nur die Lebensläufe der alltäglichen Mörder, sondern auch die großen literarischen Beispiele wie Othello, Herodes, Posdnyschew und auch Joe Hinterhand.

Dass wir uns in alle Lösungen, die für dieses Kapitel ausgewählt wurden, weil sie beispielhaft einige Grundzüge zerstörerischer Eifersucht enthalten, trotz allen Entsetzens noch gut hineindenken können, zeigt, wie fragwürdig im Grunde Einteilungen wie »gesund und krank«, »normal und abnorm« sind. Was aber das Betrachten dieser Beziehungsgeschichten so schmerzhaft macht, ist unsere Ratlosigkeit und Ohnmacht, wenn es gilt, hilfreiche Fantasien dagegenzusetzen. Immer wieder bleiben wir in den toten Enden des

Labyrinths der Gefühle stecken. Warum geht es nicht anders? Eifersucht ist, wie alle Symptome, ein Zeichen eingeschränkter Lebendigkeit. Woher kommt diese Einschränkung?

Literatur

Baumgart, H. (1985): Eifersucht. Erfahrungen und Lösungsversuche im Beziehungsdreieck. Reinbeck (Rowohlt), 69–72.

Lagache, D. (1947): La jalousie amoureuse. Psychologie descriptive et psychanalyse. 3. Aufl., Paris 1982.

Hildegard Baumgart

Liebesschicksale

Nicht nur die Wahl des Partners ist von der Vergangenheit bestimmt. Auch die weiteren Erlebnisse und Erfahrungen, die Menschen in der Liebe machen, sind immer einer recht komplizierten Konstellation geschuldet: den beiden Protagonisten und ihrer Vergangenheit. »Es liegen immer sechs Leute im Bett«, meinte einmal ein Psychoanalytiker (und natürlich sind es eigentlich noch viel mehr!). Das aber heißt: Die verschiedenen Formen, in denen Liebe gelebt wird, können nur sehr mühsam in eine Reihe oder in eine Typologie gebracht werden (vgl. Reik 1942, Willi 1975, Jaeggi & Hollstein 1985, Stiermerlig 2000).

Es macht ja gerade den Reiz der literarischen Darstellung aus, dass in der Literatur die Liebesschicksale in ihren vielerlei Nuancen dargestellt werden, sodass man das jeweils Einzigartige daraus erspüren kann. Natürlich kann man vieles erklären. Man kann aber das Liebesleben nicht typisieren, geschweige denn einzelne Personen anhand einer Typologie erschöpfend erfassen.

Trotzdem: Man kann natürlich einzelne Stränge herauspräparieren, Beziehungskonstellationen erklären, wenn man genügend erfährt über die Vorgeschichte der Protagonisten. Nicht immer ist dies der Fall, weshalb bei den hier dargestellten Romanen die »letzte« Interpretationsebene (über die Generationen hinweg) oft nicht erreicht werden kann. Alle der hier versammelten Geschichten aber sind erkennbar als Geschichten, die stringent sind, in einer nachvollziehbaren Entwicklung stehen und eben auch als »typische« einen gewissen Erklärungswert haben.

Der sehr komplexe und viel gerühmte Roman »Liebesleben« von Zeruya Shalev, den *Edda Uhlmann* analysiert, zeigt am schärfsten auf, wie vielschichtig das Geflecht von Liebesbeziehungen sein kann, wie sehr die »sechs Beteiligten« ineinander verwoben sein können. Hier spielten bei der Obsession einer jungen Frau für einen Jugendfreund ihrer Eltern sowohl die intime Geschichte der früheren Dreiecksbeziehung eine Rolle als auch die historischen Umstände von Krieg und Holocaust, in die wiederum auch die Generation davor verwickelt war. Kränkungen und Rache zwischen den ehemaligen Konkurrenten, das Bedürfnis der jungen Frau nach einem vorenthaltenen Wissen um die Vergangenheit der Eltern: das alles trägt bei zu den Verwicklungen innerhalb dieser perversen Liebesgeschichte.

Das zu Bestseller-Ehren gekommene Buch »Der Vorleser«, dem sich *Achim Würker* widmet, streift die Vergangenheit der Protagonisten nur kurz. Es wird aber in wenigen Strichen aufgezeigt, wie sich in die Liebe zwischen dem 15-Jährigen und der ehemaligen KZ-Aufseherin das Bild der Mutter hineinmischt. Die Verteilung der Macht als ein sublim ausbalanciertes Gebilde spielt ebenso eine Rolle wie die Funktionalisierung, die einer dem anderen angedeihen lässt. Macht und Ohnmacht verkehren sich. Das zentrale Element – das Bild der wärmenden und der zerstörerischen Mutter – wird in vielfältigen Schattierungen hervorgehoben.

Immer wieder zeigt sich nicht nur bei der Partnerwahl, sondern auch bei der Realisierung von Liebe dieses Element der »Mutter« als das vielleicht wirkmächtigste in der ganzen Literatur über die Liebe. Auch bei der Interpretation des »Traviata«-Themas von *Karla Hoven-Buchholz* wird das Thema relevant. Die »edle Prostituierte« vereint das Hure-Madonna-Thema mit dem der »Rettung« und ist geeignet, die ödipale Liebe des Mannes zu lösen und in eine reifere Liebesbeziehung einzutreten.

Wie leicht das Gleichgewicht von Liebespaaren zu erschüttern ist: das hat Dichter und Theoretiker immer schon inspiriert. Immer wieder kommen sie darauf zurück, dass die privaten familiären Konstellationen mit geradezu archetypischer Wucht alles bewusste Wollen und die besten Vorsätze zerplatzen lassen. Von immer wieder misslingenden Beziehungen berichtet der Roman »Der irdische Amor« von Hans-Ulrich Treichel. Der Protagonist ist immer wieder enttäuscht, weil die Geliebte ihn nicht im mütterlichen Sinn versorgt, seine Reifung wird durch orales Versorgungsdenken unmöglich: er kann nicht zu einem Du finden (vgl. den Beitrag von Johanna Müller-Ebert).

Die Liebe, so meint Freud, kann nur für kurze Momente Glück schenken. Ganz schnell greifen alte, oft destruktive Mechanismen wieder zu und gewinnen die Oberhand. Liebesglück ist so sehr mit Liebesleid verbunden, dass Freud die Liebe als eine »schwache Lebenstechnik« bezeichnet: »Niemals sind wir ungeschützter gegen das Leiden, als wenn wir lieben, niemals hilfloser unglücklich, als wenn wir das geliebte Objekt oder seine Liebe verloren haben« (Freud 1930a, 441).

Wenn man die Anzahl der verzweifelten und unglücklichen Liebesschicksale mit den glücklichen – sowohl in der Literatur als auch im Leben – vergleicht, dann kommt einem der Freud'sche Pessimismus nicht ganz unberechtigt vor.

Literatur

Freud, S. (1930a): Das Unbehagen in der Kultur. GW XIV, 419–506.

Jaeggi, E. & Hollstein, W. (1985): Wenn Ehen älter werden. Liebe, Krise, Neubeginn. München (Piper).

Reik, Th. (1942): Von Liebe und Lust. Über die Psychoanalyse romantischer und sexueller Emotionen. Frankfurt/M. (Fischer) 1985.

Stiemerling, D. (2000): Was die Liebe scheitern lässt. Die Psychologie der chronisch gestörten Liebesbeziehung. Stuttgart (Pfeiffer bei Klett-Cotta).

Willi, J. (1975): Die Zweierbeziehung. Reinbek (Rowohlt).

E. J. & H. K.-G.

Warum wir so gerne edle Prostituierte auf der Bühne sterben sehen
Psychoanalytische Gedanken zu Guiseppe Verdis »La Traviata«*

»Wir haben es bisher den Dichtern überlassen, uns zu schildern, nach welchen ›Liebesbedingungen‹ die Menschen ihre Objektwahl treffen«, sagt Freud. Aber deren poetische Freiheit, den Stoff der Realität ästhetisch oder dramatisch zu verändern, rechtfertige die wissenschaftliche Bearbeitung des menschlichen Liebeslebens, wenn auch »mit plumperen Händen und zu geringerem Lustgewinne« (Freud 1910h, 187). Freuds Bemerkung berechtigt auch uns, den Stoff einer Verdi-Oper, die wir sonst ergriffen genießen, zum Objekt unserer Analyse zu machen: Was können wir aus der Faszination am Bühnentod einer edlen Prostituierten über die menschlichen Liebesbedingungen erfahren?

Zunächst die Handlung, deren literarische Vorlage die »Kameliendame« von Alexandre Dumas ist: »La Traviata«, auf Deutsch »Die vom Weg Abgekommene«, ist die Kurtisane Violetta, in die sich der mittellose junge Alfredo verliebt. Sie betäubt im Genuss ihr Leiden, die Schwindsucht. Als sie einen Schwächeanfall erleidet, gesteht er ihr seine Liebe, was alte Sehnsüchte nach der wahren Liebe in ihr weckt.

Im zweiten Akt leben sie gemeinsam auf dem Land. Alfredo fühlt sich wie im Paradies, bis er erfährt, dass Violetta seinetwegen Schulden macht. Während er in die Stadt fährt, um Geld zu besorgen, taucht sein Vater Germont auf und fordert das Ende der Beziehung, die einer standesgemäßen Heirat seiner »engelsreinen« Tochter im Wege stünde. Violetta willigt ein, verlangt aber, dass später ihr Opfer bekannt wird.

Um Alfredo die Trennung zu erleichtern, täuscht sie vor, sie sei zu ihrem alten Gönner Douphol zurückgekehrt. Darauf demütigt sie Alfredo öffentlich: Er wirft ihr das Geld vor die Füße, macht sie so zur Prostituierten und wendet sich ab.

Im letzten Akt liegt Violetta im Sterben. Alfredo taucht wieder auf, erkennt ihr Opfer, sie versöhnen sich – auch Germont kommt, bewegt von ihrer Größe. Sie stirbt.

---

* La Traviata. Oper in drei Akten von Giuseppe Verdi. Text von Francesco Maria Piave.

Man hat es Verdis revolutionärer Haltung und seiner Beziehung zur Sängerin Giuseppina Strepponi, einer mehrfachen ledigen Mutter zugeschrieben, dass er ausgerechnet eine Prostituierte zur edlen, bemitleidenswerten Heldin seiner Oper machte. Bei der Erstaufführung fiel die Oper dann auch durch; erst nach ihrer zeitlichen Verlagerung ins Rokoko galt sie 1854 als gesellschaftsfähig und trat ihren Triumphzug an. Der Tod der edlen Prostituierten faszinierte, das Thema wurde literarisch und musikalisch immer wieder aufgegriffen. Darüber hinaus ist die »edle Kurtisane« ein klassischer literaturwissenschaftlicher Topos, dessen Tradition bis in die Antike reicht (vgl. Frenzel 1980), sodass man annehmen muss, dass er tiefe Bedürfnisse verdichtet und befriedigt.

Die prominenteste christliche Ausgestaltung dieser Figur ist Maria Magdalena, deren Bekehrung sich in angenehm antifundamentalistischem Gegensatz zum späteren christlichen Umgang mit sündigen Frauen vollzieht. Mit den Worten »Wer unter Euch ohne Sünde ist, der werfe den ersten Stein« (NT, Johannes 8, 1–11) wird eine steinigende Projektion aufgelöst und der Sündenbock in ein verirrtes Schaf verwandelt. Maria Magdalena stirbt nicht an ihrer Bekehrung. Und doch lieferte ihre Geschichte Stoff für zahllose Gemälde der schönen Sünderin und Büßerin – durch Jahrhunderte ein erregend-erhebend moralisches Motiv.

Warum also muss La Traviata – zur Liebe bekehrt – sterben?

Man könnte vermuten, weil Liebe mit dem Tod assoziiert ist. Die sexuelle Liebe lässt den kleinen Tod erleben, die Liebe ist der Tod des Individuums in seiner Überschreitung. In den 70er Jahren sang der Rockmusiker Neil Young »Only love can break your heart«.

Aber warum stirbt Violetta dann allein, während Alfredo nur singt, er sterbe bei ihrem Anblick? Gibt es doch eine speziell weibliche Art zu lieben, die in der Selbstaufopferung liegt (vgl. Brückner 1983)? Nun stirbt sie an Schwindsucht – nicht an der Liebe, aber der Tod schwindsüchtiger junger Prostituierter ist literarisch so beliebt, dass böse Zungen vermuteten, er erspare den hässlichen Anblick der alt gewordenen Dirne. (vgl. Dumas 1848; Jerusalem 1909). Violetta stirbt also für die Oper.

In Verdis Opern, mehr noch als in anderen, spielt der Tod eine besondere Rolle. Eckhard Henscheid (1992, 42 f.) schreibt: »Abschied, meist unterm Vorzeichen vom Tod, ist Verdi nichts geringeres als der irdische Widerschein von ›Erlösung‹, der christlich-säkularisierten Idee seiner Opern. [...] Der Tod avanciert zu einer Art Ersatzreligion.« In dieser Lesart könnte man den Tod, der für die Traviata essentiell ist, als säkularisierten Opfertod im Musentempel verstehen. Violetta wäre dann Nachfolgerin der antiken Jungfrauen auf dem Opferstein, der »in der Kulturentwicklung [...] durch die Bühne ersetzt [wurde] mit dem Zweck, die Gemeinde der Zuschauer von ihren Leidenschaften zu reinigen« (Van Quekelberghe & Haas 2000, 246).

Das göttliche Einschreiten gegen die Opferung Iphigenies in der Orestie oder das männliche Gegenstück im alten Testament, Isaak (vgl. Hirsch 2002), markiert religionsgeschichtlich die Überwindung des Menschenopfers durch das Tieropfer. Gottes Sohn als Opferlamm der Welt im Neuen Testament konterkariert und transzendiert diese Entwicklung. Weil er für ihre Sünden starb, blieb Maria Magdalena am Leben. Im Musentempel wird die bekehrte Sünderin wieder selbst geopfert.

Damit bin ich nach Verdis Oper und Dumas' Kameliendame bei der dritten Textquelle meiner Analyse angekommen, dem Neuen Testament. Betrachtet man nämlich das Opernlibretto genauer, sieht man direkte Bezüge zur Passionsgeschichte: Schon im ersten Akt klingt an, die Liebe sei »croce e delizia«, Kreuz und Freude.

Trotz Violettas Bekehrung von der käuflichen zur wahren Liebe ist das Paradies trügerisch – erkauft mit Violettas Geld und im Affront gegen gesellschaftliche Moral, die durch Germont, Alfredos Vater, verkörpert wird. Ihm reicht nicht, dass Violetta schon »edel« geworden ist, denn Alfredos Mesalliance gefährde die Hochzeit seiner Tochter, die rein wie ein Engel sei. Violettas Beteuerung, bei ihrer Krankheit sei Alfredos Liebe alles, was ihr bleibe, kontert er: mit der Zeit könne auch die Liebe vergehen. Sie solle ablassen von diesem Traum und stattdessen der trostreiche Engel seiner Familie werden. Damit stellt er, was Violetta für die »wahre Liebe« hielt, als irdisch und vergänglich dar. Als trostreicher Engel seiner Familie wäre Violetta dagegen doppelt rehabilitiert: Sie erhielte den Platz im Himmel und würde Germonts engelsreiner Tochter gleich.

In ihrer Antwort bezieht sich Violetta auf die biblische Bekehrungsszene der Sünderin: »Gott hätte mir meine Sünden vergeben, aber der Mensch ist unbarmherzig.« Von Germont fordert sie: »Sagt der Jungfrau, die so schön und rein, dass es ein Opfer des Unglücks gibt, dem nur ein einziger Schimmer des Glücks blieb [...] den es jetzt für sie opfert und dann stirbt!«

Hier taucht das Wort Opfer zweimal auf: Violetta, unglückliches Opfer der Umstände, das verirrte Lamm – und ihre aktive Wandlung zur Opferung ihrer Liebe, die sie selbst zum Opferlamm macht. Sie wird zur gehorsamen Tochter, die den Kelch zu trinken bereit ist, wie Jesus am Ölberg. Aber sie tut das nur, wenn ihr Opfer gesehen und anerkannt wird.

Das literarische Vorbild der Traviata, die Kameliendame, beschreibt ihre »zweite Bekehrung« als

»Erregung einer fromme[n] Eitelkeit in mir, die mir bisher unbekannt gewesen. Bei dem Gedanken, dass der alte Mann, der mich aus Sorge um die Zukunft seines Sohnes anflehte, eines Tages seine Tochter bitten könnte, meinen Namen als den einer geheimnisvollen Freundin in ihr Gebet mit einzuschließen, ging eine Verwandlung in mir vor, und ich war sogar stolz darauf« (Dumas 2002, 215).

Nur wenn die Andere von ihr weiß, ist Violetta nicht die Gefallene, sondern Erhöhte, der Respekt gezollt wird. Damit wird sie in die Position der rechtmäßigen Frau gesetzt, deren Existenz in einer Dreiecksbeziehung bekannt ist, während die heimliche Geliebte attraktiver, aber nicht respektabel ist. Schließlich bittet Violetta Germont direkt, sie als Tochter zu umarmen, damit sie Kraft habe für ihren Opfergang, und dass er Alfredo später ihr Opfer berichtet. Sie will ihm als Heilige, nicht als Hure in Erinnerung bleiben.

Das Ringen mit dem Vater und die Einwilligung in die Opferung zum Heil anderer verweist auf die Ölberg-Szene. Ihr folgt die Judas-Szene: Denn Alfredo wird Violetta öffentlich Geld vor die Füße werfen – angeblich, um zurückzuzahlen, was sie für ihn ausgegeben habe. In seiner verächtlichen Geste macht er sie zur Hure, die ihn für 30 Silberlinge verraten habe. Auch in Judas' Kuss war die Liebe zu Jesus vorgetäuscht, um ihn den Häschern kenntlich zu machen. Violetta wird zum Judas gemacht, und ist doch, da die Anschuldigung falsch ist, das eigentliche Opferlamm; umgekehrt ist der Pharisäer Alfredo, der lautere Motive für die Rückzahlung vorgibt, der eigentliche Judas, der sie wirklich verrät – »auf dass sich erfüllen die Schriften der Propheten«, heißt es dazu im Evangelium. Die Anklänge an die Passionsgeschichte lassen diese als biblische Folie erkennen, auf der die öffentliche Opferung der Prostituierten hier vollzogen wird.

Aber von welchen Passionen wird das Opernpublikum beim Miterleben ihres Opfertodes gereinigt? Zunächst werden Passionen geweckt. Allein der Name »Traviata« ruft sie wach, indem er Fantasien von Ausschweifung, Verfehlung, Bestrafung, Mitleid und Rettung verdichtet. Vom Weg kommt ab, wer sich verlocken lässt. So lockt die Projektionsfigur Traviata die ausschweifenden sexuellen Fantasien der Zuschauer hervor. Sie fehlt nicht aus Bosheit, sondern aus Schwäche. Die Verirrte ist Opfer ihrer Triebe, Verführbarkeit oder Not – und weckt so den Pfadfinder in jedem Mann. Ihre potentielle Rettung macht aus einem ordinären Freier einen heroischen Befreier. Die Rettungsfantasie ist also dreifach verführerisch: sie macht den Mann überlegen und moralisch integer, befriedigt Ich-Ideal, Über-Ich und seine sexuellen Begierden. So verkörpert die verirrte, durch Rettung zu veredelnde Kurtisane den Wunschtraum vieler Männer: einer Frau, für die andere viel Geld ausgeben, lebenswichtig zu sein – sodass sie, was sie andern geschäftsmäßig gibt, bei ihm allein mit Gefühl verbindet. Damit kehrt sich das Verhältnis um: der Retter ist der Auserwählte.

Die klassische psychoanalytische Deutung dieses verschlungenen Verhältnisses liefert Freud 1910 in seiner Studie »Über einen besonderen Typus der Objektwahl des Mannes«. Er sieht einen Zusammenhang zwischen Rettungsfantasie, »Dirnenliebe«, der Bedingung des geschädigten Dritten, Idealisierung der Frau und zwanghafter »Reihenbildung«, d. h., dass »die Selbstanforderung der Treue jedes Mal wieder erhoben [wird], sooft sie auch in der Wirklichkeit durchbrochen werden mag«. Gemeinsam charakterisierten diese Merkmale jenen besonderen Typus der Objektwahl, der sich auch unter »durchschnittlich Gesunden« finde – also auch bei Opernbesuchern.

Nach Freud entspringt sie »aus der infantilen Fixierung der Zärtlichkeit an die Mutter und stellt einen der Ausgänge dieser Fixierung dar« (1910h, 70). Der Dritte sei der Vater, und die Einzigartigkeit der Mutter für das Kind stehe auch außer Zweifel. Die unendliche Reihenbildung werde verständlich, da jedes Surrogat doch die angestrebte Befriedigung vermissen lasse. Trotz des vordergründig absoluten Gegensatzes zwischen Mutter und Dirne sage sich der Knabe irgendwann im Laufe seiner Sexualaufklärung mit »zynischer Korrektheit, dass der Unterschied zwischen der Mutter und der Hure doch nicht so groß sei, dass sie im Grunde das nämliche tun«. Unter der Herrschaft des Ödipuskomplexes vergesse er es der Mutter nicht und betrachte es im Licht einer Untreue, dass sie die Gunst des sexuellen Verkehres nicht ihm, sondern dem Vater geschenkt habe. Die knabenhaften Onaniefantasien hätten oft Mutters Untreue zum Thema, und »der Liebhaber, mit dem die Mutter die Untreue begeht, trägt fast immer die Züge des eigenen Ichs, richtiger gesagt, der eigenen, idealisierten, durch Altersreifung auf das Niveau des Vaters gehobenen Persönlichkeit« (73 f.)

Das Rettungsmotiv erklärt Freud aus dem Bestreben des Knaben, das Kräfteverhältnis zur Mutter umzukehren: Sie, die ihm das Leben geschenkt hat, wäre von seiner Kraft und Größe abhängig, könnte ohne ihn nicht leben.

Auch Alfredo wollte Violettas Rettung. Sie kann ihm nicht gelingen, weil sie gegen das väterliche Gebot verstößt. Alfredos Eifersucht richtet sich gegen Baron Douphol, sein wirklicher Rivale aber ist sein Vater, auf dessen Geheiß Violetta zu Douphol zurückkehrt. Die Auswechselbarkeit beider Figuren ahnt man, wenn Violetta Alfredo sagt, sie habe »einem, der dazu das volle Recht hatte«, geschworen, ihn zu meiden. Violetta meint Germont, Alfredo versteht Douphol. Weil Alfredo den väterlichen Rivalen nicht besiegen kann, stempelt er Violetta zur Hure, die die wahre Liebe – zwischen Mutter und Sohn – betrügt mit jemandem anderen, der sich das volle Recht dazu anmaßt, dem Vater.

Zur Hure wird also die Frau, die die wahre Liebe betrügt, von der »mann« sich trügerisch verlassen fühlt. An dieser Untreue scheitert jeder Rettungsversuch, die Frau muss fallen gelassen und getötet werden, zur Strafe für Treuebruch und zur Rettung des Mannes vor weiterem Verrat. In der »Kameliendame« sagt Armand (Alfredos Vorbild): »Ich liebte sie so unendlich, dass ich mich mitten in meinem fieberhaften Liebestaumel fragte, ob ich sie nicht töten sollte, damit sie keinem anderen mehr gehören könne« (Dumas 2002, 206). Nur eine tote Frau ist eine treue Frau.

Nach dem Tod der treulosen Prostituierten wird der Platz frei für die in Wahrheit jungfräulich reine Frau, von der Violetta auf dem Sterbebett spricht und die deren Opfer, wie Germonts Tochter wissen soll, ihr Glück verdankt.

Die innere Notwendigkeit des Mannes, sich von der Liebe zur treulosen Frau, der ödipalen Mutter, zu lösen, um eine reife Liebesbeziehung einzugehen, wird also auf der Bühne durch den Opfertod der Prostituierten dargestellt. Ihre – nach Christi Vorbild geschaffene – Version der freiwilligen Aufopferung für den Mann enthält das Verführerische der idealisierten Mutterliebe: Die Mutter soll sich bitte für den Sohn aufopfern, dafür wird sie heilig gesprochen. Das Ausmaß ihrer Hingabe kann so von keiner anderen Frau erreicht werden – jede, die es versucht, wird – gemessen an der überragenden Mutter – enttäuschen und scheitern. Dann ist es sicherer, wenn der Vorhang über Violettas Tod fällt, gereinigt, erleichtert und gestärkt nach Hause zu gehen und froh auf die nächste Aufführung und den nächsten Rettungsversuch zu hoffen.

Der Tod ist die Voraussetzung für die Reihung, die Auswechselbarkeit. Legitimiert durch die Treulosigkeit der Frau kann der Mann nach ihrem Tod seinerseits zur Nächsten gehen. In diesem Sinne gleicht ihr Bühnentod dem Ende einer Masturbationsfantasie, bei der mit der Spannungsentladung auch die erregende Fantasiegestalt in sich zusammenfällt.

Wer nun annimmt, nur Männer hätten Fantasien über Prostituierte, übersieht die weibliche Rührung angesichts von Glanz und Elend der Traviata. Zwar wurde der Operngeschmack zu Verdis Zeiten von Männern bestimmt: Frauen durften keine Opernbillets kaufen und nur in männlicher Begleitung in die Oper gehen (Beci 2000) – ein Verständnis der Traviata wäre aber ohne Berücksichtigung ihrer Wirkung auf das weibliche Publikum unvollständig. Und die besteht nicht nur im barmherzigen Mitleid.

In der »Kameliendame« erlaubt eine Versteigerung der Kleider und Möbel der toten Marguerite Gautier den Damen der feinen Gesellschaft, Interieur und Utensilien der großen Kokotte in Augenschein und Besitz zu nehmen. Dumas (2002, 8) schreibt:

> »Wenn nun Damen von Welt [...] etwas zu sehen begierig sind, so ist es die Einrichtung solcher Frauen, deren Kutschen täglich ihre eigenen in Schatten stellen, die wie sie und neben ihnen in der Großen Oper und im Italienischen Theater ihre Logen haben und Paris durch ihre freche Schönheit, durch ihre Juwelen und ihre Skandale in Aufregung halten«.

Durch den Blick aufs Innenleben der Kurtisane erhoffen die feinen Damen insgeheim, das Geheimnis ihrer Attraktivität zu erfahren, und durch Ersteigerung deren Attribute als Fetisch einzuheimsen. So werden auch die Frauen in der Oper von der Traviata bewegt, weil sie sich wie die feinen Damen im Roman, ohne ihr Interesse zu deklarieren oder die gesellschaftliche Sicherheit aufzugeben, voyeuristisch mit der Kokotte identifizieren. Einmal so schön und begehrenswert sein, dass alle Männer nach ihrer Pfeife tanzten und ihr Vermögen für sie gäben, damit sie im Luxus schwelgen kann!

Der Aufsatz »Zur Psychologie der weiblichen Sexualität« (1932) der ungarischen Psychoanalytikerin Lillian Rotter erhellt solche weiblichen Passionen. In der Budapester Tradition von Ferenczi und Imre Hermann führt sie sie auf die Fantasie kleiner Mädchen zurück, mit dem Zauber ihrer Erscheinung Herzen und Glieder der Männer in Bewegung zu setzen, als gehörten sie eigentlich ihr. Sei es, dass das kleine Mädchen bei Doktorspielen glaube, die Erektion ihres Spielgefährten verursacht zu haben, sei es, dass es erlebe, mit ihrem Charme die männliche Umgebung für sich zu gewinnen: Sie entwickelt die Fantasie, der männliche Penis gehöre zu ihrem Ich.

Rotter führt aus:

> »Diese Phantasie stützt sich vermutlich auf die Analogie der Mutterbrust-Säugling-Einheit, ist doch die Penis-Brust-Ähnlichkeit und die Gleichsetzung beider im Unbewussten ein täglicher Befund der Analyse. Das kleine Mädchen kann sich also unter gewissen Umständen vorstellen, dass ein Organ, welches zwar an anderen Personen zu erblicken ist, doch in seinen Wirkungskreis, in sein Ich hineingehört. Der Penis ist eine Art Maschine, die sie steuert, wie sie ja auch ihre Füße in Bewegung setzen kann, oder ihre Klitoris in Erregung bringt. Der Penis wäre also eigentlich das sichtbare Vollstreckungsorgan ihrer Gefühle oder ihres Willens«.

Der Tagtraum vom Manne, der für sie zu allem bereit sei, enthalte diesen Wunsch (den Mann zur Erektion zu verführen, d. h. seine Liebe zu erwecken verhüllt). Sein Mittel sei die Exhibition, in abgeschwächter Weise die Koketterie. Die verführerische Macht werde kompensatorisch gegen Kränkungen, Ohnmachts- und Verlassenheitsgefühle eingesetzt.

Ähnlich wie Rotter sieht auch Mechthild Zeul bei ihren Film-Analysen über das Phantasma der »phallischen Frau« die kompensatorische Funktion solcher weiblicher Allmachtsfantasien: Die Vorstellung, Femme fatale zu sein, rettet vor den alltäglichen Frustrationen des Lebens und Liebens (Zeul 1997, 27–42).

Das wäre die narzisstische Seite weiblicher Prostitutionsfantasien; ihre ödipale sollte darüber nicht vergessen werden. Das gefallene Mädchen, die missratene Tochter könnte als Prostituierte dem Vater begegnen und im ödipalen Triumph über die Mutter sein Begehren erleben, aber auch seine Untreue, Doppelmoral und Verführbarkeit. Fantasien dieser Art kennen wir aus der Literatur: man denke an die biblische Salomé oder an ihre jüngste Version, Nelly Arcans Roman »Hure« (2002). Mehr oder weniger bewusst werden solche Fantasien promiskuitiv ausgelebt oder in Verhältnissen mit einem reichen älteren »Sugar-Daddy« kaschiert.

Die Verbindung von Vatersehnsucht und Prostitutionsfantasie zeigt die Begegnung Violettas mit Germont. Ohne ihren Wunsch, seine liebe Tochter zu sein, käme es nicht zu ihrer Einwilligung, Alfredo preiszugeben. Fast könnte man sagen: endlich ein Vater, der sich nicht verführen lässt, sondern die anerkennungshungrige Tochter in der Prostituierten sieht. Er aber kann, selbst wenn sie Alfredo treu ist, nur Entsagung, »Nicht-Sexualität«, anerkennen. Nur ein Engel kann seine Tochter sein, keine sexuelle Frau.

Ob aus gekränkter Eitelkeit, Liebesfrust, sexualisierter Vatersehnsucht, Wunsch nach Versorgung oder rachsüchtigem Wunsch, den Vater zu schockieren und zu demütigen: Prostitutionsfantasien vertragen sich schlecht mit Reinheit, eher sind sie ein Grund, sich schlecht und schuldig zu fühlen. Unter dem gnädigen Deckmantel der Verirrung und Buße – wie von Violetta vorgeführt – können solche Gefühle gelindert werden. Deshalb schlagen die Frauen im Publikum nur zu gern die masochistische Volte und fühlen mit Violetta, die sich trotz Glanz und Glamour nach der wahren Liebe sehnt, im innersten Herzen treu, still und verkannt ihr Leid trägt und sich aufopfert bis in den Tod. Der Wunsch, sich »eigentlich« als verlassene Frau, Opfer, ja als Heilige zu sehen und die eigenen Untreue-Gelüste veredelnd zu bemänteln, motiviert hier weibliche Solidarität mit Violetta über Klassen- und Sittlichkeitsschranken hinweg. Zumal diese Solidarität glücklicherweise folgenlos bleibt dank Violettas Tod.

Offenes Mitgefühl mit einer lebenden Prostituierten wäre schon schwieriger – wer möchte von beschränkten Mitmenschen womöglich mit so einer gleichgesetzt werden? Darüber hinaus könnte nicht jede Frau konkurrieren mit der schönen Lebedame, und der Gedanke, sie könne den eigenen Mann verführen oder habe es längst getan, ist so beunruhigend, dass er mit einem »Kreuziget sie!« beantwortet würde. Wie wohltuend, beschwichtigend und rührend ist da Violettas Botschaft an die »reinen« Frauen, dass sie sich für deren Glück opfert – hier fühlt sich das weibliche Publikum angesprochen und weint.

In ihrer Selbstopferung wird Violetta von der roten, sexuellen zur madonnengleichen, weißen Frau (Theweleit 1977). Dazu passt, dass sechs Wochen vor der Traviata eine andere Verdi-Oper uraufgeführt wurde: »Il Trovatore«, in der die Zigeunerin Azucena als Hexe verbrannt wird. Kurz nach Aufführung der veränderten Traviata wird dagegen am 10.12.1854 in päpstlicher Inszenierung das Dogma der Unbefleckten Empfängnis Mariä verkündigt (Abel 2000). La Traviata wandelt (sich) von der Hexe zur Heiligen, vereint im Tod beide Gestalten, und wir dürfen zusehen. Das macht ihre bleibende Faszination aus.

Literatur

Abel, N. (2000): Die Sünde vor dem Leben. La Traviata, Programmheft Staatstheater Kassel.

Arcan, N. (2002): Hure. München (Beck).

Beci, V. (2000): Aus Ohnmacht zur Macht: La Traviata. In: Dies.: Verdi. Ein Komponistenleben. Düsseldorf und Zürich (Artemis & Winkler).

Brückner, M. (1983): Die Liebe der Frauen. Frankfurt/M. (Neue Kritik).

Das Neue Testament. Nach der deutschen Übersetzung Martin Luthers. Revidierter Text 1956. Wiesbaden (Panorama).

Dumas, Alexandre d. J. (2002): Die Kameliendame. Berlin (Aufbau Taschenbuchverlag).

Freud, S. (1910h): Über einen besonderen Typus der Objektwahl des Mannes. GW VIII, 66–77.

Frenzel, E. (1980): Die selbstlose Kurtisane. In: Dies.: Motive der Weltliteratur. Stuttgart (Kröner), 436–453.

Henscheid, E. (1992): Verdi ist der Mozart Wagners. Ein Opernführer für Versierte und Versehrte. Stuttgart (Reclam).

Hirsch, M. (2002): Die Opferung des Kindes als eine Grundlage unserer Kultur, In: A.-S. Schlösser & A. Gerlach (Hg.): Gewalt und Zivilisation, Gießen (Psychosozial).

Jerusalem, E. (1909): Selbstkommentar. In: Die Zukunft 17, 210–212.

Rotter, L. (1932): Zur Psychologie der weiblichen Sexualität. In: Dies. (1989): Sex-Appeal und männliche Ohnmacht. Psychoanalytische Schriften. Begleitet von Andreas Benz. Freiburg/Br. (Kore).

Schmidt, D. (Hg.) (1996): Gebuchte Lust. Texte zur Prostitution. Leipzig (Reclam).

Theweleit, K. (1977): Männerphantasien 1. Frauen, Fluten, Körper, Geschichte. Frankfurt/M. (Roter Stern).

Van Quekelberghe, E. & Haas, E. T. (2000): Romeo und Julia von William Shakespeare. In: Jahrbuch der Psychoanalyse 42, 233–251.

Zeul, M. (1997): Carmen & Co. Weiblichkeit und Sexualität im Film. Stuttgart (Verlag Internationale Psychoanalyse).

Karla Hoven-Buchholz

Mutterimago und Ambivalenz
Bernhard Schlink: »Der Vorleser«[*]

Wenn wir einen Roman lesen, so entwickeln wir Vorstellungen von den geschilderten Szenen, machen uns Bilder. Natürlich können wir auch eine Inhaltsangabe liefern, angeben, um welche Probleme es geht, bestimmen, aus welcher Perspektive erzählt oder in welcher Sprache geschrieben wird. Aber manchmal merken wir, dass unsere Inhaltsangaben, unsere Problem- und Formbeschreibungen unserem Erleben bei und nach der Lektüre nicht gerecht werden. Wir merken, wie die Szenen und Bilder sich immer neu verknüpfen und immer neue Gefühle und Assoziationen wachrufen, die wir uns so einfach nicht erklären können. Der Roman scheint gleichsam eine Tiefendimension zu besitzen, die uns sowohl gefühlsmäßig evident ist als auch rational rätselhaft bleibt. Eine Facette der so spürbar werdenden Tiefendimension – dieses latenten Sinns des Romans – zu ertasten und damit die Wirkung des Textes ein wenig verständlicher zu machen, ist das Ziel meiner psychoanalytisch-tiefenhermeneutischen Interpretation.[1]

Schlinks Roman ist ein sehr reflektierter Roman. Der Erzähler weiß um sozialgeschichtliche und psychologische Theorien, er weiß auch um Psychoanalyse und um unbewusste Antriebe. Er zeichnet weder sich noch seine Figuren naiv, sondern gibt das eigene Reflexionsniveau zu erkennen. Mithin fordert er den reflektierenden Leser – und ein solcher ist der interpretierende Leser – zur Allianz mit dem Helden und Erzähler auf.

---

[*] Bernhard Schlink (1997): Der Vorleser. Zürich (Diogenes).

[1] Vielleicht bedarf es der besonderen Betonung, dass also keineswegs eine umfassende Interpretation intendiert ist und dass vor allem die Tatsache, dass der Aspekt der nationalsozialistischen Vergangenheit, ihrer Nachwirkung und der Verarbeitungsversuche in den Hintergrund tritt, nicht als Geringschätzung dieser Thematik gewertet werden darf. Auch wenn das Thema des Nationalsozialismus neben dem des Analphabetismus in der mir vorliegenden Sekundärliteratur einen breiten Raum einnimmt, ist zu rechtfertigen, dass diese beiden Themen als Facetten des manifesten Sinns in einer begrenzten und subjektiven Analyse latenter Wirkungsdimensionen geringeres Gewicht erlangen. In Anlehnung an Adolf Höfer (1998) könnte man dies auch mit der Qualität der literarischen Szenen des Romans in Verbindung bringen: Er kritisiert die Tendenz zur Familialisierung als Teil einer »Entsorgung deutscher Vergangenheit in der jüngsten Gegenwartsliteratur«.

Diese Allianz erschwert die Interpretation, scheint sie doch immer an der Bewusstseinsgrenze des Erzählers bzw. des Autors, der alles bereits ausreichend interpretiert, zu enden.

Wo der Ich-Erzähler selbst Blindstellen aufzuweisen scheint, lässt er andere mit Deutungen zu Wort kommen: »Gesina, eine Psychoanalytikerin, meinte, ich müsse mein Verhältnis zu meiner Mutter aufarbeiten. Falle mir nicht auf, dass meine Mutter in meiner Geschichte kaum vorkomme?« (166). Hier wird die psychoanalytische Deutungsperspektive einerseits beschworen, andererseits als Platitüde desavouiert.

Überraschender wirkt da die Deutung der jüdischen Frau, die der Erzähler am Schluss im Auftrag Hannas aufsucht und der er erstmals offen von seiner Beziehung zu Hanna erzählt:

> »›Was ist diese Frau brutal gewesen. Haben Sie's verkraftet, dass sie mit fünfzehn ... Nein, Sie sagen selbst, dass Sie ihr wieder vorzulesen begonnen haben, als sie im Gefängnis war. Haben Sie jemals geheiratet?‹ Ich nickte. ›Und die Ehe war kurz und unglücklich, und Sie haben nicht wieder geheiratet, und das Kind, wenn's eines gibt, ist im Internat‹« (202).

Hier, in der Bewertung, die durch die treffsichere Rekonstruktion der Beziehungsschicksale des Protagonisten bestätigt wird, deutet sich eine Dramatik an, die in ihrer Ungeheuerlichkeit zuvor nicht offenkundig geworden ist, eine Dramatik, die hinter all der einsichtigen und reflektiert kommentierten Schilderung von persönlicher und kollektiver Verstrickung und Schuld verborgen bleibt.

Schlinks Roman »Der Vorleser« zerfällt nach meiner Wahrnehmung in vier verschiedene Geschichten:

– eine Liebesgeschichte zwischen einem Jungen und einer älteren Frau;
– eine Justizgeschichte;
– eine Kriegs- bzw. NS-Geschichte; und schließlich
– die Geschichte eines Selbstmordes.

Die erste Geschichte, die sich mir mit Bildern von Nachkriegshäusern, einem Treppenhaus, einer kleinen Mietwohnung der fünfziger Jahre einerseits, mit Bergstraße, Odenwaldlandschaft und Freibad andererseits verknüpft, erscheint mir als eine Wunscherfüllungsvision.[2] Der Jugendliche wird nahezu problemlos in die reife, genitale Sexualität eingeführt, weitgehend ohne moralische Skrupel, und selbst die anfängliche Unsicherheit wird ihm bald genommen:

»Ich hatte Angst: vor dem Berühren, vor dem Küssen, davor, dass ich ihr nicht gefallen und nicht genügen würde. Aber als wir uns eine Weile gehalten hatten, ich ihren Geruch gerochen und ihre Wärme und Kraft gefühlt hatte, wurde alles selbstverständlich« (27).

Dennoch ist die Beziehung, die da geschildert wird, nicht frei von Konflikten. Diese betreffen die Machtfrage: Wer dominiert die Beziehung? Zunächst ist es selbstverständlich Hanna, sie beherrscht das Ritual der intimen Treffen.[3] Aber dann zeigen sich im Konflikt nach dem misslungenen Treffen in der Straßenbahn Risse im Machtgefüge, und es deutet sich eine gegenseitige Abhängigkeit an:

»Sie ließ mich herein, und ich nahm alles auf mich. Ich hatte gedankenlos, rücksichtslos, lieblos gehandelt. Ich verstand, dass sie gekränkt war. Ich verstand, dass sie nicht gekränkt war, weil ich sie nicht kränken konnte. Ich verstand, dass ich sie nicht kränken konnte, dass sie sich mein Verhalten aber einfach nicht bieten lassen durfte. Am Ende war ich glücklich, als sie zugab, dass ich sie verletzt hatte. Also war sie doch nicht so unberührt und unbeteiligt, wie sie getan hatte« (49).

Hier zeigt sich nicht nur Hannas Verletzlichkeit, sondern die Unterwerfung des Protagonisten erscheint auch wie ein künstliches, ein strategisches Handeln, das eine untergründige Machtposition verrät.

2   Hierauf verweist übrigens auch Juliane Köster, wenn sie die idealtypische Schilderung der sexuellen Erfahrungen des Protagonisten darstellt und betont, solche Erfahrungen gehörten »nicht zum Repertoire der Adoleszenten«, sondern sie erschienen »eher Wunschvorstellungen nachempfunden« (vgl. Köster 2000, 46).

3   »Vorlesen, duschen, lieben und noch ein bisschen beieinanderliegen – das wurde das Ritual unserer Treffen« (43). Weitere szenische Verknüpfungen werden angeregt: Das Rituelle und Unpersönliche des Ablaufs, auch die Dienstleistung des Vorlesens als eine Art der »Bezahlung«, legt die Assoziation nahe, es handele sich um die Szene eines Besuchs bei einer Prostituierten. Zugleich verknüpft sich über das Moment der Reinigung dieses Ritual mit der Szene der ersten Begegnung, in der es um die Reinigung von Erbrochenem geht. Und auch die Assoziation mit den als Duschräumen getarnten Gaskammern mag sich aufdrängen.

Als beide ihre Fahrradtour durch den Odenwald unternehmen, ist der Protagonist der Bestimmende: Er plant die Reise, wählt die Gasthöfe, sucht die Speisen aus und füllt die Meldezettel aus. Obwohl er sie dort als Mutter und Sohn einträgt, spielt er eindeutig die Rolle des dominierenden (Ehe-) Mannes, der alles regelt.

Spürbar wird seine Dominanz auch, als sein sozialer Status ins Spiel kommt, nämlich als er Hanna mit in die elterliche Wohnung nimmt, sie die Reihen der Bücher im Arbeitszimmer des Vaters abschreitet, den Protagonisten fragt, ob auch er einmal solche Bücher schreiben werde, und betont wird, sie fühle sich als Eindringling (vgl. 61 f.).[4]

Schließlich erweckt die Szene ihrer letzten Begegnung im Schwimmbad noch einmal den Eindruck seiner Überlegenheit: Sie steht alleine, er ist integriert in die Gruppe der gleichaltrigen Jungen und Mädchen; sie bleibt passiv, wartet auf eine Aktivität seinerseits, verschwindet am Ende.

Überblickt man all diese Szenen und nimmt noch hinzu, was der Leser erst bei der weiteren Lektüre erfährt – nämlich dass es Hannas Analphabetismus ist, der ihr Agieren wesentlich motiviert und sie in einer sozialen Unselbstständigkeit hält –, so wird konkreter und verständlicher, welche zwiespältige Vorstellung hier präsentiert wird: Es geht um den Genuss von Sexualität, der ohne Skrupel und Angst erlebt werden kann, weil alle Verantwortung bei der dominanten Frau liegt. Sie ersetzt die einschränkenden Elternfiguren und deren innere Repräsentanz an Verboten und Normen. Als »Opfer« der mächtigen Frau kann Sexualität frei erlebt werden.

Neben der Rolle des »Opfers« wird andererseits die des souveränen Erwachsenen eingenommen, denn die sexuelle Beziehung zu Hanna emanzipiert den Jugendlichen abrupt: Er wechselt familiär von der Sohnesrolle in die des Selbstständigen, alle Abhängigkeit ist nur noch eine äußerliche; der Vater als Autorität scheint unwichtig, die reale Mutter ebenso, als Liebesobjekt wird die mütterliche Frau in Gestalt von Hanna in Besitz genommen. So scheint der familiale Konflikt in der Tradition des Ödipuskomplexes keine Relevanz zu besitzen.

---

[4] Irritierend an der Szene ist weiterhin, dass betont wird, Hanna setze sich am Esstisch auf den Platz des Vaters. Unabhängig davon, ob man dies als eine Gleichsetzung mit der väterlichen Rolle versteht, stellt sich die Frage, welchen Platz Michael einnimmt: seinen gewohnten als Sohn/Kind oder den der Mutter/der Frau. Auf jeden Fall verhindert Hanna die Einnahme einer väterlichen Position.

Ähnlich sieht es in der Schule und innerhalb der Gleichaltrigengruppe aus: Durch seine besondere sexuelle Erfahrung und Ausstrahlung von Reife gewinnt der Protagonist gegenüber den Gleichaltrigen eine besondere Distanz, Autonomie und Überlegenheit. Schulische Anforderungen erfüllt er strategisch, auf Freundschaften zu Mitschülern ist er nicht angewiesen; gerade deshalb wird er von ihnen geachtet, und die Mädchen wenden sich ihm mit besonderer Aufmerksamkeit zu. Noch im Rückblick wird dies vom Protagonisten hervorgehoben: »Ich staune, wieviel Sicherheit Hanna mir gegeben hat« (41).[5]

Mit der Doppelrolle des Protagonisten ist der Zwiespalt in der Schilderung von Hanna verknüpft: Obwohl ihre Macht eine entlastende Funktion hat, wird sie gleichzeitig aber dementiert: Als Analphabetin ist sie die Macht- und Hilflose, der der Protagonist als gebildeter Bürgersohn überlegen ist. Sie ist abhängig vom Schriftmächtigen, der ihr Kultur erschließt und Bereiche der Alltagswelt zugänglich macht. Auch wenn es ihr gelingt, ihre Abhängigkeit zu überspielen, sie im Machtspiel zu kompensieren und ihr Objekt auszunutzen, bestätigt diese schon im ersten Teil irritierend wirkende Vorstellung der unterlegenen Frau die Souveränität des Mannes.

So bewirkt die Vorstellung der mächtigen Frau einerseits Entlastung und Genuss, andererseits aber wird sie als verbrecherischer Übergriff verurteilt und paradoxerweise untergründig konterkariert durch eine latente Fantasie männlicher Dominanz und Souveränität.

Dass die Szenen mit Hanna eine Frauenimago erlebbar machen, die aufs Engste mit der Vorstellung der Mutter verknüpft ist, wird weniger durch die oben zitierte Deutung der Psychoanalytikerin betont, als vielmehr durch eine Assoziation des Protagonisten, der seine Beziehung zu Hanna mit einer Erinnerung an die Mutter verbindet:

»In der folgenden Nacht habe ich mich in sie [Hanna] verliebt. [...] Ich erinnere mich an die warme Küche und den heißen Herd [...]. Vor den Herd hatte meine Mutter einen Stuhl gerückt, auf dem ich stand, während sie mich wusch und ankleidete. Ich erinnere mich an das wohlige Gefühl der Wärme und an den Genuß, den es mir bereitete, in dieser Wärme gewaschen und angekleidet zu werden. Ich erinnere mich

---

5   Durch die Parallelisierung mit den Szenen des Vorlesens im KZ wird die Stärke, die Hanna vermittelt, später grundlegend problematisiert, indem sie als fundamentale Gefährdung verdeutlicht wird.

auch, dass, wann immer mir die Situation in Erinnerung kam, ich mich fragte, warum meine Mutter mich so verwöhnt hat. [...] Auch weil die Frau, für die ich in Gedanken keinen Namen hatte [gemeint ist Hanna], mich am Nachmittag so verwöhnt hatte, ging ich am nächsten Tag wieder in die Schule« (28 f.).

Und, wie bereits erwähnt: Später wird er auf einer gemeinsamen Reise Hanna und sich als Mutter und Sohn in die Meldebücher der Gasthöfe eintragen.[6]

Dem grandiosen narzisstischen Genuss, der sich mir bei der Lektüre des ersten Teils offenbart, folgt eine Schuld- und Strafdramatik, in deren Mittelpunkt die ehemalige Mutter/Geliebte steht. Sie wird für Verbrechen bestraft, die strukturell vieles mit der quasi-inzestuösen Beziehung zum Protagonisten gemein haben: Wie ihn hatte sie zuvor als KZ-Aufseherin Mädchen für ihre Bedürfnisse funktionalisiert, sich von ihnen vorlesen, ihren Lesehunger stillen, sich mit Lesestoff füttern lassen und ihnen dafür eine Vorzugsbehandlung zukommen lassen, bevor sie sie in das Vernichtungslager entließ. Die Schilderungen, die in ihrer Parallelität mit den Szenen des ersten Teils diese erläutern, zeigen eine bestimmte Facette der Frauenimago wie unter einem Mikroskop: Die machtvolle Frau funktionalisiert Abhängige, nutzt sie aus, saugt sie aus und schickt die ausgebeuteten Objekte schließlich ohne Mitgefühl in den Tod. Und es deutet sich an, welche Gefahr für den Protagonisten damit verbunden ist, sich der machtvollen Frau hinzugeben: Er gerät in die Rolle des Ohnmächtigen, dem die Vernichtung droht. In der Parallelität der Szenen zeigt sich die fundamentale Bedrohung, die neben der offenkundigen Identitätsstärkung virulent ist.

Die Anklage gegen Hanna bezieht sich konkret auf ein bestimmtes Verbrechen: Ihr wird zur Last gelegt, sie habe als Aufseherin eine Gruppe von weiblichen Gefangenen, die auf der Flucht vor den anrückenden feindlichen Truppen in einer Kirche eingesperrt war, dem Flammentod preisgegeben, weil sie, als die Kirche von einer Brandbombe getroffen wurde, die Türen nicht geöffnet habe.

In der Logik des Romans wird dieses Verbrechen mit Hannas verheimlichtem Analphabetismus in Zusammenhang gebracht, denn sie war nur Aufseherin geworden, um ihre Unfähigkeit, zu schreiben und zu lesen, zu vertuschen.

---

6   Vgl. Köster (2000, 47): »Vielleicht trifft Michael Berg in seiner Beziehung zu Hanna eine unbewusste inzestuöse Wahl. Denn die [...] Parallelen zwischen der Mutter und Hanna (vgl. 28 f.) verweisen auf eine altersspezifische Wiederbelebung der ödipalen Situation.«

Auch ihre mangelhafte Verteidigung beruht u. a. auf der Unkenntnis der Anklageschrift. Sie hat Protokolle unterschrieben, die sie nicht lesen konnte, sodass es den Mitangeklagten leicht fällt, sie als Hauptschuldige zu denunzieren. Hanna wirkt hilflos und ungeschickt, auf den Protagonisten und auf uns, die wir uns mit seiner Beobachterrolle identifizieren. Auch ihr Geständnis, alle Aufseherinnen hätten damals aus Angst gehandelt, erzeugt trotz allen Grauens angesichts der Tat und ihrer Folgen Mitgefühl. So ist es eine Sinnebene des Romans, Hanna nicht umstandslos als Verbrecherin zu präsentieren, sondern Verbrechen und konkrete Lebensgeschichte in einen Zusammenhang zu setzen.

Eine andere Sinnebene deutet sich aber dadurch an, wie intensiv das Bild der brennenden Kirche, der eingeschlossenen Frauen, der Panik und des Grauens gezeichnet wird, sodass sich mir diese Szene der Flammen, der brennenden Frauen, der verzweifelten Schreie im verschlossenen Kirchenraum geradezu »einbrennt«. Die Intensität dieser grauenvollen Szene als der spezifischen Form des Verbrechens scheint sich aus der Logik von Hannas Lebensgeschichte abzulösen und eine eigenständige Bedeutung zu gewinnen. Sie provoziert Assoziationsketten ganz anderer Art, ermöglicht auch die Vorstellung, es handele sich um eine Hexenverbrennung. Und in Verbindung mit dem Bild der Frau als machtvoller und zugleich zynischer Ausbeuterin blitzt die Idee auf, der Flammentod sei nichts anderes als die Bestrafung für diese weibliche Herrschaft.

Selbstverständlich ist es eine gewagte Freiheit der Assoziation, die wir sonst bestenfalls unseren Träumen zugestehen, zu übergehen, dass nicht die Verbrecherin zum Strafobjekt wird, sondern dass sie wiederum Täterin ist und Unschuldige die Strafe erleiden müssen; dennoch erlaube ich mir diesen Eindruck, hier würde die Imago der mächtigen Frau über die szenischen Aspekte des Tods durch Verbrennung und den Ort der Kirche mit Hexenverbrennung in einen assoziativen Zusammenhang gesetzt, ernst zu nehmen.

Immerhin geht es auch in der manifesten Logik des Romans um eine gerichtliche Verfolgung, um einen Prozess und eine Bestrafung. Diese Bestrafung – keine Hexenverbrennung – gilt nun tatsächlich der Repräsentantin der negativen Frauenimago: Hanna wird zu einer Zuchthausstrafe verurteilt. Aber nicht nur der Richter verurteilt sie in juristischer Logik, sondern auch der Roman entwertet Hanna in einem fundamentalen Sinne, indem er wiederum die Identifikation mit der Sicht des Ich-Erzählers nahe legt und ihre geschwundene Attraktivität beschwört. Hat der erste Teil Hanna als sinnlich attraktives Sexualobjekt vorgeführt, so ist sie jetzt eine strenge, starre, unsinnlich alte Frau.

Und was sich am Ende des ersten Teils ankündigte – das Umkippen der Machthierarchie –, ist nun manifest: Hanna ist als Gefangene machtlos, sie ist abhängig vom Protagonisten, der die Freiheit hat, sie zu besuchen, um mit ihr zu sprechen, ihr vielleicht vorzulesen oder – nachdem er um ihr Problem weiß – ihr zu helfen, lesen und schreiben zu lernen, und der all dies nicht tut, sondern ihr auf Band gesprochene Vorlesetexte schickt. Sogar, als sie dennoch später lesen und schreiben lernt, verweigert er ihr weiterhin den lebendigen schriftlichen Kontakt, er beantwortet ihre Briefe nicht.

Pflichtgemäß und ordentlich bereitet er ihr Leben nach der Entlassung vor, aber für ihn und auch für mich als Leser ist spürbar, dass der unmittelbare Kontakt eine abzuwehrende Peinlichkeit bedeutet: Hanna, die als nunmehr füllige und eher ungepflegte Frau beschrieben wird, ist eine Last für den Protagonisten und auch für den Leser, dem sich eine Kontaktscheu bei der Lektüre dieser Romanpassagen fast körperlich mitteilt.

Die Entwertung Hannas findet ihren Höhepunkt in der demonstrativen und fundamentalen Selbstentwertung durch den Selbstmord. Hanna vollzieht damit, was dem latenten Wunsch des Protagonisten – und mit ihm meinem uneingestandenen Wunsch als Leser – entspricht: Sie lässt sich verschwinden. In gewisser Weise realisiert sich so noch einmal ein positiver Aspekt der Mutterimago: die Erfüllung des Sohneswunsches um jeden Preis, auch um den des eigenen Lebens. Man könnte auch sagen, hier gewänne die »Allmacht der Gedanken« Geltung, indem der untergründige Todeswunsch die ihm entsprechende Wirkung zeigt.[7]

So deutet sich am Schluss einerseits eine Sohnesimago an, für die Souveränität und Allmacht kennzeichnend ist, andererseits besteht das Vorstellungsfundament aus der Fantasie einer Entwertung und Bestrafung der Mutter/Frau.

Dieser Deutung, der Sohn erweise sich als der Sieger über die machtvolle Mutter bzw. sie opfere sich schließlich, um ihn von der Last ihrer Existenz zu befreien, widerspricht die eingangs zitierte Interpretation der jüdischen Frau in New York. Sie unterstellt die fortdauernde Dominanz Hannas und belegt dies mit Tatsachen aus dem Leben des Protagonisten, von denen sie keine Kenntnis besitzen kann, die sie aber dennoch zutreffend als Konsequenz aus ihrer Deutung ableitet: Sie wertet die Tatsache, dass der Protagonist Hanna während ihrer Gefängniszeit wieder vorgelesen hat, als Indiz dafür, dass er die frühe sexuelle Beziehung nicht »verkraftet« hat und schlussfolgert treffsicher das Scheitern seiner Ehe und eines Familienlebens mit einem eigenen Kind.

---

[7] Aber auch hier könnte man gleichzeitig die Frage stellen, ob der Selbstmord weniger eine Autoaggression darstellt als vielmehr eine erneute aggressive Bemächtigung des Protagonisten über dessen Schuldgefühle.

Es ist aufschlussreich, dass diese Deutung im Grunde bereits als Teil der Selbstreflexion des Erzählers mitgeteilt wird, ohne im Leser dieselbe Wirkung wie die eben erwähnte Deutung hervorzurufen. Es heißt da:

»Ich habe nie aufhören können, das Zusammensein mit Gertrud mit dem Zusammensein mit Hanna zu vergleichen, und immer wieder hielten Gertrud und ich uns im Arm und hatte ich das Gefühl, dass es nicht stimmt, dass sie nicht stimmt, dass sie sich falsch anfaßt und anfühlt, dass sie falsch riecht und schmeckt. Ich hoffte, es würde sich verlieren. Ich wollte von Hanna frei sein. Aber das Gefühl, dass es nicht stimmt, hat sich nie verloren« (164 f.).

Vielleicht wirkt diese Analyse des Scheiterns der Ehe auch deshalb nicht so dramatisch, weil sie einerseits durch den Protagonisten selbst vorgebracht wird, der dadurch identitätsstark wirkt, und weil sie andererseits abgeschwächt wird durch den Hinweis, dass spätere Beziehungen besser gelingen:

»Meine späteren Beziehungen habe ich besser an- und einzugehen versucht. Ich habe mir eingestanden, dass eine Frau sich ein bisschen wie Hanna anfassen und anfühlen, ein bisschen wie sie riechen und schmecken muss, damit unser Zusammensein stimmt. Und ich habe von Hanna erzählt« (165 f.).

Die frappierende Deutung der Psychoanalytikerin stellt den Eindruck der Harmlosigkeit, der sich bei der Lektüre dieser Passagen zunächst einstellt, gründlich in Frage.[8] Und tatsächlich zeigen sich einige der eben zitierten Formulierungen in ihrer Bedeutung schillernd: Es wird in der zuletzt zitierten Textpassage nur vom Versuch eines besseren Beziehungsverhaltens gesprochen, ohne deutlich zu sagen, ob die Versuche gelingen oder scheitern. Lediglich durch die im Roman folgende Reihung der in ihrer lakonischen

---

8 Helmut Moers weist darauf hin, dass die Beziehung im juristischen Sinne als Vergewaltigung bzw. sexueller Missbrauch zu definieren ist:
»Im § 182 des Sexualstrafrechts heißt es, sexueller Missbrauch von Jugendlichen liege vor, wenn eine Person über einundzwanzig Jahren sexuelle Handlungen mit einer Person unter sechzehn Jahren ausführe, da die fehlende Fähigkeit des Opfers zur sexuellen Selbstbestimmung ausgenutzt werde. Wenn auch Michael das sexuelle Verhältnis ausgekostet und von sich aus gewollt hat, liegt das vor, was das Gesetz ›fehlende sexuelle Selbstbestimmung‹ nennt« (1999, 20 f.).

Formulierung ironisch wirkenden Beziehungsschilderungen deutet sich das Scheitern an. Und in der zuvor zitierten Reflexion irritiert der letzte Satz durch die Möglichkeit seiner zweifachen Verknüpfung: Das neutrale Pronomen »es« im Satz »Aber das Gefühl, dass es nicht stimmt, hat sich nie verloren« könnte einerseits den Bezug zu dem zuvor zum Teil identisch formulierten Satz »hatte ich das Gefühl, dass es nicht stimmt« herstellen, der fortgesetzt wird mit »[...] dass sie nicht stimmt«, sodass deutlich wird, dass mit dem »es« die konkrete Person, Gertrud, gemeint ist. Andererseits könnte er aber auch auf den direkt vorangestellten Satz bezogen werden, der lautet: »Ich wollte von Hanna frei sein«, wodurch ein ganz anderer Sinn entstünde, nämlich der Ausdruck des Wunsches, von Hanna nicht frei sein zu wollen. Liest man die Sätze so, stellen sie den Hinweis auf die tiefgreifende Unfreiheit des Protagonisten dar, verankert im Potential der Wünsche.[9] Und in der Tat teilt sich in vielen Szenen des Romans eine fundamentale Abhängigkeit mit: Die Tatsache, dass der Protagonist wieder Hanna vorzulesen beginnt und auch nicht damit aufhört, als sie selbst lesen gelernt hat, zeigt, wie sehr er am früheren Ritual festhält. Bereits bei diesem Ritual ist das Vorlesen eine Art Vor- oder Gegenleistung: es ist der Versuch, die mütterliche Hanna ebenso zu versorgen wie diese es umgekehrt mit ihm tut. Man könnte sagen, dass so eine Art Gleichheit hergestellt wird.

Bei seiner beruflichen Entscheidung für die wissenschaftliche Arbeit ist Folgendes ausschlaggebend: »Ich sah mich in keiner der Rollen, in denen ich beim Prozeß gegen Hanna Juristen erlebt hatte.« Auch wenn dies anschließend durch kritische Bemerkungen zur Rolle des Anwalts, des Staatsanwalts oder des Richters erläutert wird, so drängt sich doch auch der Eindruck auf, dass der Protagonist ganz grundsätzlich nicht eine Rolle einzunehmen vermag, die ihn in einer imaginierten Prozessszene zum Gegenüber, ja zum Gegenspieler von Hanna machen würde.

Auch die Schuldgefühle des Protagonisten verweisen auf die untergründige Verbindung mit Hanna:

> »Allerdings änderte der Umstand, dass ich sie nicht vertrieben hatte, nichts daran, dass ich sie verraten hatte. Also blieb ich schuldig. Und wenn ich nicht

---

[9] Moers spricht in diesem Zusammenhang von Hörigkeit: »Infolge des sexuellen Verhältnisses wird Michael hörig. [...] Der Missbrauch wird besonders in seiner Langzeitwirkung deutlich.« (1999, 21). Auf die psychischen Folgen von inzestuösen Verführungen geht Ferenczi (1982, 308 ff.) ein.

schuldig war, weil der Verrat einer Verbrecherin nicht schuldig machen kann, war ich schuldig, weil ich eine Verbrecherin geliebt hatte« (129).

Beide Begründungsvarianten sind auf eigentümliche Weise in ihrem Kern gleich: Die erste verweist darauf, dass eine unauflösliche Einheit bestehen müsste, die zweite darauf, dass eine Einheit tatsächlich besteht, womit die Schuld nicht aus Liebe zu einem vom eigenen Selbst abgetrennten Gegenüber, sondern aus der Gleichsetzung mit der Verbrecherin erwüchse.

Bedeutsam sind weiterhin Überlegungen des Protagonisten im Zusammenhang zu seiner Reflexion über die Funktion der Niederschrift der Geschichte:

> »Wenn ich jedoch verletzt werde, kommen wieder die damals erfahrenen Verletzungen hoch, wenn ich mich schuldig fühle, die damaligen Schuldgefühle, und in heutiger Sehnsucht, heutigem Heimweh spüre ich Sehnsucht und Heimweh von damals. Die Schichten unseres Lebens ruhen so dicht aufeinander auf, dass uns im Späteren immer Früheres begegnet, nicht als Abgetanes und Erledigtes, sondern gegenwärtig und lebendig. Ich verstehe das. Trotzdem finde ich es manchmal schwer erträglich. Vielleicht habe ich unsere Geschichte doch geschrieben, weil ich sie loswerden will, auch wenn ich es nicht kann« (206).

Die enge Verbundenheit mit Hanna zeigt sich nicht nur in der Schlussformulierung, sondern mehr noch in der Virulenz des Schuldgefühls, der Sehnsucht und des Heimwehs, wobei besonders der Begriff des »Heimwehs« darauf verweist, dass, wenn im Folgenden von »Schichten des Lebens« gesprochen wird, sowohl die frühen Schichten der Pubertät als auch die frühesten Schichten der Kindheit bis hin zur Einheit mit der Mutter gemeint sein können.

Noch eindrucksvoller belegt die nun folgende Schlussszene des Romans die Identifikation des Helden mit Hanna:

> »Hannas Geld habe ich gleich nach der Rückkehr aus New York unter ihrem Namen der Jewish League Against Illiteracy überwiesen. Ich bekam einen kurzen computergeschriebenen Brief, in dem die Jewish League Ms. Hanna Schmitz für ihre Spende dankt. Mit dem Brief in der Tasche bin ich auf den Friedhof zu Hannas Grab gefahren. Es war das erste und einzige Mal, dass ich an ihrem Grab stand« (206 f.).

Hier handelt der Protagonist als Hanna Schmitz, und entsprechend wird er auch in dem Dankesschreiben als »Ms. Schmitz« angesprochen. Und mit diesem Dokument seiner Verschmelzung mit ihr geht er zu ihrem Grab, ganz so, als wolle er ihr den Beweis erbringen, mit ihr identisch zu sein. Der letzte Satz – die Betonung des Protagonisten, dass er danach nie wieder zu ihrem Grab gegangen ist – vermittelt zugleich den Eindruck eines Ablösungskampfes und das Gefühl einer tiefen Trauer.

Ich hoffe, meine Interpretation konnte verständlich machen, dass Schlinks Roman die Bedeutsamkeit der aus einander widersprechenden Facetten zusammengesetzten Mutterimago und die mit dieser Vorstellung einhergehende Ambivalenz zur Geltung bringt. Seine Szenen und Bilder machen dabei zwei Bedeutungsfacetten erlebbar: die Größenfantasie einer grandiosen narzisstischen Wunscherfüllung und die Dynamik einer fatalen Identifikation.

Literatur

Ferenczi, S. (1982): Schriften zur Psychoanalyse. Frankfurt/M. (Fischer).

Hirsch, M. (1999): Realer Inzest. Gießen (Psychosozial).

Höfer, A. (1998): Die endgültige Entsorgung deutscher Vergangenheit in der jüngsten Gegenwartsliteratur. In: J. Belgrad & Fingerhut, K.-H. (Hg.): Textnahes Lesen. Hohengehren (Schneider).

Köster, J. (2000): Bernhard Schlink *Der Vorleser*. Oldenburg Interpretationen. München.

Lorenzer, A. (1981): Das Konzil der Buchhalter. Frankfurt/M. (Fischer).

Lorenzer, A. (1986): Tiefenhermeneutische Kulturanalyse. In: H.-D. König, A. Lorenzer u. a.: Kultur-Analysen. Frankfurt/M. (Fischer), 11–98.

Lorenzer, A. (1990): Verführung zur Selbstpreisgabe – psychoanalytisch-tiefenhermeneutische Interpretation eines Gedichtes von Rudolf Alexander Schröder. Kulturanalysen 3, 261–277

Möckel, M. (2000): Bernhard Schlink *Der Vorleser*. Königs Erläuterungen und Materialien. Hollfeld (Bange).

Moers, H. (1999): Bernhard Schlink *Der Vorleser*. Interpretationshilfe Deutsch. Freising (Stark).

Schäfer, D. (2000): Bernhard Schlink *Der Vorleser*. Mentor Lektüre. Durchblick. München (Mentor).

Urban, C. (2000): Bernhard Schlink *Der Vorleser*. Blickpunkt – Texte im Unterricht. Hollfeld (Bange).

Würker, A. (1997): Das Verhängnis der Wünsche. Würzburg (Königshausen & Neumann), bes. 186 ff.

Würker, A. (1999): Sympathie mit dem Verbrecher – Überlegungen zu einem tiefenhermeneutisch orientierten Literaturunterricht. In: Belgrad, J. & Fingerhut,

K-H. (Hg.): Textnahes Lesen. Hohengehren (Schneider), 175 ff.

Würker, A. (1999): Worüber uns die psychoanalytisch-tiefenhermeneutische Literaturinterpretation die Augen öffnet oder: Das Unsagbare sagen. In: A. Würker, S. Scheifele & M. Karlson: Grenzgänge: Literatur und Unbewusstes. Würzburg (Königshausen & Neumann), 9–35.

Würker, A (2002): Verborgenes aufspüren. Zur Konzeption eines tiefenhermeneutisch orientierten Literaturunterrichts. In: M. Hug & S. Richter (Hg.): Ergebnisse soziologischer und psychologischer Forschung. Impulse für den Deutschunterricht. Hohengehren (Schneider), 159–175.

Achim Würker

Der Weg aus der Krypta:
Zeruya Shalevs »Liebesleben« –
ein Entwicklungsroman*

Beim ersten Lesen fand ich den Roman schwer erträglich; dennoch konnte ich nicht aufhören. Ich fühlte mich abgestoßen von dem sado-masochistischen Sog, in den Ja'ara, die Ich-Erzählerin, gerät, und ich war mitgerissen von ihrem assoziativen Erzählstrom. Dieses Hin- und Hergerissensein zwischen Qual und Abgestoßensein einerseits und dem Nichtlassenkönnen, dem Wissenwollen andererseits, entsprach in gewisser Weise der Seelenlage der Protagonistin. Erst nachdem ich den Roman als die Suche einer jungen Frau nach Erkenntnis lesen konnte, änderte sich meine Haltung grundlegend. Ja'ara ist eingebunden in eine transgenerationelle Schuldverstrickung, von der sie nichts weiß. Aber sie will wissen. Der Roman ist die Geschichte dieser Suche und der Versuch, sich aus der Verstrickung zu befreien. Gleich im ersten Satz gerät Ja'ara in eine Situation, die sie nicht verstehen kann.

»Er war nicht mein Vater und nicht meine Mutter, weshalb öffnete er mir dann ihre Haustür, erfüllte mit seinem Körper den schmalen Eingang, die Hand auf der Türklinke, ich begann zurückzuweichen, schaute nach, ob ich mich vielleicht im Stockwerk geirrt hatte, aber das Namensschild beharrte hartnäckig darauf, dass dies ihre Wohnung war, wenigstens war es ihre Wohnung gewesen, und mit leiser Stimme fragte ich, was ist mit meinen Eltern passiert, und er öffnete weit seinen großen Mund, nichts ist ihnen passiert, Ja'ara, mein Name rutschte aus seinem Mund wie ein Fisch aus dem Netz, und ich stürzte in die Wohnung, mein Arm streifte seinen kühlen glatten Arm, ich ging an dem leeren Wohnzimmer vorbei, öffnete die verschlossene Tür ihres Schlafzimmers« (7).

Mit diesem langen atemlosen Satz wird man bei der Lektüre genauso unvermutet in das Geschehen hineingerissen wie die Protagonistin. Ja'ara kennt diesen Mann nicht, der plötzlich in der vertrauten Welt der elterlichen Wohnung auftaucht und Desorientierung, Angst und Faszination in ihr auslöst. Der Zugang zu den Räumen der Eltern erscheint verbaut angesichts

---

* Zeruya Shalev (1997): Liebesleben, übs. v. Mirjam Pressler. Berlin (Berlin Verlag) 2000.

seines Körpers in der Tür, er drückt eine Bedrohung aus, die sich in Ja'ara gegen die Eltern richtet. Dann öffnet sich vor ihren Augen ein anderer Raum, seine Mundhöhle, aus der ihr Name rutscht wie ein Fisch aus dem Netz. Sehr viel später im Roman erfährt man, dass sie das Kind ist, das er mit der geliebten Frau, Ja'aras Mutter, nicht haben konnte; er ist zeugungsunfähig. Ja'ara wird als das Kind dieser Frau von ihm zugleich begehrt und gehasst. Das könnte ein Grund für ihn sein, diesen Namen in sich zu verschließen, ihn niemals auszusprechen. Doch als sie sich plötzlich gegenüberstehen, rutscht ihr Name aus ihm heraus wie ein Fisch, über den er keine Kontrolle hat. Das bis dahin in ihm verschlossene Wort entkommt. Aber dafür hat sich dieser Mann von der ersten zufälligen Berührung an als brennender Schmerz in Ja'aras Körper eingeschrieben und ihr Begehren entzündet. Die Geschichte einer sexuellen, sado-masochistischen Abhängigkeit beginnt.

Es gibt in diesem Buch immer wieder Dreierkonstellationen, in denen eine Person ausgeschlossen ist bzw. betrogen wird. In der Eröffnungsszene des Romans schließt sich Ja'aras Mutter aus, indem sie sich ins Schlafzimmer einschließt. Sie gibt vor, krank zu sein, weil sie den Besucher nicht sehen will oder, mehr noch, weil sie von ihm nicht gesehen werden will. Der Vater geht mit dem Besucher, den er Ja'ara als seinen alten Freund Arie Even vorgestellt hat, ins Wohnzimmer, und Ja'ara folgt den beiden Männern, gegen den Willen der Mutter. In dem Dreieck, das sich jetzt konstelliert, nimmt die Tochter den Platz der Mutter ein; allerdings ist sie weiterhin die Ahnungslose und Ausgeschlossene hinsichtlich der Vergangenheit, die ihre Eltern und dieser fremde Besucher miteinander haben. Der Vater wirkt glücklich in Gegenwart seines Freundes. Schnell verschiebt sich das Kraftfeld von Anziehung und Abstoßung wieder, als der Vater das Zimmer verlässt, um nach einem Foto, das ihn und Arie als junge Männer zeigt, zu suchen. In dem Augenblick macht der Besucher Ja'ara zu seiner Komplizin und den Vater zum Ausgeschlossenen: Er flüstert ihr zu, die Suche des Vaters sei sinnlos, da er selber das Foto bei sich zu Hause habe. Zwei Männer und eine Frau, der eine Mann der Betrogene – damit ist ein zentrales Thema des Buches eingeführt, das mehrfach variiert wird.

Dreierkonstellationen und der Ausschluss einer Dritten/eines Dritten werden in dem Roman immer wieder mit dem Motiv des verschlossenen Raumes kombiniert. Dieser Raum kann ein realer äußerer sein, wie das elterliche Schlafzimmer in der Eingangsszene, in das sich Ja'aras Mutter selber einsperrt. Aber der äußere Raum und das Eingesperrtsein ist hier immer auch die Metapher für einen seelischen Zustand. Der Mund von Arie Even, der sich gleich im ersten Satz vor Ja'aras Augen weit öffnet, stellt einen Übergangsraum dar zwischen außen und innen, zwischen äußerem Raum und seelischem Innenraum. Und das Wort, der Name Ja'ara, ist auch im Zustand des Überganges, noch nicht ganz zum Symbol geworden, noch halb körperlich. In diesem Zustand des Übergangs befindet sich Ja'ara selbst. Sie weiß nichts von sich, weil sie nichts von der wirklichen Geschichte ihrer Eltern und damit nichts von den Bedingungen ihrer Herkunft weiß. Die Dynamik in dem Dreieck Mutter, Vater und Arie, die lange vor Ja'aras Geburt ihren Anfang nahm, ist zwar bestimmend geworden für ihr Leben, doch ist ihr diese Geschichte gleichzeitig völlig unzugänglich, da alle drei Beteiligten der ersten Generation diese Geschichte in sich verschlossen halten. Ja'ara erlebte immer wieder, dass der Vater seine Vergangenheit hoch idealisierte, die Gegenwart konnte niemals mithalten. Alles, was ihn anregte, begeisterte, erregte, war außerhalb ihres Erfahrungsbereichs. Mit den Worten »Das ist mein Freund Arie Even, erinnerst du dich nicht an Arie?« (8) führt der Vater den fremden Besucher bei ihr ein. Aber die Erinnerungen, auf die er anspielt, liegen vor Ja'aras Lebenszeit. Der Vater scheint wie aus der Zeit gefallen, und deshalb kann er die Tochter nicht klar in der generationellen Abfolge positionieren. Für ihn hat sie gar keine eigene Lebenszeit.

Ja'aras Mutter behauptet, den Besucher nicht leiden zu können und redet schlecht über ihn. Für den Vater ist er die Verkörperung einer erregenden Vergangenheit. Beides macht Arie für Ja'ara interessant. Außerdem stellt er in seiner äußeren Erscheinung einen Gegentyp sowohl zum Vater wie auch zu ihrem Ehemann Joni dar. Arie wird, wenn auch ironisch gebrochen, mit den Attributen eines Helden versehen. Ein dunkles, scharfes Gesicht, geschmeidige Bewegungen, ein Blick, »der Hochmut, Herausforderung und zugleich Gleichgültigkeit ausdrückte« (11). Sein Anderssein und seine zur Schau getragene Unberührbarkeit machen ihn für Ja'ara unwiderstehlich.

In ihrer angstvollen Frage »Was ist mit meinen Eltern passiert?« klingt schon im ersten Satz Angst vor Verlust an. Arie greift diese Angst spöttisch auf, er sagt zu Ja'aras Vater: »Als sie mich an der Tür gesehen hat, hat sie mich angesehen, als hätte ich euch beide umgebracht und sie wäre als nächste an der Reihe«. (10). Damit ist ein weiterer wichtiger Themenkomplex des ganzen Romans eingeführt: Verlust, Tod und Schuld, davon wird das Liebesleben der Generationen bestimmt. Unmittelbar nach der Eröffnungsszene in der elterlichen Wohnung, Ja'ara ist auf dem Weg in ihre eigene Wohnung und zu ihrem Ehemann Joni, wird dieses Thema dramatisch inszeniert:

Der Besuch des Fremden hat Ja'ara in einen Zustand angstvoller Erregung versetzt, und sie möchte sich auf dem Heimweg einer Freundin mitteilen. Die ist nicht zu Hause, doch mit ihrem Klingeln und Klopfen lockt sie schließlich den Kater der Freundin aus dem Haus. Als sie sich wieder auf den Weg macht, folgt ihr der Kater

»wie ein übertrieben höflicher Gastgeber, und ich dachte daran, wie mein Vater jetzt seinen Gast begleitete, sich an ihn klammernd wie an eine süße Erinnerung, und mir schien, als würden sie vor mir die Straße überqueren, mein Vater mit kurzen, schnellen Schritten, seine dünnen Glieder wurden von der Dunkelheit verschluckt, und neben ihm, mit wilden Schritten, der Gast, sein bronzefarbenes Gesicht hart und aggressiv, die silbergrauen Haare aufleuchtend, und ich rannte ihnen nach, hinter mir das Maunzen des Katers, ich trat nach ihm, hau ab, Tulja, geh schon nach Hause, und überquerte die Straße, plötzlich quietschende Bremsen, ein leichter Schlag, eine sich öffnende Autotür, und jemand schrie, wem gehört diese Katze?« (13).

Eine verstörende Szene. Ja'ara rennt hinter einem Phantom her und riskiert dabei das Leben des Katers. Sie hört noch einmal die Frage: »Wem gehört diese Katze?«, und dann eine andere Stimme, die sagt, »Das ist schon egal, was spielt das für eine Rolle?« (13). Sie weiß, dass der Kater durch ihre Schuld getötet wurde. Ohne sich umzudrehen, rennt sie weiter.

Arie bleibt im Kontrast zum Vater mit den Eigenschaften eines unangreifbaren Helden ausgestattet, er wird für Ja'ara zur Verkörperung eines Phantasmas aus der väterlichen Vergangenheit. Da der Kater in ihrem Assoziationsstrom mit dem Vater gleichgesetzt wird, richtet sich der destruktive Impuls, der in dieser Szene zum Ausbruch kommt, gegen den Vater. Gleichzeitig wird ein identifikatorisches Moment deutlich: Wie ihr Vater ist sie für die Realität blind. Der Einbruch von Gewalt und die Drohung schwerer Verluste scheinen zu ihrem Lebenskonzept zu gehören. Aries spöttische Frage, ob sie immer mit dem Schlimmsten rechne, bejaht sie mit großer Selbstverständlichkeit. Für den Kater ihrer Freundin, der sie an alle Katzen erinnerte, die sie in ihrem Leben geliebt hat, inszeniert sie unbewusst die Vernichtung.

Diese Tat ist schwer zu verstehen. Die israelische Psychoanalytikerin Ilany Kogan beschreibt aus Analysen mit Nachkommen von Überlebenden der Shoa eine Neigung, sinnlos erscheinende Konkretisierungen von Traumatischem zu reinszenieren und nennt das einen »Nachhall von Auschwitz« (2000, 170). Bei ihren Patienten sucht Kogan nach einem »Losungswort«, das zum Wegweiser im Chaos wird und zum eigentlichen Trauma der ersten Generation hinführt. Kater bzw. Katze könnten in diesem Roman die Funktion eines solchen Losungswortes haben, nur dass es weder die Protagonistin noch die Leser zum eigentlichen Trauma des Vaters hinführt. Es bleibt beim »Nachhall«, der vor allem auf seinem Leben schwer lastet.

Der Kater, für die Freundin wichtiger Partnerersatz, ist durch Ja'aras Unachtsamkeit überfahren worden. Ja'ara ist schuldig geworden. Vor der Freundin kann sie diese Schuld nicht offenbaren; stattdessen erklärt sie sich später bereit, mit ihr zusammen nach dem vermeintlich noch lebenden Tier zu suchen. Als sie zur Hauptstraße kommen, dem Ort des Geschehens, ist der tote Kater verschwunden, als hätte es auch die Tat nicht gegeben. Der tote Kater hat keinen Ort, er kann nicht begraben und betrauert werden, und Ja'ara ist mit ihrer Schuld allein, sie verschließt sie in sich. Es gibt keine Trauer und auch keinen Trost.

Ja'aras Eltern, Rachel und Schlomo, sowie Arie – den Beteiligten an einem Beziehungsdreieck der ersten Generation – ist gemeinsam, dass sie nicht in der Lage sind, ihre schweren Verluste zu betrauern. Arie Even, der anscheinend Unberührbare, hat als Jugendlicher durch eine schwere Kriegsverletzung seine Zeugungsfähigkeit eingebüßt. Rachel, Ja'aras Mutter, das schöne junge Mädchen mit dem prächtigen Zopf, hatte ihn damals gepflegt und wusste von den Folgen seiner Verletzung. Als die beiden sich später an der Universität wieder begegneten, verliebten sie sich ineinander. Rachel heiratete aber nicht ihn, sondern seinen besten Freund, sie wollte Kinder haben. Die Kränkung ist für Arie eine doppelte, denn Schlomo Korman, Ja'aras Vater, ist außerdem von besserer Herkunft als er selber, der orientalische Jude aus armen Verhältnissen: »Ich war dunkel, aus einem Armenviertel, mit einer zweifelhaften Vergangenheit und einer unklaren Zukunft, nicht wie dein Vater, mit seinen Eltern aus Deutschland, den Ärzten, mit seiner ordentlichen Erziehung« (295). Arie brach sein Studium ab und verließ das Land. Rachel und ihren Mann verfluchte er, sie sollten niemals Kinder haben. Als Ja'ara geboren wurde, sei es für ihn eine Niederlage gewesen, so jedenfalls erzählt er es ihr. Weil er nicht zeugungsfähig war, sollte kein Kind sein. An dem Tag, an dem er von Ja'aras Geburt erfuhr, lernte er seine spätere Frau, Joséphine, kennen. Sie war von einem anderen schwanger, und er verlangte von ihr die Abtreibung. Er blieb fixiert an die Kränkung und, weit davon entfernt, Trauer empfinden zu können, bewies er sich seine Männlichkeit durch sexuelle Ausschweifung, den perversen Gebrauch von Frauen und Skrupellosigkeit. Rachel sei einmal mit Ja'ara im Kinderwagen zu ihm gekommen, weil sie in ihrer Ehe unglücklich war und sich von Schlomo habe trennen wollen, doch er schickte sie mit ihrem Kind weg.

Ohne davon zu wissen wächst Ja'ara unter dieser schweren Bürde auf: Damit sie sein kann, muss das eigentliche Liebespaar verzichten. Von der

Mutter wird sie dafür bekämpft, dass sie überhaupt ist. Die Eltern bemühen sich lange, ein zweites Kind zu bekommen; der kleine Sohn stirbt mit drei Monaten, und Ja'ara ist zu diesem Zeitpunkt knapp zehn Jahre alt. Für Rachel ist es, als habe sich mit dem Tod des zweiten Kindes Aries Fluch doch noch erfüllt. Sie gerät in eine wütende, maßlose Trauer, die schließlich in Depression und Verbitterung übergeht. In einem ersten Akt von Selbstverstümmelung schneidet sie sich unmittelbar nach dem Tod des Kindes ihren Zopf ab, diesen stolzen Ausdruck ihrer weiblichen Potenz, den Ja'ara so sehr an ihr geliebt hat. Die Mutter schlingt unkontrolliert Essen in sich hinein – einmal beobachtet Ja'ara, dass es rohes Fleisch ist. Ja'ara kämpft einen aussichtslosen Kampf, um wieder etwas Glanz im mütterlichen Auge zu erzeugen. Sie stiehlt im Geschäft ein Kleid für sie, und für einen Augenblick gelingt es ihr, die Mutter zum Lachen zu bringen, doch zunehmend vernachlässigt diese sich, und ihre Augen, anfangs wie wahnsinnig vor Trauer, werden trübe, »staubig wie Fenster, die man seit Jahren nicht geputzt hat« (9).

Auch der kleine, zerbrechliche, müde Vater bietet keine Alternative, um Ja'aras Selbstgefühl und Selbstwertgefühl zu stärken. Seine ganze Begeisterungsfähigkeit ist an eine ferne Vergangenheit gebunden, die vor Ja'aras Geburt liegt. Ein unzugängliches Leid ist in ihm vergraben, damit lastet er auf der Familie, ohne dass es die Möglichkeit der Versprachlichung gibt. Als Kind fürchtete sie, er könnte auf Rachel oder sie so böse sein, dass er sie einfach verlassen würde. Zwischen ihr und der Mutter galt sein morgendliches Pfeifen als gutes Omen für den kommenden Tag. Dann war er guter Laune, und sie brauchte keine Angst zu haben. Von Arie, der zur idealisierten Vergangenheit des Vaters gehört, möchte sie Auskunft. Im Auto auf der Fahrt nach Jaffo, wo sie in einer von Arie inszenierten perversen Situation missbraucht werden wird, fragt sie ihn nach ihrem Vater. Sie erfährt nur, dass er Medizin studiert hat, als sehr begabt galt und ihm eine bedeutende Karriere vorausgesagt worden war. Bis er krank wurde und sein Studium abbrach. Arie merkt, dass Ja'ara nichts von dieser Krankheit weiß, und auch er errichtet sofort eine undurchdringliche Mauer des Schweigens.

Ja'ara bleibt nur die eigene Erinnerung an eine Szene in ihrer Kindheit, als einmal das tief verschlossene, sprachlose Leiden des Vaters vor ihren Augen aufgebrochen war. Der Nachbarshund hatte ein neugeborenes Kätzchen, das Ja'ara gehören sollte, zerfleischt:

> »Er war wild nach Katzen, dieser Hund, war aber immer darauf bedacht, einen Rest zurückzulassen, damit die Leute in der Siedlung wussten, da hatte es etwas gegeben, das es jetzt nicht mehr gab, offenbar sollten seine Opfer nicht einfach

so vom Erdboden verschwinden, jedenfalls fand mein Vater damals das angefressene junge Kätzchen auf unserer Treppe« (65).

Der Vater geriet so außer sich, wie ihn Ja'ara noch nie erlebt hatte. Er packte
das angefressene Kätzchen und trug es zu den Hundebesitzern, die beim
Essen saßen. In Ja'aras Fantasie legte er es auf den Teller des Nachbarn,
weinend. Sie beobachtete ihn, wie er aus der Wohnung der Nachbarn kam
und sich erbrach.

»Es bereitete mir eine seltsame Freude, ihn so offen leiden zu sehen, immer hatte
ich so etwas wie Leiden bei ihm gespürt, ein dumpfes, innerliches, unausge-
sprochenes Leiden, so tief und unerreichbar, dass es keinen Weg gab, ihm zu
helfen, und plötzlich wurde dieses ganze Leiden sichtbar, wie ein umgedrehter
Mantel, an dem man die Nähte und das Futter sah, plötzlich war alles dem Licht
dieser matten Wintersonne ausgesetzt und erweckte in mir die Hoffnung, in
Zukunft einen anderen Vater zu haben, einen fröhlichen Vater, denn alles Leiden,
das sich in ihm angesammelt hatte, war hervorgebrochen und versickerte in der
Erde. Ich wartete darauf, dass er fertig wurde und nach Hause ging, rot und stin-
kend, und ich beobachtete ihn hoffnungsvoll den ganzen Tag, nur um zu sehen,
was sich in ihm verändert hatte, aber er verließ kaum sein Zimmer, wollte noch
nicht mal mit uns zu Abend essen. Abends konnte ich nicht einschlafen, ich
hörte ihn die ganze Zeit wimmern, als wäre er es, der das Kätzchen verschlungen hatte, und nun wimmerte es in seinem Inneren. Gegen Morgen begann ich
zu grübeln, wo es eigentlich war, das angefressene Kätzchen. Hatte er es dort
gelassen, auf dem vollen Teller des Nachbarn, zwischen dem Schnitzel und den
Erbsen, oder hatte er es vielleicht wirklich verschlungen, um das Werk des
Hundes zu vollenden und hatte deshalb neben dem Baum gekotzt, und ich
wurde von einer solchen Enttäuschung gepackt, dass ich fast weinte, denn dieses
neugeborene Kätzchen hatte mir gehört [...] Am Morgen ging ich zu dieser riesigen Akazie und wühlte dort zwischen den Steinen in der Erde, versuchte, die
Reste des Kätzchens zu finden, die mein Vater erbrochen hatte. Die Erde war
weich, denn es hatte in der Nacht geregnet, und die richtige Stelle war schwer
zu finden, es lagen viele nasse weiche Zweige herum, die aussahen wie die
Schwänzchen von vielen kleinen Katzen, ich ordnete sie in einer Reihe und
versuchte, sie zu sortieren [...]« (67).

Die Szene beginnt mit einer Gewalttat, aber der Zerstörung folgt nicht die
Auslöschung, so als hätte es kein Opfer und keinen Täter gegeben. Eine
Verleugnung ist hier nicht möglich. Der Anblick des zerstörten Tieres rührt

im Vater an ein Trauma, das er in seiner Seele eingemauert hat. Diese Mauern stürzen vorübergehend ein, und für das Kind Ja'ara ist damit die Hoffnung verbunden, er könnte sich von dem befreien, was er an Qual und Leid heruntergeschluckt hatte.

Diese erschütternde Szene wird durch die kindlich-konkretistische Sicht Ja'aras zu einer eindrucksvollen Darstellung des psychischen Vorganges der Inkorporation. Es ist ein phantasmatischer Vorgang, der hier ins Szenisch-Bildhafte übersetzt ist. Inkorporation lässt sich relativ einfach beschreiben (siehe hierzu Nicolas Abraham und Maria Torok 2000)[1]: Wenn ein Verlust, aus welchem Grund auch immer, vom Subjekt nicht als Verlust anerkannt und betrauert werden kann, wird stattdessen das Verlorene buchstäblich verschluckt, d. h. nach innen genommen und dort aufbewahrt. Es ist ein unbewusster und sprachloser Vorgang; die Worte, die aus dem Verlorenen ein Sprechen machen könnten, sind nicht mehr vorhanden: »Alle Worte, die nicht gesagt werden konnten, alle Tränen, die nicht vergossen werden konnten, werden mit dem Trauma, das die Ursache des Verlustes ist, zusammen verschluckt. Verschluckt und konserviert.« (2000, 551).

Die Sprache selbst ist betroffen. Wenn Worte verschluckt werden können, dann heißt das, sie verlieren ihre Repräsentationsfähigkeit. Abraham und Torok nehmen einen seelischen Bereich, einen Einschluss im Ich an, in dem das Korrelat des Verlorenen konserviert wird. Für diesen auch für das Subjekt selbst unzugänglichen Bereich finden sie eine metaphorische Bezeichnung, die sowohl auf Tod wie auf Eingeschlossensein anspielt: sie nennen ihn Krypta. In diese Krypta eingeschlossen ist dasjenige, der- oder diejenige, von dem sich das Subjekt nicht wirklich verabschieden und trennen kann, ein lebendig Toter also, um in der entsprechenden Metaphorik zu bleiben. Auch wenn diese lebendig Toten aus dem bewussten Erleben und aus dem sprachlichen Zusammenhang ausgeschlossen sind, heißt das nicht, dass sie nicht doch aus der Krypta heraus eine Wirkung entfalten können. Die Szene, in der Ja'ara den Vater beobachtet und die sie in ihrer Weise interpretiert, lässt sich als das kurze Aufbrechen einer Krypta im Vater begreifen.

---

[1] Ich benutze hier im Folgenden den Begriff der Inkorporation anstatt des in der psychoanalytischen Literatur geläufigeren Begriffs der Introjektion. Zum einen, weil ich hier dem Ansatz von Abraham und Torok verpflichtet bin, die einen scharfen Unterschied zwischen den beiden Begriffen machen, zum anderen, weil ich Inkorporation gerade im Hinblick auf Shalevs Roman viel bildkräftiger finde als Introjektion.

Das zerstörte Kätzchen steht für ein solches lebendig totes Objekt, das verschluckt wurde, weil der Verlust nicht auszuhalten war. Als sie den Vater nachts wimmern hört, erscheint es ihr plausibel, dass sein Wimmern identisch ist mit dem des verschluckten Kätzchens.

Die Inkorporation des Traumatischen macht den Vater im Blick der Tochter aber nicht nur zum Opfer, sondern auch zum Täter. Er ist nicht nur die zerfleischte Katze, sondern auch der zerfleischende Hund. Die Inkorporation hat auch einen destruktiven Aspekt. Wenn Rachel sich rohes Fleisch reinstopft, dann ist das wie ein verzweifelter, wütender Versuch, den tatsächlichen Verlust nicht anerkennen zu müssen. Wahnähnlich beharrt sie darauf, noch einmal an die Zeit ihrer Schwangerschaft anknüpfen zu können. Zur Inkorporation kommt es immer dann, wenn das Subjekt die Realität einer Zerstörung, eines Verlustes, nicht wahrhaben will. Insofern gehören Inkorporation und die Unfähigkeit zur Trauer zusammen.

Wird das zerstörte Objekt verschluckt, kann es auch durch Erbrechen wieder externalisiert werden. Beides sind unbewusste Fantasien, die auf der Verleugnung einer schmerzlichen Realität beruhen und die deshalb nicht zu einer psychischen Bewältigung führen können. Wir kennen analoge Handlungen mit entsprechenden Fantasien bei der Bulimie; auch da geht es um das Verschlingen und Wiederausstoßen des Objektes, ohne dass sich das Subjekt auf diese Weise jemals wirklich befreien könnte.

Das eigentliche Trauma des Vaters wird im Roman nicht weiter aufgeklärt. Seine Eltern sind aus Deutschland, damit ist nahe liegend, dass sein traumatisches Erlebnis im Zusammenhang mit der Shoa steht. Ohne ein genaues Wissen darüber zu haben, ist Ja'ara in diesen transgenerationellen Zusammenhang eingebunden. Für den Vater wird es um direkte Verluste von Angehörigen gehen. Und bei Ja'ara ist es immer noch der »Nachhall von Auschwitz«, der sie in der Erde nach Knochen, d. h. nach toten Objekten, suchen lässt. Sie sortiert, sie versucht, eine Ordnung herzustellen. Die Toten müssen einen Ort haben, sie sollen nicht einfach wie vom Erdboden verschwunden sein. Aber diese Aufgabe ist unmöglich zu lösen. Ja'ara erbricht sich, wie der Vater. An Stelle der Trauer bleibt auch ihr nur die Inkorporation und anschließende Externalisierung. Der Zusammenhang von traumatischer Zerstörung, Verlust und Inkorporation setzt sich in der zweiten Generation fort. Auftakt dazu war im Roman der Tod des Katers.

Auf Ja'ara lastet das sprachlose Leiden der Eltern, und sie kann nur immer wieder eigene Ohnmacht erleben bei dem Versuch, die Eltern glücklich machen zu wollen. Zum Beispiel nach dem Tod des Bruders:

»Außerdem, sagte ich zu ihr, müsstet ihr mich jetzt eigentlich verwöhnen, ihr müsstet es schätzen, dass ihr mich habt, statt dessen benehmt ihr euch, als wäre ich eure Stieftochter und er wäre euer richtiges Kind gewesen. An dem Tag, an dem ihr ein Kind verloren habt, sagte ich, bin ich zur Waise geworden« (149).

Dieses trotz Eltern verwaiste Mädchen sucht sich als Ehemann einen, der auch verwaist ist, den traurigen, sanften Joni, dessen Mutter gerade gestorben ist. Sie leben miteinander wie Geschwister. Psychisch knüpft Joni, der aussieht wie ein Schaf, an den toten Bruder an, von dessen Spielsachen Ja'ara für sich ein Lämmchen rettete, das für sie die Funktion eines Übergangsobjektes bekam. Und, wie unter einem Zwang, läuft sie immer wieder ins Krankenhaus, zu denen, die krank sind, aber noch am Leben. Sie weiß nicht, wonach sie dort sucht. Es könnte die Liebe der Eltern sein, bevor die Toten sie mit sich nahmen.

Als Arie, ein verwundeter junger Soldat, im Krankenhaus lag, hatte Rachel, damals 16 Jahre alt, ihm vorgelesen. Für ihn wurde sie zur Stimme, an die sich seine Überlebenshoffnung knüpfte, sie war die Garantin für sein Weiterleben. Als solche konnte er sie unmöglich aufgeben. Aber sie wollte Kinder, und diese Möglichkeit war für ihn gestorben. Er war mit einem Mangel behaftet, und seine Wut richtete sich auf die Frau. Er nahm dauerhaft Rache, gerade mit seiner Sexualität. Ganz im Sinne von Stoller (1975) sehe ich Perversion als die erotische Form von Hass. Die für Arie unerträgliche Zurückweisung durch die Frau wurde ins Gegenteil verkehrt zu einem »Ich bin der von allen Frauen Begehrte«. Und wenn sein Penis kein Leben bringen konnte, dann wenigstens Verderben oder sogar Tod. Zur Perversion gehört die Verdrehung der Werte. Das Schlimme, Ekelhafte, Zerstörerische wird idealisiert, wird als das Gute dargestellt. So hämmert er Ja'ara bei der ersten sexuellen Begegnung »gleichgültig, mit roher Stimme und ohne Fragezeichen sein gut für dich, gut für dich« ein (38).

Eine ebenso perverse Szenerie in Jaffo hat Züge einer Schändung. Arie führt Ja'ara, zunächst unter einem falschen Namen, in das verwahrloste Liebesnest seines alten Freundes Schaul, der gleichzeitig ein Freund von Ja'aras Vater ist. Dort wird Ja'aras Mund gefüllt mit fetter ungarischer Wurst, Kognak und den Fingern der beiden alten Männer. Wurst und Finger sind für sie kaum zu unterscheiden, d. h. totes Fleisch kaum von lebendem. Im Bett, als sie vorn Arie und hinten Schaul spürt, fühlt sie sich »wie ein saftiger Knochen, den Hunde oder Katzen von allen Seiten ablecken« (76). Ja'ara lässt sich von den beiden Alten vollstopfen und fühlt sich gleichzeitig als diejenige, die sich den beiden Männern zum Fraß andient. Das Verstörende an dieser Dreierszene ist die Entdifferenzierung und Pervertierung. Ja'ara hat ihre Identität verloren. Schamgefühle gibt es erst, als Arie wie nebenbei ihre wirkliche Identität preisgibt: Kormans Tochter. Werte wie Achtung, Freundschaft und die Respektierung von Generationsgrenzen sind außer Kraft gesetzt. Die beiden Männer reden von den alten Zeiten, davon, dass sie bei Ja'aras Vater abgeschrieben haben und davon, dass er mit den Professoren diskutierte, während sie mit Mädchen ausgingen. Sie haben ihn damals benutzt, und sie tun es jetzt. Die alten Zeiten sind so gegenwärtig, als sei zwischen dem Tun von damals und dem von heute kein Unterschied.

Die äußeren realen Räume sind in diesem Roman Metaphern für seelische Zustände. So Ja'aras Aufenthalt in Aries Schlafzimmer. Ein aufgeräumter, unpersönlicher Raum, in dem die Spuren von Joséphine, Aries gerade verstorbener Frau, beseitigt wurden. In der Nacht, die auf die Beerdigung von Joséphine folgt, verlässt Ja'ara ihren Mann Joni, mit dem sie am nächsten Morgen zu verspäteten Flitterwochen nach Istanbul hätte fahren sollen. Arie hat sie angerufen, und während Joni schläft, nimmt sie ihren Koffer und geht zu ihm. Die intensive sexuelle Begegnung in dieser Nacht, unterstützt von Haschisch, ist ein Akt der Trauerverleugnung schlechthin. Als Ja'ara morgens allein in dem Raum aufwacht, entdeckt sie, dass Arie sie von außen eingeschlossen hat. Aus den anderen Räumen der Wohnung hört sie Stimmen. Es ist der erste der sieben Trauertage für die tote Joséphine, Besucher kommen zum Schiwasitzen.[2] Ja'ara ist in einem Trauerhaus gefangen, von den anderen Trauernden abgetrennt und vor ihnen verborgen. Aries Schlafzimmer wird für Ja'ara zu einer Krypta. Nur Arie hat den Schlüssel zu diesem Blaubart-Zimmer, in dem seine nichtgezeugte Tochter, die er in seinem Inneren eingekerkert und konserviert hat, nun seine leibhaftige Gefangene ist. Ja'ara, von ihm mit hoher Ambivalenz besetzt, erinnert ihn an Rachel, vielleicht ist die Tochter für ihn wie eine Wiedergängerin der Mutter. Sie ist sowohl das ersehnte Kind, das er gern mit Rachel gehabt hätte, wie auch das verfluchte Kind, das die Frau, die ihn zurückwies, mit einem anderen Mann bekam.

Ja'ara, die immer Angst hatte, sie könnte auf ewig in einem Raum eingeschlossen sein, ist nun tatsächlich eingeschlossen. Vor den anderen verborgen, kann sie die Stimmen derer, die draußen sind, hören und erkennen. Am ersten Tag kommt Schlomo, ihr Vater, am zweiten Tag Rachel, ihre Mutter.

---

2 siebentägiges jüdisches Trauerritual

In dieser unmöglichen Situation tut sich für Ja'ara die Möglichkeit auf, das Geheimnis ihres Lebens zu lösen. Psychoanalytisch ausgedrückt geht es dabei um das Geheimnis der Urszene, womit die Fantasie über die Sexualität der Eltern und über den eigenen Ursprung gemeint ist. Um hinter das Geheimnis von Mutter, Vater und Arie zu kommen, muss Ja'ara erst zur Bewohnerin einer Krypta werden. Von da drinnen kann sie hören, was die drei draußen von ihrer Geschichte, von ihrer Jugend preisgeben.

Für Ja'ara sind Rachel und Arie wie zwei Teile eines Ganzen. Es gab bereits einen Versuch Ja'aras, dieses phantasmatische Paar der Urszene zusammenzubringen und sich selbst dazu in Beziehung zu setzen. Einmal beobachtete sie Arie beim Duschen und sah, wie er sein Genitale einseifte. Sie spürte eine unstillbare Sehnsucht, ein Gefühl, das sie schon aus der Kindheit kannte. Als Kind hatte sie dann Schokolade gegessen und gemerkt, dass dieser Hunger damit nicht zu stillen war. Sie erinnert sich daran, dass ihre Mutter es genauso machte wie Arie, dass sie es bei ihr aber wegen »dieser schnellen, energischen und groben Art, mit der sie ihren geheimen, zarten Körperteil wusch« (169), abstoßend fand. Kurz darauf versucht Ja'ara selbst, »sich unten einzuschäumen, wie sie es taten« (184).

Der verschlossene seelische Raum, die Krypta, wird transgenerationell weitergereicht. Abraham und Torok schreiben, dass das Verborgene im Leben eines Liebesobjektes in der nächsten Generation seelisch eine Leere erzeugt, die phantasmatisch aufgefüllt wird. In diesem Roman »Liebesleben« gibt es eine Mutter, deren Geheimnis und deren Unglück zur Ablehnung ihres sexuellen Körpers führen. In ihrem Kind entsteht eine unstillbare Sehnsucht, die mit dem verfehlten Leben und der uneingestandenen Sehnsucht der Mutter zu tun hat.

Wiederbelebt wird diese Sehnsucht in Ja'ara durch Arie, und sie drängt sich mit Konsequenz und Willenskraft in sein Leben. In einem Bekleidungsgeschäft schleicht sie sich in die von Arie belegte Umkleidekabine. Ein enger Raum umschließt das geheime Paar, nichts darf nach außen dringen. Ja'ara ist aktiv eingedrungen, nicht wissend, was sie dazu treibt, drinnen wird sie zu seinem willenlosen Objekt. Begreift man Arie als die Verkörperung eines Phantoms, das als Versprechen in sich trägt, ihre Leere ausfüllen zu können, entschlüsselt sich Ja'aras süchtiges Verlangen nach diesem »düsteren alten Mann«, der sich satt und gelangweilt gibt, während sie fühlen kann, wie der Hunger sie innerlich auffrisst (51). Verändern könnte sich ihr Gefühl der Leere nur durch die Entwicklung eines echten, eigenen Begehrens: »Sich unten einzuschäumen, wie sie es taten«. Das Einschäumen steht für die Lust im Umgang mit dem eigenen Körper und geht einher mit dem Wunsch nach

Integration einer Urszenenfantasie. Sich mit der weiblichen und der männlichen Position in der Urszene identifizieren zu können und darin die eigene Lust zu finden, ist die Voraussetzung dafür, eine erwachsene Frau mit eigener lustvoller Sexualität werden zu können. Ja'aras Dilemma ist, ihre leiblichen Eltern nicht als liebendes Paar zusammenbringen zu können. Rachel und Arie aber, die sie als das eigentliche Paar entdeckt hat, sind nur ein phantasmatisches Urszenenpaar, für die es gar kein wirkliches Kind geben kann.

Eine schmerzliche, gleichwohl klärende Entdeckung. Sie wird versöhnlich, sie kann etwas wiederfinden von den guten und liebenswerten Seiten ihres Vaters wie auch ihrer Mutter. Sie flicht sich mit dem Blick auf ein Foto ihrer jungen, schönen Mutter selbst einen Zopf, sieht die Ähnlichkeit und auch die Differenz: ihr eigener ist nicht so dick und nicht so lang wie ehemals der mütterliche Zopf. Liebe zur Mutter und Liebe zu sich selbst als Frau mischen sich, und sie glaubt zu wissen, dass ihre Mutter Arie geliebt hat. Arie muss das zerstören, in ihm sind narzisstische Wut und Unfähigkeit zu Mitgefühl und Trauer: »Er packte mich am Zopf, zog mit Gewalt an dem Gummi, riss ihn samt ein paar Haaren ab und wühlte grob die drei Haarsträhnge durcheinander, löschte die Erinnerung an meinen prachtvollen Zopf.« (293).

Am Ende wird sie Blaubarts Raum verlassen. Ja'ara überlebt. Sie hat erkannt, wie sehr Arie ihre Abhängigkeit braucht.

In diesem Roman sind alle Personen aus unterschiedlichen Gründen nicht im Stande, Verlorenes zu betrauern. Um Verlorenes betrauern zu können, muss der Verlust als solcher anerkannt und durch Sprache auf eine symbolische Ebene gebracht werden. Die Anerkennung der Abwesenheit des Objekts ist Voraussetzung dafür, dass Worte entstehen können.

Die Autorin Shalev versteht es, entsprechend dieser Unfähigkeit der Protagonisten zur Symbolisierung, metaphorische Bilder zurückzuschreiben ins Konkrete. Der Mund, in dem die Wörter geformt werden könnten, wird vollgestopft. Es wird andauernd und nie genussvoll gegessen, geschlungen, das Essen verweigert oder erbrochen. Um Wörter formen zu können, braucht es einen leeren Mund (vgl. Abraham und Torok 2000). Verweigert die Elterngeneration Trauer und schließt stattdessen das Verlorene als ein Geheimnis in sich ein – dafür steht hier die Krypta –, entsteht in der nächsten Generation Leere und in dieser Leere unstillbare Sehnsucht. Man kann sich diese unstillbare Sehnsucht vorstellen als ein Vakuum, das sich durch seine Sogkraft mit notwendigerweise Falschem auffüllen muss. Durch Falsches wird die Leere betäubt.

Der Mund als Übergangsraum, damit beginnt dieser Roman, Übergangsraum zwischen einem Draußen und einem seelischen Innen, zwischen der

Möglichkeit, Wörter entstehen zu lassen oder sie durch Essen zu verhindern, sogar das Wort selber ist in einem Zwischenstadium vom Konkret-Körperlichen zum Symbol. Ja'aras Name kommt wie ein Fisch aus dem Mund des Mannes, in dessen Krypta sie eingeschlossen ist. In der Krypta der Elterngeneration sind die Ereignisse und die Wörter, die sie bezeichnen, eingeschlossen, und damit sind sie aus dem kommunikativen Zusammenhang zwischen den Generationen ausgeschlossen. Im Roman sucht die Protagonistin diesen zerrissenen Zusammenhang zwischen den Generationen zu schließen mithilfe von Geschichten aus Tora und Talmud. Mit diesen Geschichten, in denen es immer um zerbrochene Beziehungen und um die Frage nach der Schuld geht, wird außerdem das Geschehen im Roman reflektiert.

Am Ende des Romans lässt sich Ja'ara abends in die Universitätsbibliothek einschließen. Sie hat im Augenblick keinen anderen Raum als diese Bibliothek und kein anderes Objekt als ein Buch, das sie im Arm hält wie ein Kind. Der Einschluss ist auch eine Notmaßnahme; sie kann nicht zurück zu Joni, ihrem Ehemann, sie will nicht zurück zu Arie, und sie kann sich, wie die Leserin auch, nicht sicher sein, ob sie die letzte Abhängigkeitsschleife schon hinter sich hat. Sie geht zu den Büchern. Die zentrale Frage für sie ist die Frage nach der Schuld. Sie weiß sich jetzt in einer generativen Reihe von beschuldigten Frauen, auch als Tochter ihrer Mutter und als Tochter ihres Vaters. Ja'ara ist einen Weg gegangen von schuldhafter Verstrickung und Selbstzerstörung hin zur Reflexion im Symbolischen.

Literatur

Abraham, N. & Torok, M. (2000): Trauer oder Melancholie. Introjizieren – inkorporieren. In: Psyche 54, 545–559.

Kogan, I. (2000): Die Suche nach der Geschichte der Nachkommen von Holocaust-Überlebenden in ihren Analysen: Reparation des »seelischen Lochs«. In: L. Opher-Cohn u. a. (Hg.): Das Ende der Sprachlosigkeit? Gießen (Psychosozial).

Stoller, R. J. (1975): Perversion. Die erotische Form von Hass. Reinbek (Rowohlt) 1979.

Edda Uhlmann

Frauen in ausweglos scheinenden Rollenkonflikten

Zwar gibt es wenige große Werke der Weltliteratur, die nicht auch beherrscht sind vom Thema der weiblichen Problematik: seien es ihre Schwierigkeiten, sich mit Männern zu arrangieren, seien es unglückliche Liebschaften, Verführungen oder die List der Frauen. Das Thema ihrer Ambivalenz und ihrer Zerrissenheit angesichts der ihr zugedachten gesellschaftlichen Rolle in einer patriarchalischen Gesellschaft konnte aber zumeist erst gegen Ende des 19. Jahrhunderts herausgearbeitet werden, in einer Zeit also, in der die Rolle der Frau sich deutlich änderte; einer Zeit auch, in der das patriarchalische System offen angegriffen wurde.

Zwei der hier dargestellten Werke stehen denn auch sehr eindeutig unter diesem Druck der traditionellen Frauenrolle und des Kampfes gegen das Patriarchat.

Umso erstaunlicher – und dies soll daher ganz »gegenläufig« dargestellt werden,– dass auch schon Lessings Drama »Emilia Galotti« des ausgehenden 18. Jahrhunderts als ein Beispiel für die gesellschaftliche Unterdrückung der Frau gesehen werden kann. Emilia stirbt in *Kathrin Messerschmidts* Interpretation nicht als eine »Tugendheldin«, welche die Normen einer bürgerlichen Gesellschaft verinnerlicht hat und sich ihnen daher unterwirft. Sie ist sich ihrer Verführbarkeit voll bewusst, lehnt sich zwar gegen ihre »Natur« auf, weiß aber sehr wohl, dass es noch andere Auswege als den Tod gibt (z. B. ein Kloster). Sie sucht den Tod (über ihren Vater als Vollstrecker) erst, als sie merkt, dass sie ganz real in der Gewalt des Prinzen ist, dass sie eingeschlossen ist und aus dem Schloss nicht heraus kann. Erst da bäumt sie sich auf – denn unter diesen Umständen könnte sie sich dem Prinzen, den sie ja begehrt, vielleicht liebt, nicht mehr verweigern, auch nicht aus freiwilligen Stücken folgen. Sie hat keine Möglichkeit des selbstbestimmten Handelns mehr.

Die Erzählung von Charlotte Perkins Gilman zeigt eine Frau, die schon unter einem ganz anderen Druck steht. Sie erfährt die offene Verweigerung eines Mannes, seine Frau teilhaben zu lassen an der männlichen Welt – also an der Welt, wo die Dinge sich bewegen, wo geistige Auseinandersetzungen eine neue Welt im Kopf entstehen lassen. Ihr Schicksal aber soll, nach Willen des Ehemannes, das der einfältigen Hausfrau bleiben. Ihr Leben spielt sich im angehenden 20. Jahrhundert ab, die Frauenthematik ist noch neu. Frustration und die Verzweiflung des Unverstandenseins machen die Protagonistin krank und lassen sie keinen anderen Ausweg sehen als die Psychose.

Charlotte Perkins Gilman (1860–1935) hat selbst an Leib und Seele erlebt, was es bedeutet, wenn die Psychose als eine Körperkrankheit und nichts sonst angesehen wird. Ihre Erzählung »Die gelbe Tapete« ist eine große und erschütternde Anklage gegen die Verflachung und Somatisierung eines Zustandes, der durch die ungeheure Spannung hergestellt wurde zwischen dem Streben einer begabten Frau nach Eigenständigkeit und ihrer brutalen Vergewaltigung durch eine männerdominierte Welt. *Hanna Beate Schöpp-Schilling* beschreibt diesen Vorgang, der sich in der Erzählung von Perkins Gilman niederschlägt, ganz kurz auch aus der Realität der großen Frauenrechtlerin.

Ada Borkenhagen berichtet in ihrem Aufsatz »Weibliche Maskerade« über einen zeitgenössischen Film (»Female Perversions«), der die Problematik der heutigen Frau aufzeigt. Es ist nicht mehr die äußere Welt, die der klugen und eleganten Protagonistin den Eintritt in eine interessante männliche Welt verbietet. Im Gegenteil: Sie steht vor einem ungemein ehrenvollen Aufstieg als Juristin, ein Aufstieg, bei dem sie sowohl Männer als auch Frauen überragt und übergangen hat. Gerade dies aber wird ihrer seelischen Gesundheit zum Verhängnis. Ihr »phallisches« Begehren tritt in Konkurrenz zu ihrer Weiblichkeit, die sie in verzweifelter Anstrengung als einen weiblich »maskierten«, also überstark geschminkten und besonders ausgesucht gekleideten Körper der Welt darbietet. Ihre »Perversion« stellt sich also ganz unauffällig dar, bewirkt aber, dass sie sich selbst nur mehr als unechte Maske sehen kann. Ihre überbetonte Weiblichkeit wird zum Versteck ihrer Unsicherheit und führt sie in ernstliche seelische Verwirrtheit.

In allen drei Werken bleibt die Frage offen, wie weibliches Begehren und weiblicher Verstand sich in einer männerregierten Welt entfalten können. Ob Frauen »anders« sind oder nur »anders« sozialisiert werden: das ist eine ungelöste Frage mit vielfältigen und unterschiedlichen Antworten aus den verschiedenen Perspektiven von Psychologie, Soziologie, Physiologie und medizinischen Disziplinen.

Auch die Literatur findet darauf keine endgültigen Antworten. Sie zeigt verschiedene Aspekte des Themas auf und lässt andere interpretierende Disziplinen teilhaben an ihren Vermutungen. Die Fragen bleiben (bis auf weiteres?) offen.

E. J. & H. K.-G

Warum muss Emilia Galotti sterben?
Der Kampf um die unteren und oberen Seelenkräfte in Lessings Trauerspiel*

Wir sind in Italien. Hettore Gonzaga, Prinz von Guastalla, hat sich in Emilia Galotti verliebt. Sie ist die Tochter eines Obersten im Ruhestand namens Odoardo Galotti, der sich mit dem Prinzen überworfen hat, und seiner Frau Claudia. Als der Prinz Emilia durch Zufall auf einem Gemälde seines Hofmalers Conti »wiedersieht«, entschließt er sich, ihr seine Liebe zu bekennen. Gleichzeitig ermuntert er den ehrgeizigen Höfling Marinelli zu einer Intrige, mit der die bevorstehende Hochzeit Emilias mit dem Grafen Appiani, der ebenfalls mit dem Prinzen verfeindet ist, verhindert und Emilia auf das »Lustschloss« des Prinzen gebracht werden soll.

Der Tag der Hochzeit ist gekommen. Wir erleben die Eltern Emilias bei den letzten Vorbereitungen. Emilia selbst ist in aller Frühe zur Kirche gegangen. Die Eltern leben getrennt. Claudia ist mit Emilia in die Stadt gezogen, um ihr eine standesgemäße Erziehung und damit auch eine vorteilhafte Partie zu ermöglichen. Sie hat sich mit ihren Erziehungsvorstellungen durchgesetzt. Odoardo, der ein ruhiges Leben auf dem Lande vorgezogen hätte, beobachtet Emilias Umgang in der höfischen Gesellschaft mit Misstrauen. Als er zufällig von Claudia erfährt, dass Emilia den Prinzen vor einiger Zeit bei einer Abendveranstaltung kennen gelernt hat, kann er seine Wut nur schwer zurückhalten.

Währenddessen lauert der Prinz Emilia in der Kirche auf und gesteht ihr seine Liebe. Emilia kommt verstört nach Hause und erzählt ihrer Mutter von der kompromittierenden Begegnung.

Als Nächstes erleben wir den zukünftigen Ehemann Appiani. Deprimiert und verstimmt erscheint er auf der Szene. Emilia wird von seiner Stimmung sofort angesteckt und erzählt von einem nächtlichen Traum, in dem unheilverkündende Symbole vorkamen. Die depressive Grundstimmung der Brautleute verstärkt sich. Als Marinelli ganz unvermutet bei den Galottis erscheint, geraten er und Appiani miteinander in Streit, woraus eine gegenseitige Forderung zum Duell resultiert, dem sich Marinelli jedoch geschickt entzieht.

---

* Gotthold Ephraim Lessing (1772): Emilia Galotti. In: Werke II. Trauerspiele, Nathan, Dramatische Fragmente. München (Hanser) 1971, 127–204.

Auf seinem »Lustschlosse« wartet der Prinz inzwischen ungeduldig auf das Ergebnis von Marinellis Verschwörung, der inzwischen rachsüchtig einen Mordanschlag auf den Grafen Appiani plant. Zunächst gehen die Rechnungen des Intriganten alle auf: Bei dem inszenierten Überfall auf die Hochzeitskutsche wird Appiani getötet und Emilia getrennt von ihren Eltern auf das Schloss gebracht, wo der Prinz Emilia erneut seine Liebe gesteht.

Marinelli ist währenddessen damit beschäftigt, die übrigen Beteiligten im Zaum zu halten. Mutter Claudia durchschaut die Situation sofort. Die eintreffende Gräfin Orsina, eine ehemalige und gekränkte Mätresse des Prinzen, verschafft sich ebenfalls schnell einen Überblick über die Situation, informiert den besorgten Odoardo und steckt ihm einen Dolch zu, in der Absicht, Odoardo zum Mord am Prinzen anzustiften.

Gegen Ende des Dramas spitzt sich die Situation zu. Marinelli drohen die Fäden der Intrige aus der Hand zu gleiten. Vater Odoardo gelingt es immer weniger, sein cholerisches Temperament unter Kontrolle zu halten. Der Prinz verfällt in eine realitätsferne Verbrüderungshoffnung mit Emilias Vater. Odoardo bleibt ohnmächtig zurück. Es gelingt ihm, die Erlaubnis zu erwirken, noch einmal mit seiner Tochter zu sprechen, bevor diese unter fadenscheinigen Vorwänden von ihrer Familie getrennt und damit im Machtbereich des Hofes und damit des Prinzen bleiben soll. Bei dieser Begegnung verständigen sich Vater und Tochter über die Situation. Emilia sieht für sich ganz klar, dass sie eine Zukunft als Mätresse des Prinzen vor sich hat. Das will sie zwar nicht, aber sie spürt, dass sie zu einem solchen Leben verführbar und zur Aufgabe ihrer bisherigen Identität fähig wäre. Sie äußert den Wunsch nach Selbstmord. Odoardo lässt jedoch nicht zu, dass Emilia Hand an sich legt. Emilia, die das cholerische Temperament ihres Vaters kennt, provoziert ihn daraufhin gezielt, bis er zusticht.

Als der Prinz und Marinelli dazukommen, lebt Emilia nur noch wenige Minuten. Odoardo bekennt sich zu der Tat und wird sich vor Gericht dafür verantworten. Die Tragödie endet damit, dass der Prinz Marinelli verstößt und klagend zurückbleibt.

Gotthold Ephraim Lessing schrieb sein bürgerliches Trauerspiel »Emilia Galotti« in der »mittleren Phase« der Aufklärung zwischen 1756 und 1772 (vgl. Fick 2000, 35). Die Uraufführung fand am 13. März 1772 in Braunschweig statt. Seither sind unzählige Interpretationen entstanden. 1986 hat z. B. Ulrike Prokop einen »Dramaturgie-Kommentar« zu einer Inszenierung Andrea Breths an der Freien Volksbühne Berlin verfasst. Emilia erscheint hier als Opfer eines männlichen Machtsystems. Sie versucht, ihrer Degradierung zum Objekt zu entgehen, ohne dabei die Chance zu bekommen,

Subjekt zu werden. Mit ihrem Wunsch nach Selbstbefreiung steuert sie zwangsläufig auf die eigene Selbstauslöschung zu. »Offensichtlich ist es unvorstellbar oder unerträglich, dass Emilia die Tat für sich begeht. [...] Die Frau wendet sich nicht ab, nicht einmal im Tod. [...] Eine andere Weiblichkeit wäre Lessing undenkbar und unerträglich.« (Prokop 1986, 284).

Lessings Frauenbild scheint Prokops Thesen zu stützen. Über die Figur der Emilia äußerte er gegenüber seinem Bruder Karl:

> »Die jungfräulichen Heroinen und Philosophinnen sind gar nicht nach meinem Geschmacke. Wenn Aristoteles von der Güte der Sitten handelt, so schließt er die Weiber und die Sklaven ausdrücklich davon aus. Ich kenne an einem unverheiratheten Mädchen keine höhere Tugend, als Frömmigkeit und Gehorsam« (zit. nach Müller 1971, 49).

Tatsächlich tritt Emilia gleich zu Anfang des Dramas im 1. Aufzug als Objekt in Erscheinung, nämlich in Form eines Porträtgemäldes. Sowohl den Figuren im Drama, in diesem Falle dem Prinzen, als auch den Zuschauern wird sie zunächst nur als Bild gewahr, als Kunstwerk. Doch ist hier weniger Lessings patriarchalisches Unbewusstes am Werk, das seine Heldin von Anfang an zum Objekt degradiert, als seine ganz bewusste und dezidierte ästhetische Absicht, die es notwendig macht, Emilia zunächst indirekt, das heißt vermittelt, auftreten zu lassen. Die (bühnen-)reale Emilia tritt zum ersten Mal Anfang des 2. Aufzuges auf, als sie über ihre Begegnung mit dem Prinzen in der Kirche berichtet. Auf der Szene begegnet sie dem Prinzen erst viel später in der Mitte des 3. Aufzuges. Emilia Galotti nimmt also erst nach und nach Gestalt an. Lessing lässt sie nur sehr vorsichtig auf der Bühne real werden. Dafür hat er gute Gründe.

Für Lessings Thema in der »Emilia Galotti«, das bislang noch nicht identifiziert ist, wird zum einen die »Affektpsychologie« relevant, die zu Lessings Zeit Hochkonjunktur hatte (vgl. Alt 194, 296 ff.; Fick 2000, 33 ff.; Schulz 1988, 37 ff.): »In der Zeit zwischen Wolff und Kant wächst das Bewusstsein für eine vorher unbekannte Komplexität seelischer Phänomene« (Schulz 1988, 170). Das hatte ebenso Konsequenzen für das zeitgenössische Menschenbild wie für dessen Darstellung in der Kunst.

Zum anderen fließen die dramentheoretischen Überlegungen Lessings und seiner Freunde Mendelssohn und Nicolai ein. Lessing löste sich von der heroischen Tragödie französischer und auch Gottschedscher Provenienz und führte die Kategorien der »Menschlichkeit« und des »Mitleids« ein (Lessing 1767–1770, 76. Stück). Ein zentrales Postulat seiner »Hamburgischen

Dramaturgie« ist, dass der Dichter seine Helden »mit uns von gleichem Schrot und Korne« (Lessing 1757/1757, 75. Stück) gestalten möge, damit sich der Zuschauer besser mit den Dramenfiguren identifizieren könne. »Der Held eines Trauerspiels müsse ein Mittelcharakter seyn; er müsse nicht allzu lasterhaft und auch nicht allzu tugendhaft seyn; wäre er allzu lasterhaft, und verdiente sein Unglück durch seine Verbrechen, so könnten wir kein Mitleiden mit ihm haben.« (Lessing et al. 1756–1757, 87). Lessing folgt damit der Aristotelischen Forderung, dass der Held »nicht trotz seiner sittlichen Größe und seines hervorragenden Gerechtigkeitsstrebens, aber auch nicht wegen seiner Schlechtigkeit und Gemeinheit einen Umschlag ins Unglück erlebt, sondern wegen eines Fehlers« (zit. nach Fuhrmann 1982, 39).

Auf der Ebene des dramatischen Bauplans gilt es also, die Figur mit einem Fehler auszustatten. Auf der Ebene der Geschichte, des »Mythos«, wie Aristoteles sagen würde, ist dieser Fehler die Ursache für den tragischen Tod des Helden bzw. der Heldin. Nehmen wir an, Emilia Galotti stelle eine solche »mittlere Heldin« mit einem spezifischen »Fehler« dar.

Matthias Claudius hat den »menschlichen Makel« Emilias benannt:

> »Eines kann ich mir in diesem Augenblick nicht recht auflösen, wie nämlich die Emilia so zu sagen bey der Leiche ihres Appiani an die Verführung eines andern und dabey an ihr warmes Blut denken konnte. Mich dünkt, ich hätte in ihrer Stelle halb nacket durch ein Heer der wollüstigsten Teufel gehen wollen, und keiner hätte es wagen sollen mich anzurühren« (zit. nach Müller 1971, 62).

Friedrich Hebbel beschreibt den »Fehler« Emilias noch klarer:

> »Es ist allerdings in der ersten Scene, wo Emilia auftritt, genugsam angedeutet, dass sie für den Prinzen empfindet. Sie zittert, sie ist in der größten Aufregung, sie hat nicht gewagt, ihn zum zweiten Mal anzusehen; alles Zeichen einer unbewusst aufkeimenden Liebe. Aber hiedurch entstehen eben neue Bedenklichkeiten. Es fragt sich, welcher Art diese Liebe ist. Ist sie nichts Anderes, als das erste Erwachen der bisher in den Schlaf gelullten glühenden Sinnlichkeit, vorbereitet vielleicht durch den Gedanken an die baldige Hochzeit, zurück gehalten wieder durch das naßkalte Bild des nur für die Seele der Braut schwärmenden Bräutigams? [...] Im Herzen den Einen tragen und dem Andern zum Altar folgen, das verträgt sich nicht mit ihrer Frömmigkeit, ihrer Gemüthsreinheit« (zit. nach Müller 1971, 78 f.).

Doch eben diese moralische Unschärfe und das Movens, das sich dahinter verbirgt, machen den »Fehler« aus, mit dem Lessing seine Heldin ausstattet und wodurch sie mit uns von »gleichem Schrot und Korne« wird. Solche »Schwächen« haben wir auch, so denkt zumindest Lessing. Auf die angeblich moralische Schwäche Emilias haben durch die Jahrhunderte hindurch Leser und Zuschauer immer wieder mit Unverständnis oder auch Spott reagiert, in Abwehr der dahinterliegenden Erkenntnisse.

Lessing siedelt Emilias Fehlbarkeit im moralisch-sittlichen Selbstverständnis der Figur an. Sie erschließt sich eher rückwirkend aus der Fabel des Dramas und »zwischen den Zeilen« als aus den Handlungen der Figuren im Ablauf der Akte. Lessing hat den »Fehler« Emilias geschickt verborgen, ohne ihn zu verschweigen. Er springt nicht sofort ins Auge. Das störte schon Goethe:

> »Das proton pseudos in diesem Stück sey, dass es nirgends ausgesprochen ist, dass das Mädchen den Prinzen liebe, sondern nur subintelligirt wird. Wenn jenes wäre, so wüßte man, warum der Vater das Mädchen umbringt. Die Liebe ist zwar angedeutet, [...] zuletzt sogar ausgesprochen, aber ungeschickt, [...] entweder sei sie eine Gans, sich davor zu fürchten, oder ein Luderchen« (zit. nach Prokop 1986, 285).

Erst kurz vor Tragödienende benennt Lessing den »Fehler« seiner Heldin und damit auch die Ursache für deren Tod. Sie spricht es selbst aus: Es ist ihre »Verführbarkeit«, die ihr sittliches Selbstverständnis in Frage stellt und damit ihre Identität zu zerstören droht. Emilia ist nicht bereit, ihre Verführbarkeit zu leben. Diese scheint angesichts der gewaltsamen Umstände, in denen sie sich befindet, leicht entschuldbar, selbst Odoardo entlastet Emilia hier. Ein Tod scheint nicht notwendig, Emilia ist unschuldig.

»Odoardo:	Auch du hast nur ein Leben zu verlieren.
Emilia:	Und nur eine Unschuld!
Odoardo:	Die über alle Gewalt erhaben ist. –
Emilia:	Aber nicht über alle Verführung. – Gewalt! Gewalt! Wer kann der Gewalt nicht trotzen? Was Gewalt heißt, ist nichts: Verführung ist die wahre Gewalt. – Ich habe Blut, mein Vater, so jugendliches, so warmes Blut als eine. Auch meine Sinne sind Sinne. Ich stehe für nichts. Ich bin für nichts gut. Ich kenne das Haus der Grimaldi. Es ist das Haus der Freude. Eine Stunde da, unter den Augen meiner Mutter – und es erhob sich so mancher Tumult in meiner Seele, den die strengsten Übungen der Religion

kaum in Wochen besänftigen konnten! – Der Religion! Und
welcher Religion?« (V, 7).

Gegen die These von Emilia als unschuldigem Opfer steht, dass Emilia während
des ganzen Stücks immer wieder von ihrer Schuld spricht. Man sollte die Figur
an dieser Stelle ernst nehmen. Weil sie und ihr innerstes Empfinden die Ursache für die Verfolgung durch den Prinzen sind, für die Unruhe Odoardos und
die Verstimmung Appianis am Morgen der Hochzeit und für seinen Tod, fühlt
sie sich – heute würden wir sagen – mitverantwortlich für die Ereignisse.

Denn Emilia ist bereits die ganze Zeit eine Verführte. Sie ist ihrer Verführbarkeit schon lange vor Stückbeginn erlegen. Das Problem ist nicht, dass sie
in Zukunft, im Haus der Grimaldi, in dem der Prinz sie gefangen setzen will,
der Verführung erliegen wird. In eben jenem Haus, in dem adlige und höfi-
sche Soireen stattfinden, hat sie Wochen vor ihrer Hochzeit den Prinzen
kennen gelernt. Lessing legt dem Drama von Anfang an die Situation zugrunde, dass Emilia am Tage ihrer Hochzeit mit Appiani in einen anderen Mann
verliebt ist, und das auch noch gegen ihren Willen. Eine solche Situation
könnte auch Frauen des 21. Jahrhunderts aus dem Konzept bringen.

Lessing verlagert also ein wesentliches Gravitationszentrum der Ereignisse in die Vorgeschichte der Tragödie. Zugleich flicht er diese Wahrheit
gewissermaßen nur am Rande ein, sodass die Zuschauer den Einbruch der
intrigant-höfischen Macht in die ruhige und harmonische bürgerliche Welt
als plötzlich und gewaltsam erleben können. Mutter Claudia ist es, die ihrem
Mann ganz nebenbei von der Begegnung zwischen dem Prinzen und Emilia
erzählt. Dort wird die Bedeutung des Ereignisses durch die Schrulligkeit
Odoardos übertönt.

»Odoardo:	[...] Der Prinz hasst mich –
Claudia:	Vielleicht weniger, als du besorgest.
Odoardo:	Besorgest! Ich besorg auch so was!
Claudia:	Denn hab ich dir schon gesagt, dass der Prinz unsere Tochter gesehen hat?
Odoardo:	Der Prinz? Und wo das?
Claudia:	In der letzten Vegghia, bei dem Kanzler Grimaldi, die er mit seiner Gegenwart beehrte. Er bezeigte sich gegen sie so gnädig –
Odoardo:	So gnädig?
Claudia:	Er unterhielt sich mit ihr so lange – –
Odoardo:	Unterhielt sich mit ihr?
Claudia:	Schien von ihrer Munterkeit und ihrem Witze so bezaubert – –

Odoardo:	So bezaubert? –
Claudia:	Hat von ihrer Schönheit mit so vielen Lobeserhebungen gesprochen – –
Odoardo:	Lobeserhebungen? Und das alles erzählst du mir in einem Tone der Entzückung? O Claudia! eitle, törichte Mutter!
Claudia:	Wieso?
Odoardo:	Nun gut, nun gut! Auch das ist so abgelaufen. – Ha! Wenn ich mir einbilde – Das gerade wäre der Ort, wo ich am tödlichsten zu verwunden bin! – Ein Wollüstling, der bewundert, begehrt. – Claudia! Claudia! der bloße Gedanke setzt mich in Wut. – Du hättest mir das sogleich sollen gemeldet haben« (II, 4).

Der Bericht Claudias über die Bekanntschaft Emilias mit dem Prinzen und ihre Aufgeregtheit nach der Begegnung in der Kirche ergeben dasselbe Bild: Emilia fühlt sich vom Prinzen gefühlsmäßig und erotisch angezogen. Ob es »Liebe auf den ersten Blick« war – zumindest im Fall des Prinzen müssen die Zuschauer das annehmen –, ob es Verliebtheit ist, erotische Verwirrung, sexuelle Erregung, Lessing hält es nicht für nötig, die Zuschauer hier genauer aufzuklären. Jedenfalls könnte man sagen: Emilias Begehren wurde bei der ersten Begegnung mit dem Prinzen geweckt.

Mutter Claudia spricht es aus, wenngleich sie etwas anderes zu meinen vorgibt: »Hier [in der Stadt/in der Nähe des Hofes], nur hier konnte die Liebe zusammenbringen, was füreinander geschaffen war« (II, 4). Füreinander geschaffen sind Emilia und der Prinz, nicht Appiani und Emilia. Emilias erste Worte nach der Begegnung in der Kirche sind nicht »Weh mir!«, sondern »Wohl mir! wohl mir!« (II, 6).

Emilia gesteht sich nicht wie der Prinz ihre Verliebtheit ein – das ist ihr nicht möglich aufgrund ihrer weiblichen Sozialisation, durch die sie ein strenges Tugendideal verinnerlicht hat. Was bleibt, sind körperliche und seelische Erregungszustände. Auf wen sich diese beziehen, ist Emilia sehr wohl bewusst. Sie ist sich völlig im Klaren darüber, was mit ihr los ist. Verwirrend für sie ist, dass sie sich nicht aus ihrer sinnlichen Verstricktheit lösen kann, in der sie sich ja wider Willen befindet. So versucht sie, ihre erotische Bezogenheit auf den Prinzen durch religiöse Bet- und Bußhandlungen auszutreiben. Erst an diesem Punkt beginnt sie, ihr Tugendideal rigide zu handhaben. Hilfe erhält sie von keiner Seite und von niemandem.

Angesichts des weiblichen Tugendideals der Zeit ist es von Lessing ein kühnes Unternehmen, seine tugendhafte Heldin mit dem tragischen Fehler des sinnlichen Begehrens auszustatten. Lessing darf das fehlerhafte Merkmal seiner Heldin nicht offen benennen, da er damit ein moralisches Tabu der Zeit berührt. Er veröffentlicht hier das zu seiner Zeit in der bürgerlichen Schicht heimliche bzw. geheim gehaltene Allerweltswissen von der sinnlichen Verführbarkeit als allgemein-menschliches Phänomen und stellt eine an sich tugendhafte Heldin vor, die ihrer Sinnenlust erlegen ist, das heißt, die ihr Begehren innerseelisch bejaht hat.

Lessing hat Emilia nicht entlastet, doch er hat sie auch nicht verurteilt. Emilias erotisches Begehren stellt ihre Tugendhaftigkeit nicht grundsätzlich in Frage. Deutlich wird wieder Lessings liberales Menschenbild. Seine weiblichen Dramencharaktere verfügen ganz selbstverständlich über Eros und Sexualität, ohne damit in ihrer moralischen Integrität beschädigt zu werden. Die Tatsache, dass Emilia selbst in einen innerseelischen Konflikt gerät, weil sie jenseits der erlaubten Normen empfindet und zu einem unmoralischen Leben genötigt werden soll, ist hierzu ein separater Vorgang.

Emilias psychische Verfasstheit, das heißt ihre Verliebtheit in den Prinzen, ist nur »zwischen den Zeilen« zu entdecken. Sie muss vom Leser interpretierend erschlossen werden. Spürbar ist Emilias Zustand jedoch fast überall im Drama. Im Grunde wissen alle Bescheid: Odoardo in seiner diffusen Besorgnis um Emilia, die seit Wochen verändert und aus dem Gleichgewicht gekommen wirkt; Appiani, der an seinem Hochzeitsmorgen verstimmt und schwermütig auf der Szene erscheint; der Prinz, der zu früh aufgestanden ist, weil er unruhig ist. Alle männlichen Figuren, Bräutigam, Liebhaber und Vater, sind beeinflusst von Emilias nervöser, unterschwelliger Spannung.

Es hieße, Lessing klein zu denken, wenn man Emilias Konflikt nur in ihrer Religiosität und in kleinbürgerlichen pietistischen Erbauungszirkeln ansiedeln würde. Emilias Tugendideal verweist auf die Sittenlehre des Thomasius und sein Gebot der »vernünftigen Liebe«, die er zwischen Frauen und Männern als die einzig moralisch legitime ansieht und die zugleich identisch ist mit Gottesstreben und Gottesliebe. Emilias und Appianis Bindung entspricht dieser vernünftigen Liebe, zu der auch die gemeinsamen Werte des Paares wie Frömmigkeit, Innerlichkeit, Weltabgewandtheit und Bescheidenheit gehören.

> »Menschliches Streben zielt auf die ›Glückseligkeit‹. Die wahre Glückseligkeit [...] besteht in der ›Gemüthsruhe‹, die ihrerseits der ›vernünftigen Liebe‹ entspringt. Diese Liebe – der einzige gute Affekt – ist gleichbedeutend mit der gottgewollten Vernunft-Natur des Menschen als eines sozialen Wesens; sie ist die Quelle, aus der ›alle wahren Tugenden‹ hervorgehen. Der vernünftigen

Liebe steht die unvernünftige gegenüber in Gestalt dreier böser Affekte, nämlich der drei (aus der Bibel übernommenen) ›Haupt-Laster‹ der Wollust, des Ehrgeizes und des Geldgeizes« (Schulz 1988, 43).

Emilia ist vom Laster der Wollust infiziert. Die vernünftige Liebe erfährt durch ihr erotisches Erlebnis mit dem Prinzen eine Störung, die eine tragische Kettenreaktion auslöst. Weil Emilia begehrt, stirbt sie.

Ebenso, wie Emilias Begehren die ganze Zeit über im Stück wirksam ist, so durchzieht das Todesmotiv von Anfang an die Geschehnisse. Die Sinnenlust ist psychologisch stringent und schlüssig mit der Figur der Emilia verknüpft, das Todesmotiv hingegen ist alogisch durch das ganze Stück gestreut. Es klingt bereits im 2. Aufzug an, wenn Claudia davon spricht, Emilia zu verlieren. Emilia prägt das Bild vom »In-die-Erde-Sinken« beim Anblick des Prinzen in der Kirche, ein Bild von Erlösungshoffnung in Eros oder Tod. Es folgt die Erwähnung von Emilias ahnungsvollen »Stein-Perlen-Tränen-Träumen«. Appiani äußert den Wunsch, die Zeit möge stillstehen. Das Todesmotiv ist vor allem aber an die Figur des Odoardo gebunden und spitzt sich gegen Ende dramatisch zu.

Auch Emilia stellt sich im V. Aufzug auf die Katastrophe ein. Es ist die Ruhe vor dem Sturm, die Lessing seiner Figur verleiht. Claudia beschreibt Emilias Haltung in IV, 8: »Sie ist die Furchtsamste und Entschlossenste unsers Geschlechts. Ihrer ersten Eindrücke nie mächtig, aber nach der geringsten Überlegung in alles sich findend, auf alles gefaßt.«

In V, 7 übernimmt Emilia mit ihrer ruhigen Haltung und klaren Einschätzung der Situation die Führung der Handlung, die sich konsequent auf ihren Tod zubewegt. Emilia bekennt sich eindeutig zu ihrer Schuld, deren Beweis der Tod Appianis ist. »Und warum er tot ist! Warum! [...] Denn wenn der Graf tot ist, wenn er darum tot ist – darum!« Sie argumentiert im Folgenden jedoch nicht damit, dass diese moralische Schuld, die sie empfindet, nun ihren Tod zwingend erforderlich mache. Ein Rest Hoffnung lässt sie sogar auf die Idee zur Flucht kommen. Erst als sie erfährt, dass sie gewaltsam im Einzugsbereich des Prinzen festgehalten werden wird, verlässt sie die Hoffnung. Emilia muss erkennen, dass sie keinerlei Handlungsfreiheit mehr hat. Was ihr bleibt, ist ihr Wille, sich nicht zu unterwerfen. »Reißt mich? Bringt mich? – Will mich reißen, will mich bringen: will! Will! – Als ob wir, wir keinen Willen hätten, mein Vater!« (V, 7). Erst die gewaltsame Lähmung all ihrer inneren und äußeren Bewegungsmöglichkeiten lässt den Todeswunsch in ihr entstehen. Sie betreibt ihre Tötung aktiv mit, als sie durch gezielte Provokation ihres Vaters eine kurze, aber ausreichende »Bewusstseinsverdunklung«

in ihm bewirkt, während der er sie ersticht. Odoardo ist »ein Opfer der persuasiven Gewalt, die Emilia gegen ihn einsetzt« (Schulz 1988, 294). Seine erste Frage danach ist: »Gott, was hab ich getan?« (V, 8).

Die Todesszene steht ganz im Zeichen des Affekts. Das entlastet Odoardo. Doch Lessings Intention ist es nicht, Emilia den gerechten Tod der wolllüstigen Frau erleiden zu lassen. Emilia stirbt, weil sie sich der äußeren und inneren Gewalt nicht beugen will und weil sie nicht zu einem Leben gezwungen werden will, das ihrer Selbstachtung widerspricht. Doch auch diese Lesart überzeugt nicht, weil Emilias Tugendstreben immer noch als Tugendrigorismus gedeutet werden könnte.

Zwar ist das sinnliche Begehren der Heldin tatsächlich der tragische Fehler, seine moralische Verwerflichkeit wird jedoch relativiert. Lessing will beim Zuschauer Affekte wie Trauer, Unmut, Empörung und Protest evozieren und damit Parteinahme für die Heldin, sodass die Zuschauer auf der Basis von »Mitleid« und »Menschlichkeit« urteilen werden. Auf diese Weise betreibt Lessing die Umwertung von Emilias Begehren.

Im 18. Jahrhundert kam es in der Popularphilosophie und Psychologie zu einer Aufwertung der Sinnlichkeit bzw. der Sinnenkräfte. Dieser Diskurs über die Wertigkeit der Sinnenkräfte spiegelt sich auch in den Figuren von »Emilia Galotti« wider. Man kann es lesen als »Drama des Konflikts der unteren und oberen Seelenkräfte« bzw. als »Tragödie der Desintegration der unteren Seelenkräfte«. Diese Terminologie entstammt der damals sehr populären »Schulphilosophie« Christian Wolffs.

Nach Wolffs Affektenlehre wird das menschliche Seelenleben durch vier Kräfte bestimmt: durch das obere Erkenntnisvermögen mit den Ausprägungen Verstand und Vernunft, das obere Begehrungsvermögen, das sich als Willenskraft und Freiheitsbedürfnis äußert, das untere Erkenntnisvermögen mit Einbildungskraft und Empfindungsvermögen und schließlich durch das untere Begehrungsvermögen als Sinnlichkeit und Ausprägung der Affekte. Die oberen Seelenvermögen verfügen über die vernünftige Tendenz zum Guten und gelten daher als tugendhaft. Doch auch die Leidenschaften und Affekte der unteren Vermögen können das Streben der Seele zum Guten unterstützen. Die dunklen Vorstellungen gehören den unteren Seelenkräften an, die klaren Vorstellungen kennzeichnen die Tätigkeit der oberen Seelenkräfte.

Lessings Freund Moses Mendelssohn hat sich im Zuge der sensualistischen Einflüsse intensiv mit den unteren Seelenkräften auseinander gesetzt: »Allein die sinnlichen Lüste haben größtenteils mehr Gewalt über die Seele, als die verständlichen Vergnügungen. Woher dieses? Warum sind die dunkelen Vorstellungen thätiger als die deutlichen?« (Mendelssohn 1775, 81).

Wenngleich Mendelssohn an der Vernunft als Leitwert festhält, wertet er doch in seinen Schriften die unteren Seelenvermögen auf.

> »Wir würden unglücklich seyn, wenn sich alle unsere Empfindungen auf einmal zu reinen und deutlichen Vorstellungen aufheiterten. Die Schönheit beruhet, nach dem Ausspruche aller Weltweisen in der undeutlichen Vorstellung einer Vollkommenheit: Lust und Freud, ja die stille Zufriedenheit selbst, wirken nur matt auf unsere Seele, wenn sie nicht von einer süßen Wallung des Geblüts, und von verschiedenen Bewegungen der Gliedmaßen begleitet werden. Diese holde Bewegung ist eine Tochter des Affects, und der Affect ist nothwendig mit einer dunkeln Vorstellung verknüpft. So unzertrennlich ist das Gefühl; so unzertrennlich ist die dunkele Vorstellung von unserer Glückseligkeit« (Mendelssohn 1775, 48).

Wichtiger als die Dominanz der oberen Seelenvermögen sei das harmonische Zusammenspiel von unteren und oberen Kräften.

> »Wer die symbolische Erkenntniß von dem Werthe der Tugend mit der anschauenden Erkenntniß verbindet, der hat seine untern Seelenkräfte mit den obern übereinstimmend gemacht, und ist vollkommen tugendhaft.«

(Mendelssohn 1755, 148). Mendelssohns Ausführungen lesen sich wie der theoretische Hintergrund zu Emilia Galottis Einstellungen und Handlungen. Tugendstreben findet auch bei Emilia in Form eines affektiven »Psychotrainings« statt.

> »So wie der Künstler die ihm vorgeschriebenen Regeln so oft ausüben muss, bis er sich in währender Ausübung der Regeln nicht mehr bewusst ist; eben so muss es der moralische Mensch mit dem Gesetze der Natur machen, wenn er seine untern Seelenkräfte mit den obern in Harmonie bringen will« (Mendelssohn 1755, 148).

Emilias Selbstverständnis und auch das ihres zukünftigen Gatten Appiani beruhen auf diesen Vorstellungen. Der Prinz hingegen steht für die Vitalität der unteren Begehrungsvermögen.

Im ausklingenden Zeitalter der Vernunft werden die unteren Seelenkräfte in »Emilia Galotti« zugleich Medium und Thema. Emilia Galotti, deren Tugendideal darin besteht, sich selbst mittels der oberen Seelenvermögen zu vervollkommnen, gerät durch die Erweckung ihres verdrängten und vernachlässigten unteren Seelenvermögens »Wolllust« in eine Identitätskrise. Sie hat ihre »Gemüthsruhe« verloren, die Desintegration aller Seelenkräfte ist die Folge und damit innerseelische Disharmonie und Instabilität, die auf alle anderen Figuren überspringt. Keine der Figuren findet zu der erstrebenswerten Harmonie der Seelenkräfte. Auch Emilia erlangt die Harmonie der Seelenvermögen am Ende des Stückes durch ihren Entschluss zu sterben nicht wieder. Vielmehr restituiert sie durch ihren (Selbst-)Mord die Dominanz der oberen Seelenvermögen, indem sie ihren Willen und ihre Freiheit behauptet. Ihr Leben rettet sie damit nicht.

In der germanistischen Forschung hat Emilias Tod häufig die Frage aufgeworfen, ob sie nun doch eine Märtyrerin sei und das gesamte Stück folglich eine Märtyrertragödie, oder ob sie durch ihren Tod zu einer erhabenen, das heißt doch wieder heroischen Heldin wird.

> »Quietistisches und Erhabenes bilden in der Folge ein merkwürdiges Amalgam [...] zumal das erhabene Moment dann doch das quietistische in den Hintergrund verdrängt. [...] Der Wille ist frei, und im Notfall muss das Leben geopfert werden, um diese Freiheit zu bewahren. Einen solchen Notfall hält Emilia offenbar für gegeben« (Schulz 1988, 287 f.).

Doch als Leser und Zuschauer bewundern wir diese heroische Haltung Emilias nicht, sondern wir bedauern die junge Frau. Indem Lessing seine Heldin sterben lässt, kritisiert er Heroismus, Weltverneinung und Selbstauslöschung. Er kritisiert damit auch die Dominanz der oberen Seelenvermögen. Sein Wirkungsziel »Mitleid«, also das Mitempfinden und die Identifikation der Zuschauer mit der Heldin, das affektive Aufbegehren der Zuschauer über ihr tragisches Schicksal bewirken die Umdeutung von Emilias sinnlicher Verführbarkeit. »Begehren« gehört natürlicherweise zu den unteren Begehrungsvermögen und ist damit eine anthropologische Konstante, die per se weder zu kritisieren noch abzuwerten ist. Zu kritisieren sind aber sehr wohl innere und äußere Herrschaftsverhältnisse in Form von Tugendrigorismus und Despotismus, die das Recht auf Unversehrtheit der Person an Leib und Seele angreifen. Lessing zeichnet in »Emilia Galotti« eine Situation, in der die oberen Erkenntnisvermögen Vernunft und Willen versagen, die unteren, vitalen Seelenkräfte wie Affekte, Emotionen und Triebe, die einen schnellen Zugriff auf die Situation ermöglichen, aber moralisch diskreditiert sind. Emilia Galotti ist es nicht vergönnt, selbst über sich und ihr Begehren zu entscheiden. Ihr Tod entsprang zwar ihrem Willen, aber vernünftig war er nicht.

Literatur

Alt, P.-A. (1994): Tragödie der Aufklärung. Tübingen und Basel (Francke).

Fick, M. (2000): Lessing Handbuch. Leben – Werk – Wirkung. Stuttgart, Weimar (Metzler).

Lessing, G. E. (1772): Emilia Galotti. In: Werke II. Trauerspiele, Nathan, Dramatische Fragmente. Wiss. Buchgesellschaft Darmstadt. München (Hanser) 1971, 127–204.

Lessing, G. E. (1767–1770): Hamburgische Dramaturgie. In: Werke IV. Dramaturgische Schriften. Wiss. Buchgesellschaft Darmstadt. München (Hanser) 1971, 228–707.

Lessing, G. E., Mendelssohn, M., Nicolai, F. (1756–1757): Briefwechsel über die Tragödie. In: R. Petsch (Hg.) (1910): Lessings Briefwechsel mit Mendelssohn und Nicolai über das Trauerspiel. Nebst verwandten Schriften Nicolais und Mendelssohns. Leipzig (Dürr) 43–126.

Fuhrmann, M. (Hg.) (1982): Aristoteles. Poetik. Stuttgart (Reclam).

Mendelssohn, M. (1775): Über die Empfindungen. In: Gesammelte Schriften. Schriften zur Philosophie und Ästhetik I. Berlin (Voß) 1929, 41–123.

Mendelssohn, M. (1755): Von der Herrschaft über die Neigungen. In: Gesammelte Schriften. Schriften zur Philosophie und Ästhetik II. Berlin (Akademie-Verlag) 1931, 147–155.

Müller, J.-D. (1971): Erläuterungen und Dokumente. Gotthold Ephraim Lessing. Emilia Galotti. Stuttgart (Reclam).

Prokop, U. (1986): Emilia Galotti. Ein Drama über die Zerstörung der Wünsche. In: H.-D. König, A. Lorenzer u. a.: Kultur-Analysen. Frankfurt/M. (Fischer), 163–288.

Schulz, G. M. (1988): Tugend – Gewalt – Tod. Das Trauerspiel der Aufklärung und die Dramaturgie des Pathetischen und des Erhabenen. Tübingen (Niemeyer).

Kathrin Messerschmidt

Die Flucht in den Wahn als Emanzipationsversuch einer Frau Charlotte Perkins Gilmans Erzählung »Die gelbe Tapete«*1

»Die gelbe Tapete«, eine amerikanische Kurzgeschichte aus dem Jahre 1891, ist für uns aus zwei Gründen interessant: Einmal gibt uns die Autorin in dieser Erzählung ein genaues Bild über Entstehung und Verlauf einer Wahnkrankheit bei einer Frau, ein Bild, dessen Erkenntniswert der damaligen Wissenschaft weit voraus lag. Zum anderen hat sie diese Erzählung bewusst als Protest gegen die Behandlungsmethoden geschrieben, die damals »neurasthenischen« oder »hysterischen« Frauen zuteil wurden.

Die Autorin, Charlotte Perkins Gilman, eine amerikanische Sozialistin, gehörte zu den führenden theoretischen Köpfen der amerikanischen Frauenbewegung um die Wende vom 19. zum 20. Jahrhundert (vgl. Perkins Gilman 1898, 1915). Kurz nach ihrer Heirat, aber erst recht nach der Geburt ihrer Tochter, setzten bei ihr Depressionen ein, die es ihr unmöglich machten, ihren häuslichen und ehelichen Aufgaben nachzukommen. Sie hatte sich lange nicht zu dieser Heirat entschließen können, weil sie glaubte, in ihrem Beruf als Schriftstellerin und Frauenrechtlerin mehr für sich und die Menschheit tun zu können denn als Ehefrau und Mutter. Sie selber schilderte später in ihrer Autobiografie ihren Zusammenbruch als das Ergebnis dieses Rollenkonfliktes (vgl. Perkins Gilman 1991). Der psychologisch

---

* Charlotte Perkins Gilman (1891): Die gelbe Tapete. München (Verlag Frauenoffensive) 1978. Englisch: »The Yellow Wallpaper«. In: W. D. Howells, (ed.) (1920): The Great Modern American Short Stories. New York, 320–337.

1 Dieser kleine Essay wurde von mir als Vortrag Mitte der 70er Jahre vor einem an psychologischen Fragen interessierten Laienpublikum gehalten. Er wird hier unverändert abgedruckt. Ich lehrte damals amerikanische Literatur am John F. Kennedy-Institut der Freien Universität Berlin und war auf die Kurzgeschichte im Rahmen der Neuen Amerikanischen Frauenbewegung und universitären Frauenforschung gestoßen, für die diese Erzählung bald zu einer »Ikone« werden sollte. Die deutsche Erstveröffentlichung der Erzählung erschien 1978 im Verlag Frauenoffensive. Drei weitere Übersetzungen bei drei anderen Verlagen folgten. Heute sind alle deutschen Ausgaben vergriffen. Inzwischen sind zahlreiche literatur- und medizinwissenschaftliche Publikationen zu dieser Geschichte erschienen und Internetseiten dazu eingerichtet worden.

geschulte Leser kann aus ihrer Lebensgeschichte erkennen, dass Charlotte Perkins Gilman am Problem der Distanz und damit an einem Mangel an Hingabe- und Liebesfähigkeit litt.

Der Rollenkonflikt wurde zum auslösenden Moment, sich vor den Anforderungen der ehelichen und mütterlichen Liebe in die Krankheit zu flüchten. Gilman begab sich in die Behandlung des in Amerika zu ihrer Zeit berühmten Arztes und Romanciers Dr. Weir Mitchell, der mit so genannten Ruhekuren versuchte, seine Patientinnen – denn es waren vorwiegend Frauen, die er behandelte – heilen zu können (vgl. Weir Mitchell 1887).

Die Ärzte des 19. Jahrhunderts standen seelischen Erkrankungen noch ziemlich hilflos gegenüber (vgl. zum Folgenden Wood 1973). Sie konnten nicht differenzieren, geschweige denn Störungen heilen. Der damalige Stand der Medizin veranlasste sie, immer wieder nach organischen Ursachen – vorzugsweise im Nervensystem – für seelische Störungen zu suchen, eine Suche: bei der sie ständig frustriert wurden. Es ist inzwischen ein Gemeinplatz, dass Wissenschaft nicht wertfrei ist. Gerade in der Tiefenpsychologie haben wir dafür ein schönes Beispiel, wenn wir uns bewusst machen, wie sehr Freuds Vorstellungen von der Psychologie der Frau von seiner eigenen Charakterstruktur wie auch von den patriarchalischen Vorstellungen seiner Klasse, des Bürgertums, geprägt worden sind. Wir gehen daher nicht fehl in der Annahme, dass auch bei den Ärzten vor Freud unbewusste Vorurteile gegenüber der Frau sowohl in ihre Theorie als auch in ihre Behandlungsmethoden seelischer Erkrankungen eingeflossen sind. Um eine Erklärung für die Häufigkeit der seelischen Störungen bei Frauen zu finden, konstruierten die Ärzte bis zur Mitte des 19. Jahrhunderts die Anatomie der Frau dahingehend um, dass sie behaupteten, bei ihr sei das Nervensystem direkt mit der Gebärmutter verbunden. Störungen in den Reproduktionsorganen – und die konnte man ja zum Teil leicht diagnostizieren wie z. B. anhand des Ausbleibens der Mensis bzw. von Krämpfen – wirkten sich nach ihrer Ansicht in den Nerven aus und waren damit die Ursache seelischer Erkrankungen. Diese von der männlichen Ärzteschaft – Frauen war der Beruf bis gegen Ende des Jahrhunderts verschlossen – aufgestellte Theorie enthält deutlich ein Stück Ideologie, ist ein Spiegel unbewusster Vorurteile und Interessen. Denn zum einen machte diese Theorie es möglich, die Frau als minderwertiges Wesen abzustempeln, deren psychisches Leben von ihrer geschlechtlichen Funktionsfähigkeit bestimmt wurde. Zum anderen hatte man jetzt einen Grund in der Hand, den Bildungsdrang der Frauen zu verurteilen, indem man behauptete, dass zu viel Lesen und Studieren während der Pubertät die Nerven der Frau überstrapaziere und damit einen verheerenden Einfluss auf die Reproduktionsorgane ausübe, sodass die Frau dann später ihrer wahren Bestimmung – nämlich dem Gebären und Aufziehen von Kindern – gar nicht oder nur ungenügend nachkommen könne.

Aber trotz dieser Theorie, oder auch wegen ihr, blieben die Ärzte den seelischen Erkrankungen gegenüber hilflos. Zeigten sich keine offensichtlichen organischen Befunde, so wurden sie von Zweifeln gequält, es mit Hypochondern zu tun zu haben, und fühlten sich in ihrer professionellen Ehre verunsichert. Aber hinzu kommt noch ein anderes: Wir wissen heute, dass die in gehäuftem Maße auftretenden seelischen Erkrankungen bei Frauen – seien es nun psychosomatische Symptome, Depressionen, hysterische Anfälle oder Wahnkrankheiten – unter anderem auch als ein unbewusster Protest gegen die ihnen von der patriarchalischen Gesellschaft aufgedrängten Rollenvorstellungen gedeutet werden können wie auch als Flucht vor der Sexualität und den Gefahren des Kindergebärens, Probleme, auf die sie in ihrer tabuisierten Erziehung nicht vorbereitet wurden. Wenn auch die Ärzte um diese Zusammenhänge noch nicht wussten, konnten sie nicht umhin festzustellen, dass die Frauen, die sich monate- oder sogar jahrelang mit Migräneanfällen, Depressionen oder hysterischen Lähmungen ins Bett zurückzogen, dem von der Gesellschaft geforderten Rollenverhalten nicht entsprachen. Sie wichen ihren Aufgaben im Haushalt wie auch in der Sexualität aus. Die Ärzte, die diese Frauen behandelten, mussten sich daher auch als Männer bedroht fühlen. Diese doppelte Verunsicherung der Ärzte in Beruf und Geschlecht kann vielleicht als eine Erklärung für die offene oder versteckte Brutalität einiger Behandlungsmethoden gedeutet werden, denen sich seelisch erkrankte Frauen unterziehen mussten. Zwischen 1830 und 1860 verschrieben die Ärzte, die der Uterustheorie anhingen, nervösen, hysterischen, depressiven oder von Zwangsvorstellungen geplagten Frauen Spülungen und Ätzungen der äußeren Geschlechtsorgane sowie der Gebärmutter mit chemischen und mechanischen Mitteln, das Ansetzen von Blutegeln an die Gebärmutter sowie willkürliche Operationen an den Geschlechtsorganen – wobei man bedenken muss, dass es damals noch keine Anästhesie gab.

Dr. Mitchell, in dessen Behandlung sich Charlotte Perkins Gilman begab, war gegenüber diesen Ärzten schon ein Fortschritt. Er gab nämlich die lokale Behandlung der Geschlechtsorgane auf und war auch bereit, die seelischen Störungen als Krankheiten anzuerkennen, auch wenn er sich nicht auf organische Befunde stützen konnte. Doch ist auch seine Behandlungsmethode deutlich von einem Frauenbild geprägt, das die Frau allein von ihrer biologischen Funktion her bestimmt und ihr psychische Eigenschaften wie

Altruismus, Selbstaufgabe und ein Überwiegen des Gefühlslebens anstelle des Intellekts zuschreibt. Mitchell führte die seelischen Erkrankungen der Frau darauf zurück, dass sie ihrer Weiblichkeit – sei es durch ein zu anstrengendes Gesellschaftsleben oder durch emanzipatorische Bestrebungen – zuwiderhandelte. Er entwickelte seine Ruhekur infolgedessen als ein Mittel, sie zu dieser Weiblichkeit zurückzuführen. Aus der richtigen Erkenntnis heraus, dass viele Frauen mit ihrer Krankheit ihre Familie terrorisierten und dadurch eine unerhörte Machtposition bezogen, bestand er darauf, sie während der Behandlung aus der Familie zu entfernen. Seine Kur sah dann allerdings so aus, dass er sie in seinem Sanatorium in völliger Abschottung von der Umwelt, allein seiner Autorität unterworfen, zu absoluter Bettruhe unter Vermeidung jeglicher intellektueller Beschäftigung sowie zu einer Mastkur zwang. Den physischen Gefahren dieser körperlichen Passivität versuchte er durch tägliche Massagen am ganzen Körper zu begegnen. Nach sechs bis acht Wochen wurden die Frauen dann gedämpft und passiv und 40 bis 60 Pfund schwerer entlassen.

Mitchells Behandlung bestand also darin, den mehr oder weniger unbewussten Expansionsdrang, dessen Frustration bei vielen Frauen zu seelischen Störungen führte, zu brechen, indem er sie ganz auf ihre Körperlichkeit reduzierte, und, da er während der Behandlung die einzige Bezugsperson war, sie ganz auf ihn als Mann und auf seine männliche Autorität zu fixieren. Er spielte sich als Despot auf und zwang sie zu kindlichem Gehorsam. Einige Forscher gehen heute sogar so weit, in dieser Behandlungsmethode eine Art symbolischer Schwängerung zu sehen, indem Mitchell nämlich seine Patientinnen psychisch in Besitz nahm und sie durch ihre Gewichtszunahme in einen Zustand körperlicher Unförmigkeit versetzte, der dem der Schwangerschaft ähnlich war.

Als Charlotte Perkins Gilman sich zu Dr. Mitchell in Behandlung begab, hatte er schon zwei Frauen aus ihrer Familie in seinem Sanatorium gepflegt. Es waren Frauen, die ebenfalls gegen die ihnen aufgezwängte enge weibliche Rolle protestierten und nach einem erfüllteren Leben drängten. Eine dieser Frauen war Harriet Beecher Stowe, die Autorin von »Onkel Toms Hütte« (1852), einem Buch, das wesentlich zur öffentlichen Verurteilung der Sklaverei in den Südstaaten Amerikas beitrug.

Gilman schickte Dr. Mitchell vor ihrer Anreise eine Schilderung ihrer Krankheitsgeschichte, die er herablassend als »überhebliche Selbsttäuschung« beiseite schob. Seine Behandlung schlug bei ihr nicht an. Sie schrieb später in ihrer Autobiografie, dass sie während dieses Aufenthaltes in seinem Sanatorium fast den Verstand verloren habe und vor ohnmächtiger Wut und

Verzweiflung sich unter dem Bett und in den Schränken ihres Zimmers verkrochen habe. Mitchell entließ sie mit dem Ratschlag, sich gänzlich ihren häuslichen Pflichten zu widmen, ständig ihr Baby um sich zu haben, sich täglich nicht länger als zwei Stunden intellektuell zu beschäftigen und überhaupt nie wieder an Schriftstellerei zu denken. Charlotte Perkins Gilman befolgte diesen Rat nicht: Sie trennte sich in gutem Einvernehmen von ihrem Mann, zeitweilig auch von ihrem Kind, und trug in den folgenden Jahrzehnten durch ihre Bücher und Vorträge in Amerika und Europa zur Verwirklichung der Ziele der amerikanischen Frauenbewegung bei.

Im Folgenden soll nun die Kurzgeschichte »Die gelbe Tapete« analysiert und aufgezeigt werden, mit welchen literarischen Mitteln – Erzählperspektive, Charaktere, Handlungsort, Bilder, Stil – Gilman den seelischen Zusammenbruch der Protagonistin der Geschichte schildert, wie es ihr gelingt, eine künstlerisch befriedigende und menschlich tiefblickende Aussage über Ursachen und Folgen gestörter zwischenmenschlicher Beziehungen im Verhältnis von Mann und Frau zu machen.

Die Geschichte ist eine Icherzählung. Die Protagonistin schildert in Form von Tagebucheintragungen den Verlauf ihrer Krankheit. Das Tagebuch als literarische Form eignet sich besonders gut für die Darstellung von Gefühls- und Seelenzuständen, da man einem Tagebuch im Allgemeinen seine geheimsten Regungen anvertraut. In diesem Fall handelt es sich aber nicht nur um die geheimsten Regungen, sondern auch darum, dass diese Regungen geheim gehalten werden müssen. Die Protagonistin ist eine junge Frau, die mit einem Arzt verheiratet ist und ein Baby hat. Sie leidet an »nervösen Depressionen« und »leichten hysterischen Anfällen«, für die ihr Mann keine organischen Ursachen finden kann und die er deshalb als Krankheit nicht anerkennen will. Er glaubt, dass ihre leicht erregbare Fantasie an allem schuld sei; trotzdem ist er beunruhigt und hat daher einen großen alten Landsitz gemietet, wo sie sich während des Sommers ausruhen soll. Er verbietet ihr jegliche Beschäftigung und versucht, sie durch viel Schlaf und gutes Essen aufzupäppeln. Kind und Haushalt werden indessen von seiner Schwester versorgt. Er selbst geht tagsüber seinem Beruf nach. Die Tagebucheintragungen beginnen mit dem Einzug in das Haus.

Welche Gründe lassen sich in der Geschichte für die Depressionen der Protagonistin finden? Da sie nichts über ihre Kindheit berichtet, müssen wir versuchen, aus einzelnen Bemerkungen und Verhaltensweisen der Protagonistin in der jetzigen Situation ihre Charakterstruktur zu erschließen, wobei aus Mangel an Hinweisen vieles nur vorsichtig interpretiert werden kann. Es deutet sich an, dass die Geburt des Kindes bei der Protagonistin einen

Rollenkonflikt ausgelöst hat. Sie selber wünscht sich »echte, spannende Arbeit«, wobei sie vor allem an die Schriftstellerei denkt. Ihr sehnlichster Wunsch ist es, mit anderen Menschen in geistigen Austausch über ihre Arbeit zu treten und so die Entfaltung ihrer Kräfte zu fördern. Die ihr von ihrer Gesellschaftsschicht vorgeschriebene Rolle als Ehefrau und Mutter verbietet ihr dies jedoch. Ihre Aufgabe ist es, wie sie schuldbewusst erkennt, ihrem Mann ein schönes Heim, einen Hafen der Ruhe zu bieten und ihr Kind liebevoll zu umsorgen.

Ihr Mann erkennt die aktive Seite ihrer Persönlichkeit gar nicht an; er behandelt seine Frau als ein unselbständiges Wesen, auf dessen Gefühle, Gedanken und Beobachtungen er als Mann nicht viel geben muss und dem gegenüber er abwechselnd patriarchalisch-autoritär und liebevoll-herablassend auftritt. Die Protagonistin hat – das zeigen ihre Schuldgefühle – diese Vorstellungen über ihre Rolle durchaus verinnerlicht. Sie hat auch nicht die Kraft, sich gegen ihren Mann zu wehren. Ihre romantische Beschreibung des alten Hauses und die daran geknüpften abergläubischen Assoziationen lassen erkennen, dass die Fantasie bei ihr stark entwickelt ist und sie daher nicht fest genug in der Realität steht, um sich vertreten zu können. Ihre Krankheit könnte also als eine Flucht vor den Anforderungen, die sich ihr stellen, gedeutet werden, als ein irrtümlicher Ausweg vor dem Rollenkonflikt, den sie nicht bewältigt, als ein passiver Protest gegen die Stärke ihres Mannes und der patriarchalischen Umwelt.

Insgeheim rebelliert die Protagonistin gegen die Kur der guten Luft und des Nichtstuns. Das heimliche Schreiben des Tagebuchs ist ein Zeichen dafür. Diesem Tagebuch vertraut sie auch an, dass die Kur sie noch kränker macht, doch muss sie ihre Irritation über die Erklärungen und Anordnungen ihres Mannes unterdrücken, da er ihr ansonsten einen Mangel an Selbstkontrolle und Disziplin vorwirft und alle ihre Äußerungen dahingehend interpretiert, dass diese entweder schon Ausdruck ihrer nervösen Kondition seien bzw. ihre Situation verschlimmern würden, würde man sie befolgen.

Die Protagonistin lebt in einem großen hellen Zimmer, im obersten Stockwerk des Hauses, das ihr Mann ihr wider ihren Willen aufgezwungen hat. Dieses Zimmer ist jedoch mehr als der bloße Handlungsort, an dem die Geschichte spielt, seine Wahl hat symbolische Bedeutung. Die Tatsache, dass das Zimmer hoch oben im Haus liegt und ein ehemaliges Kinderzimmer ist, könnte als unbewusste Vorstellung des Ehemannes gedeutet werden, seine Frau als Kindchenfrau weit weg vom realen Leben zu sehen. Dieser Wunsch findet auf grausam ironische Weise am Ende der Geschichte Erfüllung, wenn die Frau im infantilen Zustand des Wahns tobt. Die ramponierten Wände und Möbelstücke deuten voraus auf ihre blinde Zerstörungswut, die sich dann zeigt. Die Tatsache, dass die Fenster vergittert sind und ein Gitter die Treppe abschließt, gibt Aufschluss über ihre Emotionen in diesem Zimmer: sie fühlt sich physisch und psychisch gefangen gehalten. Das Schrecklichste für die Protagonistin ist jedoch die Tapete dieses Zimmers, eine Tapete von einem schmutzigen Gelb mit einem verwirrten unergründlichen Muster. Aus Langeweile – ihr Mann hat ihr ja jegliche Tätigkeit verboten – wendet sie sich dieser Tapete zu und versucht, ihr Muster zu ergründen. Also auch hier eine ironische Umkehrung der Absichten ihres Mannes, der sie von der Beschäftigung mit ihrem Schreibpapier abhält, um sie gesund zu machen, und sie damit in die Beschäftigung mit einem Papier treibt, das sie erst recht krank macht. (Im Englischen kommt diese Ironie besonders gut durch die Vieldeutigkeit des Wortes »paper« in »wallpaper«= Tapete und »paper«= Schreibpapier heraus.)

Im Folgenden setzt sich die Protagonistin mit der Tapete auseinander, wobei ein immer größerer Realitätsverlust eintritt. Von einem Gegenstand am Handlungsort wandelt sich die Bedeutung der Tapete dabei zu einem Ausdrucksmittel für die Gefühle und Stimmungen der Protagonistin und wird letztlich zum Symbol für ihr Leben. Als sie das hässliche Muster der Tapete zum ersten Mal beschreibt, macht die Übertriebenheit ihrer Schilderung deutlich, dass sie hier ihr Lebensgefühl, ihre Hilflosigkeit in der gegebenen Situation und die daraus resultierende Aggression auf die Tapete projiziert. Sie sieht das Muster der Tapete als »langweilig und verwirrend« zugleich. Wenn sie den einzelnen, nur schwach gebogenen Linien folgt, scheinen diese ihr »plötzlich Selbstmord zu begehen, sie schlagen scharfe Winkel und durchkreuzen sich zerstörerisch in unerhörten Widersprüchen«. Die Farbe ist »abstoßend, ruft Übelkeit hervor«. Wenig später entdeckt sie einen Fleck, der sie an einen Kopf mit einem gebrochenen Genick erinnert, aus dem zwei hervorstehende Augen sie von unten her anstarren. Bald sieht sie diese Augen überall in dem Muster. Sie versucht nun, ihren Mann umzustimmen und sie in ein anderes Zimmer umziehen zu lassen, aber ohne Erfolg. Die Isolation und das Unverständnis verschlimmern ihren Zustand. Die Linien des Musters erscheinen ihr jetzt im »delirium tremens« zu sein. Die dauernde Beobachtung der Tapete macht sie müde, doch gleichzeitig entsteht in ihr ein unverrückbarer Entschluss, in diesem sinnlosen Durcheinander doch noch eine Ordnung, ein Design, zu finden.

An dieser Stelle gewinnt die Tapete nochmals symbolische Bedeutung. Die dauernde Beschäftigung der Protagonistin mit ihr kann so gedeutet werden, als versuche sie, ihr eigenes Leben zu erforschen, in dieses Sinn und

Ordnung zu bringen. Diese Interpretation wird unterstützt durch die Tatsache, dass die Protagonistin bald darauf unter dem Oberflächenwirrwarr des Tapetenmusters ein zweites Muster zu sehen glaubt: eine gebückte, kriechende Frau. Diese Frau jagt ihr große Angst ein, denn sie kriecht nicht nur, sie scheint auch des nachts an dem Oberflächenmuster der Tapete zu rütteln, als ob sie aus ihrem Gefängnis herauswolle. Die Protagonistin beginnt sich vor dem Mondlicht zu fürchten, da dieses ebenfalls ins Zimmer kriecht. (Wie sehr sich ihre Identität aufzulösen beginnt, wie sehr der Wahn ihre Beobachtungen durchdringt, wird deutlich in dem Wortspiel an dieser Stelle: »kriechen« =»to creep« und »sich fürchten« = »to feel creepy«.) Es stellen sich Zwangshandlungen ein: Sie muss immer wieder aufstehen, um nachzusehen, ob die Frau durch ihr Rütteln die Tapete von der Wand lockert.

In einer letzten Bemühung versucht sie, ihren Mann zu überzeugen, sie aus dem Zimmer fortzulassen. Doch dieser lacht nur und sagt, er sehe jetzt endlich Fortschritte, da sie an Gewicht zunehme und auch Farbe bekomme.

Wie sehr der Wahn der Protagonistin im Folgenden zunimmt, zeigt sich an ihren Tagebucheintragungen, die sich nur noch mit der Tapete beschäftigen. Die Um- und Mitwelt verliert für sie vollkommen an Bedeutung. Sie erkennt jetzt, dass das wirre Oberflächenmuster der Tapete Gefängnisstangen sind, die die Frau dahinter festhalten. Sie erfindet bewusst Lügen und Ausflüchte, um sich des nachts ungestört der Tapete widmen zu können. Aus der Beobachtung, dass ihr Mann und ihre Schwägerin sich auch mit der Tapete beschäftigen – und sie tun dies tatsächlich, weil sie an der Kleidung der Protagonistin ständig die hässlichen Farbflecke der Tapete finden –, schließt sie, dass die beiden hinter ihre Entdeckung gekommen sind und diese ihr streitig machen wollen. Sie entwickelt Verfolgungsgefühle und wird misstrauisch und abweisend gegenüber den einzigen Bezugspersonen, die noch die Verbindung zur Realität herstellen könnten.

Gleichzeitig hat ihr Leben mit der Erforschung der Tapete eine neue Qualität bekommen: Es ist wieder aufregend für sie, sie hat etwas zu tun, ist erfüllt mit Erwartungen. Sie wird äußerlich tatsächlich ruhiger, nimmt an Gewicht zu. Ihr Mann sieht in tragischer Verkennung der Tatsachen seine Behandlungsmethode bestätigt.

In Wirklichkeit wird der Zustand der Protagonistin immer schlimmer. Sie beginnt an Geruchshalluzinationen zu leiden, will das Haus anzünden, um den Geruch zu vertreiben. Sie glaubt, dass ihr Mann und ihre Schwägerin nicht mehr bei Verstand sind und einen Geheimplot schmieden, um sie von der Tapete abzulenken. Sie sieht jetzt viele Frauen in dem Muster, allerdings sind die meisten tot – daher die Köpfe mit dem gebrochenen Genick –, weil

sie sich zwischen den Gitterstäben durchdrängen wollten. Vom Thema der
Kurzgeschichte her gesehen kann dieses Bild so gedeutet werden, dass Emanzipation, die Befreiung aus vorgeschriebenem Rollenverhalten, für die
Frauen der damaligen Zeit objektiv nicht möglich war. Aber wir dürfen
nicht vergessen, dass es die Protagonistin ist, die dieses Bild auf die Tapete
projiziert, sodass es hauptsächlich ihre Gefühle sind, die darin zum Ausdruck
kommen. So gesehen, zeigen sich in diesem Bild ihre Ängste davor, dass ihre
Emanzipationsbestrebungen von der Gesellschaft bestraft werden. Aber wir
können noch tiefer gehen und sagen, dass sie aufgrund ihrer Erziehung und
der äußeren Umstände nie jene Ichstärke hat entwickeln können, um
wirklich den Versuch einer Emanzipation zu wagen. Aus dieser Perspektive
gesehen, liegt hinter dem Bild eine unbewusste Absicht: Sie stellt sich damit
die Fruchtlosigkeit des Unterfangens vor Augen, um ihre eigene Schwäche
zu übertünchen.

Im Folgenden konzentriert sich die Protagonistin mit monomanischer
Besessenheit auf ihren Plan, die Frau aus der Tapete zu befreien. Im Stil
äußert sich diese Besessenheit darin, dass die Tagebucheintragungen immer
knapper werden. Die Gedankenzusammenhänge lösen sich in kurze, zum
Teil einzeilige Sätze auf. Immer stärker identifiziert sie sich mit der Wahn-
gestalt. Der Realitätsverlust steigert sich. Sie glaubt, die Frau tagsüber im
Garten und in den Wolken kriechen zu sehen. Sie fühlt Mitleid mit der Frau,
da sie es beschämend findet, bei Tageslicht kriechen zu müssen. Sie vertraut
ihrem Tagebuch an, dass sie selbst nur des nachts krieche.

Am letzten Tag ihres Aufenthalts schließt sie sich ein, wirft den Schlüssel
in den Garten und reißt die Tapete von den Wänden, um die Frau endgültig
zu befreien. Sie hat auch einen Strick dabei, um die Frau nicht entkommen
zu lassen. Aus Verzweiflung, das Bett nicht verrücken zu können, um die
Tapete auch hoch oben abzureißen, beißt sie ins Holz. Sie fühlt ungeahnte
Kräfte, möchte am liebsten aus dem Fenster springen, doch noch einmal
meldet sich ihr altes Ich und hält sie davon ab – es schickt sich ja nicht für
eine Frau, aus dem Fenster zu springen. Außerdem ist der Garten überfüllt
mit kriechenden Frauen. Sie wundert sich laut, ob diese auch alle wie sie
hinter der Tapete gesessen haben.

In diesem Augenblick ist der Wahn vollkommen. Ihr altes Ich ist unter-
gegangen. Sie ist jetzt die Frau, die hinter der Tapete gefangen gehalten
wurde. Sie bindet sich selbst mit dem Strick fest, da sie nicht möchte, dass sie
im Garten, in der Öffentlichkeit, kriechen muss. Stattdessen kriecht sie mit
Zwanghaftigkeit und Wolllust dicht an der Wand entlang, einem schmutzigen Streifen folgend, an den sie ihre Schulter presst. Als ihr Mann die Tür

aufbricht, schleudert sie ihm triumphierend entgegen, dass sie endlich frei sei und er sie nicht mehr hinter der Tapete gefangen halten könne, da sie diese abgerissen habe. Ihr Mann fällt vor Schreck in Ohnmacht, sie aber kriecht ungerührt über ihn hinweg, er kann sie nicht mehr aufhalten.

Nur im Wahn also hat die Protagonistin der Geschichte sich emanzipieren können. Ihre Befreiung aus den ihr aufgezwängten Rollenvorstellungen war nicht in der Realität, sondern nur in der kranken Fantasie möglich. Da die äußeren Umstände sowie die mangelnde Ichstärke der Protagonistin ihr eine gesunde Lösung verunmöglichten, flüchtete sie in die Krankheit. Diese wurde durch die falsche Behandlungsmethode verschlimmert. Aber Charlotte Perkins Gilman betrachtet die seelische Krankheit nicht nur als Folge von Unterdrückung, sondern auch als Protest gegen sie bzw. den Mann. Durch die Krankheit entzieht die Protagonistin sich ihrem Ehemann wie auch den patriarchalischen Vorstellungen der Ärzte. Im Wahn baut sie sich eine neue Welt auf, in der sie sich frei und ungebunden fühlt, ja über alle triumphieren kann. Mit der Sprache des Wahns verwirklicht sie sich sogar als Schriftstellerin: ihre Tagebucheintragungen formen sich zu einem literarischen Werk.

Das letzte Bild – der ohnmächtig am Boden liegende Mann und die darüber hinwegkriechende Protagonistin – zeigt deutlich die Umkehrung der Rollenverhältnisse. Gleichzeitig aber macht Gilman mit diesem Bild ansatzweise deutlich, dass letztlich beide, Mann und Frau, Opfer des patriarchalischen Systems sind, und dass der Preis, den sie für ihre gegenseitige Unterdrückung zahlen müssen, sehr hoch ist.

Charlotte Perkins Gilman soll mit dieser Geschichte bewirkt haben, dass Dr. Mitchell seine Behandlungsmethoden modifizierte. Ihre Zeitgenossen lobten die Erzählung als vortreffliche psychologische Schauergeschichte, die man jungen Frauen nicht zu lesen geben dürfe und aus der Ehemänner etwas lernen könnten. Mit den heutigen Kenntnissen der Tiefenpsychologie sehen wir jedoch, dass Charlotte Perkins Gilman intuitiv den Zusammenhang zwischen der Unterdrückung der freien Persönlichkeitsentfaltung der Frau und dem Entstehen seelischer Störungen erkannt hat, und können rückblickend ihren Beitrag zur Emanzipation der Frau würdigen.

Literatur

Douglas Wood, A. (1973): »The Fashionable Diseases«: Women's Complaints and Their Treatment in Nineteenth-Century America. In: Journal of Interdisciplinary History 4, 25–52.

Perkins Gilman, Ch. (1898): Mann und Frau. Die wirtschaftlichen Beziehungen der Geschlechter als Hauptfaktor der sozialen Entwicklung. Dresden und Leipzig (Minden).

Perkins Gilman, Ch. (1915): Herland. Reinbek (Rowohlt Taschenbuch) 1980.

Perkins Gilman, Ch. (1991): The Living of Charlotte Perkins Gilman. An Autbiography. Wisconsin (University of Wisconsin).

Weir Mitchell, S. (1887): Die Behandlung gewisser Formen von Neurasthenie und Hysterie. Übs. v. G. Klemperer. Berlin.

Hanna Beate Schöpp-Schilling

Weibliche Maskerade
Susan Streitfelds Film »Female Perversions«[*]

»Es würde wer weiß welche Risiken mit sich bringen und wer weiß welche wahrhaft revolutionären Veränderungen der sozialen Bedingungen, die [die] Frauen erniedrigen und einzwängen, zur Folge haben, wenn eine Frau ihre Sexualität, ihre emotionalen und intellektuellen Fähigkeiten ganz und gar erforschen und leben würde. Sie kann aber weiterhin versuchen, sich der Weltordnung anzupassen und sich dadurch für immer in die Sklaverei eines Stereotyps normaler Weiblichkeit begeben – einer Perversion, wenn Sie so wollen« (Kaplan 1993, 560).

Mit dieser Definition von Perversion widerspricht Louise J. Kaplan der gängigen medizinisch-psychologischen Auffassung, nach der Perversionen in ihrer Reinform nur bei Männern vorkommen. Das Zitat stammt aus ihrem Buch »Weibliche Perversionen«. Zugleich bildet es den Auftakt des Films »Female Perversions« von Susan Streitfeld. Das Zitat wie auch die Großaufnahme des gestickten Schriftzugs »Perversions never are what they seem to be« auf dem rosafarbenen Kopfkissen von Eve – der Protagonistin des Films – verdeutlichen, dass es bei den im Film dargestellten Perversionen nicht um abartige sexuelle Praktiken geht. Vielmehr zeigt »Female Perversions« spezifische Formen weiblicher Perversionen – besonders die Maskerade und die Fetischisierung des eigenen Körpers –, die sich als Diskrepanz zwischen Bedürfnis und tatsächlichem Verhalten zeigen. Maskerade oder Fetischisierung des eigenen Körpers als Prototypen weiblicher Perversionen lassen sich dabei als Schutz des weiblichen Begehrens – durch Verleugnung – lesen. Eines Begehrens, das in der phallischen Ordnung nicht repräsentiert ist.

Seit langem wird in psychoanalytischen Kreisen diskutiert, ob es sexuelle Perversionen bei Frauen überhaupt gibt. Freud hatte die Perversion vorrangig beim Mann situiert und den Fetischismus zum Paradebeispiel der

---

[*] Angaben zum Film »Female Perversions«: USA 1996. 110 Minuten. Regie: Susan Streitfeld. Kamera: Teresa Medina. Drehbuch: Susan Streitfeld, Julie Hebert, Louise J. Kaplan. Besetzung: Tilda Swinton, Amy Madigan, Karen Silas, Frances Fisher. Der Film ist in jeder gut sortierten öffentlichen Bibliothek erhältlich bzw. kann über den kommerziellen Videovertrieb bestellt werden.

Perversionen erhoben. Er schreibt: »Keine andere ans Pathologische streifende Variation des Sexualtriebes [gemeint ist der Fetischismus] hat soviel Anspruch auf unser Interesse wie diese« (Freud 1905d, 23). In seinem Aufsatz über den Fetischismus definiert er diesen wie folgt: »Um es klarer zu sagen, der Fetisch ist der Ersatz für den Phallus des Weibes (der Mutter), an den das Knäblein geglaubt hat und auf den es – wir wissen warum – nicht verzichten will« (Freud 1927d, 312). Spezifisch für den Fetischismus und die Perversionen überhaupt ist mithin nach Freud die Verleugnung der mütterlichen Kastration mit der Folge einer Ich-Spaltung. Im »Abriss der Psychoanalyse« heißt es entsprechend: »Diese Abnormität, die man den Perversionen zurechnen darf, begründet sich bekanntlich darauf, dass der fast immer männliche Patient die Penislosigkeit des Weibes nicht anerkennt, die ihm als Beweis für die Möglichkeit der eigenen Kastration höchst unerwünscht ist« (Freud 1940a, 133). Nicht nur Knaben verleugnen die mütterliche Kastration. Auch beim Mädchen sieht Freud in besonderen Fällen eine solche Verleugnung am Werk, wenn das kleine Mädchen unfähig ist, sich mit der Tatsache abzufinden, dass es bereits kastriert ist: »Das weibliche Kind hat natürlich nicht zu befürchten, dass es den Penis verlieren wird, es muss aber darauf reagieren, dass es ihn nicht bekommen hat« und dass »das kleine Weib allerdings auch bei ihrem ersten Wunsch beharren kann, ein ›Bub‹ zu werden« (Freud, 1940a, 120). Freud hat damit den Weg zum Verständnis der weiblichen Perversion gewiesen. In der Folge beschreiben verschiedene Psychoanalytiker (Aulagnier 1967; Dor 1987; Kaplan 1993; Riviere 1994) spezifisch weibliche perverse Strategien, derer sich Frauen bedienen, um die Unerträglichkeit der eigenen Kastration zu verleugnen, darunter die Maskerade und die Fetischisierung des eigenen Körpers. Joel Dor (1987) spricht davon, dass die Frau, anstatt zur Fetischistin zu werden (was vorkommt, jedoch äußerst selten ist), sich dem Mann mit ihrem Körper als Fetisch anbiete. Bei Joan Riviere (1994) ist es die Maskerade – das Aufsetzen einer Maske der Weiblichkeit –, mit der die Aneignung phallischer Eigenschaften verleugnet werden muss, um sich nicht der gefürchteten väterlichen und mütterlichen Rache auszuliefern.

Die junge Staatsanwältin Eve Stephens – Protagonistin des Films »Female Perversions« und Inbegriff der modernen Karrierefrau – bedient sich beider Strategien, sowohl der Fetischisierung des eigenen Körpers wie auch der Maskerade. Der Film erzählt die wenigen Tage bis zu Eves Ernennung zur Richterin am Berufungsgericht. Mit der Übernahme des Richterpostens am obersten Berufungsgericht steigt Eve real – vor allem jedoch in ihrer unbewussten Fantasie – zur letzten Instanz auf. Als oberste Richterin und

Herrin des Gesetzes scheint sie selbst nicht mehr dem Gesetz unterworfen zu sein und eine Position jenseits der phallischen Ordnung einzunehmen. Als weibliches Wesen – nun im Besitz der lange erträumten phallischen Macht – überbietet sie diese phallische Macht und erscheint mit der Überwindung des konstitutiven Mangels beider Geschlechter »allmächtig«. Unbewusst fürchtet sie jedoch Rache für diese Aneignung der phallischen Macht. Daher wird diese Zeit des Übergangs für Eve zu einer Reifeprüfung, die sie mit den unbewältigten seelischen Ungeheuern ihrer Vergangenheit konfrontiert. Eve verkörpert in jeglicher Hinsicht die perfekte moderne Frau und scheint die ideale Besetzung für den Richterposten am Berufungsgericht. Sie ist intelligent, kompetent, professionell und immer perfekt gestylt. Mit ihren unkonventionellen und tabubrechenden sexuellen Vorlieben – mal in Form einer sadomasochistisch inszenierten Rasur der Schamhaare durch ihren Liebhaber in der Mittagspause oder in Gestalt der romantischen Affäre mit einer jungen Psychiaterin – erfüllt sie das Klischee der modernen sexuell emanzipierten Frau.

Aber da ist jene böse innere Stimme, deren Flüstern mit dem Herannahen des Vorstellungsgesprächs beim Gouverneur immer lauter wird: »Nichts an dir ist echt.« Und Eve weiß, die Stimme hat Recht. Denn hinter der Bühne ihrer Selbstinszenierungen stehen Angstanfälle und die Erinnerungen an den Vater, der einst die Mutter gewaltsam von sich stieß. Mit Kauforgien und Süßigkeiten sucht Eve zwanghaft diese »alten Ängste« in Schach zu halten. Eve, die sich die für ihre Karriere geforderten »männlichen« Verhaltensweisen so perfekt angeeignet hat, ist sich ihrer Weiblichkeit zutiefst unsicher. Das versucht sie hinter einer Maske typisch »weiblicher« Verhaltensweisen zu verbergen. Als Kehrseite ihrer Unsicherheit entwickelt sie eine ausgeprägte Gefallsucht, mit der sie ihre vermeintlich männlichen Eigenschaften maskiert. Daher wird für sie das Gespräch mit dem Gouverneur zum Tribunal, bei dem der männliche Blick über ihre Weiblichkeit entscheidet und ihre Maskerade zu entlarven droht. Als Eve kurz vor dem entscheidenden Gespräch mit dem Gouverneur in eine Kleinstadt in der Wüste fahren muss, um die Freilassung ihrer Schwester Madelyn, die wegen Ladendiebstahls verhaftet wurde, zu erwirken, droht sie unter dem auf ihr lastenden Druck zusammenzubrechen. Das Wiedersehen mit der Schwester ruft längst vergessen geglaubte Kindheitskonflikte wach, die durch die Begegnung mit der pubertierenden Edwina, deren Mutter sowie deren Tante noch verstärkt werden. Edwinas Mutter und ihre Tante verkörpern die uralten widersprüchlichen Weiblichkeitsbilder der »häuslichen Ehefrau« und der »verführerischen Hure«, die seit der Antike weibliche Selbstentwürfe durchziehen. Um diesen Weiblichkeitsstereotypen und den implizierten Schreckensbildern zu entgehen, wählt Eve sich Weiblichkeit als Maske.

Die Kehrseite dieser Strategie wie auch die Nähe von Lust und Zwang werden in Eves Angstvisionen deutlich. Susan Streitfeld inszeniert die Angstvisionen als symbolgeladene, mystisch anmutende Traumsequenzen: Auf der einen Seite eine imposante Vaterfigur mit Königsmaske, die immer fester an dem Seil zieht, das um Eves Körper geschlungen ist und auf dem sie zugleich zu balancieren sucht. Auf der anderen Seite eine an eine prähistorische Fruchtbarkeitsfigur erinnernde Urmutter, die sie einladend zu sich winkt, die Eve jedoch jäh von sich stößt und deren üppige Brust sie absichtsvoll verletzt.

Welche psychoanalytischen Erklärungsversuche gibt es für dieses Perversionsschema, bei der Weiblichkeit zur Maske wird? Die Beschreibung einer beruflich erfolgreichen Frau, die ihren Erfolg nicht als ihre eigene Leistung erleben kann, sondern stattdessen ein Unbehagen empfinden und immer wieder in kokettes, provozierend weibliches Auftreten verfällt, hat 1929 erstmals Joan Riviere in ihrem Aufsatz »Weiblichkeit als Maskerade« beschrieben. Riviere schildert den Fall einer erfolgreichen Karrierefrau, die zugleich Mustergattin, begabte Hausfrau und auch noch eine attraktive Erscheinung ist. Zwanghaft sucht sie nach jedem ihrer öffentlichen Vorträge die Aufmerksamkeit von Männern bzw. Vaterfiguren zu erheischen und sie mit kokettem Verhalten für sich einzunehmen. Riviere findet in der Analyse ihrer Patientin eine ausgeprägte ödipale Rivalität gegenüber der Mutter, die wir auch bei Eve sehen. Der Film setzt die Rivalität gegenüber der Mutter durch einen changierenden Rollentausch in Szene, bei dem sich die Mutter in einer verführerischen Geste auf den Schoß des Vaters zu setzen sucht, von diesem aber weggestoßen wird. In der nächsten Szene fließen die Figuren ineinander: Es ist nun die kleine Eve, die auf Vaters Schoß zu sitzen scheint. Diesmal lächelt der Vater, und der Triumph der Tochter über die Mutter ist greifbar. Hier spielt der Film auf eine Kindheitserinnerung Eves an, die als Deckerinnerung eine traumatische Szene zu verbergen scheint. Die Bewältigung dieses verborgenen Traumas ist der Ausgangspunkt von Eves »perversen« Strategien. Denn die kleine Eve identifiziert sich bei der Beobachtung des Weggestoßenwerdens der Mutter durch den Vater auch mit der Mutter. Hinter dem Wegstoßen des Vaters scheint sich die Ablehnung der kleinen Tochter und ihrer Weiblichkeit zu verbergen, die eine ausgeprägte ödipale Rivalität mit ihm nach sich zog.

Im Film wird die ödipale Rivalität mit dem Vater durch die spielerische Aneignung des väterlichen Stifts in Szene gesetzt. Während der Vater die

Mutter mit einem Stift in der Hand von sich stößt, um ungestört arbeiten zu können, eignet sich Eve diesen Stift – nachdem sie ihre Mutter vom Schoß des Vaters verdrängt hat – lustvoll an. Durch Identifikation mit dem väterlichen Attribut der Intellektualität versucht sich die kleine Eve den väterlichen Phallus anzueignen. Die »tabubrechenden« sexuellen Szenen wie die Rasur der Schamhaare durch ihren Liebhaber oder die homosexuelle Affäre mit der jungen Psychiaterin erscheinen als in Szene gesetzte zwanghafte Wiederholungen der traumatischen (Kastrations-)Erfahrung abgelehnter Weiblichkeit einerseits und der triumphalen Überwindung der traumatischen Situation durch Versicherung der eigenen genitalen Unversehrtheit bzw. der Negierung der erlittenen Kränkung andererseits.

Die als imaginäre Kastration inszenierte Rasur ihrer Schamhaare – um die Eve ihren Liebhaber bittet – stellt als perverses Skript die ehemals Schrecken erregende Kastrationserfahrung dar, über die Eve durch ihren Orgasmus triumphiert und sich so ihrer genitalen Unversehrtheit versichert. Ihre unbewussten Ängste vor der elterlichen Rache und der fantasierten Zerstörung ihrer Genitalien werden durch das perverse Szenario zwar gebannt, andererseits ist Eve in ihrer sexuellen Genussfähigkeit an die immer gleichen ritualisierten Abläufe ihrer perversen Szenarien gebunden. Vordergründig in der Rolle des Opfers ist sie in jedem Moment absolute Herrscherin und Kontrolleurin des perversen Szenarios. Ihr Liebhaber ist zum gefügigen Mitspieler – der nicht aus der Rolle fallen darf – degradiert. Bei der homosexuellen Sex-Szene mit der jungen Psychiaterin kommt ein anderes perverses Skript zur Aufführung: Eve übernimmt hier explizit die männliche Rolle. Unbewusst scheint sie sich in diesem perversen Szenario zu beweisen, dass sie genauso gut ausgestattet ist wie ein Mann und besseren Sex mit einer Frau haben kann, als dies ein Mann jemals könnte. Eve hat keinerlei Liebesanspruch an ihre Partnerin. Der gemeinsame Sex gerät vielmehr zu einer Art Leistungssport, bei dem Eve – in karikierender männlicher Manier – durch körperliche Höchstleistung ihrer Partnerin den ultimativen Orgasmus zu verschaffen sucht. Ähnlich wie in gängigen männlichen Phantasmen erniedrigt sie ihre Geliebte zu einem Sexualobjekt.

Ein anderes Schema »perverser« Weiblichkeit durchzieht den gesamten Film und findet sich bei allen weiblichen Protagonistinnen wieder: die Fetischisierung des eigenen Körpers. Die Omnipräsenz des Themas spiegelt seine Allgegenwärtigkeit und Banalität im Leben heutiger Frauen. Eves Einkaufsorgien, bei denen sie sich luxuriöse Requisiten wie den ewige Verführung versprechenden Lippenstift oder ein Dessous zulegt, stellen exemplarisch die alltäglichen weiblichen Strategien dar, mit denen Frauen den eigenen Körper in einen Fetisch zu verwandeln versuchen. Bei der Verwandlung in einen Fetisch wird der eigene Körper zu einem Behälter, der die anbetungswürdigen Eigenschaften wie Luxus, ewige Jugend und Schönheit beherbergen soll. Zur Fetischisierung des eigenen Körpers bedarf es bestimmter Gegenstände oder der Einübung bestimmter Verhaltensweisen. Ein Lippenstift oder ein Kleidungsstück wird zum magischen Garanten für Weiblichkeit.

Der Film spielt auf diese Fetischbildung mit dem Diebstahl von Eves Bewerbungsdress an. Madelyn stiehlt Eves Kostüm, das sie zum Gespräch mit dem Gouverneur anziehen wollte, um es bei der eigenen Doktorprüfung tragen zu können. Nur mittels dieses Kleidungsstücks trauen sich beide Frauen, ihre intellektuellen Fähigkeiten öffentlich zur Schau zu stellen. Als Eve den Diebstahl entdeckt, ist sie dem Zusammenbruch nahe. Ohne ihre weibliche Maske und Verkleidung droht sie von ihren eigenen Schuld- und Angstgefühlen – versinnbildlicht in den sie verfolgenden archaischen Stimmen – überflutet zu werden.

Wie lässt sich nun aber der auffällige Kontrast zwischen Eves intellektueller Ernsthaftigkeit und ihrer Gefallsucht mittels klischeehafter Weiblichkeit erklären? Es scheint sich dabei um die Inszenierung eines Geschlechtswechsels zu handeln. »Weiblichkeit« ist für Rivieres Patientin wie auch für Eve

> »etwas, das sie vortäuschen und wie eine Maske tragen konnte, sowohl um den Besitz von Männlichkeit zu verbergen als auch um der Vergeltung zu entgehen, die sie nach der Entdeckung erwartete – ähnlich wie ein Dieb, der seine Taschen nach außen kehrt und durchsucht zu werden verlangt, um zu beweisen, dass er die gestohlenen Dinge nicht hat« (Riviere 1994, 38).

Aber warum deutet eine Frau wie Rivieres Patientin oder unsere Protagonistin Eve die eigenen Kräfte unbewusst als gestohlene phallische Trophäen, die sie hinter einer Maske der Weiblichkeit verstecken müssen? Riviere betont in diesem Zusammenhang, dass es keine scharfen Grenzen zwischen »echter Weiblichkeit« und Maskerade gebe. Sie deutet an, dass Weiblichkeit immer dann Maskerade werde, wenn sie als Mittel zur Vermeidung von Angst und Vergeltung eingesetzt werde.

Für Kaplan resultiert die weibliche Maskerade aus dem Zusammenwirken infantiler Idealbilder von Weiblichkeit und Männlichkeit. Sie schreibt: »[...] so findet man auf dem Grund der Maskerade wie auch der Weiblichkeit eine negative Definition der Frau in der phallischen Ordnung« (Kaplan 1993,

220). Um diese negative Definition der Frau und damit von Weiblichkeit innerhalb der phallischen Ordnung zu erklären, wird im Folgenden auf Lacans Konzept der Geschlechterposition (Lacan 1966, 80) zurückgegriffen. Nach Lacan kommt dem Phallus eine zentrale Position für die Konstitution des Subjekts und seines Geschlechts zu, da sich das Subjekt erst über eine phantasmatische Beziehung zu ihm überhaupt konstituiert. Die männliche und die weibliche Position unterscheiden sich in dieser Ordnung radikal: Während der Mann den Phallus hat, ist die Frau der Phallus. Dass Männer den Phallus haben, ist lediglich der Effekt der phantasmatischen Beziehung zum Phallus, auch sie sind nicht im Besitz der Macht. Aber das »reale« Fehlen des Phallus beim Mann wird durch die Mangelhaftigkeit der Frau verdeckt. Die Definition der Frau und damit von Weiblichkeit ist innerhalb dieser phallischen Ordnung eine negative. Frausein und Weiblichkeit wird auf dem Boden der männlichen Norm durch das bestimmt, was ihr sichtbar fehlt. Das Körperbild der Frau garantiert dabei dem Mann seine Vollkommenheit gerade durch den darin implizierten Mangel und symbolisiert innerhalb dieser Logik zugleich die Bedrohung seiner scheinbaren narzisstischen Vollkommenheit. Die Mangelhaftigkeit, die jedem Menschen zukommt und durch die sich der Mensch überhaupt erst konstituiert, wird allein der Frau zugeschrieben. Durch die Maskerade – die Attribuierung von Weiblichkeit – wird der Anschein erzeugt, weiterhin der Phallus zu sein, trotz der Aneignung phallischer Eigenschaften. Das Nichtsein des Phallus wird kaschiert, um die Bedrohlichkeit, die dieses Nichtsein des Phallus in sich birgt, zurückzunehmen.

Neben der Maskerade werden im Film noch zahlreiche weitere typisch weibliche Perversionsschemata wie der Kaufrausch, die Kleptomanie, die Ess- und Magersucht und die Selbstverstümmelung durch die übrigen Schauspielercharaktere dargestellt. So versucht Eves Schwester Madelyn durch zwanghaftes Klauen ihrer inneren Konflikte Herr zu werden. Susan Streitfeld spielt damit auf die lange Zeit als Musterbeispiel für eine weibliche Perversion geltende Kleptomanie an, die ebenfalls als Versuch zu deuten ist, sich die genitale Ausstattung des Vaters anzueignen. Bei der Kleptomanie findet der »perverse Akt in der Öffentlichkeit« statt (Kaplan 1993, 312). Die Kleptomanie unterscheidet sich lediglich graduell von der Maskerade. Durch den Vollzug in der Öffentlichkeit ist die Kleptomanie nach Kaplan eine »Anklage gegen die soziale Umwelt und ein rachsüchtiger Angriff auf ihre Traditionen« (Kaplan 1993, 312).

Meiner Ansicht nach ist die zentrale Aussage des Films – wie auch Kaplans Buchs –, dass Perversionen dazu dienen, gegengeschlechtliche weibliche oder männliche Bedürfnisse auszuleben, die aufgrund starrer infantiler

Geschlechtsrollen nicht offen ausgelebt werden können. Diese Deutung erscheint sehr geeignet, um die perversen Täuschungsmanöver, sich als perfekte Frau oder perfekter Mann zu tarnen, zu verstehen. »Female Perversions« wie auch Kaplans Buch eröffnen ein Verständnis der Perversion, das über direkte als abartig stigmatisierte sexuelle Aktivitäten hinausgeht und es erlaubt, perverse Strategien im alltäglichen Handeln aufzuzeigen. Die jedem perversen Szenario innewohnenden ritualisierten Wiederholungen der Sexualisierung von Aggression und die mit ihnen verbundenen Strategien wie Fetischisierung und Täuschung finden sich sehr wohl auch bei Frauen. Aufgrund unterschiedlicher Geschlechtsrollen sowie des aus dem anatomischen Unterschied hervorgehenden differenten Körpererlebens von Mädchen und Jungen und der unterschiedlichen psychosexuellen Entwicklung treten weibliche Perversionen in anderen Erscheinungsformen auf als männliche. Wie Stoller (1998), Morgenthaler (1974) u. a. erweitert Kaplan die klassische Freud'sche Auffassung der Perversion – als eine Regression auf die infantile polymorph-perverse Sexualität – um die narzisstische Funktion der Perversion. Perversionen dienen wesentlich der Abwehr archaischer Vernichtungs- bzw. Verstümmelungsängste, die gemäß Kaplan an archaische Zerrbilder von Frauen und Männern gebunden sind. Auch die weibliche Perversion erscheint dabei, wie Lacan (1966) festgestellt hat, als Version des Vaters und damit als Variante einer phallischen Ordnung.

Literatur

Aulagnier, P. (1967): Le Désir et la Perversion. Paris (Seuil).

Dor, J. (1987): Structure et perversion. Paris (Seuil).

Freud, S. (1905d): Drei Abhandlungen zur Sexualtheorie. GW V, 33–145.

Freud, S. (1927e): Fetischismus. GW XIV, 311–317.

Freud, S. (1940a): Abriss der Psychoanalyse. GW XVII, 63–138.

Kaplan, L. J. (1993): Weibliche Perversionen. Augsburg (Goldmann). Original: Female Perversions. New York (Doubleday) 1991.

Lacan, J. (1966): Die Bedeutung des Phallus. In: N. Haas & H. J. Metzger (Hg.): Lacan. Schriften II. Weinheim (Quadriga) 1986.

Morgenthaler, F. (1974): Die Stellung der Perversion in Metapsychologie und Technik. In: Psyche 28, 1077–1098.

Riviere, J. (1994): Weiblichkeit als Maskerade. In: L. Weissberg (Hg.): Weiblichkeit als Maskerade. Frankfurt/M. (Fischer), 34–37.

Stoller, R. J. (1998): Perversion. Die erotische Form von Hass. Gießen (Psychosozial).

Ada Borkenhagen

Soziale Schicksale

Nie ist in der psychoanalytischen Literatur so recht klar, was eigentlich mit »Realität« gemeint ist, zu deren Anerkennung wir nach einem Worte Freuds unsere Patienten erziehen sollen. Heute wissen wir, wie ungemein vielschichtig das ist, was wir mit Realität meinen. Keineswegs mehr kann sie als umstandslos selbstverständlich vorausgesetzt werden. Für Freud war Realität in letzter Instanz das, was die Wissenschaft dafür hielt, denn er meinte, die wissenschaftliche Welterkenntnis sei die höchste dem Menschen zugängliche Form, die sublimierteste Variante, der am weitesten von allen Illusionen befreite und befreiende Gipfel, den zu erklimmen nur wenigen vorbehalten sei, die dafür aber einen weiteren Ausblick und tieferen Einblick nehmen könnten.

Andere Realitäten aber haben dieser eindeutigen Konstruktion erhebliche Konkurrenzen verschafft. Da ist nicht nur die Welt der verschiedenen Religionen; viele von ihnen konkurrieren mit der Wissenschaft um den höchsten und »letzten« Rang, und wer gläubig ist, kann wissenschaftlich nicht leicht überzeugt werden. Das liegt daran, dass wir zu gut wissen, wie sehr Wissenschaft auch schaden kann, dass die Hypertrophie einer entfesselten Vernunft sich selbst Aufklärung verschaffen muss, aber nach Abdankung der religiösen Weltbindung nicht mehr so recht weiß, an welchen Maßstäben eine solche Aufklärung zu orientieren wäre. Denn eine Vernunft, die sich über sich selbst aufklären will, braucht irgendeine Form der metaphysischen Rückversicherung und kann diese nach vollzogener und überzeugender Religionskritik nicht oder wenigstens nicht leicht akzeptieren. Heideggers scharfes Diktum »Die Wissenschaft denkt nicht« gehört ebenso hierher wie die »Dialektik der Aufklärung« – gerade weil diese Philosophen aus unterschiedlichen Zusammenhängen und Motiven heraus zu so ähnlichen Urteilen kommen.

Es ist, als wären im Übrigen Psychotherapeuten von solchen Fragen wie unberührt. Untersuchungen zufolge ist weitaus mehr als die Hälfte aller Psychotherapeuten in allen Schulen persönlich religiös: Sie glauben an einen Gott und sie glauben, dass das Religiöse eine unverzichtbare Dimension der persönlichen Entfaltung sei. Vielleicht auch spielt in die Psychotherapie eine Dimension hinein, die das Wissenschaftliche umgreift, die also mehr ist als der wissenschaftliche Alltagsverstand ausweisen kann.

Es ist aber nicht nur das Religiöse, das die Eindeutigkeit der Realität unscharf werden lässt. Mit der Hochschätzung der Wissenschaft war auch eine Zumutung persönlicher Askese verbunden, die weit weniger geteilt wird, als es Freud wie selbstverständlich unterstellen konnte. Die Welt des »Spaßes«, der persönlichen Fitness und Wellness, die sich mit der Suche und Sucht nach persönlichem Vorteil verbindet, die Welt der Ökonomie bildet eine eigene Realitätsdimension, ebenso wie die der Kunst oder des Rechts. Der Soziologe Niklas Luhmann, ein zeitdiagnostischer Hegel, hat dieser funktionalen Differenzierung moderner Gesellschaften den einflussreichsten theoretischen Ausdruck gegeben und damit auch Psychotherapeuten anzuerkennen gezwungen, darüber nachzudenken, was die Begriffe »Realität« und »Realitätsprinzip« eigentlich meinen. Damit verbunden ist die Erfahrung, in wie unterschiedlichen Welten Menschen leben. Bei jeder Fahrt in einem Eisenbahnabteil kann man die Bestätigung haben: Kinder leben in anderen Welten als die übrigen Mitreisenden und als das Zugbegleitpersonal. Im Krankenhaus ist es nicht anders, hier leben Menschen zwar Bett an Bett, aber dennoch oft in völlig anderen symbolischen Welten und weit entfernten Leidensuniversa.

Solche Distanzen muss man nicht nur bedauern. Vielmehr kann man die Ambivalenz sehen lernen. Einsamkeit steht als zu entrichtender Preis auf der einen Seite, zivilisiert-behutsamer Umgang aber muss als Gewinn auf der anderen Seite verbucht werden. Distanz zu wahren ist nämlich, wie wir allmählich wieder begreifen, auch eine zivilisatorische Leistung, mit der wir uns von den Unmittelbarkeiten des seelischen Erlebens zu verschonen gelernt haben. Dass in Psychotherapien hier andere Wertigkeiten – die der Nähe und Unmittelbarkeit – greifen, ist den besonderen Bedingungen des therapeutischen Gesprächs geschuldet. Eine Zeit lang konnten wir glauben, diese besonderen Umstände und Wertigkeiten seien für die Gesellschaft insgesamt heilsam, aber wir müssen einsehen lernen, dass die gesellschaftliche Welt wiederum anderen Regulativen, anderen Prinzipien folgt als das therapeutische Gespräch.

Aber das macht es auch hier notwendig, sich zu vergewissern, was Realität, v. a. was soziale Realität im therapeutischen Gespräch eigentlich ist. Das bezieht sich nicht nur auf die verschiedenen Milieus oder Schichten, aus denen Menschen kommen, sondern auch auf den sozialen Charakter des therapeutischen Gesprächs selbst. Denn wenn wir alle in so verschiedenen Welten leben, ist Kommunikation schon ziemlich unwahrscheinlich, erst recht aber Verständigung und Verstehen. Gerade weil »Realität« nicht mehr eindeutig gesetzt werden kann (und »Übertragung« nicht einfach als »Abweichung« davon), müssen wir lernen, die Ressourcen der Ambivalenz zu nutzen, das Spiel der Vieldeutigkeiten zu verstehen; denn wer es meistert, kann sowohl heilen als auch böse Intrigen anzetteln, in deren Fängen sich andere Menschen verheddern und verstricken.

Lassen wir uns also ruhig über Realitäten und ihre Prinzipien ein wenig durch zwei Romane, einen älteren – Choderlos de Laclos' »Gefährliche Liebschaften« – und einen ganz aktuellen – Philip Roths »Der menschliche Makel« – etwas aufklären. Die Welt ist so komplex geworden, dass wir sie nicht mehr im Ganzen beobachten können; wir können aber Romane auf die in ihnen enthaltenen Beobachtungen hin lesen und uns belehren lassen, was sie uns über Realitäten und ihre Prinzipien zu sagen haben.

Die beiden folgenden zusammengehörenden Beiträge nutzen die Kompetenz von Romanautoren, ihre Welten zu beobachten, um etwas für die psychotherapeutische Erfahrung zu lernen. Die Erfahrungen der Protagonisten werden also nicht ins Prokrustesbett der psychoanalytischen Deutung gezwängt und einem neurosetheoretischen Schema unterworfen – umgekehrt wird hier versucht, die literarische Erfahrung als eine narrative Verarbeitung zu lesen, von der Psychotherapeuten lernen können. Literaten beschreiben die Welt auf ihre Weise, sie öffnen damit Fenster, durch die sich auch der psychotherapeutische Blick lohnt.

Michael B. Buchholz

Die Intrige als Mittel der Realitätsverwirrung
Choderlos de Laclos: »Gefährliche Liebschaften«[*]

Im Jahre 1788 erschienen im vorrevolutionären Frankreich die »Liaisons Dangereuses«. Ihr Autor, Choderlos de Laclos, verfasste in Briefform die Schilderung einer dekadenten sozialen Schicht, die sich, um dem »ennui« zu entgehen, den Vexierspielen verfeinerter Intrigen um die Liebe hingibt.

Der Roman ist von einer ungemeinen Faszination auch für heutige Leser. Heinrich Mann hat sich die Mühe einer kongenialen Übersetzung gemacht und das Buch mit einem »feinen Vorwort«, wie Herrmann Hesse lobte, herausgebracht. Vielfach ist der Roman verfilmt worden. Doch nur die Lektüre erschließt die besondere reflexive Feinfühligkeit der beiden Hauptintriganten, die ihre Züge mit diabolischer Präzision planen, ausführen – und über sie in bestürzender Hellsichtigkeit schreiben.

Die Geschichte spielt 1742. Die Marquise de Merteuil verabredet mit ihrem einstigen Liebhaber, dem Vicomte de Valmont, die Leidenschaften der Menschen zu studieren und sie gewissermaßen experimentell zu manipulieren. Sie wollen erweisen, dass diese ein Gegenstand rationaler Betrachtung werden können wie andere Gegenstände auch; und dass nur der, der sich nicht darin verfange, zu wahrer Aufklärung gelangen könne. Die Liebe, heißt es dann prägnant, sei nicht Ziel des Lebens, sondern ein Mittel – um Macht über diejenigen zu erlangen, die ihrer Macht unterworfen sind.

Die Marquise de Merteuil möchte Monsieur de Gercourt verderben und schädigen. Er weilt auf Korsika, seine Rückkehr wird in wenigen Monaten erwartet. Dann soll er die junge, 15-jährige Cécile de Volange heiraten, eine Verbindung, von der sich Céciles Mutter, Madame de Volange, eine Steigerung von Ansehen und Reichtum verspricht. Madame de Volange und die Marquise de Merteuil sind entfernt miteinander verwandt; die Marquise gibt sich als Freundin der Madame de Volange, ja erreicht sogar, von ihr als Vertraute angesehen zu werden. So hat diese keine Ahnung davon, dass die Marquise kaltblütig plant, das junge Mädchen Cécile durch ihren ehemaligen Liebhaber, den bereits erwähnten Vicomte de Valmont, verführen und entjungfern zu lassen, auf dass der Ehemann in spe eine »böse Überraschung« bei der Hochzeit erlebe. Dafür verspricht die Marquise dem Vicomte, ihn nach getaner Tat wieder als Liebhaber aufzunehmen.

---

[*] Choderlos de Laclos (1782): Gefährliche Liebschaften. München (Winkler) 1959.

Das alles ist bösartig geplant, aber irgendwie auch alltäglich. Noch erreicht das Humane die Dimension des Diabolischen nicht. Diese Qualität erreicht der Autor, indem er einen anderen Handlungsfaden einwebt.

Der Vicomte de Valmont lebt außerhalb von Paris bei seiner Tante, der Madame de Rosemonde, die ihrerseits die 22 Jahre junge Gattin des Président de Tourvel in ihrem Hause aufgenommen hat, solange deren Mann in juristischen Geschäften unterwegs ist. Der Vicomte nun charmiert die Jungverheiratete, schreibt ihr zarteste Briefe voller Feinsinn und Stilgefühl; doch zugleich berichtet er in anderen Briefen darüber so an die Marquise, dass der Leser weiß: Das ist Plan, das ist Programm. Die junge Madame de Tourvel kennt den bösen Ruf des Vicomte als Frauenverführer und -verderber und meidet ihn nach Möglichkeit. Aber dieser registriert die feinen Zeichen, die Blicke und Gesten, das flüchtige Erröten, die kleine Sekunde, in der ihre Hand bei den Begrüßungen zum Frühstück im Haus der Madame de Rosemonde, länger in der seinen bleibt – seine Briefe an sie, so weiß er, haben Wirkung. Er weiß sich dem Erfolg schon näher, als die zu Betrügende auch nur selbst ahnt.

Doch sein Auftrag, seine Aufgabe ist ja Cécile, woran ihn die Marquise de Merteuil beständig brieflich erinnert. Cécile aber ist verliebt, frisch und unbefangen-befangen, wie es sich für eine 15-Jährige gehört, in den 20-jährigen Ritter von Danceny, der sie Harfe spielen lehrte und in Gesang unterrichtete – stets in Gegenwart der Mutter, versteht sich. Dennoch schaffen es auch diese beiden, sich Briefchen und Billets zukommen zu lassen, doch Danceny zögert, es »zum Äußersten« kommen zu lassen. Als das die Marquise de Merteuil erfährt, zieht sie sofort zwei Konsequenzen: Sie installiert sich selbst als freundschaftliche Ratgeberin für die junge Cécile, was ihr leicht fällt, da sie dabei die Unterstützung durch Céciles Mutter bekommt, die die Marquise ja ebenfalls für eine vertrauenswürdige Person hält. Aber auch der Vicomte de Valmont wird als Ratgeber in sexualibus für Danceny ins Spiel gebracht. Ziel ist ja die Verderbung der jungen Cécile, damit deren zukünftiger Ehemann keine jungfräuliche Freude an ihr habe. Wenn also Cécile auf diesem Wege durch Danceny vorehelich entehrt würde, hätte die Marquise ihr Ziel ebenfalls erreicht und zugleich den Vicomte de Valmont düpiert, der ihr ja dann zu viel versprochen hätte. Zugleich gibt die Marquise Céciles Mutter einen kleinen Tipp – und die verwehrt jetzt Danceny den Umgang mit ihrer Tochter. Das facht, wie von der Marquise vorausgesehen, das Liebesfeuer von Cécile und Danceny mächtig an. Beide flüchten sich zur Madame de Rosemonde, fort aus Paris. Bei Madame de Rosemonde sind jetzt also versammelt: der Vicomte de Valmont, dem beide

Opfer zugetrieben wurden und der zugleich unter dem Schutz seiner Tante steht, sowie Céciles Mutter. Über diese erfährt der Vicomte de Valmont durch eine Indiskretion, sie sei es, die ihn in den Augen der Tourvel schlecht mache, und damit hat er sein eigenes Motiv: er will Madame de Volange schädigen, seine Feindin, indem er durch ihre Tochter, Cécile, entehrt. Dazu nutzt er nun deren Sehnsucht nach Danceny. Er berät Cécile darin, wie sie ihrer Mutter einen Schlüssel zu ihrem Zimmer entwenden könne, um Danceny nächtens einzulassen. Cécile folgt dem Rat, muss dann aber erleben, dass in der Nacht nicht Danceny, sondern Valmont bei ihr erscheint. Sie will sich wehren, aber er macht ihr klar, in welche Verstrickung sie sich begeben hat: Was wolle sie denn auf die Frage, wer ihm den Schlüssel mit einer Lüge bei der Mutter beschafft habe, sagen? So kommt es zu einer nächtlichen Körperlichkeit, die Cécile so verstört, dass sie sich am nächsten Morgen ihrer Mutter in die Arme wirft, freilich ohne den Grund nennen zu können. Aber die Mutter glaubt, es sei Céciles verzweifelte Liebe zu Danceny und fragt deshalb ihre Vertraute, die Marquise de Merteuil, ob sie nicht besser die Heiratspläne mit dem Monsieur de Gercourt aufgeben und das Liebesglück ihrer Tochter ermöglichen solle? Die Marquise jedoch ist bereits von Cécile in ihrer Not als Vertraute in Anspruch genommen und angeschrieben worden. Cécile erhält die in raffinierten Wendungen verklausulierte briefliche Empfehlung, sie solle sich nicht so anstellen, die Liebe genießen lernen, schließlich habe Valmont auch seine Verdienste und habe nur den ihm zustehenden Lohn erhalten. Cécile solle sich nur einmal vorstellen, welche Freiheiten ihr eine solche neue, unfromme Haltung gäbe, wenn sie nur erst mit Gercourt verheiratet sei! Frei von mütterlicher Kontrolle könne sie dann sogar mit zwei Liebhabern ihr Vergnügen haben! Das, weil es von einer Vertrauten kommt, leuchtet Cécile ein.

Céciles Mutter hingegen erhält den Rat der Marquise, auf die Flausen verliebter junger Leute nicht zu viel zu geben und im Übrigen an den Heiratsplänen mit Gercourt festzuhalten. Später, so insinuiert die Marquise geschickt, würde sie sich als Mutter nur Vorwürfe machen, wenn sie als die Lebenserfahrenere nicht an weiser Vorausschau festgehalten habe.

Der Vicomte de Valmont hat also nächtlichen Zugang zu Cécile, die er sogar schwängert, und arbeitet zugleich an dem entsprechenden Erfolg bei der Tourvel. Sie weist ihn standhaft ab, entzieht sich, verschwindet nach Paris – aber er fängt ihre Briefe an Madame de Rosemonde ab, in denen sie offen darlegt, wie verglüht sie vor Liebe ist. Er bittet unter dem Vorwand, ihr ihre Briefe an ihn zurückgeben zu wollen, um ein Stelldichein und sichert sich bei dieser Gelegenheit den Erfolg. Gleich geht die Siegesmeldung an die Marquise heraus, die ebenso zynisch wie richtig feststellt, er sei verliebt. Nur, wenn er sich von der Tourvel trenne, sei der Beweis erbracht, dass er's nicht sei. Nun, zwei Wochen später tut er das mit zynischen Erklärungen der »feinsinnigen Frau« gegenüber, die darüber ins Delirium gerät und in ihrer Verzweiflung stirbt.

Zuvor hat Danceny durch die Marquise de Merteuil von Céciles Verhältnis mit Valmont erfahren und tötet diesen, den er für seinen Freund hielt, im Duell. Doch bevor er stirbt, übergibt er sämtliche Briefe an Danceny – um sich seinerseits an der Marquise zu rächen. Cécile geht ins Kloster. Danceny publiziert einige der zwischen Valmont und der Marquise gewechselten Briefe. Die Marquise wird im öffentlichen Skandal schonungslos demaskiert. Die meisten Briefe aber vertraut Danceny der Madame de Rosemonde an. Sie liest sie erschüttert und kommt zu dem Schluss, sie unveröffentlicht zu behalten sei das Beste, um über alles den Schleier des Vergessens zu legen.

Eine dramatische Story. Der zuletzt erteilte Beschluss, über alles den Schleier des Vergessens zu legen, widerspricht nachhaltig unserem therapeutischen Verständnis, das in der Aufklärung allein Heilsames zu finden hofft. Hier aber wird unausgesprochen die Frage gestellt, ob Aufklärung, hier als Veröffentlichung, auch mehr Schaden als Heil bringen, ja weiter noch: wie eigentlich Aufklärung dann noch von Rache unterschieden werden könnte. Diese vom Roman aufgeworfene Frage ist Sprengstoff.

Ich stelle mir in einem Gedankenexperiment vor: Was wäre, wenn Cécile in ihrem traurig-verwirrten und aufgelöst-selbstanklagenden Zustand nach der ersten Nacht mit Valmont zu einem Therapeuten für Jugendliche gebracht worden wäre? Trauma-Diagnose? Mitschuld? Auf ihrem Körper, in ihrer Seele die Gravuren eines bösen Spiels der Verhüllungen – ähnlich wie bei Ödipus. Auch ihm gegenüber hatten sich alle verschworen, ihm nicht die Wahrheit zu sagen, die sie doch kannten. Mehr noch, er wurde wie Cécile bewusst getäuscht und fehlinformiert. Diagnose ist also: Schadensfeststellung?

Ich stelle mir weiter vor, wie es wäre, wenn Madame de Tourvel, statt priesterlichen Beistand beim Sterben in Anspruch zu nehmen, in der Praxis eines Psychoanalytikers aufgetaucht wäre, delirant, zeitweilige Gedächtnisausfälle, Personenverkennungen werden beschrieben – welche Diagnose? Und wäre die Diagnose nicht Folge einer Trennung von Tatort und Leidensort? Folge – und Fortsetzung dieser Trennung? Sie ist ja kein Opfer, sie wurde nicht getäuscht; sie wusste genau, dass Valmont darauf aus ist, Frauen zu verderben, und dass er es auch bei ihr vorhatte und dennoch ergab sie sich ihm. Diagnose ist also: Schuldfeststellung?

Und schließlich: Könnte ein Sinn dieses Romans heute darin liegen, uns die auch verheerenden Folgen der Aufklärung vor Augen zu führen? Die

Marquise de Merteuil und der Vicomte de Valmont waren aufgeklärt – in aller Bosheit sogar rational. Wäre es hilfreicher gewesen, am Ende Madame de Rosemonde durch die Veröffentlichung der Briefe für Aufklärung sorgen zu lassen, oder wäre damit nur eine neue Runde, eine Fortsetzung und Wiederholung der Zerstörung eingeleitet worden? Aufklärung braucht, so die zu lernende Lektion, Liebe statt Bosheit und Machtwillen. Das berührt die psychoanalytische Kontroverse zwischen Freud und Ferenczi; Letzterer hielt in seinem Tagebuch fest: »Ohne Sympathie keine Heilung.« Die der Aufklärung innewohnende Vernunft vermag, wie es im letzten Satz des Romans heißt, nicht einmal zu trösten. Es geht also um eine Liebe, die trösten könnte – auch über die Wunden der Aufklärung und der Macht. Trostbedarf bleibt, weil wir immer noch keine Lösung haben. Diagnose ist also: Trostbedarfsfeststellung?

Das war schon ein zeitgenössisches Thema. Der Jesuit Balthasar Gracián entwirft 1647 (Neuauflage 1954) eine Verhaltenslehre, die das strategische Moment im Umgang mit anderen Menschen aus Lebensklugheit begründet. 300 Regeln, von denen einige hier erwähnt seien, werden aufgestellt. Gefordert wird beispielsweise Scharfblick und Urteil, um über andere zu verfügen und zu verhindern, dass man selbst Objekt der Verfügung wird; man müsse sich entziehen können; die Hoffnung wird als große Verfälscherin der Wahrheit angesprochen, die von der Klugheit so zurechtgewiesen werden müsse, dass Genuss die Erwartung übertreffen könne; man solle lernen, in Zorn zu geraten ohne einfach aufzubrausen, sondern auch hier vernünftige Überlegung gelten zu lassen und der Vernunft die Herrschaft über den Affekt einzuräumen. Und schließlich, beinah wie eine Regel der Regeln, erscheint die Feststellung, dass nichts den Menschen mehr herabsetze, als wenn er sehen lasse, dass er ein Mensch sei – der seine Affekte Zurückhaltende werde für mehr als ein Mensch gehalten, der Leichtsinnige hingegen für weniger.

In solchen Lehren wird nicht der Lehrplan einer Schule des *Benehmens* ausformuliert, sondern das *Begehren* zu schulen gefordert. Ginge es um Verbote allein, könnte man sie einfach über Bord werfen. Es geht Gracián um die Schulung einer anthropologischen Größe: des Begehrens nach dem, was der andere besitzt, ein Begehren also, das sich am Begehren des Anderen ausrichtet, sich ihm angleicht und insofern mimetisch ist. Weil es damit unvermeidlich in Konkurrenz zum Begehren des Anderen tritt, entsteht ein mimetisches Begehren (Girard 2002), dessen Zivilisierung sich alle Gesellschaften angelegen sein lassen müssen. Wenn Begehren frei von allen Verboten sein könnte, entsteht für Gracián die Situation, die nach 30 verheerenden Jahren erst 1648 mit dem Westfälischen Frieden ein vorläufiges Ende fand.

Gracián formuliert somit eine anthropologische Lehre der sozialen Klugheit, eine Lehre über den Menschen, mit strategischer Militanz ein Jahr vor dem Ende des Dreißigjährigen Krieges, der die Menschen europaweit das Entsetzen gelehrt hatte. Weil die Menschen sich so Entsetzliches tun, muss das soziale Verhalten strategisch versiert und angeleitet sein. Die Menschen hatten die christliche und damit jede Orientierung verloren; Gracián entwirft seine Kunst der Weltklugheit, ohne ein Gewissen in Anspruch zu nehmen. Das genau beschreibt der Autor der »Liaisons dangereuses« – aufgeklärt durch Graciáns anthropologische Aufklärung demonstriert er uns die Folgen solcher Aufklärung: Weder bürgerliche Innerlichkeit noch protestantische Gewissensauseinandersetzung sind hier angesagt, sondern nur das Kalkül, das den anderen mit einschließt und insofern eine hochmoderne Identitätskonstruktion anbietet; Gracián wie de Laclos kannten die »Reziprozität der Perspektiven« nicht dem Worte, aber der sozialen Konstruktion nach genau. Deshalb auch Graciáns Rat, sich nicht zu weitgehend zu individualisieren! Vielmehr empfiehlt er eine Art seelische Rüstung – der eben zu Ende gehende Krieg wird damit ins psychologische Terrain umgebucht. Als Metapher fungiert die »Rüstung« dann als seelischer Schutz, während sie zuvor reale Notwendigkeit für einen kriegerischen Körper war. Weitere Metaphern wie »Verletzung«, »Seelenmord« und auch »Trauma« erinnern heute – und wiederholen – diese Umbuchung vom Sozialen ins Seelische immer erneut. Kaum einem Leser von Freuds Texten ist entgangen, dass seine Schriften von einer Vielzahl militärischer Metaphern und Gleichnisse geradezu durchzogen sind. Insofern weiß Freuds Lehre von den auch kriegerischen Beziehungen der Menschen im alltäglichen sozialen Verkehr; sie ist keine positive Anthropologie. Freud erinnert in einem Brief an Werner Achelis aus dem Jahre 1930 daran, dass sein Motto der Traumdeutung »acheronta movebo« aus einem Buch des Begründers der Sozialdemokratie, Ferdinand Lasalle, stamme. Wo Lasalle die soziale Unterwelt bewegen wollte, ist es für Freud die psychische. Von dieser Umbuchung verspüren wir noch immer den rebellischen Impuls der Psychoanalyse, oder wir sehnen uns wenigstens danach.

Gegen diese, durchaus ausschließlich männlich codierte Zu-Rüstung der Subjekte hat sich die jüngere Identitätskultur nachhaltig gewandt. Wilhelm Reich (1927) hatte den Charakter schon als »Panzer« beschrieben und seine Beschreibung mit der Aufforderung garniert, der Panzer müsse analysiert, also »durchbrochen« werden. Spätestens seitdem geriet strategisch kalkuliertes Verhalten anderen Menschen gegenüber in bösen Verruf. Theweleit (1978) machte mit den »Männerphantasien« die prominente Fortsetzung; der faschistische, das heißt der gerüstete Mann, der sein Leben nur in der Kohorte, in der Soldateska kennt, weil er im Kern »noch nicht zu Ende geboren« sei, und Sloterdijk diagnostizierte (1983) den depressiven Kern des verpanzerten Ich. Seither folgten zahllose Publikationen, die immer wieder bestätigten und beklagten: Strategischer Umgang erzeugt Kälte. Deshalb floss aus diesen Diagnosen der stillschweigende, aber umso deutlicher vernehmbare Ruf nach einer neuen Identität, die auf Wärme und Authentizität basierte. Diesem Ruf sind viele auf die psychoanalytischen Couchen gefolgt; nicht wenig wurde zur Erwärmung des kulturellen Binnenklimas beigetragen, insbesondere zwischen Männern und Frauen. Aber die Psychoanalyse ist nicht einseitig dem warmen Pol einer positiven Anthropologie einzufügen; ihr Pessimismus könnte auch die Überlegung anregen, ob sie nicht Gracián näher steht, als man denkt – auch wenn sie weit genug von seiner Militanz entfernt ist.

Der Kontrast von Graciáns strategischer Kälte- und den authentischen Wärmelehren der 1970er und 1980er Jahre formulierte einen Wandel der sozialen Anthropologie, der polarisierter kaum vorzustellen ist. Sozial-Anthropologie – das ist nicht eine Lehre über das Wesen »des« Menschen; vielmehr nimmt man solche Anthropologien, die mit Universalitätsanspruch auftreten – Prototyp: Jean-Jacques Rousseau – als Ausdruck sozialer Konstellationen und Sehnsüchte und vermutet, dass sich in solchen Lehren (-logie) über den Menschen (Anthropos) dessen soziale Erfahrungen artikulieren. Die moderne Debatte wiederholt Fragestellungen früherer Diskussionen in erstaunlicher Präzision, obwohl jede Zeit durchaus ihre Psychologie hat, die mit Behauptungen über »den« Menschen auftreten muss. Sozial-Anthropologie ist ihre Zeit in Psychologie gefasst – so könnte man ein bekanntes Diktum Hegels abwandeln. Wo sich die Debatte fortdauernd wiederholt, wird man auf ein ungelöstes Problem schließen müssen – wie im Albtraum kann das Problem nicht gelöst, nicht nach der einen *oder* nach der anderen Seite aufgelöst werden, es muss fortdauernd prozessiert bleiben. Insofern kann auf den literarischen, psychoanalytischen, sozialwissenschaftlichen, anthropologischen und philosophischen Diskurs nicht verzichtet werden. Die jahrhundertealte Debatte ist nur fortzusetzen. Welcher Art eine klinische Diagnose dann auch immer sein mag – Schuld-, Schadens- oder Trostbedarfsfeststellung – sie ist immer Teil dieses Umbuchungsprozesses mit der Folge, dass wir im psychischen Leidensort des sozialen Tatortes nicht mehr habhaft werden können. Auch wenn wir den sozialen Tatort ahnen oder präzise von ihm wissen, drängt sich die Einsicht auf, dass wir das Leiden nicht durch Täterhatz beseitigen könnten; allein die Introversion des Schuldgefühls, die Anerkennung der Mitbeteiligung und Verführbarkeit könnte einer Madame de Tourvel hilfreich werden.

Doch was waren das für Debatten, die sich da wiederholten? Stichworte dazu: Kant hatte in seinen Kritiken die erkenntnistheoretische Position entworfen, dass wir das »Ding an sich« nicht, sondern nur das »Ding für uns« erkennen könnten. Daraus war die eine Folgerung gezogen worden, den eigenen Erkenntnisapparat, das Ich also, selbst einer Untersuchung zu unterziehen, während andere schlossen, das Ich selbst sei Erzeuger der Welt – nur weil wir da sind, sei auch die Welt da. Fichte hatte in der formalen Struktur des Ich den Aufbau der Welt gesehen, die nur »für uns« und »durch uns« sei, und damit die Feier der absoluten Selbstbestimmung eingeleitet. Diese Wendung zum subjektiven Idealismus hatte freilich bald Fragen provoziert: Wenn das Ich dann absoluter Souverän ist, also Schöpfer durchaus auch seiner selbst, was ist dann mit Gott? Wo hat dieser Souverän seinen Platz? Und: War das Versprechen, im eigenen Ich die Welt zu finden, nicht etwas zu romantisch? Wie konnte man aus der absoluten Wendung nach innen auch wieder den Weg nach außen finden? Schon 1796 reagiert Jean Paul im »Siebenkäs« deutlich: »[...] das ganze geistige Universum wird durch die Hand des Atheismus zersprengt und zerschlagen in zahllose quecksilberne Punkte von Ichs, welche blinken, rinnen, irren, zusammen- und auseinanderfliehen, ohne Einheit und Bestand«.[1] Und ist erst einmal dieser Zusammenhalt zerschlagen, folgt der verzweifelte Ruf:

> »Wie ist jeder allein in der weiten Leichengruft des All! Ich bin nur neben mir – O Vater! o Vater! wo ist deine unendliche Brust, dass ich an ihr ruhe? – Ach, wenn jedes Ich sein eigner Vater und Schöpfer ist, warum kann es nicht auch sein eigner Würgengel sein?« (274).

Hier geht es, für psychoanalytische Leser vertraut, um die Brust – unvertraut aber ist, dass hier die des Vaters angesprochen ist. Wenn dieser absolute Souverän vertrieben ist, dann »irren« die Ichs verzweifelt im Weltall umher; und nur logisch die Schlussfolgerung, dass der Fichte'sche Höhenflug absoluter Selbstbestimmung des Ich es umstandslos dann auch in einen Würgengel verwandeln könnte.

Kleist wollte im »Marionettentheater« von 1806 zeigen, dass man Authentizität nicht als Pose einstudieren könne. Ein junger Mann wird aufgefordert, eine mit »natürlicher Grazie« gemachte Bewegung zu wiederholen und er errötet, weil die »eiserne Fessel« des Bewusstseins eben diese

---

[1] »Rede des toten Christus vom Weltgebäude herab, dass kein Gott sei« (Hanser-Ausgabe, Bd. 3, 270).

Grazie unterdrücke. Bewusstsein erscheint als Antipode des Natürlichen. Dostojewski lässt in den »Aufzeichnungen aus einem Kellerloch« einen Protagonisten klagen: »Ich schwöre Ihnen, meine Herrschaften, Übermaß an Bewusstsein ist eine Krankheit, eine echte schwere Krankheit.« Bald aber merkt man, dass mit »Bewusstsein« irrtümlich das Beobachtetwerden durch einen anderen gemeint ist; nicht Bewusstsein, sondern kritische Selbst-Beobachtung bewirkt Beschämung. Ihr aber könne man sich geradezu stolz mit Bewusstsein, mit »Selbstbewusstsein« aussetzen und könne vor dem Spiegel sogar die Pose der Aufrichtigkeit mit voller Wirkung auf den Beobachter einüben.[1] Die Zeitgenossen waren von dieser Erfahrung geschockt: Doch, man konnte Echtheit simulieren, und man musste es sogar mehr und mehr, wenn man erfolgreich sein wollte. Worauf aber konnte sich Authentizität berufen, wenn sie von ihrer strategischen Kopie nicht mehr sicher unterschieden werden konnte? Seither eilt das Entsetzen über die Täuschbarkeit, wenn man nur die Zeichen des Gefühls strategisch übe, dem Diskurs über die Authentizität wie ein Schatten hinterher, nicht abzuschütteln.

Der soziale Verkehr der Menschen basiert, so bemerkt man seitdem verstärkt, auf dem strategischen Vorteil, der dem erwächst, der erfolgreich aktiv täuscht, und der quälenden Angst dessen, der getäuscht wird. Insofern wächst das Bewusstsein der Spiegelbildlichkeit von Angst und Konkurrenz bei gleichzeitiger Ratlosigkeit, wie aus dieser mimetischen Rivalität, wie Girard (2002) das nennt, ein Ausweg gefunden werden kann. Der Autor der »Gefährlichen Liebschaften« trifft mit den Beobachtungen seines Romans insofern ins Zentrum der gesellschaftlichen Verkehrsregelung. Er beschreibt, konstruiert und kommentiert eine soziale Realität, deren Architektur und deren Prinzipien er uns zugleich erläutert. Sie besteht aus dem Erfolg, andere zu Opfern der eigenen Strategie machen zu können und aus der Angst, Opfer der Strategie anderer zu werden. Erfolg aber steigert nur die Angst, weil man weiß, dass der Andere seinerseits mit einer Steigerung seiner strategischen Mittel Überlegenheit zu erringen versuchen wird. Selbst Liebschaften sind gefährlich, weil auch die Liebe in diese Eskalationen strategisch eingeplant werden kann; keine Authentizität schützt grundsätzlich vor dieser fatalen Möglichkeit.

Und der Zweifel an der Authentizität des Ich zieht sich über Hofmannsthal in den Briefen an Lord Chandos bis in die gegenwärtige Literatur, sogar bis zu den intelligenten Science-Fiction-Romanen von Stanislaw Lem. Der

---

2 Belege dazu bei Kleinspehn (1989).

lässt einen Menschen der Zukunft vor Gericht auftreten, der die Rechnungen für Körperersatzteile – Arme, Beine, schließlich auch Rumpf und Kopf – nicht bezahlen will unter dem Hinweis darauf, dass die ja von einem anderen bestellt und an einen anderen geliefert wurden – ist er identisch mit dem Besteller, wenn er doch jetzt komplett runderneuert ist?

Was also ist das Ich? Und muss es sich nicht geradezu mit seinen Wärmebedürfnissen in einer kalten Welt abpanzern? In der kühlen intellektuellen Welt von Habermas (1981) war das strategische Handeln als minderwertig auf den moralischen Index gesetzt worden, weil es die Prinzipien des höchstgeschätzten kommunikativen Handelns verletzte. Von Goffman (1969) hatten wir uns allerdings schon belehren lassen müssen, dass es ohne Selbstdarstellungsstrategie gar nicht gehe. Damit hatte er uns unversehens in das Paradox gestürzt, dass wir alle Authentizitätsdarsteller – Darsteller! – sind. Authentizität war in seiner Sicht *eine* kommunikative Strategie – eine Strategie! – neben vielen anderen; freilich erwies sie sich oft als ziemlich schwach. Ihre Schwäche sorgte insbesondere in Auseinandersetzungen mit strategisch versierten Machtspielern oft für Niederlagen. Nur wenn jemand von sich geltend machen konnte, »wirklich« verletzt (oder gekränkt, oder wütend, oder ängstlich, oder ...) zu sein und so Authentizität mit Opfer-Anspruch moralisch nachrüsten konnte, war hieraus strategisch Kapital zu schlagen – aber dessen Stärke kam aus dem moralischen Diskurs, nicht aus dem der Authentizität. Insofern ist der die gegenwärtige Sozial-Anthropologie bestimmende Opfer-Diskurs legitimes Kind des früheren Authentizitätsdiskurses.[3]

---

[3] Liest man Girards Theorie von der mimetischen Rivalität (2002), könnte man zu dem Schluss kommen, der moderne Opfer-Diskurs zeichne sich durch Selbst-Divinisierung aus. Die willkürliche Opferung anderer Menschen – Kriegsgefangener, Kranker, Behinderter oder anderer als Sündenbock – hatte in archaischen Gesellschaften eine konstitutive Funktion für den sozialen Zusammenhalt. Auf Krise und kollektiven Gewaltausbruch folgte als dritte Etappe des mimetischen Zyklus unmittelbare Beruhigung und oft genug die Heiligung (»Divinisierung«) des Getöteten. Heute finden solche konstitutiven Opfer-Rituale in den Diskursen statt; die Opfer stilisieren sich selbst als heilig, aus ihrer Verfolgung leiten sie hohe Ansprüche ab. Sie bezahlen einen hohen Preis: der Erstarrung in der Opfer-Rolle, des Lebensverzichts und des Zwangs, ihre Opfer-Position ständig erneut wiederholen, erneut dokumentieren zu müssen (Levold 1994). Es kommt jedoch darauf an zu sehen, wie damit lediglich eine neue Runde des mimetischen Zyklus eingeleitet und kein Ausweg aus der Symmetrie der Eskalationen gefunden wird. Der bloße Rollentausch täuscht dann darüber hinweg, dass das Gleiche erneut geschieht.

Allerdings – wir sehen die elementaren Schwächen dieser Diskurse in der Gegenwart überdeutlich. Wer immer nur Opfer ist, kann weder Verantwortung noch Schuld übernehmen. Zugleich verheddert er (oder sie) sich im Moralismus der Ansprüche und Wiedergutmachungsforderungen bei gleichzeitiger Schwächung realer Möglichkeiten. Wer alles nur aus seiner Herkunft ableitet, muss sich die lapidare Frage von Gertrude Stein gefallen lassen, was einem Wurzeln nützen, wenn man sie nicht mitnehmen könne. Identitätsgründung durch Ursprungssuche ist schwer erschüttert.

Hinzu kommt, dass man bei den aufreibenden Versuchen einer kognitiven Bewältigung der Paradoxie, die Goffman aufbaute, die Beschäftigung mit der Welt vergessen hatte, in der Reibung mit welcher das Ich immer erst entsteht – *vor* aller Handlung, *vor* aller Kommunikation, *vor* aller bewussten Intention. Vielleicht hatten sich Handlungs- und Sozialisationstheorien hier selbst ein Hindernis aufgebaut, indem sie allzu viel auf die Karte der Bewusstheit setzten. Freuds Aufforderung, dass wir lernen müssten, »uns von der Bedeutung des Symptoms (!) ›Bewusstheit‹ zu emanzipieren« (Freud 1915e, 291), wäre hier hilfreich gewesen. Tatsächlich beginnt Lebensvollzug in aller Leiblichkeit immer im Bezug auf Andere, von denen wir etwas erhalten, das wir nicht ihnen zurück, sondern nur an die nächste Generation weitergeben können. Reziprozität ist eine späte Errungenschaft und nur intergenerationell zu erreichen. Die Psychologie kehrt damit ihrerseits zur Gesellschaft, zum Mikrokosmos der Interaktionen zurück, in denen das Ich sich überhaupt erst herstellt.

Die Idee, das Ich könne sich rein psychologisch *auf* sich gründen, *in* sich gründen und sich wahr *gegen* eine falsche Welt »setzen«, diese Idee eines notfalls durch therapeutische Operationen herbeizuführenden Gründungs- und Selbstsetzungsaktes bezweifeln wir heute angesichts von Paradoxien und strategischen Nöten der Authentizitätsidee. Mehr als die Frage, ob es ein wahres Leben im falschen geben kann, fürchten wir heute, dass uns ein »wahres« Leben von irgendeiner Seite vorgeschrieben oder gar diktiert werden könnte. Intellektuelle, so hat uns Isaiah Berlin (1959) neben vielen anderen gezeigt, tragen mit ihren Ansprüchen, es könne eine, dann aber auch *nur eine* Wahrheit geben, auch zum Wahrheitsterror bei. Seitdem wir das auch als eine bittere und ernüchternde Erfahrung des 20. Jahrhunderts hinnehmen müssen, sitzt uns die Furcht, nicht nur von Massenmedien oder autoritären Führern, sondern auch von dieser Seite dogmatisch und totalitär überwältigt zu werden, in den Knochen. Wir haben, was wir wollten, einen Pluralismus von Wahrheiten – aber wie kann sich ein Ich darin noch gründen? Es muss Identität in für wahr gehaltenen Überzeugungen begründen und nicht in Herkunft, es muss in solchen Wahrheiten eine Position gewinnen und dabei die Unsicherheit erhalten, seine gewonnenen Positionen stets erneut zur Disposition zu stellen. Selbsterhaltung könnte in unseren Tagen als Unsicherheitsbewahrung buchstabiert werden.

In solchen Unsicherheiten sind Lehren der Lebensklugheit nicht nur hilfreich, sondern sogar unvermeidlich. Sie helfen, die ständig drohende Gefahr sozialer Desintegration, die aus dem Begehren stammt, zu regulieren. Wenn man das sieht, kann man anerkennen, dass die Lehren der Authentizität den Pol der Wärme und Nähe, Lehren wie die von Gracián den der Kälte und der Distanz besetzen. Die einen favorisieren strategisches Denken und Verhalten im zwischenmenschlichen Verkehr, die andern den Verzicht auf die Maske. Soweit das mimetische Begehren nicht überwunden werden kann, müssen wir uns zwischen diesen Polen aufhalten.

Literatur

Berlin, I. (1959): Das krumme Holz der Humanität. Kapitel der Ideengeschichte. Frankfurt/M. (Fischer) 1995.

Freud, S. (1915e): Das Unbewusste. GW X, 264–303.

Girard, R. (2002): Gewalt und Gegenseitigkeit. In: Sinn und Form 54, H. 4, 437–454.

Goffman, E. (1969): Wir alle spielen Theater. Die Selbstdarstellung im Alltag. München (Piper).

Gracián, B. (1647): Handorakel und Kunst der Weltklugheit. Stuttgart (Reclam) 1954.

Habermas, J. (1981): Theorie des kommunikativen Handelns. 2 Bde. Frankfurt/M. (Suhrkamp).

Kleinspehn, T. (1989): Der flüchtige Blick. Sehen und Identität in der Kultur der Frühen Neuzeit. Reinbek (Rowohlt)

Levold, T. (1994): Die Betonierung der Opferrolle. Zum Diskurs der Gewalt in Lebenslauf und Gesellschaft. In: System Familie 7, 19–32.

Reich, W. (1927): Charakteranalyse. Wien (Selbstverlag).

Sloterdijk, P. (1983): Kritik der zynischen Vernunft. Frankfurt/M. (Suhrkamp).

Theweleit, K. (1978): Männerphantasien, Bd. 1 u. 2. Frankfurt/M. (Stroemfeld/Roter Stern).

Michael B. Buchholz

Der Wettstreit der Kategorien
Philip Roth: »Der menschliche Makel«*

Der Ethnologe Clifford Geertz, der durch sein Buch »Dichte Beschreibung« bekannt geworden ist, stellt (2001, 751) fest, es gebe nicht nur ein »Einigeln in zinnenbewehrten Identitäten; es passiert viel mehr«. Was das ist, sagt er so:

> »Da ist die erhöhte Mobilität: Türken in Bayern, Filipinos in Kuweit, Russen in Brighton Beach. Es ist nicht so leicht, die Begegnung mit Menschen zu vermeiden, die andere Anschauungen haben als die, mit denen man selbst aufgewachsen ist – nicht einmal im Mittleren Westen der Vereinigten Staaten, wo der Hausarzt durchaus ein Hindu sein kann, oder in la France profonde, wo man beinah sicher sein kann, dass der Müllmann ein Muslim ist«.

Gestalten wie Muslimmüllmänner oder Hinduhausärzte haben ein reges Leben auf den Bildschirmen, auf denen sich die Gesellschaft selbst betrachtet, etwa in der intelligenten Zeichentrickserie »Die Simpsons«. Wenn dann der Hinduhausarzt vielleicht auch noch schwul ist oder sich ein Zubrot mit der Operation Transsexueller verdient, kann es schon einmal zu schweren Verwirrungen kommen. Ihre Ursache nennt Geertz den »Wettstreit der Kategorien«. Eben davon handelt der Roman von Philip Roth »The Human Stain«, der im Deutschen unter dem Titel »Der menschliche Makel« bekannt geworden ist. Der Wettstreit der sozialen Kategorien ist eine Realität, von der Philip Roth uns zeigt, wie sie uns Hören und Sehen vergehen lässt.

Wie John Updike versteht Roth sich als Balzac der Gegenwart. Beide Autoren können und lassen nicht schlafen wegen der Malaisen und sprengenden Widersprüche des ihnen allzu gegenwärtigen Amerika. So leitet dieser Roman ein mit einer Erinnerung an die Exzesse des Jahres 1998, als mediale Daumenschrauben eine moderne Variante des McCarthyismus an Bill Clinton erprobten und doch nicht mehr schafften als die Wiederbelebung der Inquisition. Dass Clinton wegen der Zigarrenaffäre mit Monica Lewinsky nicht gefoltert wurde, ist der Fortschritt; die Verlagerung aus den Kellern der Inquisition aufs Seelische und zugleich in die mediale Öffentlichkeit – das sind moderne Umbuchungen, deren Anfänge wir schon gesehen haben. Aber

---

* Philip Roth (2000): Der menschliche Makel, übs. v. Dirk von Gunsteren. München – Wien (Hanser) 2000.

es sind auch, wenn auch wenige, Errungenschaften. Clinton ist jedoch nur einer von vielen, denen die seelischen Folterwerkzeuge des Wettstreits der Kategorien gezeigt wurden – und nun erzählt Roth von den anderen.

Coleman Silk ist mächtiger Dekan des literaturwissenschaftlichen Fachbereichs am Athena College, irgendwo in den Neu-Englandstaaten mit ihren strengen protestantischen Ritualen, ihrer moralischen Selbstbeobachtung und Angst vor der Hölle, die beständig einander geschaffen wird unter dem Vorwand, sie zu bannen. Silk gehört zur Kategorie »weißer Jude«, der nach Athena gerufen wurde, um das verschlafene College auf Trab zu bringen; er hat seine Professoren zu sich gebeten, die Liste ihrer Veröffentlichungen vor sich, und sie gefragt, was sie all die letzten Jahre gemacht hätten. Die Liste war kurz, die Veröffentlichungen mehrfach identisch und in Journalen ohne Impact-Faktor publiziert; die professoralen Kollegen kamen ins Stottern und mussten einsehen, dass sie sich besser zurückziehen, pensionieren lassen oder andernorts ihr Auskommen suchen. Das ist akademische Remedur, das ist aktuell. Silk berief junge, auch farbige Wissenschaftler – sogar eine ehrgeizige Frau aus Frankreich, Delphine Roux, die Dekonstruktivismus lehrt. Nun, Silk weiß, dass er alte Feinde hat. Er kann damit leben.

Seine Feinde erhalten ihre Chance, als Silk nach den Jahren als Dekan kurz vor der Emeritierung in die Lehre zurückkehrt und einen Kurs hält, bei dem beständig zwei Leute, die auf der Teilnehmerliste stehen, fehlen. Mitte des Semesters fragt er die anderen Seminarteilnehmer: »Does anyone know these people? Do they exist or are they spooks?«

Was der in alten und modernen Sprachen äußerst gebildete Silk nicht weiß, ist, dass »spooks« im Englischen nicht nur »Spuk« bedeutet, sondern auch ein herabsetzendes Schimpfwort für Schwarze war – in den dreißiger Jahren. Silk wird also von den beiden Nicht-Teilnehmern, die er nie gesehen hat, des flagranten Rassismus beschuldigt; die beiden Schwarzen behaupten, sie hätten an seinem Seminar nicht teilnehmen können gerade wegen des ihm eigenen Rassismus. Dieser Vorwurf ist vollkommen absurd, dennoch muss Silk dem Rassismuskomitee seiner Universität in entwürdigender Weise Rede und Antwort stehen und verlässt gekränkt die Universität. Über all dem Ärger stirbt seine Frau, und er macht seinen Kollegen den Vorwurf, an ihrem Tod schuld zu sein. Bitter ist besonders, dass diejenigen schwarzen Kollegen, die ihm ihren Job zu verdanken haben, sich nicht schützend vor ihn stellen. Jetzt weiß er, dass er keine Freunde hat. Damit kann er nicht leben. Und die französische Dekonstruktivistin, die seinen Posten als Dekan übernommen hat, triumphiert in einem inquisitorischen Klima, wo angeklagt zu sein schon Verurteilung bedeutet.

Nach zwei Jahren hat er sich etwas gefangen. 71 Jahre alt hat er sich mit der 34-jährigen Faunia Farley zusammengetan, die in den Räumen seiner Fakultät putzt. Beiden wird Glück zuteil; mit ihr findet er zurück zu Quellen jugendlicher Lust, auch wenn sie, so ganz anders als er, nicht lesen und schreiben kann. Wen ginge es etwas an? Die Öffentlichkeit jedoch muss wie bei Clinton mit ihren Scheidungen, den kategorialen wie den ehelichen, ordnend einzugreifen suchen und produziert Katastrophen. Faunia ist vor ihrem Mann Lester, einem Vietnam-Veteranen, auf der Flucht, der ihr in seiner traumatischen Paranoia schon manche Nachfolgebeziehung zerschlagen hat. Das Glück für Coleman jedoch dauert an, bis er eines Tages einen anonymen Zettel unter der Tür findet, worauf ihm mitgeteilt wird, jeder am College wisse, dass er eine missbrauchte, des Lesens und Schreibens unkundige junge Frau sexuell ausbeute. Die Jagd im Namen der Aufklärung von Missständen geht also weiter. Schnell erkennt er an der Handschrift die Urheberschaft von Delphine Roux und droht ihr anwaltlich. Es will ihm freilich nicht glücken, sich therapeutisch mit dem Schreiben eines Buches von diesen menschlichen Niedrigkeiten zu befreien. Mit dem unfertigen Manuskript kommt er zu seinem Nachbarn – dem Roth-Lesern wohl bekannten Alter Ego des Autors; er kommt also zu Nathan Zuckerman und bittet ihn, das Buch für ihn zu schreiben – im ehrenden Angedenken an Silks Frau.

Noch könnte man denken: Mann-o-Mann, das ist ja eine ziemlich miese Geschichte. Aber lesen wir von mehr als von einer kleinen Rache? Diese Arthur Miller'schen Hexenjagden passieren doch manch einem – und das gerade in den besseren Etagen der so genannten guten Gesellschaft. Chefs ekeln ihre Mitarbeiter raus, Freundschaften zählen dann nichts, und tausendfach vollzieht sich das in Industrie und öffentlichem Dienst bei der Dauerproduktion von Arbeitslosigkeit und dem, was die Soziologen dann »Freisetzung« nennen. Einer ist ekliger als der andere und möchte doch nichts anderes als die eigene Haut retten. Dass diese nicht endende Weitergabe der Kränkung, ihre Umwandlung in Mordlust bei subjektivem Unschuldsgefühl und geblendeter Ahnungslosigkeit eine moderne Spielart des Ödipus ist, teilt uns Roth aus dem Munde des klassisch gebildeten Protagonisten immer wieder wie nebenbei mit; der Skandal des Fortdauerns der antiken Tragödie ist Roths großes Thema. Hier ist er der Literat der Psychoanalyse ebenso wie der Dialektik der Aufklärung – auf Augenhöhe mit der modernen Gegenwart. Hier erfüllt und überwindet er zugleich das klassische Deutungsformat. Denn Silk ist wie Ödipus nicht einfach armes Opfer böser Intriganten. Mit literarischen Mitteln analysiert Roth gerade das lächerliche Täter-Opfer-Schema. Auch Silks jagdlüsterner Wunsch, der Täter habhaft zu werden, beendet die Tragödie nicht, sondern setzt sie fort – wie, so erschreckt uns diese Beschreibung der modernen Gegenwart ebenso wie in den »liaisons dangereuses«, wie also könnte Aufklärung von Rache unterschieden werden? Eben das muss Silk, muss Zuckerman, muss den Leser ergreifen.

Nathan Zuckerman recherchiert Silks Verstrickungen. Der junge Coleman verehrte einst seinen Vater, einen Schwarzen; er verehrt und liebt noch immer seine Mutter, eine Schwarze, und kämpfte sich mit seinen Brüdern durch die Ghetto-Welten. Als Jugendlicher boxt er und ist gut, und er ist intellektuell so gut, dass er eines Tages mitbekommt, wie ein weißer Vater seinem schwarzen Vater Geld dafür anbietet, dass Coleman in der Schule nachlässt, damit der Sohn des Weißen den Jahrgangsbesten geben kann. Dass der Vater sich auf den Deal, der Colemans Familie finanziell sanieren und die beruflichen Aussichten des Vaters verbessern würde, nicht einlässt, verschafft ihm eine noch größere Verehrung seines Sohnes. So also geht's zu, begreift Coleman, und als er zur Navy muss, entdeckt er seinerseits die Betrugschance seines Lebens und gibt in den entsprechenden Fragebögen an, von weißer Rasse zu sein! Das kann er, weil schon vorher Freundinnen ihn, den Hellhäutigen, für einen Weißen hielten. Als er aus dem Weltkrieg zurückkehrt, gibt es also sogar ein Dokument, in dem er als Weißer definiert ist. Unwahr kann also wahr gemacht werden. Diese Lebenslogik zwängt sich in keine Klassenbildung. Zwar wird er mal aus einem Soldatenbordell rausgeschmissen, in das nur Weiße dürfen, aber er kommt davon. Und hat eine wunderbare weiße Freundin; aber als er sie nach Hause bringt und seinen schwarzen Eltern vorstellt, wird alles krampfig – das hat sie nicht gewusst, das kann sie nicht ertragen, das passt nicht in die Kategorien ihrer Welt, die von weißer Farbe sind. Jetzt weiß er, dass er sich von seiner Familie trennen muss und verlässt sie, verrät sie wie einst Ödipus, ist überall Außenseiter und weiß, dass er eine Frau finden muss, deren Haare erklären können müssen, warum seine Kinder eventuell kraushaarig werden – eine Menge Probleme, die einer mit dem Aufstiegszwang zur Tarnung ausrechnen muss. Und natürlich gibt's viele Szenen, in denen er plötzlich erfährt, dass er keineswegs das ist, wofür er sich hält: »the one and only«, der auf diese geniale und so tragische Täuschungsidee verfallen ist. Tausende tun's und ihre Freunde und Freundinnen wissen's. Folgen einer Rassendiskriminierung und einer Außenseiterproduktion, die bis in die psychische Strukturbildung über Generationen hineinreicht – wie nur könnte so etwas aufgelöst werden? Könnte Wahrheit helfen? Die private Biografie aufdecken und daran zeigen, wie absurd der Vorwurf des Rassismus gegen Silk ist? Solche Aufklärung würde Katastrophen nach sich ziehen.

Hier lernt man am nüchternen Zeitdiagnostiker Roth: Moral greift daneben; Irrsinn entsteht aus Logik, nicht aus Bosheit. Der Versuch, sauber Kategorien sozialer Praxis zu definieren – Wohnviertel für bestimmte Gruppen, Schulen nur für deren Kinder, Lebenschancen mit Zugangsrechten nur für eng definierte Angehörige des »Clubs«, Beschränkungen der Partnerwahl – der Versuch also, logisch sorgfältig zu trennen, was zusammengehört, kreiert erfolgreich den Wahn. Denn die sozialen Kategorien bilden Zeichensysteme aus. Kinder, die nicht mit dem Auto gebracht werden, sondern morgens mit dem Fahrrad kommen, sind an manchen Schulen »out«. Zeichensysteme freilich können manipuliert werden und schaffen so ein moralisches Problem erst. Man kann, man muss die Verstellung üben, wenn man überleben will – die Pose der Aufrichtigkeit kann vor dem Spiegel ebenso eingeübt werden wie der wissenschaftliche Jargon, der akademische Stallgeruch, das richtige Outfit.

Zeichensysteme müssen sogar manipuliert werden, damit das soziale Leben insgesamt überhaupt voranschreitet. Dienst nach Vorschrift der logischen Kategorien wäre eine Streiktechnik, die das soziale Leben zum Erliegen brächte. Die logischen Kategorien – wer schwarz ist, kann nicht weiß sein – überschneiden sich infolgedessen überall und bringen unlösbare Paradoxien hervor: Man muss Außenseiter sein, um als Insider, Jude, um nicht als Schwarzer zu gelten; diskriminieren, um die Diskriminierung zu bekämpfen; die Familie verraten, um sie erhalten zu können; eine Biografie vortäuschen, um eine andere leben zu können. Souverän ist nicht, wer kategorial Freund und Feind unterscheiden könnte – wie noch Carl Schmitt mit scharfer Juristenklinge trennte; souverän ist, wer im Irrsinn nicht selbst verrückt wird und in der Normalität des Wahns keine Fehlleistung begeht, wer den Irrsinn managt.

Und Coleman heiratet und macht Karriere und wird Jude, und alles geht gut; seine Kinder gelten als weiß. Seine Frau stirbt in Folge der »spooks«-Geschichte an einer falschen und zugleich richtigen Rassendiskriminierung – wie aber kann etwas falsch und richtig zugleich sein? Das ist die moderne Verzweiflung. Die hat auch Delphine Roux ergriffen, als sie sich eingestehen muss, im Grunde in Coleman verliebt zu sein. Wie Roth schildert, wie sie sich selbst dekonstruiert, wie sie ihre verbale Pariser Intellektuellen-Gewandtheit als ein Nichts vor sich selbst entlarven muss, wie ihr, angesichts der theoretischen Unmöglichkeit ihrer eigenen Wirklichkeit nichts bleibt, als tragisch Wirklichkeit zu schaffen, ist ernüchternd. Durch versehentlichen Druck auf die falsche Taste verschickt sie an ihre akademischen Freunde eine E-Mail, die ihre Liebe zu Coleman bekennt – und kann sich nur aus der Patsche helfen, indem sie einen Einbruch in ihr Büro vortäuscht, den sie ihm anhängt. So hat nicht sie, sondern Coleman die Mail verschickt, um ihr zu schaden. So muss sie das, was sie nicht dekonstruieren kann – ihre Liebe zu Coleman – verraten, um nicht selbst zu scheitern am Wettstreit der Kategorien. Wahnsinn, wie normal das ist.

Faunia liebt die Tiere – eine andere Flucht. Ein Rabe, unter Menschen aufgewachsen, hat menschliche Züge angenommen; weil er spricht, glaubt sie, er verstehe sie – und weiß doch, wie tragisch das ist, denn bei seinesgleichen würde er getötet. Sie schenkt ihm, in einer Anspielung auf die Ring-Parabel Lessings, einen Ring, mit dem das Tier etwas spielt, ihn dann aber fallen lässt. Lessings Plädoyer für Toleranz gegenüber allzu scharfer sozialer Abtrennung zwischen Juden, Weißen, Schwarzen, Mohammedanern oder Christen wüsste der schwarze Rabe nicht zu schätzen.

Für Lester Farley wandelt sich die Freund-Feind-Logik in Paranoia. Seine Freunde von der Vietnam Veterans Administration bereiten ihn auf »The Wall« vor, die Gedenktafel mit den über 55.000 Gefallenen. Er wird eine direkte Konfrontation nicht ertragen, wird schießen, muss sich der Realität des Todes langsam stellen lernen. Ein traumatherapeutischer Besuch im China-Restaurant, wo die kleinen Chinesen ihm sofort das Bild der verhassten »gooks« heraufbeschwören und er es wieder ertragen lernt, soll ihn vorbereiten. Seine Freunde, selbst Veteranen, halten ihn fest. Das Trauma arbeitet in seinem Kopf, aber ebenso gut ist es in seiner Welt, von der er nur Teil ist, die ihn geschaffen, die er geschaffen hat. Er ist nicht souverän, sieht an »The Wall« die Namen der gefallenen Freunde aus seiner Einheit, bleibt ruhig, scheinbar ein Erfolg der therapeutischen Anti-Trauma-Maßnahme. Aber der Irrsinn der sorgfältigen Freund-Feind-Kategorien hat ihn schon ergriffen; Coleman, der Jude, ist der Feind des Antisemiten Lester, und ihn wird er umbringen.

Nach der Konfrontation mit »The Wall« fährt Lester in seinem Lkw nachts auf einer Straße, von der der Leser weiß, hier werden ihm Coleman und Faunia entgegenkommen. Und sie kennen natürlich Lester's Pick-up und fürchten ihn. Ein literarisch unglaubliches Meisterstück gelingt Roth: Der Leser weiß nicht, ob Lester den entgegenkommenden Wagen Colemans von der Straße gedrängt hat, oder ob Lester das alles nur halluziniert, oder ob allein die Angst Coleman sein Auto in den Graben hat lenken lassen? Paranoia, Angst, Einbildung, Wahn durchdringen einander – in dieser unwirklichen Wirklichkeit geraten die Kategorien durcheinander und erzeugen eine Katastrophe. Die Bewahrung der Kategorien, die Errichtung strenger Grenzen zwischen ihnen, hätte freilich die Katastrophe nicht verhindert. Zwar klärt sich bald, dass Coleman mit Faunia tödlich verunglückt ist, aber es gibt keinen Täter, die Polizei nimmt Übermüdung an. Aber für den Schriftsteller Nathan gibt es noch eine andere Wahrheit als die der Polizei oder der empirischen Zeichen.

Coleman wird beerdigt; angesichts des Todes, jenseits aller menschlichen Kategorien, endet die Vergeltung, und es werden um Verzeihung bittende Worte gefunden von denen, die Coleman wegen der »spooks«-Geschichte im Stich ließen. Zuletzt begegnet Nathan auf einem zugefrorenen See Lester, der dort an einem Eisloch sitzt und angelt. Das ist eine gefährliche Begegnung, denn beide wissen, dass sie einander kennen, dass sie sich aber nicht zu erkennen geben dürfen, wenn es nicht zu einer rasanten Eskalation kommen soll. Gerade Aufklärung wäre gefährlich. Das war genau die Lehre, die Balthasar Gracián formulieren wollte: sich erkennen zu geben kann lebensgefährlich werden. Strategische Tarnung ist in Zeiten des eskalierenden »Wettstreits der Kategorien« Teil seiner Lebensklugheit. Authentizität ist unter solchen Umständen ebenso mörderisch wie die Forderung, Wahrheit anzuerkennen.

Nathan verspricht, bevor er sich zurückzieht, Lester ein Exemplar seines Buches zu schicken und weiß, dass er dann verschwinden muss. Das ist für einen Nathan weise; die Wahrheit über »The Human Stain« aufschreiben, aber nicht für sie missionieren und schon gar nicht für sie kämpfen. Der Kampf, auch der im Namen von Wahrheit und Aufklärung, würde das Freund-Feind-Schema wieder aufrichten, und damit kämen Klingen des Kampfes und der Unterscheidung, also auch der Diskriminierung wieder in Gebrauch, auf denen seit Jahrtausenden der Rost (»human stain«) liegen könnte, wenn man sie nur liegen ließe. Soweit Kampf unser Realitätsprinzip wie selbstverständlich, aber hintergründig definiert hat, hat uns das als Psychoanalytikern und Sozialwissenschaftlern etwas zu sagen.

Wenn ein Autor wie Roth sich der Gegenwarts-Themen annimmt, hat beinahe alle zeitdiagnostische Konkurrenz aus der Sozialwissenschaft oder anderen Feldern ausgespielt. Die nüchterne Erzählung von Fremdheit und Entfremdung ergreift anders als psychotherapeutische Fachtexte. Traumata sind menschliche Verhältnisse. Vor dem Begreifen steht das Ergriffensein – vermittelt durch die Details einer Geschichte, die hier Gegenwart erschließt, indem sie unprätentiös und lakonisch ohne moralische Forderung nach Besserung erzählt: von der Fortdauer der Tragödien, deren Held sich gerade dadurch ins Unglück verrennt, indem er es aufgeklärt zu vermeiden versucht. Das gemeinsame Thema der beiden hier besprochenen Romane artikuliert die moderne Herausforderung präzise: Nicht Nicht-Wissen ist das Problem, sondern dass alle, bei de Laclos wie bei Philip Roth, Bescheid wissen oder Bescheid wissen könnten. Die brisante Frage ist: Wie kann Aufklärung von Rache unterschieden werden? Wie kann Wissen genutzt werden, ohne erneut zur Vergeltung zu geraten? Madame de Rosemonde entschied sich dafür, die Briefe nicht zu veröffentlichen und das diente der Vermeidung der Vergeltung. Nathan Zuckerman schreibt seinen Roman, ohne missionieren zu wollen. Das geschieht aus dem gleichen Impuls: Aus Aufklärung nicht Vergeltung werden zu lassen. Diese aktuelle Aufgabe bürdet der Unsicherheitsbewahrung als unserer Selbsterhaltung eine weitere Last auf, bietet aber die vermutlich einzige Chance, dem Kreislauf auch der kriegerischen Eskalationen zu entkommen, der sich zwischen den Religionen und ihren Wahrheitsansprüchen abzeichnet. Er könnte das 21. Jahrhundert auf eine ebenso schreckliche Weise zeichnen, wie es die Nationalitäten- und Rassenkonflikte des 20. Jahrhunderts getan haben.

Literatur

Geertz, C. (2001): »Schicksalsbedrängnis«: Religion als Erfahrung, Sinn, Identität, Macht. In: Sinn und Form 53, H. 6, 742–759.

Michael B. Buchholz

Auf der Suche nach dem Guten

Nicht nur in den Märchen, sondern auch in der nüchterneren Prosa gibt es zahlreiche Versuche, »gute Menschen« zu porträtieren, wobei sich der psychologische Betrachter alsbald mit kritischen Fragen konfrontiert sieht: Sind die Porträtierten wirklich gute Menschen; wie steht es um ihren »Schatten« (C. G. Jung)? Woraus entspringt die Motivation, »gütig« im Sinne von altruistisch, sozial, wohlwollend und liebesfähig zu sein? Und wie steht es in solchen Fällen mit der Fähigkeit zur Selbstliebe, zum »gesunden Egoismus«?

In diesem Kontext liegt es nahe, das von Anna Freud (1936) entwickelte Konzept der »altruistischen Abtretung« heranzuziehen, das sich in ihrem Werk allerdings bei den »Abwehrmechanismen des Ich« findet, sodass die damit verbundene Moralität von vornherein mit einem Fragezeichen versehen ist. Bedeutet Abwehr nicht notwendig auch eine Relativierung, ja sogar Abwertung moralischen Handelns?

Anna Freud hat die altruistische Abtretung als eine Verbindung von Projektion und Identifikation gedeutet. Projiziert werden eigene Triebwünsche auf eine andere (»geeignetere«) Person, die Erfüllung der Wünsche erlebt man dann in der Identifikation mit dieser Person. Anders als bei einfachen Projektionen müssen allerdings die Wünsche selbst nicht verdrängt werden. Sie werden durchaus erinnert, allerdings nach der »Abtretung« nicht mehr als eigene erlebt.

Anna Freud erscheint in ihrem Leben fast so etwas wie die Verkörperung dieses Begriffs. Selbst ehe- und kinderlos – der Liebe zum Vater geschuldet – wird sie Kindertherapeutin, analysiert die Kinder ihrer geliebten Lebensgefährtin und setzt sich für elternlose Kinder ein, für die sie ein Heim gründet. Die ausführliche Fallschilderung in ihrem berühmten Buch über »Das Ich und die Abwehrmechanismen« betrifft ganz offensichtlich die eigene Person.

Als reifer Abwehrmechanismus wird die altruistische Abtretung – die Entwicklung konstruktiver Verhaltensweisen stellvertretend für eigene Impulse (Ehlers 2000, 18) – später in die Nähe des Humors und der Sublimierung gerückt. Immer wieder drängt sich jedoch die Frage auf, ob denn solche konstruktiven Verhaltensweisen und Denkvorgänge wirklich mit dem Wort »Abwehr« abgedeckt sind, was bekanntlich den Schutz des Ichs vor Triebwünschen bedeutet. In vielen Menschen sträubt sich etwas dagegen, dass hier die großen Leistungen von oftmals intellektuell, künstlerisch oder moralisch hoch stehenden Menschen in dieselbe Begriffsreihe gestellt werden wie die »feigen« Vorgänge von Verleugnung oder Verdrängung.

Hier ist die Beschäftigung mit Literatur, die solche konstruktiven Vorgänge darstellt, besonders geeignet, die Diskrepanz zwischen einem dürren begrifflichen Theoretisieren und dem Leben selbst begreiflich zu machen und trotzdem auch die psychologische Analyse sinnvoll zu verwenden.

Peter Dettmering, ein verdienstvoller Autor im Problemkreis von »Psychoanalyse und Literatur« (vgl. das von den beiden Herausgeberinnen geführte Interview mit Dettmering 2003), widmet sich zwei Werken des amerikanischen Schriftstellers Henry James, der durch seine gerade in psychologischer Hinsicht hochinteressanten Gesellschaftsromane berühmt geworden ist. Das Konzept der altruistischen Abtretung kann man auf verschiedene Frauenfiguren von James und insbesondere auf Isabel in »Portrait of a Lady« (»Bildnis einer Dame«) anwenden. Man kann sich allerdings fragen, ob Isabels Rückkehr in die Ehe, um die Stieftochter Pansy zu schützen, nur der »Abwehr« von Triebimpulsen (oder deren Verklärung) geschuldet ist. In der fein ausdifferenzierten Beschreibung von Henry James spürt man ihre Begabung zum »Höheren«, zu einer klaren Wertsetzung und Freudigkeit zum Guten hin. Die oftmals allzu betonte Übernahme einer Verantwortung, die nicht unbedingt die ihre sein muss, lässt aber auch an eine Abwehrleistung denken.

Man könnte auch eine Figur aus der Erzählung »Bartleby« von Melville hier einreihen (vgl. den Beitrag von Gerhard Heim in diesem Band). Es wird darin nicht nur die Psychose der Titelfigur beschrieben, sondern auch die Bemühung des Notars, seinem sonderlingshaften Angestellten Bartleby zu helfen – auch hier könnte man eine altruistische Abtretung postulieren. Man darf aber darob nicht vergessen, die Feinfühligkeit und Güte eines älteren Mannes zu betonen.

Bei der Frauenfigur Marianne in Peter Handkes Erzählung »Die linkshändige Frau« verbindet sich die Suche nach dem Guten mit der nach dem »wahren Selbst« – ein von Kierkegaard, Nietzsche und William James herrührendes Konzept, das als Strebensrichtung und Leitbild in die Selbstpsychologie von Horney und Rogers, Kohut und Winnicott sowie von C. G. Jung Eingang gefunden hat. *Wolfgang Frietsch* deutet die »linkshändige Frau« als »Anima« im Sinne C. G. Jungs (1951), die, nachdem sie zu sich selbst erwacht ist und sich aus den vielfältig an sie herangetragenen Rollenerwartungen und Instrumentalisierungen befreit hat, als Seelenführerin für andere fungiert. Durch die Kraft ihrer persönlichen Ausstrahlung wird sie zur Projektionsfigur und vermag es, die ihr Nahestehenden aus den falschen Hüllen der »Persona« zu befreien. Während die Persona mit der Anpassung in der äußeren Welt befasst ist, geht es der Anima um die Ermöglichung der

»Individuation« – der Selbstwerdung zu einem ganzen, unteilbaren und von anderen Menschen und der Kollektivpsyche unterschiedenen Individuum. Die »linkshändige Frau« kann als eine »Erleuchtete« sowohl im emotionalen als auch geistigen Sinne, als chthonische Heilige betrachtet werden.

Die Suche nach dem »wahren Selbst« spiegelt sich auch in einem Gedicht der Barock-Lyrikerin Catharina Regina von Greiffenberg, das *Eva-Maria Alves* interpretiert. Das soziale und lyrische Ich findet in einer Zeit, in der die Menschen von den Wellen der Glaubenskriege und der Eitelkeit der höfischen Gesellschaft überflutet werden, Halt bei Gott als einer »idealisierten Elternimago« (Kohut 1971). Die Zuflucht bei einem guten inneren Objekt befähigt es zu trotziger Abwehr nach außen und zu innerer Stärke, vergleichbar der »schönen Seele« bei Goethe.

Es wird dem Thema des »guten und wahren Selbst« immer etwas Zweideutiges anhängen. Nicht ohne Grund scheint es den Herausgeberinnen wichtig, sich neben der psychologischen Begrifflichkeit auch immer wieder darüber klar zu werden, dass die Dichter eben – einem Freud-Wort zufolge – in manchen Bereichen mehr über den Gegenstand wissen als die darauf spezialisierten Wissenschaftler. Daher ist es, wie wir meinen, umso wichtiger, die Dichter selbst zu lesen.

Literatur

Dettmering, P. (2002): »Nichts wird entzaubert«. Peter Dettmering im Gespräch mit Eva Jaeggi und Hilde Kronberg-Gödde. In: Journal für Psychologie 10, 200–212.

Ehlers, W. (2000): Abwehrmechanismen. In: W. Mertens & B. Waldvogel (Hg.): Handbuch psychoanalytischer Grundbegriffe. Stuttgart (Kohlhammer), 12–24.

Freud, A. (1936): Das Ich und die Abwehrmechanismen. Frankfurt/M. (Fischer) 1987.

Jung, C. G. (1951): Aion. Beiträge zur Symbolik des Selbst. Gesammelte Werke (GW) 9, II. Olten und Freiburg (Walter) 1960–1978.

Kohut, H. (1971): Narzissmus. Frankfurt/M. (Suhrkamp) 1976.

E. J. & H. K.-G.

Altruistische Abtretung in Henry James' Romanen: »Watch and Ward«* und »Portrait of a Lady«**

Innerhalb der Psychoanalyse wird seit Heinz Kohut (1960, 584) zwischen der herkömmlichen Pathographie und einer »Tiefenbiografie« (»Biography in Depth«) unterschieden. Die beste Tiefenbiografie, die mir bisher vor Augen gekommen ist, stammt von dem amerikanischen Literaturwissenschaftler Leon Edel, dessen fünfbändiges Werk über Henry James von 1953 bis 1977 sukzessive erschien. Im Folgenden werde ich aus der zweibändigen Gesamtausgabe von 1977 zitieren, und aus ihr vor allem das Kapitel »The Little Girls« (Band II, 291 ff.), in welchem Edel das Phänomen beschreibt, dass in James' späteren Romanen und Erzählungen eine lange Folge von Mädchengestalten zu beobachten ist, die mit der Zeit immer reifer und erwachsener werden und ein Gegengewicht zu den nicht lebensfähigen, meist scheiternden, oft suizidalen männlichen Protagonisten bilden. Das berührt sich mit einer entsprechenden klinischen Beobachtung D. W. Winnicotts, dass der »abgespaltene, gegengeschlechtliche Anteil einer Persönlichkeit [...] im allgemeinen auf der gleichen Altersstufe (bleibt) oder nur langsam reift« (Winnicott 1971, 91). Auf die Biografie von Henry James, wie sie sich in seinem umfangreichen Erzählwerk niedergeschlagen hat, trifft offensichtlich die zweitgenannte Möglichkeit – langsame Reifung des gegengeschlechtlichen Teils – in exemplarischer Weise zu. Doch bevor ich das an einem der Werke aus James' Reifezeit – dem Roman »The Portrait of a Lady« von 1881 – veranschauliche, zunächst einige Anmerkungen zu einem kaum bekannten Frühroman, »Watch and Ward« von 1871.

»Watch and Ward« ist eine klassische Pygmalion-Geschichte: Der Junggeselle Roger Lawrence trifft auf das halbwüchsige Mädchen Nora, dessen Vater sich soeben in einem Hotelzimmer erschossen hat. Lawrence ist von einem anderen Zimmer aus Zeuge des Vorfalls. Da er gerade eine schmerzliche Liebesenttäuschung hinter sich hat und vorläufig nicht ans Heiraten denkt, entschließt er sich, Nora in seinen Haushalt aufzunehmen und zu erziehen. Er unternimmt mit anderen Worten den Versuch, unter Umgehung einer Heirat eine Familie zu gründen. Das Zusammenleben mit ihm soll Nora

---

* Henry James (1871): Watch and Ward. Mit einer Einleitung von Leon Edel. London (Rupert Hart-Davis) 1979.
** Henry James (1881): The Portrait of a Lady. Deutsch: Bildnis einer Dame. Köln – Berlin (Kiepenheuer & Witsch) 1974.

für die traumatischen Erfahrungen entschädigen, denen sie im Verlauf ihres bisherigen Lebens ausgesetzt gewesen ist. Dazu gehört neben ihrer Mutterlosigkeit – sie zog offenbar mit ihrem Vater in wechselnden Hotels herum – der Suizid des Vaters, dessen Zeugin sie soeben geworden ist. Lawrence vermeidet es in der Folge geflissentlich, Nora an das Trauma zu erinnern oder überhaupt Belastendes zur Sprache zu bringen. »Vater« und »Tochter« scheinen sich ohne Worte darauf verständigt zu haben, dass an diese vergangenen Dinge nicht gerührt wird. Es kommt zu keinem »memory talk«, wie der Versuch einer Aufarbeitung in der neueren Trauma-Forschung genannt wird, obwohl kein Zweifel besteht, dass Lawrence und Nora beide intensiv mit dieser Vorgeschichte beschäftigt sind: von Lawrence weiß man es, von Nora lässt es sich vermuten. Fast fühlt man sich an den seinerzeit kontrovers aufgenommenen Vorschlag Kohuts (1987) erinnert, bei einer sehr traumatischen Frühgeschichte solle der Therapeut es möglichst vermeiden, an das Trauma selbst zu rühren, und stattdessen sein Augenmerk besser auf die kompensatorischen Strukturen richten, mit deren Hilfe der Patient psychisch überlebt hat. James' Protagonist scheint, anachronistisch gesprochen, diesem Rat Kohuts zu folgen, wenn er Noras Vergangenheit niemals zur Sprache bringt, wobei er jedoch gleichzeitig die unter seiner Obhut Heranwachsende mit gespanntester Aufmerksamkeit beobachtet. Die komplizierte Gefühlsmischung, mit der er Nora begegnet, scheint teils der traumatischen Vorgeschichte – also dem wirklich von Nora Erlebten –, teils deren genetischer Mitgift zu gelten, über die er sich im Unklaren ist. Es fällt nicht schwer, darin das Verhalten der Erzieherin in »The Turn of the Screw« (1898) wiederzuerkennen, die die ihr anvertrauten elternlosen Zöglinge mit der gleichen Intensität beobachtet und belauscht. Hier wie dort scheint die Beobachtung verborgenen Dingen zu gelten, die sich urplötzlich manifestieren und das pädagogische Idyll Lügen strafen könnten.

Liest man die beiden folgenden Zitate aus »Watch and Ward«, fühlt man sich bereits in die paranoide Atmosphäre der 27 Jahre später entstandenen Gespenstergeschichte hineinversetzt. Wege und Irrwege der Interpretation, die »The Turn of the Screw« in seiner 100-jährigen Wirkungsgeschichte erlebt hat, erscheinen angesichts solcher Übereinstimmung von Früh- und Spätwerk fast überflüssig. Ich zitiere aus dem Anfang des Romans: »Er [Lawrence] ging auf Zehenspitzen, was ihre frühen Erinnerungen betraf, so als fürchte er einen im Augenblick ruhenden Appell, einen widerwärtigen Geist zu wecken!« Oder die folgende Stelle: »Dann stellte er sich bei einer Begegnung mit ihren klugen Augen vor, dass sie weiser war als er wusste; dass sie sich über ihn belustigte oder ihn prüfte und seinen hingebungsvollen

Bemühungen mit koboldhafter Feinheit entgegenarbeitete« (James, 1871, 45; eigene Übersetzung).

»Koboldhafte Feinheit« (»elfish subtlety«) scheint auf die Heimlichkeit und Verschlagenheit hinzudeuten, welche die Erzieherin in »The Turn of the Screw« an ihren Zöglingen wahrnimmt oder wahrnehmen zu müssen glaubt. Das Misstrauen der erzieherischen Autoritätsfigur entstammt hier wie dort der unbekannten Vergangenheit und Vor-Vergangenheit der Zöglinge – ein Misstrauen, das in »The Turn of the Screw« schließlich ins Pathologische, mehr oder weniger Wahnhafte entgleitet. Aber dieser maligne Ausgang wirft Licht auf die bedeutsame Rolle, welche »Beobachtung« – eine niemals aussetzende stumme gegenseitige Beobachtung – im gesamten Werk von James spielt. Wie bereits ein zeitgenössischer Kritiker von »The Portrait of a Lady« hervorhob, zeugt diese gegenseitige Beobachtung einerseits von feiner Empathie, aber andererseits auch von einer prinzipiell kritischen Einstellung dem jeweiligen »Objekt« gegenüber (Edel, Band I, 620–621). Immer geht es um die Befürchtung, mit traumatischer Plötzlichkeit könnte es zu einem Verrat, zur Manifestation ungünstiger und gefährlicher Persönlichkeitszüge kommen. Und weil diese Furcht so groß und gleichzeitig so unbestimmt ist, wird dem Gegenüber so auffällig lange seine Tendenz zur Verheimlichung, zur Vortäuschung falscher Tatsachen belassen. Diese abwartende Haltung kennzeichnet in der Regel beide Teile – Mentor und Zögling, Kind und Erzieherin, Lauscher und Belauschten, Lawrence und Nora gleichermaßen.

Vergleicht man »The Portrait of a Lady« mit »Watch and Ward«, fallen sofort Gemeinsamkeiten ins Auge. Isabel Archer – die Protagonistin des später entstandenen Romans – ist zwar in ihrer Jugend nicht so intensiv traumatisiert worden wie Nora, aber mutterlos ist auch sie, und einmal war sie zusammen mit ihren beiden älteren Schwestern sich selbst überlassen, während der Vater dubiosen Tätigkeiten nachhing und die Gouvernante sich aus dem Staube machte. Wie Nora wird Isabel dann von einer älteren Verwandten unter deren Fittiche genommen, die sie nach England verpflanzt, wo sich eine ganze Familie (Tante, Onkel und deren erwachsener Sohn) ihrer annimmt. Im Endeffekt erbt der Sohn – Ralph Touchett – genau die Rolle des Mentors oder Tutors, die in »Watch and Ward« Roger Lawrence innehatte. Auf sein Betreiben – das aber zunächst noch lange Zeit geheim bleibt – vermacht der Onkel Isabel eine beträchtliche Erbschaft, die sie unabhängig macht und den anderen reichen Erbinnen im Werk von James – etwa in »Washington Square« (1880) – gleichstellt. Damit aber wird Ralph Touchett zugleich derjenige, der Isabel den gesamten Roman hindurch mit gespanntem, aber mit der Zeit immer misstrauischerem Interesse beobachtet;

und diese Aufmerksamkeit wird noch geschärft dadurch, dass er Isabel liebt, aber aufgrund seiner Invalidität – er ist lungenkrank – keine Gegenliebe von ihr erwartet. Sein Misstrauen ist jedoch insofern berechtigt, als sich unter den Männern, die sich um Isabels Gunst bemühen, auch einer jener notorischen Mitgiftjäger befindet, die es in James' Werk in so reichem Maße gibt. Mit Hilfe einer ihm nahe stehenden Frau, der Isabel blind vertraut – Madame Merle –, gelingt es Gilbert Osmond, Isabels Jawort zu erringen: Isabel tappt in die ihr gestellte Falle. Das wiederum ist eine Parallele zu »The Turn of the Screw«, wo zwei Gespenster ihr Unwesen treiben und hinter den Kulissen – auch im Erleben der beiden Kinder – so viel mächtiger sind als die mit ihrer Aufsicht betraute Erzieherin. Selbst ein so aufmerksamer Beobachter wie Ralph Touchett kann nicht verhindern, dass Isabel sich im Netz der beiden Intriganten – Gilbert Osmond und Madame Merle – irreversibel verfängt.

Dieses intrigante Paar verfügt, ohne dass die Welt davon weiß, über ein gemeinsames (uneheliches) Kind, das im Konvent erzogen wird und für das Isabel mit ihrer Heirat die Mutterstelle einnimmt. Sie fasst eine starke Zuneigung zu der halbwüchsigen Pansy – so wie Pansy umgekehrt auch zu ihr –, und diese gegenseitige Zuneigung spielt nun im Roman eine überaus wichtige, aber vielleicht in ihrer Bedeutung bisher nicht klar gesehene Rolle. Die bisherige Deutung will wissen, dass Isabel aus Treue – das heißt, um sich selbst treu zu bleiben – in die Ehe mit dem als maligne erkannten Gilbert Osmond zurückkehrt. Isabel kehrt jedoch, wie mir scheinen will, nicht eigentlich zu Osmond, sondern zu der ihrem intriganten Vater ausgelieferten Pansy zurück. Pansy ist eine jener eingangs genannten Mädchengestalten im Werk von James, denen nach dem Willen des Autors das psychische Überleben garantiert werden soll, und Isabel ist dazu ausersehen, ihr dieses Überleben – notfalls auch auf Kosten ihres eigenen Glückes – zu ermöglichen. Auf einmal wirkt Isabels Entschluss zur Rückkehr viel stimmiger, weniger »neurotisch« auf den Leser. Ja, man kann Isabels Verhalten geradezu als Apotheose jener wachsamen Obhut verstehen, die erstmals in »Watch and Ward« in Erscheinung trat und sich nacheinander in Figuren wie Roger Lawrence oder Ralph Touchett niederschlug: nur so besteht die Aussicht, dass die nach Rom zurückkehrende Isabel allen Ränken Osmonds, die der kleinen Pansy gefährlich werden könnten, zuvorkommt.

Wenn aber Isabels Verzicht auf Selbstverwirklichung und Eheglück solche »altruistischen« Gründe hat, was bedeutet dann die erotische Szene, die James bei einer Überarbeitung des Romans für die New Yorker Gesamtausgabe – rund ein Vierteljahrhundert nach dem ersten Erscheinen des Romans – in die Schlusspassage einfügte und die seither wie selbstverständlich zum Bestand des Textes gehört? Kurz vor ihrer Abreise nach Rom trifft Isabel im Park von Gardencourt – dem englischen Herrenhaus, wo soeben Ralph Touchett seinem Leiden erlegen ist – auf ihren amerikanischen Verehrer Caspar Goodwood und ist zum ersten Mal seinem erotischen Drängen nicht gewachsen. Bis dahin hat sie ihn stets mit Worten hinhalten können und ihn auf eine unbestimmte Zukunft vertröstet; diesmal jedoch behält Goodwood die Oberhand:

> »Einen Augenblick lang starrte er sie durch die Dämmerung an, und im nächsten Moment fühlte sie seine Arme um sich und seine Lippen auf ihren Lippen. Sein Kuß war wie ein weißer Blitz, wie ein Strahl, der sich ausbreitete, weitete und blieb; und es war unbeschreiblich, was sie währenddessen alles an seiner harten Männlichkeit bejahte, was ihr bisher am wenigsten gefallen; jede aggressive Einzelheit seines Gesichts, seiner Gestalt, seiner Gegenwart verschmolz zu einer überwältigenden Identität mit diesem Akt der Besitzergreifung« (James 1881, 615).

»So had she heard of those wrecked and under water following a train of images before they sink«, fährt der Text im Original fort. »Unter Wasser« erinnert an bestimmte hoffnungslose Zustände des kleinen, zum Tode bestimmten Miles in »The Turn of the Screw«; James verwendete dort diese Metapher als Zeichen erlahmender Lebensfähigkeit. Hier jedoch geht es um das psychische Überleben eines kleinen Mädchens – Pansy –, so wie ja auch Flora, Miles' jüngere Schwester, überlebte. »The Portrait of a Lady« hat also zwei verschiedene Schlüsse, die heute – nach James' Revision des Textes – wie selbstverständlich hingenommen werden, aber nur miteinander zur Deckung kommen, wenn man Isabels Rückkehr als Rettung ihrer gefährdeten Stieftochter versteht. Wenn es gelingt, das Kind zu retten – und in »The Turn of the Screw« misslingt es gründlich –, ist unter Umständen sogar erotische Erfüllung denkbar, selbst mit dem so lange erfolgreich abgewehrten Caspar Goodwood. In »The Portrait of a Lady« stehen die beiden heterogenen Schlüsse gewissermaßen unverbunden nebeneinander und werden nur bei Kenntnis der komplizierten Editionsgeschichte verständlich. In »The Golden Bowl« (1904), James' letztem noch vollendeten Roman, sind sie dann bereits organisch miteinander verbunden: Indem die Protagonistin Maggie ihre in Gefahr geratene Ehe wiederherstellt, kommt dieser kreative Akt auch ihrem kleinen Sohn, dem »Principino« zugute, der nun nicht mehr (wie Miles) befürchten muss, »unter Wasser« gedrückt zu werden. In diesem Sinne schlage ich vor, das Ende von »The Portrait of a Lady« nicht als

Rückkehr in eine längst als sinnlos erkannte Ehe, sondern als Heimkehr Isabels im Interesse Pansys zu verstehen.

Literatur

Edel, L. (1977): The Life of Henry James. Hardmondsworth (Penguin).

James, H. (1880): Washington Square. München (dtv) 1998.

James, H. (1898): The Turn of the Screw. Deutsch: Die Tortur. Frankfurt/M. (Suhrkamp) 1972.

James, H. (1904): The Golden Bowl. Deutsch: Die goldene Schale. Köln und Berlin (Kiepenheuer & Witsch) 1963.

Kohut, H. (1960): Jenseits der Grenzen der Grundregel. In: Ders.: Introspektion, Empathie und die Zukunft der Psychoanalyse. Frankfurt/M.(Suhrkamp) 1977, 145–172.

Kohut, H. (1987): Wie heilt die Psychoanalyse? Frankfurt/M. (Suhrkamp).

Winnicott, D. W. (1971): Vom Spiel zur Kreativität. Stuttgart (Klett) 1973.

Peter Dettmering

Die Anima als Mittlerin zum Selbst –
Peter Handkes Erzählung »Die linkshändige Frau«[*]

»Die linkshändige Frau« ist ein Text von Peter Handke aus dem Jahre 1976 über eine Frau, besser: über eine Frauenfigur, die, subtil gezeichnet, in einer Zeit ersonnen wurde, in der die Frauenbewegung aktuell und neu war. Doch der Text versucht mehr als nur die Emanzipation der Frau Marianne zu beschreiben, denn die Titelheldin ist – wie all die übrigen Protagonisten der Handke'schen Texte – auch auf der Suche nach Sinn und ihrem wahren Selbst. Wenn also die Frau zeichnet, übersetzt oder schreibt, erschreibt sie sich gleichzeitig einen ihr vormals verborgenen Persönlichkeitsanteil mit. Wenn sie in ihrer Übersetzungsarbeit schreibt »Im Land des Ideals: Ich erwarte von einem Mann, dass er mich liebt für das, was ich bin, und für das, was ich werde« (56), lässt sich dies auch auf Marianne selbst übertragen, denn alles, was in der Erzählung mit ihr in Verbindung steht, spiegelt sie. Das gilt auch für die Sätze des Kindes, das sein »Idealland« beschreibt (8 f.). Es bezieht sich mit auf die Frau und drückt ihre momentane Situation aus, eben ihren Drang, sich zu verändern.

Da der Verzicht auf Reflexion der Protagonistin – das Erzählen von außen sozusagen – *das* Merkmal dieser Erzählung ist, muss die Innenwelt nicht reflektorisch dargestellt werden, eben weil sich alle Aussagen der Erzählung auf die Frau beziehen. Im Gegensatz zu den früheren Handke-Texten wird nicht das Innenleben der Protagonistin beschrieben, sondern Handke beschränkt sich auf das Beschreiben von »Wahrnehmbarem« (Bartmann 1984, 220). Das äußerliche Schreiben ist meist bar jedweder »Motivation«, und Peter Handke strebt auch nicht danach, die »Entwicklung von Konflikten« oder einen »Lösungsversuch« zu beschreiben (Renner 1985, 104 f.). Die Innenwelt der Frau wird durch ihren Bezug zur Außenwelt transparent gemacht und bildet damit ein grundsätzliches Prinzip des äußerlichen Schreibens ab (vgl. Blattner 1982, 63; Demetz 1988, 250). Die Innenwelt wird also nicht ausgespart, sondern ist umso stärker mit der Außenwelt verschränkt (vgl. Renner 1985, 110; Bartmann 1984, 225; Durzak 1982, 137). Alles hängt somit von Marianne ab. Ihre Weltsicht bestimmt den Gang der Erzählung.

Marianne ist die Umwelt nicht gleichgültig. Sie setzt sich mit ihr auseinander, ebenso mit ihren Bekannten und Freunden. Dennoch distanziert sie

---

[*] Peter Handke: Die linkshändige Frau. Erzählung. Frankfurt/M. (Suhrkamp) 1976.

sich gleichzeitig davon. Nachdem sie in den Spiegel geschaut hat – ein Mittel der Selbstvergewisserung und Reflexion –, sagt sie zu sich: »Je mehr ihr glaubt über mich sagen zu können, desto freier werde ich von euch« (37). Und am Ende der Erzählung, nachdem es ihr gelungen ist, verschiedene Menschen friedlich zusammenzubringen, wird sie wieder vor dem Spiegel stehen und zu dem Schluss kommen: »Du hast dich nicht verraten. Und niemand wird dich mehr demütigen« (130). Der Preis, den sie bezahlen muss für die Auflösung der Projektionen der anderen auf sie, für das Zerschlagen der verschiedenen Rollen, die sie spielen musste, und für das Gewahrwerden ihrer eigenen Persönlichkeit, ist jenes für Handke typische Ideal des Alleinseins, mit dem die Erzählung endet.

Worum geht es in der Erzählung? Marianne, die »linkshändige Frau« – 30 Jahre alt, verheiratet mit Bruno, beide haben einen achtjährigen Sohn, Stefan – hat plötzlich die »Erleuchtung«, sich von ihrem Mann zu trennen: »Die Frau: ›Ich hatte auf einmal die Erleuchtung‹ – sie musste auch über dieses Wort lachen –›dass du von mir weggehst; dass du mich allein läßt. Ja, das ist es: Geh weg, Bruno. Laß mich allein.‹« (23).

Bruno lässt sie und Stefan im Haus, einem Bungalow, alleine und zieht zur Freundin Mariannes, der Lehrerin Franziska. Marianne will wieder als Übersetzerin arbeiten. Sie erhält diese Möglichkeit durch den Verleger, der Marianne zu Hause besucht, um ihr ein französisches Manuskript vorbeizubringen. Beide, Bruno und der Verleger, versuchen Einfluss auf Marianne auszuüben, jedoch ergebnislos.

Marianne beobachtet bei einem abendlichen Spaziergang Franziska, die vor einer Frauengruppe spricht. Am nächsten Tag kommt ihr Vater zu Besuch und bleibt einige Tage. In einem Kaufhaus lernen sie einen Schauspieler kennen, der sich ebenfalls um Marianne bemüht. In der Nacht hört Marianne eine Schallplatte, »The Lefthanded Woman«, die wohl auch dem Text den Namen gab (101 f.). Nachdem der Vater wieder abgereist ist, unternehmen Mutter und Sohn eine Bergtour.

Beim Einkaufen in der Stadt freundet sie sich in einer Boutique mit der dortigen Verkäuferin an. In der Stadt trifft sie auch Bruno und den Schauspieler. Am Abend desselben Tages finden sich nach und nach der Verleger, dessen Fahrer, die Verkäuferin, Bruno, Franziska und der Schauspieler bei Marianne ein. Es wird, trotz eines Streites zwischen Bruno und dem Schauspieler, ein harmonischer Abend. Die Verschiedenheit zwischen den Personen schwindet, und es entsteht eine gegensatzvereinende Gleichheit aller Anwesenden.

Der Ablösungsprozess Mariannes beginnt radikal mit der Trennung, welche Franziska zu der Bemerkung gegenüber Bruno veranlasst: »Endlich

ist deine Marianne aufgewacht« (25). Franziska, die engagiert in einer Frauengruppe arbeitet, meint mit Aufwachen sehr wahrscheinlich, dass es nun für
Marianne an der Zeit sei, sich auch dort zu engagieren. Doch dies ist nicht
der Fall. Damit entzieht sich Marianne deutlich einer gesellschaftlichen
Rolle, die ihr unbeabsichtigt-beabsichtigt zugeschoben wird. Franziskas Weg
ist nicht der von Marianne, die damit eine weitere Rolle, die sie zu spielen
gedrängt werden sollte, für sich abgelehnt hat.

Über diesen Umweg – die Bewusstwerdung der Rolle, die man mit und für
andere spielt – versucht Marianne, sich selbst anzunähern, sich selbst kennen
zu lernen. Erschwerend kommt hinzu, dass durch die Veränderung ihrer
Lebenseinstellung und -art auch ein zusätzliches Moment der anderen hinein-
spielt, denn jeder will etwas von ihr: Bruno will sie als Ehefrau zurückhaben,
Franziska will sie emanzipieren, das Kind will die Mutter und einen Spielgefährten, der Verleger will sie als Geliebte, die Verkäuferin will sie als Freundin
und Helferin, der Vater will sie als Mutter und Tochter und der Schauspieler
will sie als Lebensgefährtin. Jeder betrachtet Marianne in einem für ihn spezifischen Funktionszusammenhang, projiziert seine Erwartungen auf sie.

Der Text über die »linkshändige Frau« ist somit ein Text über Sinnsuche
und Sinnfindung mit Marianne im Mittelpunkt. Für Marianne sind die sie
umgebenden Menschen Projektionsträger, denn sie stehen für verschiedene
Lebensentwürfe und Lebensmöglichkeiten. Sie, die mit allen anderen in
Beziehung steht, wird von den anderen bestimmt. Von ihnen erhält sie ihre
Unzufriedenheit, durch sie drücken sich die regressiven Tendenzen aus.
Marianne ist aber nicht nur Brennpunkt der negativen Einflüsse, sie ist auch
integrale Figur des Ganzen, denn nichts ist ohne sie, nichts geht ohne sie.

Die Beziehung des Autors Peter Handke zu »Marianne« ist problematisch
und nicht so ohne weiteres ersichtlich. Christoph Bartmann merkt dazu an:
»Der Autor hat das Subjekt des Erzählten auf eine Frau, zu der keine identi-
katorischen Bezüge sich herstellen lassen, übertragen und wird selbst nur mehr
als Subjekt des Erzählens sichtbar.« Bartmann bemängelt die fehlende Identifikation zwischen Autor und Titelheldin. »In der ›linkshändigen Frau‹
beschränkt sich der Erzähler darauf, wahrnehmbare Ereignisse zu erzählen, die
er, da er nicht mit der Protagonistin identisch ist, auch nicht in Raum und
Bildfantasien übersteigen kann.« Bartmann betrachtet es auch als »Problem des
Autors, über innere Vorgänge nicht zu reden« (Bartmann 1984, 220). Der
Autor sei sicher nicht mit Marianne *identisch* – Marianne aber mit ihm!

Was aber bedeutet das? Tiefenpsychologisch gesehen projiziert das
Unbewusste – im Einklang mit der Suche nach und dem Prozess der Selbstwerdung – die weiblichen, unbewussten archetypischen Anteile, die Anima

eben, in den Stoff der Erzählung. Die unbewusste Identifikation – die sich in der Projektion eines Archetypus als bestimmenden und maßgeblichen Faktor des Textes ausdrückt – werden wir nun zu zeigen versuchen. Dabei ist es sicherlich kein *Fehler* des Autors Peter Handke, nicht über innere Vorgänge zu schreiben, eben weil der gesamte Text diese inneren Vorgänge darstellt, vermittelt durch archetypisch-symbolische Bilder.

C. G. Jung weist nach, dass im Unbewussten eine gegengeschlechtliche Tendenz wahrnehmbar wird, dass also im Mann ein »weiblicher« Seelenanteil zu finden ist und bei der Frau ein »männlicher«. Beide werden auf das andere Geschlecht projiziert. So spricht Jung beim Mann von der Anima und bei der Frau vom Animus.

> »Der projektionsbildende Faktor ist die Anima, beziehungsweise das Unbewusste, welches durch die Anima vertreten ist. Sie tritt, wo sie erscheint, in Träumen, Visionen und Phantasien personifiziert auf und bekundet damit, dass der ihr zugrunde liegende Faktor alle hervorstehenden Eigenschaften eines weiblichen Wesens besitzt. Sie ist keine Erfindung des Bewusstseins, sondern eine Spontanprojektion des Unbewussten [...]« (Jung 1951, 222, siehe auch: 28 ff.).

Da die Anima ein Archetypus ist, kann sie nicht an sich in das Bewusstseinsfeld integriert werden, sondern nur ihre Inhalte. Ihre Inhalte sind Projektionen und die Frau die Trägerin dieser Projektionen. So kann nicht die Frau an sich erkannt werden, sondern nur der vom Mann auf sie projizierte Inhalt. Deshalb kann letztlich nie etwas über die Frau an sich ausgesagt werden, sondern immer nur über die Bilder, die Projektionen, die von ihr gemacht werden. Der Archetypus der Anima ist gewissermaßen dafür verantwortlich, dass Inhalte im Unbewussten aktiviert werden, ist aber selbst Form ohne Inhalte.

Die Anima ist für den Mann die Mittlerin zum Unbewussten. Sie steht zwischen dem kollektiven und dem persönlichen Unbewussten. Nach C. G. Jung überträgt sich die Anima über die Mutter, die die erste Trägerin von ihr ist, und die Schwester zur »geliebten Frau«. Sie ist ein »lebensspendender Faktor« und sie personifiziert so lange das gesamte Unbewusste, als ihre Gestalt nicht von anderen Archetypen unterschieden werden kann (Jung 1954, 93). Bei weiteren Differenzierungen des Unbewussten löst sich von der Anima in der Regel die Gestalt des alten (weisen) Mannes, welcher ein Archetypus des »Geistes« ist. (Jung 1952, 552). C. G. Jung schreibt der Anima folgende Eigenschaften zu:

»Nach außen gewandt ist die Anima wetterwendisch, maßlos, launenhaft, unbeherrscht, emotional, manchmal dämonisch intuitiv, rücksichtslos, ruchlos, lügnerisch, gleisnerisch und mystisch, der Animus dagegen starr, prinzipienhaft, gesetzgeberisch, lehrhaft, weltverbessernd, theoretisch, in Wörtern verfangen, streit- und herrschsüchtig. Beide haben schlechten Geschmack: Die Anima umgibt sich mit minderwertigen Subjekten, und der Animus fällt auf minderwertiges Denken herein« (Jung 1954, 223).

Die Anima personifiziert aber auch das »Reich der Phantasie« (Franz 1986, 76 f.), »vermittelt den Zugang zum Geisterreich« (Jaffé 1978, 242) und »ist das Bewegende und zur Wandlung Treibende, dessen Faszination das Männliche zu allen Abenteuern der Seele und des Geistes, des Tuns und des Schaffens in der Innen- und Außenwelt drängt, verführt und ermutigt« (Neumann 1974, 46). Die Anima hat also die Aufgabe, den Erkenntnisprozess voranzutreiben und führt diesen zu seinem Ziel hin, zum Selbst. Eben diese Anima-Aspekte finden wir bei Marianne.

Mit Marianne ist also eine Frauengestalt ersonnen worden, die als *Vermittlerin* zwischen den verschiedenen Lebenseinstellungen und Menschen fungiert. Sie wird zu einer integralen Figur, die es versteht, Unterschiedliches nebeneinander bestehen zu lassen, Gegensätze zur friedlichen Koexistenz zu bringen und als Lenkerin und Leiterin tätig zu sein. Marianne ist dabei bemüht, ihrem Vater nicht nur die Tochter zu sein, sondern auch eine Art Mutter, die ihm Alltägliches entweder abnimmt oder es ihm zu Bewusstsein bringt, wie das Geld (86), den Knopf an der Jacke (87) oder seine »Haushaltshilfe« (88). Sie spielt für ihn eine Rolle, die vermutlich auf langjährigen Besuchen beruht, von ihr aber sehr wohl durchschaut wird. Dadurch ermöglicht sie ihm einen sorgenfreien Aufenthalt.

Marianne wird für den Schauspieler und die Verkäuferin eine Figur, die deren Leben einen neuen Sinn gibt. Nachdem der Vater und die Frau den Schauspieler in einem Kaufhaus getroffen haben, ist es der Vater, der dessen Schwachstellen durchschaut. Er entlarvt die »Feigheit« des Schauspielers und seinen fehlenden Mut (95). Wenig später kann dieser bei Marianne aus sich herausgehen (112 f.). Marianne wird dadurch, dass sie ihm zuhört, zu seinem Gegenüber und zu seiner Projektionsfigur. Sie fungiert also als Projektionsträger, ohne sich zu verraten oder sich in einer ihr zugedachten Rolle zu verlieren.

Marianne vermittelt zwischen den Extremen, trotz ihrer eigenen Unsicherheit. Sie ist Anlaufstelle für die sie umgebenden Menschen, und es ist nicht zu übersehen, dass die Frau für ihre Umwelt inspirierend wirkt, so z.

353

B. für den Schauspieler, der ihr ein »Geständnis« macht (112 f.). Die Menschen in ihrer Umgebung werden schöpferisch (wie in der Schlussszene); sie gehen aus sich heraus und sind bereit, eine andere Lebenseinstellung anzunehmen oder wenigstens auszuprobieren. Marianne ist für sie sozusagen Mittlerin zum eigenen Selbst. Sie ist die unbewegte Bewegerin, die zur Veränderung bzw. Wandlung treibt, mit dem Ziel, für jeden den Zugang zum Archetypus des Selbst herzustellen.

Die Anima nimmt im Individuationsprozess die Mittlerposition zwischen dem kollektiven und persönlichen Unbewussten ein und ist der Persona entgegengesetzt. Bezeichnenderweise nimmt der Text »Die linkshändige Frau« ebenfalls eine Mittlerposition ein, denn er ist der Endpunkt einer Schreibentwicklung Handkes und Beginn einer Neuausrichtung, die sich am Ende dieser Erzählung abzeichnet und dadurch auf die »Tetralogie« verweist.[1] Mariannes beinahe als Ergebenheit zu bezeichnendes Verhalten trägt den Aspekt einer Erwartung in sich, sodass sich dadurch noch etwas anderes vorzubereiten scheint, etwas, das dann die späteren Handke-Texte weiterzuvermitteln suchen und wir als »Selbst« benamen können.[2]

Bei all dem inneren Erleben Mariannes darf nicht vergessen werden, dass die Bindung der Frau an die Außenwelt – durch ihre Übersetzungsarbeit und ihr Kind – besteht bzw. nicht verloren geht. Der Vorwurf Brunos, dass seine Frau eine »Privatmystikerin« sei (35), ist eben durch Brunos Wut begründet, weil er »seine Frau« an etwas anderes verloren hat. Bruno spricht hier sein Vorurteil und seine Verzweiflung über die Trennung aus. Aus Mariannes Sicht bedeutet ihr Zustand einen Versuch der Trennung von Bruno und ein Auf-Distanz-Gehen zur Außenwelt, die ihr Gesetze aufdrängen will, die nicht die ihrigen sind.

Mariannes Geheimnis und ihre »Erleuchtung«, sich von ihrem gewohnten Leben zu trennen, bestehen auch darin, sich unterscheiden zu müssen. Unterscheidung bedingt Trennung. Erst dadurch können die anderen Personen als solche charakterisiert, die Projektionen langsam gelöst und eingesehen werden.

---

[1] Als »Tetralogie« werden die vier Texte Handkes bezeichnet, die unter dem durchaus programmatisch zu verstehenden Über-Titel »Langsame Heimkehr« Ende der 70er Jahre erschienen sind. Vgl. dazu: Frietsch, Wolfram (2002): Peter Handke – C. G. Jung. Selbstwerdung – Selbstsuche – Selbstfindung.

[2] Vgl. Frietsch (2002). Hierin wird nachgewiesen, dass die Handke-Texte dem Muster des Individuationsprozesses folgen.

»Die linkshändige Frau« symbolisiert also den Versuch, den Weg der Selbstwerdung weiter voranzutreiben. Ihr Leben allein zu leben heißt dabei, es so zu leben, wie es für sie richtig erscheint, ohne kollektive Normen (Frauengruppe), ohne das Verpflichtetsein zu einem geregelten Berufsleben (Verkäuferin), mit der Absage an den Ehemann und dessen Karriere und mit der Absage an den Schauspieler und eine neuerliche Bindung: »Bitte, machen Sie keine Projekte mit mir« (124).

»Die linkshändige Frau« spiegelt darüber hinaus, so Handke selbst, den Durchgang zum »Mythos« und zur »Geistigkeit«. Er führt dazu weiter aus: »Die linkshändige Frau ist obszön für mich und Ausdruck von Geistigkeit. Ihre Erleuchtung macht sie heilig, aber heilig im Sinne einer griechischen Göttin, zum Beispiel Athene, die für Odysseus eine wirkliche Freundin ist« (zit. nach Fellinger 1985, 236 und 239).

Die Heiligkeit der linkshändigen Frau ist eine *chthonische* Heiligkeit. Sie ist nicht einfach nur geistig und damit losgelöst von jedweder Erdenschwere, sondern sie ist an dieselbe gebunden. Das bedeutet, dass sie für sich einen Ausgleich zwischen Erleuchtung einerseits und profanem Dasein andererseits sucht und suchen muss. Sie muss als Anima zwischen den Polen vermitteln, zwischen: Stoff und Geist, Mythos und Ich, Form und Gehalt, Idee und Erscheinung, Lehre, Gesetz und Individualität, zwischen Regression und Progression.

So wie die Anima für Muse, Inspiration und Austausch mit dem kollektiven Unbewussten steht, so erhält sie damit auch eine mythische Dimension. Für Handke ist dies ein »Zustand der Ruhe« (zit. nach Fellinger 1985, 234 f.). Aber er ist auch mehr, denn nur in oder mit Ruhe ist jene Beschaulichkeit der Wahrnehmung möglich, die charakteristisch ist für die weiteren Handke-Texte, die sich mehr und mehr dem Mythos – und so auch dem Bereich der Archetypen, dem kollektiven Unbewussten und vornehmlich dem Selbst – annähern. In abgewandelter Form, nämlich auf seinen nächsten Film bezogen, spricht Handke schon 1978 aus, was die »linkshändige Frau« bereits erreicht hat: So soll dieser Film »extrovertierter und noch tragischer sein und sich noch mehr auf das allgemeine Unterbewusstsein beziehen« (zit. nach Fellinger 1985, 241).

Warum sollte aber »Die linkshändige Frau« Geistigkeit symbolisieren, wo sie doch als Animaprojektion eher für die andere Seite, die des Lebens, des Gefühls und der Triebe stehen müsste?

Es gibt nach C. G. Jung verschiedene Abstufungen der Anima. Sie kann »ebensogut als süße Jungfrau wie als Göttin, als Hexe, Engel, Dämon, Bettlerweib, Hure, Gefährtin, Amazone usw. erscheinen« (Jaffé 1978, 117). Zur

Animaprojektion gehört auch die Sophia, die als »höchste weibliche Weisheit« gilt (Neumann 1974, 305, vgl. dazu sein Kapitel über Sophia). Von daher erreicht die Anima auch die Sphäre der Geistigkeit und rückt in enge Beziehung zu Athene, wie Neumann (1974, 305) bemerkt. Handke hat den Namen »Athene« ja selbst für Marianne gebraucht, wie wir eben gesehen haben, ohne dass man annehmen kann, dass er um diese Zusammenhänge wusste – eine bemerkenswerte Übereinstimmung der vielfältigen Aspekte Mariannes mit dem Archetypus der Anima.

»Die linkshändige Frau« hat ihre Andersheit und Link(s)heit trotz allem nicht aufgegeben, sondern in eine andere Lebens- und Daseinsform herübergerettet. Sie ist deshalb »linkshändig«, weil sie *anders* ist und eine enge Beziehung zum Unbewussten bzw. kollektiven Unbewussten hat, was symbolisch durch die linke Seite ausgedrückt wird. Ihre Andersheit ist eben ihre Linksheit.

»Marianne« ist eine exemplarisch zu nennende Verkörperung all jener Aspekte, die der Anima zukommen, um eine konsequente Mittlerin zum Selbst zu werden.

Im Gesamtoeuvre Handkes nimmt der Text »Die Linkshändige Frau« eine Sonderrolle ein, weil er der einzige Text aus der Sicht einer Frau und durch die erzähltechnische Objektivaktionsmethode anders als alle anderen ist. Dies unterstreicht die Besonderheit dieses Textes, der als Mittler zur Tetralogie »Langsame Heimkehr« fungiert und damit in doppelter Hinsicht der Anima gerecht wird, eben weil die Tetralogie in ihrer Gesamtheit als Symbol des Selbst gesehen werden kann.[3]

Literatur

Bartmann, Ch. (1984): Suche nach Zusammenhang. Handkes Werk als Prozeß. Wien (Baumüller).

Blattner, K. (1982): Zu Peter Handkes Sprachverständnis. Bern (Schweizer Buchagentur).

Demetz, P. (1988): Peter Handke: Ein zarter Zeuge. In: Ders.: Fette Jahre, magere Jahre. Deutschsprachige Literatur von 1965 bis 1985. München, Zürich (Piper), 236–254.

Durzak, M. (1982): Peter Handke und die deutsche Gegenwartsliteratur. Narziss auf Abwegen. Stuttgart (Kohlhammer).

---

[3] Die sieben Texte vom »Kurzen Brief« bis zur Tetralogie »Langsame Heimkehr« spiegeln den Individuationsprozess exakt wieder. Darin nimmt »Die linkshändige Frau« naturgemäß die Rolle der Anima ein. Vgl. dazu Frietsch 1995.

Fellinger, R. (Hg.) (1985): Peter Handke. Frankfurt/M. (Suhrkamp).

Franz, M.-L. von (1986): Märcheninterpretation. Eine Einführung. München (Kösel).

Frietsch, W. (1995): Die Symbolik der Epiphanien in Peter Handkes Texten. Strukturmomente eines neuen Zusammenhanges. Sinzheim (pro universitatis).

Frietsch, W. (2002): Peter Handke – C. G. Jung. Selbstsuche, Selbstfindung, Selbstwerdung. Der Individuationsprozess in der modernen Literatur am Beispiel von Peter Handkes Texten. Gaggenau (scientia nova).

Handke, P. (1974): Der kurze Brief zum langen Abschied. Frankfurt/M. (Suhrkamp).

Handke, P. (1975): Die Stunde der wahren Empfindung. Frankfurt/M. (Suhrkamp).

Handke, P. (1979): Langsame Heimkehr. Erzählung. Frankfurt/M. (Suhrkamp).

Handke, P. (1980): Die Lehre der Sainte-Victoire. Frankfurt/M. (Suhrkamp).

Handke, P. (1981): Kindergeschichte. Frankfurt/M. (Suhrkamp).

Handke, P. (1981): Über die Dörfer. Dramatisches Gedicht. Frankfurt/M. (Suhrkamp).

Jaffé, A. (1978): Bilder und Symbole aus E. T. A. Hoffmanns Märchen »Der goldene Topf«. Zürich.

Jung, C. G. (1951): Aion. Beiträge zur Symbolik des Selbst. Gesammelte Werke 9, II. Olten und Freiburg (Walter) 1960–1978.

Jung, C. G. (1952): Symbole der Wandlung. Analyse des Vorspiels zu einer Schizophrenie. GW 5.

Jung, C. G. (1954): Die Vision des Zosimos. GW 13, 65–121.

Neumann, E. (1974): Die Große Mutter. Eine Phänomenologie der weiblichen Gestaltung des Unbewußten. Olten (Walter).

Renner, R. G.: Peter Handke. Stuttgart (Metzler) 1985.

Wolfram Frietsch

»Trutz« als Ausdruck des »wahren Selbst«
Zu einem Gedicht der Barocklyrikerin Catharina Regina von Greiffenberg*

»Auf die unverhinderliche Art der Edlen Dicht-Kunst
Trutz / daß man mir verwehr / des Himmels milde Gaben/
den unsichtbaren Strahl / die schallend' Heimlichkeit /
das Englisch Menschenwerk; das in und nach der Zeit /
wenn alles aus wird seyn / allein bestand wird haben /
das mit der Ewigkeit / wird in die wette traben /
die Geistreich wunder-Lust / der Dunkelung befreyt;
die Sonn in Mitternacht / die Strahlen von sich streut /
die man / Welt-unverwehrt / in allem Stand kan haben.
Diß einig' ist mir frey / da ich sonst schier Leibeigen /
aus übermachter Macht des Vngelücks / muss seyn.
Es will auch hier mein Geist / in dieser Freiheit zeigen /
was ich beginnen wurd / im fall ich mein allein: daß ich /
O Gott / dein' Ehr vor alles würd' erheben.
Gieb Freyheit mir / so will ich Ewigs Lob dir geben«.

Dieses Gedicht ist 340 Jahre alt und auf den ersten Blick nicht leicht verständlich. Das betrifft den sachlichen Sinn, aber auch manche Schreibung mutet uns altertümlich an und »vor allem mag die stilistische Manier [...] kurios wirken, zumal bei dem Anspruch des Gedichts, einer elementaren religiösen Ergriffenheit Ausdruck zu geben« (Wehrli 1966, 113).

Das Ich, das sich hier äußert, aber spricht uns heute noch »persönlich« an, da es sich mit »ewigen Werten«, mit existenziell menschlichen Grunderfahrungen befasst. Möglich ist das durch das »lyrische Ich«, welches nicht zu verwechseln ist mit dem sozialen Ich des Künstlers, der Künstlerin. Das lyrische Ich, ein zentraler Begriff der Lyrik, äußert sich über sein Verhältnis zur Welt, oder es führt seine besondere Weltbetrachtung vor, indem es Welt beschreibt, über sie spricht, auch über sie reflektiert. Das lyrische Ich vermag die Leserin oder den Leser unmittelbar anzusprechen.

---

* Zit. nach Catharina Regina von Greiffenberg (1662): Geistliche Sonette, Lieder und Gedichte. Repr. Darmstadt (Wiss. Buchgesellschaft) 1967, 88.

Das »Ich saz ûf eime steine« des Walther von der Vogelweide (um 1170–1230), »Ich ging im Walde so für mich hin« des Johann Wolfgang von Goethe (1749–1832) oder das »Ich habe zu Hause ein blaues Klavier / Und kenne doch keine Note. / Es steht im Dunkel der Kellertür, / seitdem die Welt verrohte« der jüdischen Dichterin Else Lasker-Schüler (1869–1945) vermögen quasi ohne Umweg über die üblichen alltagstauglichen Abwehrmechanismen das »wahre Selbst« auch des modernen Menschen zu erreichen.

Die Lyrik ist die Gattung der Literatur, in der sich das persönliche Verhältnis der Dichtenden und der Lesenden zur Welt am unmittelbarsten äußert. So bringt denn auch mancher Patient, manche Patientin, oft schon früh ein Lieblingsstück aus der Literatur mit in seine bzw. ihre Therapiestunden und deutet damit der Analytikerin oder dem Analytiker seinen oder ihren Grundkonflikt an. Diesen über Interpretation der Selbsterkenntnis zugänglich zu machen, kann sich zu einem spannenden Dialog über schöpferische Fantasien zur psychologischen Wahrheit entwickeln. Schon Freud (1916–17a, 175) schrieb: »Die schöpferische Phantasie kann ja überhaupt nichts erfinden, sondern nur einander fremde Bestandteile zusammensetzen«. Daran anschließend äußerte der Aachener Psychoanalytiker Thomas Auchter (2001, 408 f.) jüngst: »Alle Er*findungen*, Unter*suchungen* oder Ver*suche* bergen schon im Wort den Hinweis auf etwas *Verlorenes*. [...] Die *schöpferische Neuzusammensetzung* auch in einem psychoanalytischen Prozess kann den *Ausstieg aus Wiederholungszwängen* bedeuten« (Hervorhebungen v. Auchter). Möglich ist das, weil Worte, zumal Dichterworte, die Eigenschaft haben, ganze Bedeutungsfelder, auch solche des Unsäglichen oder des Unsagbaren, zu beackern. Von der Lesefrucht fällt immer auch psychologisch Nahrhaftes ab, welches wir unbewusst, vorbewusst ahnen, später vielleicht bewusst »haben«.

Regina Catharina von Greiffenberg, geborene Freiherrin von Seisenegg, lebte von 1633 bis 1694. Sie gilt als die größte Barocklyrikerin deutscher Zunge. Ihre geistlichen Sonette, von dem Literaturwissenschaftler Max Wehrli (1966) als »zart und bohrend, spielerisch und leidenschaftlich zugleich« apostrophiert, haben so viel geistigen und poetischen Überschwang, dass wir uns heute von diesem Schwingen noch bewegen und von diesen Schwingen immer wieder beflügeln lassen können.

Die Barockzeit war von einem 30-jährigen Glaubenskrieg überschattet, der die Menschen aus überkommener und übernommener Sicherheit, aus Fraglosigkeit garantierenden Denk- und Gefühlsgewohnheiten entwurzelte. Theologen, Mathematiker, Dichter, Maler gaben Kunde, dass die Welt eine andere sei als zuvor gedacht. Viel »Trutz« oder »Trotz« war nötig, um der Fragmentation der Seele zu entgehen.

Die Greiffenberg »wählte« den Weg der Relation zu einer guten inneren Repräsentanz genannt Gott, genannt Heiliger Geist. Diese, »des Himmels milde Gaben«, gar die »schallend' Heimlichkeit«, die »allein bestand wird haben«, stand der Greiffenberg – gemäß den Potenzen des »Möglichkeitsraums« – lebenslang zur Verfügung. Möglicherweise, weil ihre Mutter sie von Beginn an »Gott« weihte – man könnte sagen, ihre mütterliche Kreation als sicher begrenzt ansehen konnte, das Kind nicht als Selbstobjekt missbrauchen musste.

Die Mutter-Kind-Beziehung, das wissen wir heute dank des »baby-watching«, ist eine der wichtigsten und das Unbewusste sowie das Bewusste »regierende« Relation. Der Mensch kommt unfertig auf die Welt, er verfügt bei seiner Geburt über Anlagen und Potentiale, nicht aber über eine klar begrenzte Richtung für seine Entwicklung. Die Mutter-Kind-Beziehung (oder die Beziehung zur ersten wichtigen, dauernden Pflegeperson) kanalisiert die Instinktoffenheit. Die Mutter weist den Weg der Formbarkeit, der Nachahmungsfähigkeit. Sie fördert – gemäß ihren mehr oder weniger unbewussten Fantasien – entweder die Abhängigkeit des Kindes oder aber dessen eigene Schritte ins Leben. »Dadurch«, schreibt Helm Stierlin in seinem Buch »Das Tun des Einen ist das Tun des Anderen«, gewinnt sie – im Guten oder im Bösen – einen »schicksalhaften Einfluß auf das Kind [...]«. Das Kind Catharina Regina von Greiffenberg wurde, indem es »Gott« gegeben wurde, sich selbst gegeben; denn in der Verbindung mit dem »Höchsten« vermag der Mensch sowohl seine narzisstische Bedürftigkeit als auch die Möglichkeit, sich daraus via »kompensatorischer Strukturen« (Kohut 1974) zu erheben, anzuerkennen. Es erscheint dann nicht vermessen, sondern höchst kompetent, wenn Greiffenberg unter dem Titel »Apotheose« schreibt:

> »Ich stehe felsenfest / in meinem hohen Hoffen, /
> Die Wellen prallen ab / an meinem steinern Haupt«.

Die »Wellen«, die an der Dichterin abprallen, waren neben den Glaubenskriegswellen auch die Eitelkeitswellen der zeitvergeudenden barocken High Society, die gegen Krieg und Pest nur Tanz und Taumel zu setzen hatte.

»Narzißtische Kompetenz ist eine trotzende Kompetenz, Selbstvertrauen. Im Vertrauen auf eigene Kräfte und Chancen, auf das eigene Existenzrecht, leistet man der bedrohenden Person, Instanz oder Situation Widerstand und versucht, ihren Anforderungen standzuhalten [...]«, schreibt der holländische Narzissmus-Forscher van de Spijker (1993, 232).

Als fromme, landadelige Protestantin in gegenreformatorischer österreichischer katholischer Umgebung war Greiffenberg immerfort den realen

Bedrohungen für Leib, Leben und Geist ausgesetzt. Die Literaturwissenschaft bezeugt vielfach, dass das lyrische Ich und das soziale Ich der Dichterin sich vielfach überschneiden. Schon als Siebenjährige wurde Greiffenberg vaterlos, verlor eine geliebte Schwester in Kindertagen, wurde zwangsverheiratet, musste am geselligen Leben des Adels mit Fischen und Jagen teilnehmen. Dank ihrer geübten, gekonnten Korrespondenz mit einem Deus Relevatus oder ihrem »wahren Selbst« brachte die Dichterin es immer wieder fertig, sich zu sammeln. Sie konnte kreativ ihr »Größenselbst« (Kohut) nutzbar machen, für sich und für ihre Leserinnen und Leser. Sie konnte mit dem »Höchsten« selbstbewusst verhandeln:

»Gieb Freyheit mir /
so will ich Ewigs Lob dir geben«.

Was wäre in psychotherapeutischen Behandlungen, Verhandlungen, anderes zu erhoffen als Freiheit für die Trutzburg des wahren Selbst? Kohut (1979, 59 f.) schreibt in diesem Zusammenhang, dass

»die psychoanalytische Behandlung eines Falles von narzißtischer Persönlichkeitsstörung den Punkt ihrer von innen her bestimmten Beendigung erreicht hat (die Heilung der Störung bewirkt hat), wenn es ihr gelungen ist, einen Sektor im Bereich des Selbst zu errichten, durch den ein ununterbrochener Zustrom von narzißtischen Strebungen seinem kreativen Ausdruck entgegengehen kann – wie begrenzt auch immer die soziale Wirkung der Leistungen der Persönlichkeit sein mag und wie unbedeutend die kreative Aktivität des Individuums anderen auch erscheinen mag. Ein solcher Bereich umfaßt immer ein zentrales Muster von Exhibitionismus und Größenstrebungen, eine Reihe von zuverlässig verinnerlichten Vollkommenheitsidealen und ein damit verbundenes System von Begabungen und Fertigkeiten, die zwischen Exhibitionismus, Strebungen und Größenselbst auf der einen Seite und den Idealen auf der anderen Seite vermitteln«.

Diese »Reihe von zuverlässig verinnerlichten Vollkommenheitsidealen« lässt sich mit der Metapher »Gott« umreißen, worunter allerdings nicht der von Institutionen gelehrte, quasi fremdbestimmt auswendig gelernte Gott zu verstehen ist. Eher gleicht dieser metaphorische Gott dem Begriff der »Imago«, welchen man nicht auf eine simple Widerspiegelung der Realität einengen sollte. Gott als Träger von Eigenschaften, die über alles irdische Maß unvorstellbar sind, eignet sich als Bild und Vorbild, wie der Mensch seine von der Wirklichkeit allenthalben eingezäumte »Spielwiese« des Persönlichen gestalten mag. Die ersten Beziehungen im Leben – die realen und die fantasierten – haben sich auch bei Greiffenberg in der familiären Umgebung hergestellt. Ihr »Kultur-Über-Ich« (Freud, 1930a) entstammt, so darf man angesichts des Werks dieser Künstlerin wohl sagen, »nicht falschen Maßstäben wie Macht, Erfolg und Reichtum«, sondern einem Potential, welches man heute als das »wahre Selbst« umschreiben kann.

Es ist auffällig, dass die Dichterin Greiffenberg in äußerst turbulenter Zeit die strenge – auch Halt gebende – Form des Sonetts wählte, die mit immer 14 Zeilen auf Quartette und Terzette verteilt ist. Wie die historisch forschende Literaturwissenschaft festgestellt hat, wird die Sonettform in Kriegs- und Krisenzeiten von den Dichterinnen und Dichtern vermehrt gebraucht und genutzt. Lesend, rezipierend stabilisieren sich die Lyrik-»Konsumenten«. So können sie sich dem bewegenden Inhalt des Gedichts regressiv-progressiv hingeben.

Literatur

Auchter, Th. (2001): Über das Beendigen von Psychoanalysen: Trauer und Kreativität. In: A.-M. Schlösser & A. Gerlach (Hg.): Kreativität und Scheitern. Gießen (Psychosozial), 397–412.

Freud, S. (1916-17a): Vorlesungen zur Einführung in die Psychoanalyse. GW XI.

Freud, S. (1930a). Das Unbehagen in der Kultur. GW XIV, 419–506.

Meid, V. (Hg.) (1982): Gedichte und Interpretationen. Renaissance und Barock. Stuttgart (Reclam).

Kohut, H. (1974): Narzißmus. Frankfurt/M. (Suhrkamp).

Kohut, H. (1979): Die Heilung des Selbst. Frankfurt/M. (Suhrkamp).

Van de Spijker, H. (1993): Narzißtische Kompetenz. Freiburg, Basel, Wien (Herder).

Stierlin, H. (1971): Das Tun des Einen ist das Tun des Andern. Frankfurt/M. (Suhrkamp).

Wehrli, M. (1966): Catharina Regina von Greiffenberg. In: Ders. (1993): Humanismus und Barock. Hrsg. v. F. Wagner & W. Maaz. Hildesheim – Zürich (Weidmann), 112–117.

Wehrli, M. (Hg.) (1977): Deutsche Barocklyrik. Manesse Bibliothek der Weltliteratur. Zürich.

Eva-Maria Alves

Verlangen nach Freiheit

Das Bedürfnis, der Drang, das Streben nach Freiheit ist eine menschliche Grunderfahrung seit jeher. In der griechischen Antike wurde Freiheit durch ihre Gegensätze Notwendigkeit (ananke), Zufall (tyche) und Schicksal (moira) näher bestimmt. In der Politik und Philosophie der Neuzeit avancierte die Loslösung von den religiösen Bindungen des Mittelalters zu einem zentralen Thema. Die Leitidee der Aufklärung war die Befreiung der Individuen und der Menschheit aus selbst verschuldeter Unmündigkeit. Die moderne Psychologie und die Psychotherapie brachten die Befreiung von inneren Abhängigkeiten und Zwängen – von unbewussten Trieben, Affekten, Konflikten – auf die Formel der »Bewusstmachung des Unbewussten«. Dabei hat sich immer wieder gezeigt, dass *innere* Freiheit im Sinne von Willens- und Entscheidungsfreiheit und *äußere* Freiheit im Sinne der Handlungsfreiheit eng zusammengehören. Wer die Freiheit im Inneren isoliert von der im Äußeren – den Umweltbedingungen, interpersonellen Beziehungen, sozialen Netzwerken und überhaupt gesellschaftlichen Verhältnissen – betrachtet, gibt sich Illusionen über die menschliche Autonomie hin. Dies gilt erst recht, wenn man sich die totalitären Bewegungen, Diktaturen und Großkriege des 20. und auch 21. Jahrhunderts vergegenwärtigt, die Millionen von Menschen zu einem Schicksal der inneren und äußeren Emigration verdammt haben. Auch heute noch ist die Suche nach innerer und äußerer Freiheit für sehr viele Menschen kein philosophisches oder psychologisches Gedankenspiel, sondern eine existentielle Notwendigkeit.

Die mit dieser Freiheitssuche im inneren und äußeren Raum verbundenen Erfahrungen haben in einer Vielzahl literarischer Werke ihren Ausdruck und Niederschlag gefunden. Man denke etwa an die Schriftsteller der »inneren Emigration« während des Nationalsozialismus und an jene Exilanten, die aus ihrer Heimat flohen, um sich in fremden Ländern und Kulturen völlig neu zu orientieren und dort eine materielle Existenz aufzubauen.

Elias Canetti musste bereits als Sechsjähriger seine bulgarische Heimat verlassen, um mit seinen jüdischen Eltern nach Manchester und von dort zwei Jahre später nach Wien zu emigrieren. Dort lernte er Deutsch als dritte Sprache nach Englisch und seiner Muttersprache Ladinisch. Der Wechsel zwischen verschiedenen Kulturen und Sprachen war eine entscheidende Erfahrung, die ihm dazu verhalf, sich von Vorurteilen freizumachen und Verständnis für verschiedenartige Lebensformen zu gewinnen. Im ersten

Band seiner Autobiografie, die 1977 unter dem Titel »Die gerettete Zunge« erschien, schildert Canetti aus der Kindheitsperspektive, wie ein vom Sprachverlust und Ausschluss aus der symbolischen Welt der Worte bedrohtes Ich sich in den verschiedenen kulturellen Milieus zu orientieren sucht. *Monika Englisch* erkennt darin typische Phasen der psychischen Auseinandersetzung mit dem »schweigenden Trauma« der Migration: ausgehend von der Prämigration über Phasen der Ankunft und der Entdeckung der neuen Umgebung bis hin zur Verarbeitung der Migrationserfahrung. Bei allen Schwierigkeiten, die er zu überwinden hatte, gelang es Canetti gerade durch das Erzählen und Schreiben, einen inneren Freiheitsraum zu gewinnen: »Die frühe Erkenntnis der Relativität menschlicher Überzeugungen und Gewohnheiten führte ihn nicht zur Indifferenz, sondern zum leidenschaftlichen Interesse für die nuancierte Farbigkeit der psychischen und sozialen Phänomene« (Jacobs 1976, 93).

Neben der klassischen Unterscheidung zwischen innerer Freiheit und äußerer Freiheit hat sich die Unterscheidung zwischen *negativer* und *positiver* Freiheit als sinnvoll und maßgeblich erwiesen (vgl. Wildfeuer 2002). Negative Freiheit als »Freiheit von« Einschränkungen, Hemmnissen und Zwängen eröffnet einen Spielraum für eigenes Denken und Fantasieren und damit Möglichkeiten der Selbstbestimmung; aber erst die Wahl für eine dieser Möglichkeiten und ihre Umsetzung in die Lebenspraxis als »Freiheit zu« führt zum tatsächlichen Gebrauch der Freiheit. Hierbei genügt es nicht, sich in einen geschützten Bereich innerer Freiheit zurückzuziehen; man muss sich auch in der äußeren Realität objektivieren.

In Alfred Anderschs autobiografischen Erzählungen, sowohl den »Kirschen der Freiheit« als auch den Franz-Kien-Geschichten, ist das Freiheitsproblem von zentraler Bedeutung (vgl. Migner 1976). Wie *Günter Gödde* aufzeigt, sind darin einerseits Aspekte politischer und persönlicher Freiheit miteinander verwoben; andererseits kommt darin eine existenzielle Dialektik von negativer und positiver Freiheit zum Tragen. Schon in der Kindheit und Jugend hat Andersch mehrere »Stufen der Freiheit« durchlaufen: von der Abwehr gegen alle Arten von Fremdbestimmung über erste Freiheitserfahrungen in Kunst und Natur bis hin zum beglückenden politischen Engagement. Unter dem Zeichen der Diktatur musste er sich jedoch in die »innere Emigration« zurückziehen, bis er in der Fahnenflucht einen individualistischen Freiheitsakt vollziehen konnte, der seinem weiteren Leben Ziel und Richtung gab.

Alfred Anderschs Freiheitsverlangen war für seinen Schriftstellerkollegen Siegfried Lenz ein erklärungsbedürftiges Phänomen: »Es muss doch wohl seine Ursachen haben, wenn sich ein Schriftsteller einem Thema dauerhaft verpflichtet, das er zeitlebens ausfragt, indem er es variationsreich gestaltet.« Und als vorläufige Erklärung formuliert er:

> »Es ist das Erlebnis der Flucht, der Lossagung, des Ausstiegs aus einem als verfehlt oder als unzumutbar erkannten Leben. Und es ist – da Alfred Andersch immer auf der Möglichkeit der Wahl besteht – der Aufbruch in eine wenn auch nicht komfortablere, so doch reinere Existenz« (zit. nach Andersch 1980, 47).

Diese Freiheitsbotschaft mündet in einen Appell an den Einzelnen, sich durch nichts und niemanden vereinnahmen zu lassen und unentwegt nach Freiräumen, Rückzugs- und Desertionsmöglichkeiten Ausschau zu halten, um sich die »Anlage zur Freiheit« als das Menschlichste am Menschen zu bewahren. Alfred Anderschs Sehnsucht richtet sich also letztlich – ähnlich wie diejenige von Elias Canetti – auf Freiheit im Sinne persönlicher Integrität.

Literatur

Andersch, A. (1980): Über Alfred Andersch. Essays, Aufsätze, Briefe, Gespräche, hrsg. v. G. Haffmans. 2. Aufl., Zürich (Diogenes).

Jacobs, J. (1976): Elias Canetti. In: Deutsche Literatur der Gegenwart in Einzeldarstellungen. Band I, hrsg. v. D. Weber. 3. Aufl., Stuttgart (Kröner), 93–109.

Migner, K. (1976): Alfred Andersch. In: Deutsche Literatur der Gegenwart in Einzeldarstellungen. Band I, hrsg. v. D. Weber. 3. Aufl., Stuttgart (Kröner), 243–259.

Wildfeuer, A. G. (2002): Freiheit. In: M. Düwell, Ch. Hübenthal & M. H. Werner (Hg.): Handbuch Ethik. Stuttgart – Weimar (Metzler), 352–360.

E. J. & H. K.-G.

Kulturelle Übergangsräume in der Migration
Elias Canetti: »Die gerettete Zunge«[*]

Kaum jemandem ist es gelungen, die sinnliche Seite der Erfahrungen mit verschiedenen Kulturen und Sprachen so eindringlich aus der Kindheitsperspektive zu schildern wie Elias Canetti in seiner autobiografischen Erzählung »Die gerettete Zunge«. Er hatte bereits viele kulturelle Stationen in seinem Leben hinter sich gelassen, als er 1977 das erste seiner drei bekannten autobiografischen Werke verfasste.[1] Geboren wurde er 1905 in Rustschuk, einer ehemals bedeutenden Hafenstadt an der unteren Donau im osmanisch geprägten Bulgarien. Die jüdische Familie Canetti lebte dort in der Gesellschaft der Spaniolen – spanischer Juden, die nach ihrer Vertreibung aus Spanien von den Osmanen aufgenommen worden waren und noch über Jahrhunderte ihr altes Spanisch sprachen, in das sie einige türkische Worte aufgenommen hatten. Die Familie siedelte in Canettis sechstem Lebensjahr nach Manchester über, wo zwei Brüder der Mutter ein Geschäft betrieben. Dort starb zwei Jahre darauf der Vater. Die Mutter ging wenig später mit ihren drei Söhnen über Lausanne nach Wien, wo sie studiert hatte, und von dort 1916 nach Zürich. Canetti studierte in Wien Naturwissenschaften, emigrierte 1938 und lebte seit 1939 vor allem in London.

Die Farbigkeit seiner frühen Jahre in Rustschuk, ihre Passionen und Schrecken, bringt Canetti damit in Verbindung, dass dort Menschen verschiedenster kultureller Herkunft zusammenkamen: »An einem Tag konnte man sieben oder acht Sprachen hören« (8).

Die ersten Kinderlieder, die er hörte, waren spanisch, Märchen wurden von den Kindermädchen in bulgarischer Sprache erzählt, während der Großvater Canetti »nie endende türkische Lieder sang, wobei es darauf ankam, dass er manche hohen Töne besonders lange aushielt« (24). Die Vielsprachigkeit und die Berührung mit vielen verschiedenen Kulturen, die sich wie ein roter Faden durch sein Leben zieht, führten bei Canetti offenbar nicht zu Traumatisierungen oder Verwirrungen, sondern wurden von ihm als Reichtum an Erfahrungen erlebt. Innerhalb der Familie wurde der Beherrschung verschiedener Sprachen im äußersten Fall gar eine existenzielle Bedeutung zugeschrieben, da »man durch ihre Kenntnis sich selbst oder anderen

---

[*] Elias Canetti (1977): Die gerettete Zunge – Geschichte einer Jugend. München.
[1] Siehe auch »Die Fackel im Ohr« (1980) sowie »Das Augenspiel« (1985).

Menschen das Leben retten kann« (37). Der Urgroßvater habe beispielsweise auf einem Schiff zwei Männer in griechischer Sprache einen Mordplan besprechen hören und diesen dann vereiteln können.

Die Schilderungen von Canetti haben ihren aktuellen Bezugspunkt in den gegenwärtigen gesellschaftlichen Entwicklungen: Vor dem Hintergrund der Migrations- und Fluchtbewegungen der vergangenen Jahrzehnte und der Globalisierung sind wir alltäglich mit den Phänomenen der Mehrsprachigkeit und den Übergängen zwischen verschiedenen kulturellen Sphären konfrontiert – in einer von Menschen verschiedener kultureller Zugehörigkeiten gemeinsam geteilten gesellschaftlichen Realität.

Im Folgenden möchte ich am Material einzelner Szenen aus Canettis Erzählung die aufeinander folgenden Phasen der psychischen Verarbeitung von Migrationserfahrungen anschaulich machen. Die Beschäftigung damit, wie Erfahrungen des Wechsels von einer kulturellen Umgebung in eine andere subjektiv erlebt und psychisch verarbeitet werden, zeigt, dass eine Migration kein isoliertes Ereignis ist, das sich im Moment der Trennung, der Abreise oder Ankunft im neuen Land vollzieht. Es beginnt vielmehr schon mit den Vorbereitungen dazu, der Phase, die von Rebeca und Leon Grinberg als »Prämigration« bezeichnet wird. Diese Vorbereitungen umfassen eine ganze Konstellation von Faktoren, die die Situation ausmachen, in der das Ich ungeschützter ist als sonst. Zu diesen Erfahrungen gehört das Abschiednehmen von allen bisher vertrauten Lebensbereichen: Freundinnen und Freunden, Familie, Beruf, Ort, Verbundenheit mit einer Gemeinschaft. Viel von dem, was Halt gibt, geht verloren. Dazu gehören auch die Sprache, kulturelle Eigenheiten und die sinnliche Dimension der bisher vertrauten Umgebung.

Canetti schildert die Phase der Prämigration seiner Familie als Konflikt zwischen seinen Eltern und dem strengen, aber auch sehr beliebten Großvater Canetti:

> »Ich spürte, dass große Ereignisse im Gange waren. Die Gespräche der Eltern hatten einen anderen Ton, sie klangen entschlossen und ernst [...] und es war oft von England die Rede. Ich erfuhr, dass der [neugeborene] Bruder George heißen werde, nach dem neuen König von England. Das gefiel mir gut, weil es etwas Unerwartetes war, aber dem Großvater gefiel es weniger, er wollte einen biblischen Namen und bestand darauf, und ich hörte die Eltern sagen, dass sie nicht nachgeben würden« (42).

Der Kampf zwischen den beiden Parteien dauerte ein halbes Jahr, und während dieser Zeit habe der Großvater ihn, den ältesten Enkel, der seinen

Namen trug, bei jeder Gelegenheit im Hof gepackt: »Er küsste mich ab und weinte, wenn jemand es sehen konnte, heiße Tränen. Ich mochte diese viele Nässe auf meinen Wangen nicht« (43). Trauer und Gefühle des Verlusts werden auf die Person des Großvaters projiziert, eigene Trennungsängste tauchen an keiner Stelle auf. Canetti nimmt an, dass auch die Tränen des Großvaters nur dann fließen, wenn er damit seine Vorwurfshaltung angesichts der Entscheidung der Eltern Canettis unterstreichen kann. Die Mutter habe er für die Urheberin des Auswanderungsplans gehalten und daher »behandelte [er] sie wie Luft«. Den Vater aber

> »überfiel er mit seinem Zorn, der von Woche zu Woche schrecklicher wurde. Als er sah, dass er nichts ausrichten konnte, wenige Tage vor der Abreise, verfluchte er ihn feierlich im Gartenhof, seinen Sohn, vor den anwesenden Verwandten, die entsetzt zuhörten« (43 f.).

Von den Eltern Canettis wird die Entscheidung zur Auswanderung als Befreiung aus der Einflusssphäre des mächtigen Großvaters erlebt. Dabei verschränken sich in Canettis Schilderungen die individuelle Befreiung von den streng patriarchal geprägten Familienstrukturen und die Idealisierung der Freiheit und Demokratie in England.

Während der »Phase der Ankunft« im neuen Land tauchen Grinberg und Grinberg zufolge nicht selten Gefühle der Einsamkeit und Schutzlosigkeit auf, manchmal auch konfusionale Ängste und Gefühle von Depression und Desorientierung. Diese Reaktionsformen unterscheiden sich individuell in ihrer Intensität, ihrer Dauer und ihrem Verlauf.

Bei Canetti ist es die Mutter, die in Manchester nach dem Tod des Vaters in Depression verfällt, vermutlich auch suizidal ist. Dabei ist ihre Depression an erster Stelle eine Reaktion auf den plötzlichen Verlust des Ehemannes. Dennoch kann angenommen werden, dass sich durch die Belastung der Migration, die ohnehin Trennungen von wichtigen Beziehungen bedeutet und deshalb ebenso Verlassenheits- wie Schuldgefühle auslöst, die depressive Symptomatik verstärkt hat:

> »Es war gefährlich, die Mutter allein zu lassen. Ich weiß nicht, wer auf den Gedanken kam, mich zum Wächter ihres Lebens einzusetzen. [...] Ich konnte sie nicht trösten, sie war untröstlich. Aber wenn sie aufstand und sich ans Fenster stellte, sprang ich auf und stellte mich neben sie. Ich umklammerte sie mit meinen Armen und ließ sie nicht los. [...] Sie merkte nicht, dass ich heimlich wachte, so sehr war sie mit ihrem Schmerz beschäftigt« (45).

Nach einigen Monaten zog die Familie zum älteren Bruder der Mutter, »und die akute Gefahr war vorüber«.

Canetti selbst entwickelte eine eigene Methode, mit der Situation umzugehen, indem er eine Art »Spiel« mit den Tapeten im Kinderzimmer erfand.

> »Eigentlich spielte ich wenig, ich sprach zu den Tapeten. Die vielen dunklen Kreise erschienen mir als Leute. Ich erfand Geschichten, in denen sie vorkamen, teils erzählte ich ihnen, teils spielten sie mit, ich hatte nie genug von den Tapetenleuten. [...] Ihre Gesellschaft war mir die liebste, jedenfalls lieber als die der kleinen Brüder. [...] Wenn die Kleinen in der Nähe waren, flüsterte ich nur zu den Tapetenleuten. [...] Ich weiß nur so viel, dass ich sie zu kühnen Taten zu bereden versuchte, und wenn sie sich weigerten, ließ ich sie meine Verachtung spüren. Ich munterte sie auf, ich beschimpfte sie, allein hatte ich immer ein wenig Angst, und was ich selber empfand, schrieb ich ihnen zu, sie waren die Feigen« (47).

Eines Tages wird sein Geheimnis von der Gouvernante entdeckt, und von da an wird er auf die Spaziergänge immer mitgenommen: »Man hielt es für ungesund, mich so viel allein zu lassen. Mit der lauten Tapetenherrlichkeit war es aus« (46 ff.).

Die Bewältigungsform, die Canetti hier beschreibt, entspricht der Erschaffung eines dritten Raums oder Übergangsraums, in dem er seinen Fantasien, Ängsten, möglicherweise Intrusionen gesteuert begegnen kann. Gerade neuere therapeutische Ansätze in der Traumatherapie unternehmen den Versuch, den Patienten durch die Schulung ihrer Imaginationsfähigkeit Copingstrategien an die Hand zu geben, um damit die traumatisierende Erfahrung »ins persönliche Narrativ« zu integrieren (Sachsse u. a. 2002, 39).

Migration ist keine zeitlich umrissene Phase wie andere Lebenskrisen, sondern eine dauerhafte psychische Belastung. Einerseits müssen Immigranten die aus den Verlusten entstehende Trauer und mögliche Depression bewältigen. Andererseits sind sie mit all ihren Kräften gefordert, den gegenwärtigen Anforderungen der neuen Umgebung standzuhalten, einen eigenen Standort in der neuen Gesellschaft zu finden. Es kommt zu einer immer fließenderen Interaktion zwischen Außen- und Innenwelt. Es geht in dieser Phase um die ersten Identifizierungen mit der bisher fremden Umgebung, darum, ungewohnte Verhaltensweisen zu entschlüsseln, sich eine gewisse Routine im Alltag anzueignen. Trauer oder Depressionen aufgrund der Verlustgefühle tauchen deshalb häufig nicht sofort auf – nicht selten wird die Trauer um das Verlorene verschoben und kommt erst Jahre später zum

Vorschein, häufig erst nach der Etablierung im neuen Land. Die traumatische Erfahrung führt also im Sinne eines »schweigenden Traumas« nicht zu auffälligen, sichtbaren Reaktionen oder Symptomen, kann aber tiefe und dauerhafte Auswirkungen haben. Es gibt häufig anschließend an die erste Krise eine Art Latenzperiode der psychischen Verarbeitung. Die inneren Folgen können dann später in Form von Angst- und Verlassenheitsgefühlen oder auch psychosomatischen Symptomen zum Vorschein kommen.

Kürsat-Ahlers beschreibt die »Phase der Entdeckung« der neuen Umgebung als Regression, als Zurückversetztsein in die Kindheit. Sie vergleicht den Zustand des Neuankömmlings mit einem Kind, das noch nicht sprechen und seine Versorgung noch nicht eigenständig bewältigen kann. Dieses Zurückversetztsein wird als kränkend erlebt, weil damit auch kindliche Ohnmachtserfahrungen reaktiviert werden. Darin stimme ich ihr zu, möchte aber ergänzen, dass dieser regressiven Seite der Erfahrung auch eine progressive gegenübergestellt werden kann. Die Phase der Erkundung, der Neuorientierung hält neben der Erfahrung von Hilflosigkeit und Mangel an Orientierung auch viele Möglichkeiten bereit, neue Erfahrungen einzugehen, mit neuen Formen der Kommunikation zu experimentieren, das bisherige Repertoire an Alltagsstrategien zu erweitern. Nach meiner Erfahrung ist die Anfangsphase in der neuen kulturellen Umgebung häufig von einer gewissen Amnesie umgeben und wird in der Therapie kaum oder schwer erinnert, während einzelne oftmals irritierende oder in besonderer Weise libidinös besetzte Erlebnisse im Sinne von Deckerinnerungen überdeutlich in der Erinnerung aufgehoben werden.

In Canettis Erzählung ist es unter anderen Erfahrungen in der neuen Umgebung ganz besonders das Erlebnis mit »Little Mary«, das seine Hinwendung zur neuen kulturellen Außenwelt symbolisiert, die voller Aufregungen und Verlockungen ist. Mit England, das im Kontrast zum Leben in Rustschuk, das »heftig und laut und reich an schmerzlichen Unglücksfällen« gewesen war, »durch seine Ordnung bestach«, ist er besonders in der Schule konfrontiert. Anstelle seines Freundes Donald, mit dem er unter der Schulbank Briefmarken tauscht, wird ein kleines Mädchen neben ihn gesetzt, Mary Handsome:

> »Sie war kleiner als ich und hatte helle Haare, aber das Schönste an ihr waren ihre roten Backen, ›wie Äpfelchen‹. [...] Während der Schulstunden musste ich sie immer ansehen. Ich war von ihren roten Backen so sehr verzaubert, dass ich nicht mehr auf Miss Lancashire achtete, ihre Fragen nicht hörte und verwirrt antwortete. Ich wollte die roten Backen küssen und musste mich zusammennehmen, es nicht zu tun.« (54 ff.).

Er begleitet fortan »Little Mary« auf dem Heimweg und an der Ecke der Straße, in der sie wohnt, küsst er sie rasch auf die Backe und läuft dann eilig nach Hause. Bald wird ihm der Weg bis zur Ecke zu lang und er küsst sie gleich, als sie auf die Straße kommen. Sie wehrt sich und droht, es ihrer Mutter zu sagen. Eines Tages küsst er sie, so oft er will, bis zu ihrer Ecke, worauf sie sich nicht verabschiedet und nur sagt: »Jetzt sag' ich's meiner Mutter!«

Am folgenden Tag erscheint Mrs. Handsome in der Schule und vermittelt ihm sehr bestimmt, dass er Mary nicht mehr nach Hause begleiten und nicht mehr neben ihr sitzen werde. Sie beeindruckt ihn sehr, sodass er es ihr nicht übel nimmt. Besonders ihre Sprache hat eine unwiderstehliche Wirkung auf ihn, eine Rede, »in der ich eine so wichtige Rolle spielte, hatte mir noch niemand auf englisch gehalten«. Nachträglich fällt ihm bei der Erinnerung an diese junge Liebe das erste spanische Kinderlied ein, das er in Bulgarien gehört hatte. Er wurde noch auf dem Arm getragen, und eine Frau sang »Manzanicas colorados, las qui vienen de Stambol« – »Äpfelchen rote, die kommen von Istanbul«, und dabei kam sie mit dem Zeigefinger immer näher an seine Backe und stieß plötzlich hinein.

> »Ich quietschte vor Vergnügen, sie nahm mich in die Arme und küsste mich ab. [...] Vier Jahre später fand ich meine eigenen Äpfelchen in Mary wieder [...] und ich wunderte mich nur, dass ich den Finger nicht in ihre Wangen stieß, bevor ich sie küsste«.

Diese kurze, aber heftige Passion für »Little Mary« zeigt, dass die neue englische Umgebung eine große Anziehungskraft für Canetti besitzt. Er sucht die Nähe zu dieser ursprünglich fremden Welt und den darin auftauchenden Personen. Dabei ist sicher von Bedeutung, dass seine Annäherung wenn nicht erwidert, so doch akzeptiert wird, denn sie entspricht vermutlich dem Wunsch, in dieser fremden Umgebung aufgenommen zu werden. Nimmt man die frühe Erinnerung hinzu, eine Situation voller Zärtlichkeit und Vergnügen, schwingt hier offenbar der Wunsch nach einem frühen Gefühl von Aufgehobensein und Geborgenheit mit. Dabei enthält auch das Kinderlied einen Hinweis auf die Verlockungen der großen weiten Welt: In Istanbul gehen das Fremde, der Sog der Großstadt, und das Vertraute, das Istanbul als Zentrum der spaniolischen Juden für Canetti besitzt, ineinander über. Die Äpfelchen stehen als Symbol für die Erreichbarkeit dieses Sehnsuchtsortes. Es gelingt ihm angesichts der neuen und fremden Umgebung durch die Annäherung an Mary im Bild der roten Äpfelchen bzw. Bäckchen eine

Verbindung zu einer vergangenen positiven Erfahrung herzustellen, die er der potenziell traumatisierenden Gegenwart entgegensetzen kann.

Er bemerkt sehr wohl die anfängliche Distanziertheit der Kinder in der Klasse, etwa von Donald, seinem späteren Freund, dessen Herablassung er spürt und der »nach einiger Zeit zugab, dass er mich anfangs für dumm gehalten habe, weil man mir die [Cricket] Regeln erklären und wiederholen musste«. Denn »vom ersten Tage kannten sich die anderen Knaben in den Regeln aus, als wären sie Cricket-spielend geboren worden« (54).

Grinberg & Grinberg (1990) stellen als spezifische psychische Reaktion auf das Migrationstrauma ein tiefes Gefühl von Verlassenheit in den Vordergrund. Dieses Gefühl basiere ursprünglich auf den frühesten Trennungserfahrungen, dem Getrenntsein von der schützenden und nährenden Mutter oder auch anderen wichtigen Beziehungspersonen. Das Trauma kann demnach früheste Ängste vor Objektverlust reaktivieren, die einer Existenzbedrohung gleichkommen. Im ungünstigen Fall kann es bei mangelnder Stabilität der verinnerlichten Objektbeziehungen bis zur Gefährdung des Ichs durch die Auflösung der Ich-Grenzen führen. Im günstigen Fall kann es aber auch, wie in Canettis Beispiel, zu kreativen Lösungen und einer gelungenen psychischen Bewältigung kommen. Zusammenfassend lässt sich sagen, dass das Verlassen der gewohnten Umgebung psychisch mit frühen Trennungserfahrungen gleichgesetzt wird. Als Folge davon wird ein erhöhtes Bedürfnis beschrieben, in der neuen Umgebung angenommen und geschützt zu werden. Wesentlich erscheint dabei die Beobachtung, dass die Aufnahme von Beziehungen mit den Menschen der neuen Umgebung Vertrauen in diese Menschen voraussetzt: Ähnlich wie die von Canetti beschriebene Distanziertheit wirken subtile oder direkte An- und Übergriffe, die MigrantInnen im Alltag immer wieder drohen, und lassen unter Umständen dieses Vertrauen gar nicht erst entstehen.

Die Suche nach einem neuen Standort wird in der abschließenden »Phase der Verarbeitung« der Migrationserfahrung langsam abgeschlossen und mündet im idealen Fall in das Erreichen einer Stabilität des neuen Identitätsgefühls. Es geht um das Wiedergewinnen der Ich-Fähigkeiten, die anfangs erschüttert wurden, und um deren Erweiterung. Die neue Umgebung kann jetzt realistisch eingeschätzt und beurteilt werden. Es entwickelt sich eine eigene Synthese aus Anteilen des früheren und jetzigen Kulturraums. Die Trauer um das Verlorene und gewisse Sehnsüchte hören zwar nicht auf, doch wird es möglich, eine innere Verbindung zwischen dem Vergangenen und der Gegenwart herzustellen oder auch eine Perspektive zu entwickeln. Diese Phase der Verarbeitung beinhaltet, sich in den jeweils verschiedenen Kulturen vertraut zu fühlen und dabei in der gegenwärtigen Realität verankert zu sein.

Kürsat-Ahlers (1995) weiß darum, dass diese Phase nicht notwendigerweise erreicht wird. Deshalb spricht sie davon, dass nur unter Bedingungen gesellschaftlicher wie auch individueller Partizipationsmöglichkeiten diese idealtypisch formulierte duale kulturelle Orientierung erreicht werden kann. Sie erfordert ein hohes Maß an Kommunikations- und Identifikationsfähigkeiten. Es geht um die Herstellung einer individuellen Balance zwischen den psychischen Repräsentationen der verschiedenen kulturellen Sphären und wird daher von Kürsat-Ahlers auch als hohe sublimatorische Leistung beschrieben. Ich nehme an, dass dieser Idealzustand selten erreicht wird.

Canettis Erzählung kann als Beispiel für eine solche idealtypische Entwicklung angesehen werden: Es gelingt ihm, die verschiedenen Facetten des Eintauchens in verschiedene Kulturen und die gleichzeitige Beibehaltung seiner eigenen Kultur oder die seiner Familie in seinen Schilderungen nachfühlbar zu machen. Nicht zuletzt hat er sich das Schreiben zur Aufgabe gemacht, in das er seine Erfahrungen einfließen lassen kann und das sich auch als Bewältigungsmöglichkeit erweist.

Inwieweit es bis zu dieser Phase des Heimischwerdens zu einer Konsolidierung gekommen ist, zeigt sich häufig an der Beziehung von Migranten zu den im Ursprungsland zurückgebliebenen Familienmitgliedern oder anderen wichtigen Beziehungspersonen, einer früheren Gemeinschaft oder deren Institutionen im Einwanderungsland. Die Auswanderer gelten oftmals als Personen, die die Grenzen des Vertrauten und Tabus überschritten haben. Unterschiedliche Wünsche und Fantasien werden auf sie projiziert. Sie ziehen den Neid der anderen auf sich, weil sie den Traum von vielen realisiert haben, Zugang zu besserer Existenzsicherung und vielleicht auch zu mehr individueller Freiheit und Sicherheit zu bekommen. Daraus ergibt sich eine starke Ambivalenz auf beiden Seiten, die oftmals zu Loyalitätskonflikten führt.

Canetti beschreibt einige stark emotional aufgeladene Eindrücke von seiner ersten Reise nach Bulgarien vier Jahre nach der Übersiedlung nach Manchester (114 ff.). Er ist jetzt zehn Jahre alt, und Rustschuk gewinnt schon bei der Planung der Reise durch die Erzählungen der Mutter von ihrer Kindheit immer mehr an Bedeutung für ihn, während es »von den Spaniolen, die ich in England und Wien kannte, nur mit Verachtung erwähnt wird, als ein provinzielles Nest ohne Kultur, wo die Leute gar nicht wussten, wie es in ›Europa‹ zugeht« (114).

Es ist wiederum die Person des Großvaters, an der stellvertretend die Veränderungen deutlich werden:

»Nur der Großvater, der sich nie für etwas schämte, sprach den Namen der Stadt mit feurigem Nachdruck aus, da war sein Geschäft, das Zentrum seiner Welt, da waren die Häuser, die er mit wachsendem Wohlstand erworben hatte. Doch hatte ich gemerkt, wie wenig er von den Dingen, die mich heftig interessierten, wusste – als ich ihm einmal von Marco Polo und China erzählte, sagte er, das seien alles Märchen, ich sollte nur glauben, was ich selber sähe, er kenne diese Lügner; ich begriff, dass er nie ein Buch las« (115).

Dennoch haben die Erzählungen des Enkels das Interesse des Großvaters geweckt, und er stellt der Mutter beim Essen eine Reihe von Fragen über Marco Polo, »er erkundigte sich nach jeder wunderbaren Einzelheit, die ich ihm berichtet hatte, ohne eine einzige auszulassen« (115).

Die Reise nach Bulgarien führt bei Canetti zu einer ernüchternden Entidealisierung. Der Großvater, der ihm früher durch die Kenntnis vieler Sprachen imponiert hatte, »sprach diese nur mit lächerlichen Fehlern« (115). Er stellt fest, dass es an den verschiedenen Orten – inzwischen lebt er in Wien – unterschiedliche Ideale und Werte gibt, die schwer miteinander vereinbar sind. Die orientalische Welt Rustschuks fasziniert ihn aber auch. Die Familie wohnt im geräumigen, nach türkischer Art gebauten Haus der Tante:

»Die Räume in ihrem Haus waren hell und doch kühl, es war viel mehr Platz als bei uns in Wien, es gab allerhand zu entdecken. Ich hatte vergessen, wie es sich auf türkischen Diwans lebte, und alles schien mir fremdartig und neu, beinahe als wäre ich auf einer Forschungsreise in einem exotischen Land, was der heftigste Wunsch meines Lebens geworden war« (117).

In den Gesprächen mit dem Großvater, aber auch mit dem Onkel und der Tante wird wiederholt deutlich, dass hier die Abgrenzung zwischen Einheimischen und Ausgewanderten besonders am Thema Bildung festgemacht wird. Wie schon am Beispiel des Großvaters zu sehen ist, wird von Canetti jede einzelne Person nach ihrer Bildung eingeschätzt. Doch auch umgekehrt ist für die Einheimischen das Wissen von Bedeutung. Es kommt im Haus der Tante Bellina zu einem heftigen Zornesausbruch des Onkels Josef. »Ich wurde davor gewarnt, es sei ganz furchtbar, wenn er in Wut gerate.« Im Gespräch wendet sich der Onkel, der sich als Advokat versteht, plötzlich an die Mutter:

»Aber dein kleiner Junge steckt dich in die Tasche. Der ist wie ich! Der wird dir einmal Prozesse machen! Den letzten Groschen wirst du herausrücken müssen!

Sie ist gebildet, sagen sie, dir wird dein Schiller nichts nützen! Auf das Gesetz kommt es an!« (119).

In dieser Situation geht es um die Loyalität der ausgewanderten Familienmitglieder und aus der Sicht des Onkels darum, dass das Verlassen des familiären Kulturraums und die Aneignung von anderem kulturellen Wissen, etwa Literaturen anderer Länder, als Grenzüberschreitung verstanden werden, die möglicherweise bestraft wird. Für Canetti kreisen die Erlebnisse dieser Reise um seine Identität innerhalb der Familie in Rustschuk und zugleich darum – gleichsam als »Forschungsreise in eine exotische Kultur«, von der er etwas zu erfahren träumt –, wie sich Menschen kulturspezifisch zueinander ins Verhältnis setzen (vgl. Nadig 1996).

Die Konsolidierung seiner Identität als Migrant ist damit noch nicht abgeschlossen und wird noch weitere Stadien durchlaufen. Dennoch möchte ich seine Biografie hier nicht weiterverfolgen, denn seine spätere Entwicklung als Schriftsteller lässt den Schluss zu, dass es ihm gelungen ist, in verschiedenen Kulturen zu Hause zu sein. Die Wahl des Schreibens, verstanden als Bewältigungsform oder Sublimation, die neben der Liebe der Mutter zur Literatur[2] auch auf eine Anregung des Vaters[3] kurz vor dessen Tod zurückgehen könnte, enthält auch eine kulturspezifische Komponente: In der jüdischen Kultur nimmt bekanntlich das Lesen und Schreiben einen besonderen Platz ein. Auf der individuellen Ebene sichert es durch die Vermittlung von Eltern an Kinder die Weitergabe von Wissen, kollektiv die Überlieferung der Kultur (vgl. Hassoun 2002).

Bezogen auf die Therapie kommt es darauf an, die aktuelle Realitätsbewältigung wie auch die Bearbeitung der Trauer um das Verlorene im Auge zu behalten. Die subjektive Lebensgeschichte mit ihren Konflikten und

---

[2] Zu den Leseabenden mit der Mutter schreibt er: »Wenn es eine geistige Substanz gibt, die man in frühen Jahren empfängt, auf die man sich immer bezieht, von der man nie loskommt, so war es diese« (105).

[3] »›Du wirst werden, was du gern willst‹, sagte er mit einer Stimme, die so zärtlich war, dass wir beide stehenblieben. ›Du brauchst nicht ein Kaufmann zu werden wie ich und die Onkel. Du wirst studieren und was dir am besten gefällt, wirst du werden‹.« In den letzten Monaten vor seinem Tod hatte der Vater ihm immer wieder Bücher mitgebracht, die er las. »[...] die Bücher und die Gespräche mit meinem Vater darüber« waren ihm »das Allerwichtigste auf der Welt« (49).

Brüchen wird innerhalb der therapeutischen Beziehung wiederbelebt, sodass auf diesem Wege eine psychische Bewältigung früherer wie auch aktueller Erfahrungen, Konflikte oder Ablösungsprozesse möglich wird. Die Therapie müsste deshalb einen Prozess der Selbstvergewisserung in Gang setzen und begleiten, der zwei oder mehr kulturelle Bezugspunkte einbezieht.

Grinberg & Grinberg beschreiben den therapeutischen Rahmen nach Bion als »Behälter« für die verschiedenen kulturell gefärbten Projektionen und Identifikationen, die sie »Identitätssplitter« nennen. Dieser Behälter dient als Schutz und Grenze. Gleichzeitig verwandelt er sich nach ihrem Konzept in einen Schmelztiegel, in dem die komplexen Vorgänge stattfinden, die im Laufe der Zeit zur Integration dieser Splitter führen und die abgespaltene Ich-Anteile, Identifikationen mit verschiedenen Objekten und Symbolisierungen verschiedener Kulturen umfassen. Diese Darstellung erscheint jedoch idealisierend, so als sei die Synthese dieser verschiedenen Anteile zum Greifen nahe, während sich im Einzelfall das Ringen um die kulturelle Identität häufig als sehr konflikthaft und kaum lösbar erweist. Neben der Verschmelzung verschiedener kultureller Anteile zu einem Konglomerat erscheint deshalb auch die Anerkennung der kulturellen Differenzen und der Grenzen der Synthese als Bewältigungsmöglichkeit.

Im therapeutischen Verarbeitungsprozess bedeutet das, auch zu verdrängten und verschütteten Anteilen der ursprünglichen Kultur wieder einen Zugang zu finden. Bei der Abwendung vom alten Kulturraum und der Hinwendung zum neuen werden häufig wesentliche Bestandteile der früheren kulturellen Umgebung verdrängt: Das können Bilder, frühe Erfahrungen, die Sprachen oder Teile der Sprache, szenische Fantasien, Identifikationen oder Ressourcen der Konfliktbewältigung sein. Der Weg zu diesen unbewusst gewordenen Aspekten der früheren kulturellen Umgebung führt über Erinnerungsspuren. Häufig bleiben einzelne Ereignisse lebendig in Erinnerung, doch fehlen vollständige Bilder im Sinne von szenischen Fantasien, in denen auch die Atmosphäre und die eigene emotionale Beteiligung enthalten sind. Der Weg zu den unbewussten Aspekten führt oft in phänomenologischer Weise besonders über die Erinnerung der sinnlichen Qualitäten der früheren Umgebung: der Atmosphäre, der Musik, der Geräusche, in die die szenischen Bilder eingebettet sind. Wenn die Erinnerungen an die frühere kulturelle Umgebung wiederbelebt werden, werden die aufgrund der traumatischen Erfahrung mobilisierten Abwehrschranken durchlässiger. Gerade diese Abwehrmechanismen des Ichs sind es, die das Ausbalancieren zwischen den Anteilen beider (oder mehrerer) Kulturen verhindern. Zugleich werden Schmerz, Trauer und Sehnsucht aufkommen, die innerhalb der Therapie ausgehalten und psychisch bewältigt werden können. Die therapeutische Beziehung kann, wie Winnicott in seinem Konzept herausgearbeitet hat, für diese Prozesse einen Übergangsraum bieten. Ein Immigrant »braucht einen potentiellen Raum, der ihm als ›Übergangsort‹ und ›Übergangszeit‹ vom mütterlichen [oder väterlichen] Landobjekt zur neuen äußeren Welt dient« (Grinberg & Grinberg 1990, 14). Zwischenmenschliche ebenso wie therapeutische Beziehungen können einen solchen potenziellen Raum herstellen, »in dem sich Kreativität, Symbole und Differenz, also Kultur und kulturelle Bedeutungen entwickeln können« (Nadig 2003). Winnicott spricht von Beziehungen, die von Vertrauen und Verlässlichkeit geprägt sind, in denen ein potenzieller Raum entsteht, den

> »das Kind, der Jugendliche und Erwachsene kreativ mit Spiel erfüllen kann, aus dem sich später die Freude am kulturellen Erbe entwickelt. Es ist die Besonderheit dieses Ortes, an dem Spiel und Kulturerleben sich ereignen, dass er existentiell von der lebendigen Erfahrung abhängt und nicht von Anlagefaktoren. [...] Dennoch bewerten wir Spiel und Kulturerfahrung besonders hoch, denn sie verbinden Vergangenheit, Gegenwart und Zukunft. Und sie umfassen Raum und Zeit« (Winnicott 1971, 126).

Gelingt die Errichtung eines solchen Raumes nicht, entsteht ein Bruch in der Kontinuitätsrelation zwischen Umwelt und Ich mit der möglichen Folge des Verlusts der Fähigkeit zur Symbolbildung und der Notwendigkeit, auf frühere Abwehrformen zurückzugreifen.

Canetti ist es gelungen, in seiner biografischen Erzählung diese Brüche und Vorgänge, die sich an den Übergängen von einer kulturellen Sphäre zu einer anderen ereignen, im Medium seiner wichtigen Beziehungen anschaulich zu machen.

Literatur

Englisch, M. (1999): Zum Umgang mit kultureller Differenz. Ein Blick durch die Brille gängiger Kulturkonzepte. In: Psychologie und Gesellschaftskritik 23, Nr. 91, 7–26.

Grinberg, L. & Grinberg, R. (1990): Psychoanalyse der Migration und des Exils. München, Wien (Verlag Internat. Psychoanalyse).

Hassoun, J. (2002): Schmuggelpfade der Erinnerung. Frankfurt/M. (Stroemfeld).

Kernberg, O. F. (1966): Structural Derivatives of Object Relationships. In: Int. J. Psycho-Anal. 47, 236–253.

Kürsat-Ahlers, E. (1995): Migration als psychischer Prozeß. In: I. Attia (Hg.): Multikulturelle Gesellschaft – Monokulturelle Psychologie? Antisemitismus und Rassismus in der psychosozialen Arbeit. Tübingen, 157–171.

Nadig, M. (1996): Zur ethnopsychoanalytischen Erarbeitung des kulturellen Raums der Frau. In: H. Haase (Hg.): Ethnopsychoanalyse. Wanderungen zwischen den Welten. Stuttgart (Klett-Cotta), 143–172.

Nadig, M. (2003): Transkulturalität im Prozess – Theoretische und methodische Aspekte aus Cultural Studies und Psychoanalyse. Unveröffentlichtes Manuskript eines Vortrages in Korea.

Sachsse, U., Özkan, I. & Streeck-Fischer, A. (Hg.) (2002): Traumatherapie – Was ist erfolgreich? Göttingen (Vandenhoeck & Ruprecht).

Winnicott, W. (1971): Vom Spiel zur Kreativität. Stuttgart (Klett-Cotta) 1995.

Monika Englisch

Sehnsucht nach Freiheit und Integrität
Alfred Anderschs autobiografische Erzählungen*

Im Werk Alfred Anderschs spielt das Freiheitsmotiv durchgängig eine bestimmende Rolle. Dies gilt auch und gerade für seine autobiografischen Erzählungen, die mehr oder weniger fiktionalisiert sind. In ihnen sucht er Schlüsselszenen der eigenen Selbst- und Identitätsfindung zu gestalten – private Alltagssituationen, die mit überpersönlichen Geschehnissen auf der politischen Ebene verflochten und zu atmosphärischer Dichte verarbeitet werden.

Anderschs erstes Buch »Die Kirschen der Freiheit« (1952) war und blieb seine wichtigste autobiografische Darstellung. Während er damals die Ich-Form verwandte, wählte er in den späteren sechs autobiografischen Erzählungen »Alte Peripherie«, »Die Inseln unter dem Winde«, »Lin aus den Baracken«, »Brüder«, »Festschrift für Captain Fleischer« und »Der Vater eines Mörders« die Figur des Franz Kien als Alter Ego.[1] »Eigentlich merkwürdig, dass ich *Franz Kien* sage, anstatt *ich*«, merkte er an. Vielleicht habe er von ihm nur erzählt, »weil es mir unter seinem Namen eine Spur leichter fällt, von mir selbst zu erzählen. Leichter – das ist: erzählter. Erzählter – das ist: verdichteter. Verdichteter: das ist: wahrer.« Der Leser könne die Franz-Kien-Geschichten als »Nachträge in sein Exemplar KIRSCHEN einkleben« (zit. nach Hitzer 1981, 114). Daher erscheint es ganz im Sinne Alfred Anderschs, seine autobiografischen Erzählungen in chronologischer Folge aneinander zu reihen und damit als ein Ganzes zu betrachten (vgl. Wehdeking 1983, 116).

Die Franz-Kien-Geschichten sind nach dem Modell der Nick-Adam-Stories von Hemingway gestaltet. Der Name »Franz Kien« ist übrigens aus

---

* Alfred Andersch (1952): Die Kirschen der Freiheit. Zürich (Diogenes) 1968; (1979): Alte Peripherie, Die Inseln unter dem Winde, Lin aus den Baracken, Brüder, Festschrift für Captain Fleischer. In: Das Alfred Andersch Lesebuch, hrsg. v. Gerd Haffmans. Zürich (Diogenes); (1980): Der Vater eines Mörders – Eine Schulgeschichte. Zürich (Diogenes).

1 Die frühesten autobiografischen Erzählungen »Sechzehnjähriger allein«, »Heimatfront«, »Flucht in Etrurien«, »Amerikaner – Erster Eindruck«, die erst aus dem Nachlass (1981 und 1986) veröffentlicht wurden, sollen in diesem Artikel außer Betracht bleiben. In ihnen hat Andersch teils die Ich-Form, teils Werner Rott als Alter Ego verwendet. Thematisch stehen sie in engem Zusammenhang mit »Die Kirschen der Freiheit«.

den zwei Hauptfiguren von Elias Canettis Roman »Die Blendung« (1935) gebildet: dem sehr belesenen, aber weltfremden Sinologen Peter Kien und einem neunjährigen Jungen namens Franz Mezger, der aus Wissbegierde Kiens Bibliothek benutzen und dort nach Lust und Laune lesen möchte (vgl. Wehdeking 1983, 118). Dieser Bildungseifer korrespondiert mit dem Wunsch des Schülers Kien-Andersch nach selbstbestimmter Lektüre und autodidaktischem Lernen: »[...] später werd' ich mehr wissen, als die mir hier beibringen können [...], spielend werd' ich es mir selber beibringen [...]« (Andersch 1980, 114).

Betrachtet man Anderschs autobiografische Erzählungen als »Fragmente zu einem großen Plan« (Hitzer 1981, 99), so lässt sich darin ein persönliches, aber auch ein überindividuelles – für die Nachkriegsgenerationen in Deutschland maßgebliches – Identitätsthema erkennen, das nicht nur psychologischen Charakter hat, sondern auch die politische, philosophische und künstlerische Sphäre tangiert.

1914, kurz vor Beginn des Ersten Weltkriegs geboren, wuchs Andersch in engen kleinbürgerlichen Verhältnissen auf. Er schildert sich als einen eigenwilligen Jugendlichen, der sich im Münchner Vorort Neuhausen an der »Peripherie« des Lebens fühlt. In seiner Kindheit war bei ihm eine verdrossene Stimmung vorherrschend. Das Gefühl der Langeweile hielt ihn umklammert: »Noch heute, wenn ich nach München komme, kann ich der Lockung nicht widerstehen [...] im Durchwandern der Straßen meiner Kindheit, das Gefühl faden Wartens noch einmal auszukosten, das mich als Knabe hier umgab« (1952, 11).

Das Familienleben war überschattet vom Schicksal seines Vaters, eines ehemaligen Hauptmanns der Reserve, der wegen seines Einsatzes im Ersten Weltkrieg mit dem Eisernen Kreuz ausgezeichnet worden war. Für diesen glühenden Nationalisten bedeutete die Niederlage Deutschlands eine unerträgliche Schmach. Beruflich ohne Perspektive, wirtschaftlich immer mehr in Schulden geratend, galt seine ganze Hoffnung den Rechtsradikalen um Ludendorff und Hitler. Er war Mitbegründer der antisemitischen Thule-Gesellschaft, trat schon 1920 der NSDAP bei und war drei Jahre später aktiv am Hitler-Putsch beteiligt. Wegen eines ausschwärenden Granatsplitters im Bein wurde eine Amputation erforderlich, von der er sich nicht mehr erholte und mehrere Jahre nur noch dahinsiechte, bis er 1929 starb – ein in jeder Hinsicht »geschlagener Held« (1952, 15).

Auf das »Pennal«, wo man ihm vorschreiben will, was und wie er zu lernen habe, reagiert der pubertierende Andersch mit heftigem Widerwillen. Die Aversion gegen eine Pädagogik, in der Einordnung über alles gestellt wurde und jugendlichem Individualismus kaum einen Freiraum ließ, blockiert seine Lernfähigkeit und erfüllt ihn mit Überdruss. Ein eindrückliches Zeugnis dafür ist die Schulgeschichte »Der Vater eines Mörders«, in welcher der Autoritäts- und Generationenkonflikt offen zum Ausbruch kommt:

Der gefürchtete Schuldirektor (»Rex«) erscheint zu einem überraschenden Unterrichtsbesuch in einer Griechischstunde der Untertertia. Eines seiner Jagdopfer wird der 14-jährige Franz Kien, der den Griechisch-Unterricht seit Wochen desinteressiert hat über sich ergehen lassen. Bei einem inneren Monolog wird deutlich, wie sich alles in ihm gegen das schulische Lernen sträubt:

> »Ich aber könnte immerhin, wenn ich wollte. Ich will aber nicht. Alle haben sie es mit dem Wollen. Man muss etwas nur wollen, dann geht es schon. Wenn einer nicht will, ist er ein Faulenzer, und sie haben recht, ich bin faul, ich sitze wie gelähmt vor den Hausaufgaben und schmiere irgendetwas Flüchtiges hin, oder ich schiebe sie bis zum Abend auf und laufe auf die Straße. Ich finde die Schule öd, öd, öd!« (1980, 94 f.).

Der »Rex« deckt nun Kiens Renitenz schonungslos auf. Er fühlt sich offenbar als Pädagoge herausgefordert, Kiens passiven Widerstand brechen zu müssen, und erteilt diesem eine zutiefst erniedrigende Lektion. Wie sich im Weiteren herausstellt, ist dieser Schuldirektor nicht irgendjemand, sondern makabrerweise der Vater des späteren NS-Verbrechers Heinrich Himmler. Innerlich pocht Kien-Andersch darauf, dass man ihn sein Leben nach seinen eigenen Bedürfnissen und Vorstellungen führen lasse; äußerlich scheut er aber davor zurück, sich mit dem »Rex« anzulegen. Dessen Bemächtigungstendenzen vermag er sich gleichwohl zu entziehen, indem er darauf hinweist, dass er Schriftsteller werden wolle und sich für Karl May begeistere. Dem »Rex« fehlt es an jeglichem Verständnis dafür, dass einer Schriftsteller werden will, der sich nicht für die Grammatik interessiert, und erst recht dafür, dass dieser Gefallen an Karl May findet. »Damit verdirbst du dir deine Phantasie! Karl May ist Gift!« (92). Er ahnt nicht, dass Franz Kiens (und vieler anderer Jugendlicher) Enthusiasmus für Karl May in erster Linie der Vorbildlichkeit des edlen Winnitou entspringt, der Werte wie Wahrhaftigkeit, Mitgefühl, Freundschaft und für etwas Geradestehen verkörpert.

Nachdem die Examination durch den »Rex« den letzten Beweis für seine abgrundtiefe Faulheit erbracht hat, muss der 14-jährige Kien-Andersch das Gymnasium verlassen. Er beginnt eine Buchhandelslehre in einem Verlag, wieder eine lästige Pflicht, die ihn langweilt. Es sei in der Adoleszenz sehr wichtig für ihn gewesen, dass »seine Mutter ihre frühere Macht über ihn nicht wiedergewinnen« konnte, »denn indem er die Schule quittiert und zu arbeiten begonnen hatte, bezog sich sein Leben auf die Teilnahme an der Arbeit oder den Ausschluss von ihr, so dass er im Grundverhältnis des Daseins seiner Mutter gleichgestellt war« (1979, 32).

Die Erzählung »Alte Peripherie« kreist um den gemeinsam mit zwei ehemaligen Mitschülern ausgeheckten Plan, an einem Samstagnachmittag einfach per Zug zu »verschwinden«. Er habe diese Idee nur verfolgt, »weil sie radikal war und eine Verschwörung ergab« (1979, 17). Letztlich nimmt er von diesem Plan Abschied, weil ihm aufgegangen ist, dass ihm bald etwas viel Besseres bevorsteht: die erzwungene Arbeitslosigkeit, die für ihn aber Freiheit bedeutet – die lang ersehnte Möglichkeit, endlich selbst über seine Zeit zu verfügen.

Der jugendliche Andersch reagiert auf alle Arten von »Abhängigkeit«, Einengung oder symbiotischen Bindungen allergisch. Bei ihm tritt eine charakteristische Abwehrhaltung gegen äußeren Einfluss, Druck, Zwang oder äußere Fesseln zutage. Man kann von einer ersten Stufe des Freiheitsstrebens sprechen, auf der die Empfindlichkeit gegen alle Arten von Zwang und Abhängigkeit im Vordergrund steht. Hierbei wird die Faszination der Freiheit in einer Negation gesehen, im Freisein von Einschränkungen und Begrenzungen.

Auf einer zweiten Stufe wird Freiheit zu einem positiven Wert, dessen Realisierung in bestimmten Freiräumen angestrebt wird. Andersch sucht bevorzugt Bereiche auf, die von der determinierenden Alltagswelt mit ihren Routinen, Pflichten und Zwängen strikt getrennt sind und ihm die Möglichkeit verschaffen, seine Individualität zu erleben und ihr eigenen Ausdruck zu geben. Eine solche Enklave ist die Kunst. Sie wird für Andersch zum Modell einer selbstbestimmten Gegenwelt:

> »Ich fand, auf einer Bank im Park von Schleißheim sitzend, was ich an den Sonntagvormittagen, wenn der Eintritt frei war, auf den Bildern der Pinakothek suchte, im grünen Schmelz der Madonna Grecos, im Grau und Rosa einer Verkündigung Lippis, im klaren Traum-Venedig Canalettos – das Aroma der Kunst«.

So gelingt es ihm zeitweilig, die Deklassiertheit seines Vaters und die Schulmisere zu vergessen und sein eigenes Leben im »Park der Literatur und Ästhetik« zu führen (1952, 20).

Ein anderer Zufluchtsort ist die Einsamkeit der Natur. Andersch begibt sich gern ans Meer, ins Gebirge oder in die Wüste. In seinen Schriften taucht

des Öfteren das Leitmotiv auf »Die Freiheit lebt in der Wildnis« (1952, 112).
Man fühlt sich an die von dem Psychoanalytiker Michael Balint (1972) stammende idealtypische Beschreibung der philobatischen Weltbeziehung erinnert. Im Gegensatz zum Oknophilen, der ein zwanghaftes Bedürfnis nach Anklammerung an die Menschen und Dinge seiner nächsten Umwelt hat, empfindet der Philobat alle ihm nahe kommenden Objekte als bedrängend und bedrohlich und sucht deshalb, Nahkontakt und Berührung zu vermeiden. So fühlt sich Kien-Andersch am wohlsten in objektlosen Räumen, die ihm als »freundliche Weiten« erscheinen. Er liebt »den Gedanken an weite leere, regungslose Plätze zwischen großen verlassenen Gebäuden«. Am liebsten wäre ihm, »München sei von allen Menschen verlassen, und er [...] ginge ganz allein in den von seinen Schritten widerhallenden Straßen umher« (1979, 19).

Der Wunsch, einem Zustand der Unfreiheit zu entrinnen, führt also konsequenterweise zu Fluchtgedanken und Ausbruchsversuchen aus der einengend erlebten Realität. An vielen Beispielen aus den Erzählungen und Romanen Anderschs ließe sich zeigen, dass die Geste des Fortgehens oder Sich-Zurückziehens den Sinn hat, Abstand zur bedrängenden Realität herzustellen.

Aufbegehren, Distanzierung und die Suche nach Freiräumen ermöglichen aber noch kein Freiheitserleben im Sinne des »ich kann« oder »ich will«. Erst auf der dritten Stufe von Entscheidung und Tat lässt sich emotionale und geistige Freiheit erlangen.

Nach Abschluss der Lehre ist Andersch drei Jahre lang arbeitslos. In dieser Zeit beschäftigt er sich »fast ausschließlich mit Politik« (1979, 41). Ein halbes Jahr nach dem Tod seines Vaters wendet er sich als 17-Jähriger dem Lager des politischen Gegners zu. Im kommunistischen Jugendverband findet seine Sehnsucht nach einer befreienden Bindung, der er sich mit seiner ganzen Person hingeben kann, eine erste Erfüllung:

> »Ich betrat den Boden des Kommunismus mit dem gespannten Entzücken dessen, der zum erstenmal seinen Fuß auf einen jungfräulichen Kontinent setzt. Er bedeutete für mich das absolut Neue und Andere, und witternd sog ich das wilde Klima von Leben ein, das mir half, mich aus meiner kleinbürgerlichen Umwelt zu befreien. Das Wort Revolution faszinierte mich. Mit der Schnelligkeit jähen Begreifens vollzog ich den Übertritt von den nationalsozialistischen Doktrinen meines Vaters zu den Gedanken des Sozialismus, der Menschenliebe, der Befreiung der Unterdrückten ...« (1952, 23).

Mit wissenschaftlichem Eifer vertieft er sich nun in die Werke von Marx, Lenin und Bucharin. Sein kritischer Geist wird von den sozialrevolutionären Romanen Upton Sinclairs »in das Bad der Utopie« getaucht und von den pazifistischen Schriften Romain Rollands und Henri Barbusses aufgerüttelt:

> »Meine Gymnasiallehrer wären überrascht gewesen, wenn sie gesehen hätten, wie ich es mit einem Male vermochte, mich wissenschaftlicher Methodik hinzugeben. [...] Mein Tastsinn war es, der sich spannte; meine Nerven fühlten das faszinierend Unheimliche einer neuen realistischen Scholastik, die sich mit dem Geiste der Revolution verband« (1952, 25).

Die Phase dieses emotionalen Aufschwungs währt allerdings nicht lange. Die drohende Niederlage der Kommunisten gegen die Nazis wirft ihre ersten Schatten voraus. Angesichts der Ohnmacht seiner Partei kommen bei Andersch Gefühle »tiefer Melancholie« auf. Wieder unternimmt er Ausbruchsversuche, diesmal mit dem Fahrrad ins Gebirge: »Fuhr solche Touren immer allein und ahnte die Möglichkeiten des Lebens; wusste, dass hinter dem Leben, das ich im Augenblick führte, noch tausend andere Leben auf mich warteten.« Das Motiv seines späteren »Sansibar«-Romans klingt hier zum ersten Mal an: »Fortgehen, dachte ich, [...] immer weiter gehen, alles zurücklassen, neue Berge, Ebenen, und die nie erblickte See. Aber in der Nacht fuhr ich, die weiße mondbeschienene Mauer des Gebirges im Rücken, nach München und zur Partei zurück« (1952, 31 f.).

Mit Hitlers Machtergreifung endet Anderschs Befreiungsphase abrupt. 1933 wird er zweimal im KZ Dachau interniert. Dort erlebt er eine Erschießung mit und wird von Todesangst überwältigt: »An jenem Tage wäre ich zu jeder Aussage bereit gewesen, die man von mir verlangt hätte. Man hätte mich noch nicht einmal zu schlagen brauchen« (1952, 43). Nach der Entlassung aus der zweiten Haft wendet er sich desillusioniert von der Partei ab; einerseits weil sie dem notwendigen Kampf mit den Faschisten, dem Bürgerkrieg, ausgewichen war, andererseits aus der Einsicht, dass nunmehr jede Form von Widerstand aussichtslos sei.

Der Abschied aus der politischen Arena ist mit einem schmerzlichen Zurücksinken auf die zweite Stufe, die Freiräume von Natur und Kunst, verbunden:

> »Damals unterlegte ich meinem Dasein die Stimmungen Rilkes, machte auch Gedichte dieser Art und geriet, umklammert von einer versteckten Verfolgungsneurose, in tiefe Depression. [...] Das war im Sinne Kierkegaards die

ästhetische Existenz, marxistisch verstanden der Rückfall ins Kleinbürgertum, psychoanalysiert eine Krankheit als Folge des traumatischen Schocks, den der faschistische Staat bei mir erzeugt hatte« (1952, 46).

Die Erzählung »Brüder« kann als Dokument für Anderschs extremen Rückzug vom politischen Geschehen verstanden werden. Was ihn und seinen jüngeren Bruder auf einem Spaziergang an der Elbe bewegt, sind die Schönheit der Marschlandschaft und ihrer beider künstlerische Intentionen, während die Tatsache, dass am selben Tag der Zweite Weltkrieg ausgelöst wird, von beiden ohnmächtig und fast regungslos hingenommen wird.

Anderschs Anpassung an die NS-Diktatur geht sogar so weit, dass er eines Tages dem in einer Wagenkolonne vorbeifahrenden Hitler in und mit der Menge zujubelt: »Da öffnete auch ich den Mund und schrie: ›Heil!‹ Und als die Menge sich zerstreute und ich wieder ins Freie trat, da dachte ich, wie ich es heute denke: Du hast einer Kanalratte zugejubelt« (1952, 33 f.).

Als Andersch 1940 einen Gestellungsbefehl erhält und damit in die Realität des Dritten Reiches zurückgeholt wird, liegt ihm jeglicher Wille an Widerstand fern. Erst mehrere Jahre später, während er in Dänemark stationiert ist, taucht bei ihm der Gedanke an einen Ausbruch aus dem sinnlosen Kriegsgeschehen auf:

> »Es klang romantisch, aber es war eine ganz klare und simple Sache. Musste weg. Wusste es zum erstenmal ganz sicher, als ich auf der jütischen Heide lag, irgendwo bei Randers, versteckt im Heidekraut und die Sturmgeschütze beobachtete, bei der Divisionsübung im März 1944. War ein tolles und herrliches Gefühl, wie ich da lag und es mir überlegte. Dänemark war ein gutes Land für solche Entschlüsse. Wenn man in Aalborg im Café saß und den Regen draußen aufs Pflaster pladdern hörte, wenn man bei den Gefechtsübungen Posten stand und auf den See blickte, der zwischen den Heidehängen lag wie eine schlafende Kuh, dann trat die Freiheit in Gestalt einer jungen Blondine oder eines rütteln-den Habichts in mich ein [...] Und wenn ich einen Kiesel am Strande von Hobro auflas und in den Marriagerfjord hinausschleuderte, dann pfiff der Stein für mich die Worte ›Fahnenflucht‹ und ›Freiheit‹ über die Wellen, ehe er versank« (1952, 60 ff.).

Die andere Seite dieser unbekümmerten Freiheitsstimmung ist pure Angst, eine Art »instinktiver Abneigung gegenüber der Möglichkeit, in die absurde Blutzone des Krieges eintreten zu müssen« (1952, 82). Angesichts dieser Ausweglosigkeit proklamiert Andersch die Desertion als äußerste Form der

Selbstverteidigung. Dem Entschluss, aus der deutschen Armee zu desertieren, sobald sich eine Gelegenheit bietet, folgt am 6. Juni 1944 die Tat. Er flüchtet an der italienischen Front und erlebt einen kostbaren Augenblick der Freiheit, kurz bevor er sich in amerikanische Gefangenschaft begibt:

»In der Mulde des jenseitigen Talhangs fand ich einen wilden Kirschbaum, an dem die reifen Früchte glasig und hellrot hingen. Das Gras rings um den Baum war sanft und abendlich grün. Ich griff nach einem Zweig und begann von den Kirschen zu pflücken. Die Mulde war wie ein Zimmer; das Rollen der Panzer klang nur gedämpft herein. Sie sollen warten, dachte ich. Ich habe Zeit. Mir gehört die Zeit, solange ich diese Kirschen esse. Ich taufte meine Kirschen: ciliege diserte, die verlassenen Kirschen, die Deserteurskirschen, die wilden Wüstenkirschen meiner Freiheit. Ich aß ein paar Hände voll. Sie schmeckten frisch und herb« (1952, 130).

Seine Fahnenflucht bezeichnet er als seinen »ganz kleinen privaten 20. Juli«. Indem er dem Durchhalten bis zum bitteren Ende, dem Mitlaufen und »Beim-Haufen-Bleiben« eine individualistische Alternative gegenüberstellt, lässt er sich »aus dem Massenschicksal herausfallen«. So sieht er die Aufgabe seines autobiografischen Berichts »Die Kirschen der Freiheit« vornehmlich darin, darzustellen, »dass ich, einem unsichtbaren Kurs folgend, in einem bestimmten Augenblick die Tat gewählt habe, die meinem Leben Sinn verlieh und von da an zur Achse wurde, um die sich das Rad meines Seins dreht« (1952, 71).

Anderschs Kriegsgefangenschaft in den USA dauerte etwa 500 Tage (von August 1944 bis November 1945). In der Erzählung »Festschrift für Captain Fleischer« beobachtet Franz Kien mit unverhüllter Bewunderung, wie Captain Fleischer, ein jüdisch-amerikanischer Arzt, mit dem jungen deutschen Soldaten Frerks umgeht. Frerks ist Kien schon vorher aufgefallen, weil er seine Uniform mit den Nazi-Emblemen nicht ablegen will und sich von den anderen Kriegsgefangenen abkapselt. Die Mitgefangenen wollen deshalb nichts mit ihm zu tun haben. Keiner scheint zu sehen, dass Frerks sich in einer inneren Krise befindet, die mit dem Brüchigwerden seines Glaubens an Hitler und die völkische Mission zusammenhängt. Schließlich »dreht er durch«, und das ist für die Militärpolizei der Anlass, ihn zu fesseln und ins Hospital zu bringen. Mehrere Stunden liegt er so mit schwerem Fieber auf einem Bett, bis Captain Fleischer eintrifft. Der lässt ihm als erstes die Fesseln abnehmen und kümmert sich fürsorglich um den jungen Deutschen. Er scheint intuitiv zu begreifen, dass es nicht nur um einen medizinischen Fall

geht, sondern dass hier ein Mensch in Not ist. Frerks, der 1940 als 16-Jähri-
ger zur Wehrmacht eingezogen wurde, war vor seiner Festnahme Offiziers-
anwärter. Um ihn ins Gespräch zu ziehen, erzählt Fleischer zuerst von einer
Überflutung des Mississippi, ausgelöst durch einen Dammbruch, um sich
ihm dann persönlich zuzuwenden: »Can we go a way together?« Noch ein
anderer Satz des Arztes ist Andersch im Gedächtnis geblieben: »It's easy to
hate, easier than to love.« Captain Fleischer empfindet die Behandlung, die
Frerks von den Mitgefangenen widerfahren ist, als unfair: »Nobody talks to
him.« Mit den Worten »He must be taken into the crowd, not segregated«
sucht er die Mitgefangenen zum Umdenken zu bringen – obwohl er selbst
Amerikaner und Jude ist und der junge Mann noch nationalistisch und
antisemitisch fühlt und denkt. Erst als Frerks später Filme aus den Konzen-
trationslagern zu sehen bekommt, ist er so weit, dass er seine deutsche
Uniformjacke gegen einen amerikanischen Drillichanzug austauscht (vgl.
Andersch 1979, 70 ff.). Solche Erlebnisse von Toleranz und Mitmenschlich-
keit nähren Anderschs Hoffnung auf die amerikanische Form der
Demokratie, von der er bis in die späten 60er Jahre erfüllt ist.

In den autobiografischen Erzählungen lassen sich verschiedene Stufen der
Freiheitsrealisierung unterscheiden. Am geringsten ist der Freiheitsspiel-
raum in Anderschs Kindheit, in der die Zeit für ihn stillsteht und sein Leben
sich gleichsam im Wartesaal abspielt. In der Jugend überwindet er durch erste
Ausbruchsversuche punktuell die statische Zeit seiner Kindheit und erlebt
ästhetische Augenblicke, die ihm Möglichkeiten für ein selbstbestimmtes
Leben eröffnen. Im Innenraum der Münchner Dreifaltigkeitskirche verliert
er das Gefühl für die Zeit: »An solchen Orten, in solchen Zuständen blieb
alles in der Schwebe, wurde alles für die Zeitspanne, in der man sich in ihnen
befand, aufgehalten: die Entscheidungen und der Fortgang der Zeit« (1979,
34). Mit der Hinwendung zur sozialistischen Utopie steigt erstmals die Hoffnung auf eine bessere Zukunft in ihm auf. Soweit er aktiv Stellung nehmen
kann und an Entscheidungen verantwortlich beteiligt ist. bedeutet das
politische Engagement für ihn eine beglückende Fülle der Zeit. Nach der
Machtergreifung und angesichts des Terrors der Nationalsozialisten verfällt
er wieder in eine politisch resignative und zeitenthobene Haltung: »Es gab
keine Zeit mehr. Für mich nicht« (1952, 56). Sein innerer Freiheitsraum
erweitert sich erst wieder, als der Gedanke an die Fahnenflucht in ihm zu
keimen beginnt. Mit der Desertion erlangt er wieder die Stufe der
Handlungsfreiheit. Im Augenblick der Entscheidung ist er fähig, die Zeit zu
ergreifen: »Mir gehört die Zeit« (1952, 130). Existenziell gesehen hat diese
Erfahrung noch größere Tragweite als sein früheres Eingreifen in die

Geschichte, da er nunmehr seinen eigenen individuellen Weg wählen kann. Diese persönliche Erfahrung wird durch die Auseinandersetzung mit Sartres existentialistischer Freiheitsphilosophie (1943) und dessen entschiedener Résistance-Haltung überhöht. Man kann »die Bedeutung des Befreiungserlebnisses, diesen fundamentalen Umschlag seines Denkens in wenigen Wochen, für das Werk des Schriftstellers Andersch gar nicht überschätzen«, wie Volker Wehdeking (1983, 43) zu Recht betont.

Geht man von den dargestellten autobiografischen Szenen und dem darin sichtbar werdenden Wechsel zwischen depressiven und progressiven Lebensphasen aus, so lassen sich zunächst drei psychologische Motive unterscheiden, die auf eine Negation abzielen, auf »Freiheit von«.

Anderschs Sorge und Angst kreisen darum, sich nicht in symbiotische Abhängigkeitsbeziehungen verstricken zu lassen, auf keinen Fall anderen ausgeliefert zu sein oder gar hörig zu werden. Das oft abrupte Ausbrechen aus emotional nahen Situationen, das für distanzierte Persönlichkeiten mit einer ausgeprägten Bindungsangst charakteristisch ist, lässt sich mit dem Bild der schleifenden Kupplung in gefährlichen Verkehrssituationen veranschaulichen. Beim Auftreten ängstlich-misstrauischer Gefühle wird sofort ausgekuppelt; ebenso ruckartig kann wieder eingekuppelt werden (Riemann 1974, 28).

In der Auseinandersetzung mit dem Vater und dem Schuldirektor Himmler wird zudem ein starkes Bedürfnis spürbar, sich dem bemächtigenden Zugriff der männlichen Autoritäten zu entziehen, also eine reaktive und antiautoritäre Haltung, die im institutionellen Kontext eines Gymnasiums gerne als »passiv-aggressiv« diagnostiziert wird, um Disziplinprobleme in einen Krankheitszusammenhang zu bringen und bestimmte Sanktionen zu rechtfertigen.

Eine dritte identitätsstiftende Negation offenbart sich in der Abwehr gegen Gruppenzwänge und Vereinnahmungstendenzen, auf die Andersch mit sozialem Rückzug antwortet. Litt er phasenweise unter Langeweile und Verdrossenheit, so standen diese mit seiner von äußeren Kräften erzwungenen, in Regeln und Routinen erstarrten Lebensform in Zusammenhang. In der »totalen Introversion« traten dann Krankheitserscheinungen wie »tiefe Depression« und »versteckte Verfolgungsneurose« auf (1952, 45 f.).

Für die Freiheit als positive Strebensrichtung *zu* und *für* etwas lassen sich ebenfalls drei psychologische Motive ausfindig machen.

In der Hingabe an Natur und Kunst erlebt Andersch ästhetische Augenblicke, die es ihm ermöglichen, seine Abkapselung in sich selbst zu überwinden, sich emotional zu öffnen und seine geistigen Grenzen zu transzendieren.

Vor allem freiheitliche Stimmungen – das »Anarchiegefühl« – und Entscheidungsakte sind es, die ihm dazu verhelfen, eine Vergewisserung seines eigenen Identitätsgefühls zu erlangen. Die ungewöhnliche Faszination, welche die Freiheit für ihn gehabt hat, kann man im Erreichen einer narzisstischen Hochstimmung sehen. Er selbst spricht anlässlich seiner großen Befreiungstat, der Desertion, von einem »unbändigen Triumphgefühl« und einer »Stimmung grandioser Unbekümmertheit« (Andersch 1952, 82 und 108).

Schließlich geht es um eine »Faszination der Freiheit«, auf die sich Bedürfnisse, Wünsche, Strebungen, Sehnsüchte als höchsten Lebenswert und als Persönlichkeitsideal richten. Wer weder den Leidenschaften und Verstrickungen der Liebe noch denen der Macht unterworfen sein will, kann mit Freiheit persönliche Eigenschaften wie Selbstgenügsamkeit, Gelassenheit, Stoizismus und Integrität verbinden und diese für besonders erstrebenswert halten. Die Psychotherapeutin Karen Horney (1950) hat diesen Lebens- und Wertentwurf als typische Charakterhaltung – und Neurosenstruktur – beschrieben. Für narzisstische Persönlichkeiten, die durch einen Grundkonflikt zwischen Grandiosität und Verletzlichkeit charakterisiert sind und infolge ihrer narzisstischen Bedürftigkeit ständig nach Befriedigung ihres »Größenselbst« trachten, kann Freiheit bedeuten, ihrem »wahren Selbst« nahe gekommen zu sein (vgl. Masterson 1988).

Eine wichtige Frage ist in diesem Zusammenhang, wie man trotz allen Verstricktseins in die Welt seine »Integrität« bewahren kann. Hier ist die Nahtstelle, an der Freiheits- in Integritätsstreben übergeht. Synonyme für Integrität sind Wahrhaftigkeit, Aufrichtigkeit, Unbestechlichkeit und Selbstbewahrung.

In psychoanalytischen und tiefenpsychologischen Darstellungen wird die Zusammengehörigkeit von Freiheits- und Integritätsstreben vor allem dem Persönlichkeitstyp des distanzierten Menschen zugeschrieben. Solche Menschen haben – in größerem oder geringerem Ausmaß –

> »eine essentielle Aufrichtigkeit, eine naive Unschuld in ihren innersten Gedanken und Gefühlen, die unbestechlich ist und auch nicht durch die Lockung von Macht, Erfolg, Schmeichelei oder ›Liebe‹ korrumpiert werden kann. [...] Jetzt verstehen wir, dass diese Menschen Freiheit von Verstrickung, Beeinflussung und Druck, von den Fesseln des Ehrgeizes und Wettbewerbs brauchen, um ihr inneres Leben rein und ungetrübt erhalten zu können« (Horney 1950, 314).

Die Integrität einer Persönlichkeit erscheint bei Andersch als Ergebnis eines dialektischen Prozesses der Konfliktbereitschaft und Konfliktlösung. Dabei müssen die bereits aufgezeigten Stufen des Freiheitsstrebens – Abwehr und Flucht, Suche nach Freiräumen in Natur und Kunst, Entscheidungsakt und Handlungsvollzug – immer wieder neu durchlaufen werden. Integrität kann nur gewahrt werden, wenn der Einzelne die Fähigkeit erwirbt, zu negieren, Widerstand zu leisten, gegen den Strom zu schwimmen. Nach Christoph Burgauners Auffassung sind alle Figuren Anderschs

>einer Drohung, einem Druck ausgesetzt. Allen wird die Möglichkeit geboten, diesem Druck zu entkommen. Die Auseinandersetzung mit diesem Angebot ist eine moralische. Die Grundsorge, die der Autor in allen seinen Figuren zum Ausdruck bringt, ist die Sorge um die Integrität des einzelnen« (Burgauner 1965, 436).

Bei Andersch selbst mündete das Freiheitsstreben in individualistische Bestrebungen ein. Er wollte eine Eigengesetzlichkeit auf hohem kulturellem Niveau leben. Von dieser psychologischen Dynamik hatte er selbst recht klare Vorstellungen. Sein starkes Interesse für Freud und die Psychoanalyse geht aus einem Satz im »Sansibar«-Roman hervor:

>Einmal hatte er monatelang die Schriften Freuds studiert, um eine Erklärung für seine Träume zu finden, und er hatte festgestellt, dass dieser Mann, den er von da an bewunderte und liebte, in der Tat die Geheimnisse im Vorhof der Seele gelöst hatte« (Andersch 1957, 161).

Diesem Integrationsstreben entsprechend war die Weltsicht Alfred Anderschs durch einen kritisch-unbestechlichen Blick für die politische Realität und durch Nonkonformismus gekennzeichnet. Dem Druck des Kollektivschicksals, auf das die Menschheit mit Schicksalsgläubigkeit, deterministischen Ideologien und den Kategorien von Zufall und Chaos antwortete, setzte er die Möglichkeit individualistischen Handelns und Denkens im Dienste einer offenen, den Menschen gemäßen Zielvorstellung entgegen.

Literatur

Andersch, A. (1957): Sansibar oder der letzte Grund. Frankfurt/M. (Fischer).
Andersch, A. (1981): Heimatfront, Flucht in Etrurien, Amerikaner – Erster Eindruck. In: Ders.: Flucht in Etrurien. Zwei Erzählungen und ein Bericht. Zürich (Diogenes).

Andersch, A. (1986): Sechzehnjähriger allein. In: Ders.: Erinnerte Gestalten. Frühe Erzählungen. Zürich (Diogenes).

Balint, M. (1972): Angstlust und Regression – Beitrag zur psychologischen Typenlehre. Reinbek (Rowohlt).

Burgauner, C. (1965): Zur Romankunst Alfred Anderschs. In: A. Andersch: Bericht. Roman. Erzählungen. Olten (Walter), 419–455.

Gödde, G. (1985): Die zeitliche und geschichtliche Dimension der Freiheit in den Romanen von Alfred Andersch. In: Jahrbuch für Verstehende Tiefenpsychologie und Kulturanalyse, Band 5, 105–128.

Hitzer, F. (1981): Fragmente zu einem großen Plan. In: Kürbiskern 1981/1, 99–115.

Horney, K. (1950): Neurose und menschliches Wachstum. München (Kindler) 1975.

Masterson, J. F. (1993): Die Sehnsucht nach dem wahren Selbst. Stuttgart (Klett-Cotta).

Reinhardt, S. (1990): Alfred Andersch. Eine Biographie. Zürich (Diogenes).

Riemann, F. (1974): Grundformen helfender Partnerschaft. München (Pfeiffer).

Sartre, J.-P. (1943): Das Sein und das Nichts. Reinbek (Rowohlt) 1974.

Wehdeking, V. (1983): Alfred Andersch. Stuttgart (Metzler) 1983.

Günter Gödde

Autoren

Eva-Maria Alves, Freie Autorin und Herausgeberin zahlreicher Bücher. Letzte Veröffentlichungen: (mit M. Christlieb & S. Düring) (Hg.): Evas Biss (2002); »Die wilde Braut«, Hörspiel im Saarländischen Rundfunk 2004.

Hildegard Baumgart, Dr. phil., Romanistin, Paar- und Familienberaterin von 1972–1992, Autorin mehrerer Bücher. Letzte Buchveröffentlichung: »Bettine Brentano und Achim von Arnim, Lehrjahre einer Liebe« (2001).

Ada Borkenhagen, Dr. phil., Dipl.-Psych., Psychoanalytikerin, Gastwissenschaftlerin an der Med. Psychologie & Soziologie der Universität Leipzig und Mitarbeiterin im BMBF-Projekt. Forschungsgebiete: Selbstschädigungssyndrome, Schönheitschirurgie, Reproduktionsmedizin. Letzte Veröffentlichung: »Pygmalions Töchter: Weibliche Selbstinszenierung mittels Schönheitschirurgie.« In: Psychosozial 26, 2003, Nr. 94.

Michael Buchholz, Prof. Dr. phil., Dipl.-Psych., apl. Professor am Fachbereich Sozialwissenschaften der Universität Göttingen, Psychoanalytiker in freier Praxis, Supervisor und Lehrtherapeut. Forschungsschwerpunkte: Qualitative Forschung in der Psychotherapie, Metaphernanalyse, Familientherapie, Probleme der psychoanalytischen Profession. Letzte Buchveröffentlichung: »Neue Assoziationen. Psychoanalytische Lockerungsübungen« (2003).

Peter Dettmering, Dr. med., Psychiater und Psychoanalytiker in freier Praxis. Zahlreiche Buchveröffentlichungen im Bereich psychoanalytischer Literaturanalysen. Letzte Buchveröffentlichung: »Von Shakespeare zu T. S. Eliot« (2003).

Monika Englisch, Dipl.-Psych., Psychoanalytikerin und Supervisorin in freier Praxis, Mitarbeit am Zentrum für interkulturelle Psychiatrie und Psychotherapie der Charité. Letzte Veröffentlichung: »Zum Umgang mit kultureller Differenz – Ein Blick durch die Brille gängiger Kulturkonzepte«. In: Psychologie und Gesellschaftskritik 23, 1999, Nr. 91.

Wolfram Frietsch, Dr. phil., Mag., Vorträge und Kurse über Literatur und Musik in der Erwachsenenbildung. Rezensionen und Artikel in verschiedenen Zeitschriften. Letzte Buchveröffentlichung: »Peter Handke – C. G. Jung. Selbstsuche, Selbstfindung, Selbstwerdung. Der Individuationsprozess in der modernen Literatur am Beispiel von Peter Handkes Texten« (2002).

Günter Gödde, Dr. phil., Dipl.-Psych., psychologischer Psychotherapeut in freier Praxis, Dozent, Supervisor und Lehrtherapeut. Forschungsschwerpunkte: Das Unbewusste, Verhältnis von Psychoanalyse und Philosophie, Geschichte der

Psychoanalyse und Tiefenpsychologie, Kulturtheorie und Lebenskunst. Letzte Buchveröffentlichung: »Mathilde Freud. Die älteste Tochter Sigmund Freuds in Briefen und Selbstzeugnissen« (2003).

Wolfgang Hegener, Dr. phil., Dipl.-Psych., psychologischer Psychotherapeut und Psychoanalytiker in freier Praxis. Dozent, Supervisor und Lehrtherapeut. Forschungsschwerpunkte: Verhältnis von Psychoanalyse und Philosophie, psychoanalytische Kulturtheorie und Geschichte der Sexual- und Geschlechterverhältnisse. Letzte Buchveröffentlichung: »Wege aus der vaterlosen Psychoanalyse. Vier Abhandlungen über Freuds ›Mann Moses‹« (2001).

Gerhard Heim, Dr. rer. soc., Dipl.-Psych., psychologischer Psychotherapeut in freier Praxis. Zahlreiche Veröffentlichungen zur Psychiatrie und besonders zu Pierre Janet. Mitbegründer der Janet-Gesellschaft. Letzte Veröffentlichung: (mit K.-E. Bühler) »Pierre Janet: ein Fall für die moderne Verhaltenstherapie?«. In: Verhaltenstherapie und Verhaltensmedizin 24, 2003, 205–224.

Karla Hoven-Buchholz, Dipl.-Psych., Dipl.-Päd., Psychoanalytikerin in freier Praxis, Dozentin am Lou-Andreas-Salomé-Institut in Göttingen. 1995 DPG-Förderpreis. Forschungsschwerpunkt: Psychoanalyse und Literatur. Letzte Veröffentlichung: »Ungetürkte Wilde? Zu F. Zaimoglus Kanaksprak«. In: Journal für Psychologie 10, 2002, H. 2.

Eva Jaeggi, Prof., Dr. phil., Dipl.-Psych., von 1978 bis 1999 Professorin für Klinische Psychologie an der TU Berlin, Verhaltenstherapeutin und Psychoanalytikerin in freier Praxis, Dozentin, Supervisorin und Lehrtherapeutin. Forschungsschwerpunkte: Klinische Psychologie, Vergleich von Therapieschulen, qualitative Methoden, moderne Lebensformen. Letzte Buchveröffentlichung (mit G. Gödde, W. Hegener und H. Möller): »Tiefenpsychologie lehren – Tiefenpsychologie lernen« (2003).

Isabelle Nathalie Koch, Dipl.-Psych., Tätigkeit an der Forschungsstelle der Kinder- und Jugendpsychiatrie der Uni Tübingen. Arbeitsschwerpunkte: Dissertation über mentale Repräsentationen von Kindern mit ADHS, psychosoziale Anpassung von Kindern mit Knochenmarkstransplantation, gutachterliche Tätigkeit im Rahmen des Sorge- und Umgangsrechts.

Hilde Kronberg-Gödde, Dr. phil., Dipl.-Soz., Dipl.-Psych., psychologische Psychotherapeutin in freier Praxis, Dozentin, Supervisorin und Lehrtherapeutin. Forschungsschwerpunkte: Klinische Psychologie, Supervision, Tiefenpsychologie und Literatur. Letzte Veröffentlichung: »Die Wahrheit der Dreiecksbeziehung in S. Márais Roman ›Die Glut‹«. In: Journal für Psychologie 10, 2002, H. 2.

Kathrin Messerschmidt, Mag., Schauspielerin und Theaterwissenschaftlerin, Autorin für den Rundfunk, Dozentin in der Erwachsenenbildung. Zahlreiche Radiobeiträge zum Thema Literatur, Theater und Psychologie. Letzte z. B.:

»Was ist das eigentlich Supervision?« am 26.2.02 im DeutschlandRadio Berlin.

Heidi Möller, Prof., Dr. phil., Dipl.-Psych., Professorin für Kommunikationspsychologie und Psychotherapie an der Universität Innsbruck, Supervisorin und Lehrtherapeutin für Tiefenpsychologie und Gestalttherapie, Organisationsberaterin in freier Praxis. Forschungsschwerpunkte: Kriminologie, Psychotherapie und Supervisionsforschung. Letzte Buchveröffentlichung: »Was ist gute Supervision? Grundlagen – Merkmale – Methoden« (2001).

Brigitte Müller-Bülow, Dr. phil., Erziehungswissenschaftlerin, Gymnasiallehrerin in der Lehrerausbildung und Schulberatung sowie Gestalttherapeutin und Supervisorin in Institutionen der Weiterbildung und in freier Praxis. Letzte Buchveröffentlichung: »Therapie in der Spätadoleszenz. Eine qualitative Studie über Beratungserfahrungen weiblicher Jugendlicher« (2001).

Johanna Müller-Ebert, Dr. phil., Dipl.-Psych., Psychotherapeutin in freier Praxis, Leiterin eines staatlich anerkannten Weiterbildungsinstituts für Psychotherapie, Lehrbeauftragte an der Universität Hildesheim. Letzte Buchveröffentlichung: »Trennungskompetenz – Die Kunst, Psychotherapien zu beenden« (2001).

Edith Püschel, Dipl.-Psych., wissenschaftliche Mitarbeiterin in der Zentraleinrichtung Studienberatung und Psychologische Beratung der Freien Universität Berlin, Dozentin, Supervisorin und Lehrtherapeutin. Forschungsschwerpunkte: Arbeits- und Schreibstörungen, Einzel- und Gruppenberatung, Psychotherapie. Letzte Veröffentlichung: »Fremd(e) in der Heimat. Widersprüche zwischen Integrationswillen und Integrationsfähigkeit.« In: Berliner Akademie für weiterbildende Studien (Hg.): Europa auf dem Prüfstand (2003).

Hans-Werner Rückert, Dipl.-Psych., Psychoanalytiker, Lehrtherapeut. Ausbildungen in Gesprächstherapie, Rational-Emotiver Therapie und analytischer Psychotherapie. Leiter der Zentraleinrichtung Studienberatung und Psychologische Beratung der Freien Universität Berlin. Forschungsschwerpunkte: Arbeits- und Schreibstörungen, Rational-Emotive Therapie. Letzte Buchveröffentlichung: »Entdecke das Glück des Handelns« (2004).

Hanna Beate Schöpp-Schilling, Dr. phil., Mag., Consultant. Von 1987 bis 1992 Abteilungsleiterin im Bundesfrauenministerium, seit 1989 Sachverständige in einem UN-Menschenrechtsausschuss (CEDAW). Veröffentlichungen zur Frauenthematik im Bereich der amerikanischen Literatur, der Arbeitsmarktpolitik und der Menschenrechte.

Sieglinde Eva Tömmel, Dr. phil. habil., Dr. rer. pol., Dipl.-Psych., Psychoanalytikerin in eigener Praxis. Letzte Veröffentlichung: »Identität und ›Deutsch-Sein‹. Ein kulturpsychoanalytischer Beitrag zum Verständnis der neuen rechtsradikalen Gewalt in Deutschland«. In: A. Schlösser & A. Gerlach (Hg.): Gewalt und Zivilisation, Erklärungsversuche und Deutungen (2002).

Edda Uhlmann, Dipl.-Psych., Psychoanalytikerin in eigener Praxis. Forschungsgebiete: Psychosexuelle Entwicklung; psychodynamische Aspekte transgenerationeller Weitergabe von Traumen. Letzte Veröffentlichung: »Väterliche Phantasmen im weiblichen Selbst«. In: E.-M. Alves u. a. (Hg.): Evas Biss (2002).

Achim Würker, Dr. phil., Oberstudienrat, Mitarbeiter am Pädagogischen Institut der Technischen Universität Darmstadt. Arbeitsschwerpunkt: Psychoanalytisch-tiefenhermeneutische Literaturinterpretation und ihre didaktische Relevanz. Letzte Veröffentlichung: »Mütterlichkeit und Aggression. Zu Marlen Haushofers ›Die Wand‹«. In: Journal für Psychologie 10, 2002, H. 2.

Brigitte Boothe

»Wie kommt man
ans Ziel seiner
Wünsche?«

Modelle des Glücks
in Märchentexten

IMAGO
Psychosozial-Verlag

2002
168 Seiten · Broschur
EUR (D) 19,90 · SFr 33,90
ISBN 3-89806-136-1

Im Märchen gestaltet sich ein Kräftespiel zwischen Lebensanspruch und Glücksverlangen. Das Glücksverlangen siegt. Nicht als Illusion und nicht als moralische Prämie. Das Glücksverlangen siegt, weil die Gefahren, die drohen, und die Aussichten, die winken, einer konsequenten Logik des Gelingens folgen. Diese Logik des Gelingens kennenzulernen, ist nicht nur für Märchenleser und Märchenerzähler aufschlussreich, sondern auch für Eltern, Erzieher, Berater und Psychotherapeuten, für Entwicklungspsychologen, Psychoanalytiker und Literaturwissenschaftler.

P🔲V
Psychosozial-Verlag

2003 · 173 Seiten · Broschur
EUR (D) 19,90 · SFr 34,90
ISBN 3-89806-198-1

Eine wissenschaftliche und zugleich leidenschaftliche Betrachtung von Leben und Werk Niki de Saint Phalles.

Basierend auf einer psychoanalytischen Sichtweise eröffnet die Autorin einleitend eine Debatte über Kreativität und Kunst. Dem folgt eine lebendige Schilderung des inneren Wachstums Niki de Saint Phalles über Ihren Weg der Kunst, der sich in den Stationen ihrer künstlerischen Entwicklung wiederfinden lässt. Niemeyer-Langer gelingt eine vermittelnde Darstellung zwischen komplexen psychodynamischen Zusammenhängen, faszinierender Lebensgeschichte und den herausragenden Kunstwerken einer außergewöhnlichen Frau. Der Lesende erlebt nicht nur den kreativen Dialog, den die Künstlerin über ihre Werke mit sich und mit ihrem Publikum führt, sondern erfährt auch von ihrem Liebesdialog mit Jean Tinguely, ihrem inspirierenden Lebensgefährten und Begründer dynamischer Kunst.

P🌀V
Psychosozial-Verlag

2003 · 274 · Broschur
EUR (D) 29,90 · SFr 52,20
ISBN 3-89806-250-3

Das Mikrogramm Beiden klopfte das Herz ... ist ein für Robert Walser charakteristisches Prosastück. Ein Erzähler berichtet auf irritierende, immer wieder das Erzählen reflektierende Weise von einer Frau und einem Mann, deren Liebesbeziehung nicht zur Erfüllung kommt. Auf den ersten Blick werden alle Merkmale eines klassischen Liebesdramas präsentiert – und doch rollt der Text ein solches nicht auf. Worum geht es wirklich in diesem Mikrogramm? Mit welchen Motiven werden wir beim Lesen auf bewusster und unbewusster Ebene konfrontiert? Mit der psychoanalytischen Methode der Gegenübertragungsanalyse wird nicht nur erklärt, wie die Lektüre einen Gang in bestimmte Bereiche des eigenen Seelenlebens geradezu erzwingt, sondern auch das Verständnis der künstlerischen Qualität von Walsers Werk vertieft.

P🔲V
Psychosozial-Verlag

2003 · 290 Seiten · Broschur
EUR (D) 29,90 · SFr 52,20
ISBN 3-89806-264-3

Die Grundregel der Psychoanalyse besteht in der Aufforderung zur freien Assoziation. In der klinischen Praxis ist diese »Regel der Regellosigkeit« ungemein produktiv. In der Theorie aber schottet sich die psychoanalytic community zu sehr gegen interessante Anregungen ab. Wenn sie diese jedoch in den Korpus der Assoziationen aufnimmt, kann von dort frische Energie ins psychoanalytische Haus wehen. Erkundet werden neue Theorien der Sprache, der Metapher und der Konversation; Ausflüge in Literatur und Körperlichkeit sowie zu einer Psychoanalyse als Lebenskunstlehre werden unternommen. Die Psychoanalyse ist zwar älter, aber auch lockerer geworden und kann sich reiche Unterstützung bei Nachbarwissenschaften holen, wenn sie sich neuen Assoziationen öffnet.

P🔲V
Psychosozial-Verlag